A proibição da *reformatio in peius* no processo civil

486

Conselho Editorial
André Luís Callegari
Carlos Alberto Molinaro
César Landa Arroyo
Daniel Francisco Mitidiero
Darci Guimarães Ribeiro
Draiton Gonzaga de Souza
Elaine Harzheim Macedo
Eugênio Facchini Neto
Giovani Agostini Saavedra
Ingo Wolfgang Sarlet
José Antonio Montilla Martos
Jose Luiz Bolzan de Morais
José Maria Porras Ramirez
José Maria Rosa Tesheiner
Leandro Paulsen
Lenio Luiz Streck
Miguel Àngel Presno Linera
Paulo Antônio Caliendo Velloso da Silveira
Paulo Mota Pinto

Dados Internacionais de Catalogação na Publicação (CIP)

T665p   Toniolo, Ernesto José.
A proibição da reformatio in peius no processo civil : de acordo com o novo
CPC / Ernesto José Toniolo. – Porto Alegre : Livraria do Advogado Editora, 2016.
207 p. ; 25 cm.
Inclui bibliografia.
ISBN 978-85-69538-44-8

1. Processo civil - Brasil. 2. Reformatio in peius. 3. Brasil. Código de processo
civil. I. Título.

CDU 347.91/.95(81)
CDD 347.8105

Índice para catálogo sistemático:
1. Processo civil : Brasil   347.91/.95(81)

(Bibliotecária responsável: Sabrina Leal Araujo – CRB 10/1507)

Ernesto José Toniolo

A proibição da *reformatio in peius* no processo civil

De acordo com o novo CPC

livraria
DO ADVOGADO
editora

Porto Alegre, 2016

© Ernesto José Toniolo, 2016

Capa, projeto gráfico e diagramação
Livraria do Advogado Editora

Revisão
Betina Denardin Szabo

Direitos desta edição reservados por
Livraria do Advogado Editora Ltda.
Rua Riachuelo, 1300
90010-273 Porto Alegre RS
Fone: 0800-51-7522
editora@livrariadoadvogado.com.br
www.doadvogado.com.br

Impresso no Brasil / Printed in Brazil

Dedico esta obra aos meus pais, Eng. Sergio Toniolo e Eng\ª. Maria do Carmo da Costa e Silva Toniolo, que, ao longo de suas vidas, construíram coisas muito mais sólidas e duradouras do que teses de Doutorado em Direito, sempre destinadas a serem superadas por estudos posteriores.

Agradecimentos

A defesa de uma tese de Doutorado é o último ato de uma jornada precedida, ao menos, por quatro momentos marcadamente distintos: inspiração para o ponto de partida, pesquisa, reflexão, criação e nova reflexão. Em todas essas etapas, fui auxiliado e incentivado por pessoas de inestimável valor, aos quais faço um registro escrito e simbólico, certamente imperfeito, tentando nominar aqueles mais diretamente envolvidos na construção da tese defendida na Universidade Federal do Estado do Rio Grande do Sul.

A ideia de escrever uma tese dedicada à proibição da *reformatio in peius* decorre da mente extraordinária do Prof. Dr. Carlos Alberto Alvaro de Oliveira, que sugeriu o tema de modo espontâneo e quase intuitivo, durante a despedida no portão da sua residência, em uma tarde de abril (possivelmente ensolarada!). Iniciar os agradecimentos com o professor é algo muito difícil. Impossível expressar a gratidão à presença desse grande homem em minha vida, que iniciou com a entrevista para o primeiro estágio e encontrou seu desfecho 15 anos mais tarde. O Prof. Dr. Carlos Alberto Alvaro de Oliveira orientou a minha dissertação de Mestrado e parte da tese de Doutorado, propiciou-me estagiar em seu escritório de advocacia e, após assumir o cargo de Desembargador no Tribunal de Justiça do Rio Grande do Sul, formulou-me o honroso convite para trabalhar em seu gabinete, na véspera do Natal de 1999, onde atuei até assumir como Procurador do Estado do Rio Grande do Sul. Dentre muitas outras oportunidades, indicou-me para participar do grupo de estudos do Prof. Galeno Lacerda. Gratidão difícil de expressar. Obrigado Mestre!

Agradeço também ao Prof. Dr. Danilo Knijnik, que aceitou gentilmente orientar-me, na impossibilidade do Prof. Dr. Carlos Alberto Alvaro de Oliveira.

A pesquisa necessária à produção dessa tese jamais haveria sido consumada sem os longos anos de paciência e dedicação da Prof. Maria Weidemann Telles, em suas aulas sempre ricas, vivas e alegres da língua e cultura de seu país de nascimento, desde época do Mestrado. Obrigado pelo privilégio, Professora Maria!

Durante a realização das primeiras etapas da pesquisa recebi o valioso auxílio da acadêmica Stéphani Fleck da Rosa. Já a última versão do texto foi lida atentamente pelo bacharel Victor Pereira Afonso. Agradeço aos dois jovens talentosos.

No exame de qualificação muito contribuíram os Professores Dr. Daniel Mitidiero, Dr. Sérgio Wetzel de Mattos e Dr. Klaus Cohen-Koplin.

Imprescindíveis os questionamentos e acréscimos trazidos pela banca examinadora – presidida pelo Prof. Dr. Danilo Knijnik e integrada pelos professores Dr. Leonardo Greco, Dr. Marcelo Lima Guerra, Dr. Daniel Mitidiero e Dr. Klaus Cohen-Koplin – aproveitadas na versão final da obra.

Agradeço aos colegas da Procuradoria-Geral do Estado, ao Dr. Murilo Castilhos Eidt e às funcionárias da Pós-Graduação em Direito da UFRGS, Rose Mari de Azevedo e Denise Dias de Souza, pela paciência durante todos estes últimos anos.

Finalmente, um agradecimento especial ao Dr. Klaus Cohen-Koplin, que revisou detidamente toda a obra, incluindo as notas de rodapé, ao Prof. Dr. Luis Alberto Reichelt, amigo de longa data, que elaborou a apresentação da obra e à Prof.ª Dr.ª Jaqueline Mielke Silva, querida amiga e expoente da escola de Ovídio Baptista da Silva, que me honrou ao aceitar o convite para prefaciar a obra.

Prefácio

Ao longo dos anos as transformações sociais foram inúmeras, sendo a globalização, os novos direitos, dentre outros temas, o foco de um novo modelo de sociedade e, consequentemente, de processo civil. A sociedade se apresenta imersa em uma ampla litigiosidade, como modo de exigir e resgatar o compromisso pressuposto pelo Estado Democrático de Direito. Os cidadãos assumem uma postura direcionada ao conflito, à reivindicação de direitos pela via do litígio judicial, que passa a ser o palco da resolução de grande parte das contendas políticas.

Partindo-se desta perspectiva, o Estado contemporâneo tem os seus objetivos condicionados aos princípios constitucionais de justiça e a concretização dos direitos fundamentais. Assim, o direito processual civil deve ser compreendido a partir dos direitos fundamentais. Evidentemente que isto representa uma reação contra o princípio da supremacia da lei. A força normativa dos direitos fundamentais faz com que a Constituição deixe de ser encarada como algo que foi abandonado à maioria parlamentar. A vontade do legislador, agora, está submetida à vontade suprema do povo, ou melhor, à Constituição e aos direitos fundamentais.

Neste cenário, os direitos fundamentais constituem em decisões valorativas de natureza jurídico objetiva da Constituição, com eficácia em todo o ordenamento jurídico, fornecendo diretrizes para os órgãos legislativos, judiciários e executivos. Assim, a função dos mesmos não é limitada aos direitos subjetivos de defesa do indivíduo contra os atos do poder público. Em outras palavras, os direitos fundamentais passaram a apresentar-se no âmbito da ordem constitucional como um conjunto de valores objetivos básicos e fins diretivos da ação positiva dos poderes públicos, e não apenas garantias negativas dos interesses individuais.

Não é demasiado referir que os direitos fundamentais operam não propriamente como princípios e garantias nas relações entre indivíduos e Estado, mas transformam-se em princípios superiores do ordenamento jurídico-constitucional considerado em seu conjunto, na condição de componentes estruturais básicos da ordem jurídica. Trata-se da eficácia dirigente que estes (inclusive os que precipuamente exercem a função de direitos subjetivos) desencadeiam em relação aos órgãos estatais. Neste contexto os direitos fundamentais contêm uma ordem dirigida ao Estado no sentido de que a este incumbe a obrigação permanente de concretização dos mesmos.

Contemporaneamente, a ideia de os direitos fundamentais irradiarem efeitos também nas relações privadas e não apenas constituírem direitos oponíveis aos poderes públicos vem sendo considerada um dos mais relevantes desdobramentos da perspectiva objetiva dos direitos fundamentais.

Por outro lado, com base no conteúdo das normas de direitos fundamentais é possível se extrair consequências para a aplicação e interpretação não apenas das normas procedimentais, mas também para a formatação do direito organizacional e procedimental que auxilie na efetivação da proteção aos direitos fundamentais, de modo a se evitarem os riscos de uma redução do significado do conteúdo material deles.

A tese de doutorado do querido amigo Ernesto Jose Toniolo, a partir de consistente e profunda pesquisa bibliográfica, partindo da constitucionalização do direito processual civil, aborda a influência dos direitos fundamentais no âmbito do sistema processual civil, especialmente, a proibição da *reformatio in peius* como decorrência do direito fundamental à proteção da confiança. O autor, além de refinado pesquisador, é advogado militante perante as Cortes Superiores, o que sem qualquer dúvida contribuiu para o sucesso da pesquisa realizada, que possui relevância não apenas academicamente, mas no âmbito da realidade forense, o que é de fundamental importância, se partirmos da premissa de que o processo civil contemporâneo tem por escopo a realização de direitos fundamentais.

Trata-se de uma pesquisa inédita no direito brasileiro, realizada a partir do direito estrangeiro, dividida em três partes. A primeira delas aborda o conceito de *reformatio in peius* e a evolução histórica de sua proibição como instituto do direito processual civil. A segunda parte propõe-se a analisar a insuficiência da fundamentação teórica apresentada pela dogmática, com a compreensão da proibição da *reformatio in peius* como exigência do cumprimento do postulado da segurança jurídica, em especial a necessidade de assegurar aos recorrentes o direito fundamental à proteção da confiança. Neste tópico, o autor conclui que a proibição da *reformatio in peius* passa a representar um limite adicional à liberdade decisória do juízo ad quem, diferenciando-se daquele fixado pelo pedido do recorrente. A terceira e última parte trata da aplicação do instituto da proibição da *reformatio in peius*, no sistema processual civil, como decorrência do direito fundamental à proteção da confiança.

Sem qualquer dúvida, a pesquisa realizada é um exemplo a ser seguido por todos os programas de pós-graduação, tendo em vista a seriedade e profundidade com que foi desenvolvida, colocando o autor ao lado de grandes nomes do processo civil contemporâneo. Uma boa e profícua leitura a todos!

Outono de 2016.

Jaqueline Mielke Silva

Sumário

Apresentação...13

Introdução..15

1. A proibição da *reformatio in peius*..19

    1.1. O significado da *reformatio in peius*..19

    1.2. A evolução histórica da proibição da *reformatio in peius*....................25

    1.3. O desenvolvimento do sistema recursal no processo civil romano e a *reformatio in peius*...26

        1.3.1. O período das "legis actiones" e o processo formulário...............26

    1.4. A transformação empreendida pelo processo da *cognitio* e o surgimento do sistema recursal e do problema da *reformatio in peius*.....................27

    1.5. A transformação no significado da *reformatio in peius*, desde a primeira definição escrita até o processo civil moderno..31

    1.6. A evolução da proibição da *reformatio in peius* no direito reinícula e brasileiro............33

2. A fundamentação teórica da proibição da *reformatio in peius*..............37

    2.1. Bases gerais..37

    2.2. A proibição da *reformatio in peius* no direito positivo.......................39

    2.3. A "essência" funcional dos recursos e a proibição da *reformatio in peius*............43

    2.4. A transferência, ao sistema recursal, dos fins e valores norteadores da jurisdição e do processo civil e sua relação com a proibição da *reformatio in peius*.....................45

    2.5. A existência de mais de um grau de jurisdição e a proibição da *reformatio in peius*........56

    2.6. O recurso adesivo como elemento identificador da vigência da proibição da *reformatio in peius*..65

    2.7. A coisa julgada como fundamento da proibição da *reformatio in peius*..........70

    2.8. O princípio dispositivo em sentido próprio (ou material) como fundamento teórico da proibição da *reformatio in peius*..81

        2.8.1. O princípio dispositivo em sentido próprio (material) ou princípio da demanda...84

        2.8.2. A omissão no exercício do direito de recorrer como fundamento da proibição da *reformatio in peius*...95

        2.8.3. A incidência do princípio dispositivo em sentido material no segundo grau de jurisdição...99

    2.9. A associação do efeito devolutivo dos recursos ao requisito de admissibilidade interesse recursal..102

        2.9.1. A sucumbência e o interesse recursal....................................103

        2.9.2. O efeito devolutivo dos recursos..107

    2.10. A insuficiência do princípio dispositivo em sentido material como fundamento teórico da proibição da *reformatio in peius*..111

2.11. Os direitos fundamentais e a proibição da *reformatio in peius*....................118
2.12. A proibição da *reformatio in peius* como decorrência do direito fundamental à proteção da confiança.........................121
2.13. A proibição da *reformatio in peius* como exigência do princípio da economia processual – Papel sistêmico do proibitivo.........................128

3. A aplicação da proibição da *reformatio in peius* no sistema recursal do processo civil brasileiro.........................133

3.1. A fixação do alcance da proibição da *reformatio in peius* pela legislação.....................133
3.2. A natureza do direito demandado e a sua relação com a abrangência da proteção conferida pelo proibitivo.........................140
3.3. Os limites traçados pelo efeito devolutivo dos recursos.........................142
3.4. A delimitação do alcance da proibição da *reformatio in peius* a partir do direito fundamental à proteção da confiança.........................145
3.5. A insignificância da desvantagem resultante do novo julgamento.........................146
3.6. A divisão da decisão recorrida em capítulos e a proibição da *reformatio in peius*.........147
3.7. A identificação das posições jurídicas de vantagem (*Besitzstand*) protegidas pela proibição da *reformatio in peius*.........................150
3.8. As Questões polêmicas na aplicação da proibição da *reformatio in peius*.....................157

3.8.1. A proibição da *reformatio in peius* e o correto dimensionamento dos limites decisórios do juízo recursal no conhecimento de ofício das questões de "ordem pública".........................158
3.8.2. Os (erroneamente) denominados "pedidos implícitos" e o âmbito de abrangência da proibição da *reformatio in peius*.........................170
3.8.3. O julgamento da apelação interposta contra a sentença que extinguiu o processo sem julgamento de mérito (art. 1.013, § 3º, I, NCPC; art. 515, § 3º, CPC/73).........................177
3.8.4. A substituição da sentença de mérito pela extinção sem resolução de mérito.....180
3.8.5. A alteração em grau recursal da motivação das decisões judiciais.................181
3.8.6. A *reformatio in peius* nos recursos especial e extraordinário.........................186
3.8.7. A proibição da *reformatio in peius* no reexame necessário (art. 496, NCPC; art. 475, CPC/73).........................195

Conclusão.........................197

Referências.........................201

Apresentação

Em todo e qualquer campo de estudo há temas que são considerados difíceis, desafiadores, complexos, que exigem daqueles que sobre eles se debruçam esforço e habilidade muito acima do normal. Curiosamente, não raro esses temas acabam por ser escondidos dos olhos menos atentos como se fossem temas fáceis, sobre os quais não existe controvérsia, considerados simples demais, a ponto de se ver dezenas de manuais tratando deles em poucas linhas de maneira superficial. Nesse cenário, os poucos que realmente reúnem coragem e talento para a investigação desses temas muitas vezes são premiados com descobertas absolutamente únicas, trazendo a inovação para o seio da sociedade.

O presente trabalho é um exemplo paradigmático nesse sentido. Apesar de se estar diante de um problema inegavelmente importante do ponto de vista prático, ao qual os diversos sistemas jurídicos ao longo da história ofertaram diferentes respostas, a literatura especializada sobre a proibição de *reformatio in peius* é escassa no ordenamento jurídico brasileiro. E aí surge o talento e a energia de Ernesto José Toniolo ao enfrentar o assunto de maneira absolutamente original, em abordagem que lança luzes sob o fenômeno em suas múltiplas faces. Disso resulta um estudo que não só esgota completamente as possibilidades imaginadas de exame do tema, mas se projeta com respostas para desafios futuros, o que é fundamental em tempos nos quais o advento de um novo Código de Processo Civil preocupa sobremaneira os espíritos dos que se deparam com suas inúmeras alterações.

A obra que ora apresento possui, ainda, um outro diferencial, que é o *background* do seu autor. Eu, como testemunha ocular, posso atestar que o talento de Ernesto José Toniolo não decorre só da preocupação acadêmica, mas também de ampla experiência prática. Conheço-o desde os tempos em que ele acompanhava de muito perto os passos do professor Carlos Alberto Alvaro de Oliveira em seu escritório de advocacia e no Tribunal de Justiça, no que vejo sinal de uma honrosa distinção. Acompanho sua caminhada desde que ingressou nos quadros da Procuradoria do Estado do Rio Grande do Sul, partilhando da luta pela defesa do Estado, que também é a minha na Procuradoria Geral da Fazenda Nacional. Digo tudo isso porque na presente obra transparece a experiência do Direito como um fenômeno vivo, comprometido a soluções situadas no âmbito da razão prática.

Eis, pois, que o terreno é fértil, e as mãos que nele trabalham são talentosas. A estratégia eleita pelo autor para vencer o desafio que se lhe impunha guarda harmonia com essas premissas. Em um primeiro instante, o autor propõe um estudo que investiga a proibição da *reformatio in peius* não só na sua dimensão dogmático-conceitual, mas que busca na história razões que permitam compreender o atual estado da arte. Não poderia ser diferente, em se tratando de um fiel seguidor da escola capitaneada pelos nossos saudosos professores Galeno Lacerda e Carlos Alberto Alvaro de Oliveira, que sempre nos alertaram em suas aulas e em seus escritos a respeito da necessidade de compreensão do processo como verdadeiro capítulo da cultura.

Após haver cumprido com maestria essa primeira etapa, propõe-se, ainda, o autor a investigar a inserção da proibição da *reformatio in peius* na teia de fatores componentes do processo civil contemporâneo. A preocupação com a precisão na inserção do tema dentro do panorama do direito fundamental ao duplo grau de jurisdição e a atenção às fronteiras em que ele se relaciona com o impacto exercido pelo princípio dispositivo em sentido estrito na conformação do Processo Civil contemporâneo mostram o cuidado na apresentação da sintonia fina do discurso.

Na última parte do trabalho, o autor apresenta um panorama a respeito das múltiplas questões que se erguem no contexto da aplicabilidade da proibição da *reformatio in peius*. E aqui, mais uma vez, a obra propõe-se a ser definitiva em se considerando a completude da investigação empreendida. Prova disso pode ser vista no fato de que não escapam do exame mesmo aquelas problemáticas consideradas polêmicas, como, por exemplo, o enfrentamento de questões de ordem pública e a inserção da proibição investigada no panorama do recurso especial e do recurso extraordinário, desafios para os quais buscam respostas todos os que lidam com o cotidiano forense.

A comunidade jurídica deve agradecer a Ernesto José Toniolo por ofertar a todos uma contribuição inestimável, que extrapola as fronteiras do tema que dá título ao presente livro. A meu sentir, estamos diante de uma ferramenta indispensável a todo aquele que se propõe a investigar o sistema recursal do novo Direito Processual Civil brasileiro. No caso do meu estudioso amigo Ernesto, o hercúleo esforço aliado ao inegável talento rendem a todos nós uma sólida e arrojada obra cuja construção é calcada no alicerce de uma pesquisa riquíssima em termos de fontes, e que lança mão sobre os principais temas fundantes de um dos mais importantes microssistemas regulados pela novel codificação.

Porto Alegre, Páscoa de 2016.

Luis Alberto Reichelt

Professor nos cursos de graduação, especialização,
mestrado e doutorado em Direito da PUCRS.
Procurador da Fazenda Nacional em Porto Alegre (RS).

Introdução

Há muito controvertem os doutrinadores a respeito da possibilidade do juízo recursal prejudicar o recorrente no julgamento da própria impugnação. A *reformatio in peius,* quando concebida em sentido amplíssimo, coloca-se como velha conhecida dos homens modernos, a ela apresentados já no início da vida.

Assim, por exemplo, o aluno do ensino fundamental, descontente com o resultado de uma avaliação, pode solicitar ao seu professor revisão da prova, para que majore a nota e corrija a "injustiça" praticada. A causa e o intuito do ato são muito simples: a criança compreende que a decisão do professor é injusta e deve ser revisada, para majorar a "nota" recebida. Simultaneamente a isso, o aluno deve considerar a possibilidade de que o professor, ao invés de melhorar a sua avaliação, reduza a nota, por encontrar falhas antes não consideradas. Aí já estão presentes as noções mais rudimentares da *reformatio in peius* e a discussão a respeito da sua proibição. O "regramento" da possibilidade de revisão da prova em desfavor do aluno solicitante certamente despertará neste o temor de ser prejudicado pela nova decisão. O medo reduzirá o número de recursos dos alunos e, certamente, também o trabalho do professor com a revisão das provas. Porém, isso não contribuirá para o interesse coletivo no aperfeiçoamento do método de avaliação.

Segundo Alcides de Mendonça Lima, já cedo, durante a infância, no ambiente familiar, o homem demonstra a tendência de não se conformar com uma decisão que lhe desagrade, recorrendo, muitas vezes, a outras pessoas que gozem de maior autoridade (moral, hierárquica...), na esperança de melhorar a sua situação. O inconformismo com as decisões desfavoráveis, atavicamente arraigado à psique, ganha reforço quando consideramos a falibilidade humana, algumas vezes decorrente de limites cognitivos e outras tantas vezes ocasionada pelas "paixões" ou, até mesmo, por interesses espúrios. A resistência do homem em aceitar decisões que lhe sejam desfavoráveis, tomadas por outros seres humanos – portanto falíveis e muitas vezes arbitrários –, estaria presente até mesmo dentro da estrutura familiar. Assim, o irmão mais novo não se conformaria com a decisão do irmão mais velho, recorrendo aos pais, presumindo que estes possuam maior sabedoria e autoridade (moral). Poderia também recorrer à interferência dos avós, queixando-se de uma decisão excessivamente severa dos pais. Sempre, é claro, buscando uma decisão mais favorável.[1]

Nesse sentido amplíssimo, poderíamos afirmar que a proibição da *reformatio in peius* integra o "arquétipo" da figura do recurso. Essas considerações tratam de algo que antecede a atividade do legislador na criação de um sistema recursal para o processo civil. Todavia, ao contrário da maioria dos institutos processuais, a *reformatio in peius* representa fenômeno bem conhecido fora desse âmbito. O proibitivo também se relaciona com essas questões de ordem psicológica ou sociais. A criação de um modelo de processo civil e de sistema recursal, que sugira a vigência da proibição da *reformatio in peius*, reforça nas partes a expectativa na impossibilidade de que um agravamento na sua situação possa decorrer do julgamento do próprio recurso. A frustração dessa sólida expectativa pode violar o direito fundamental à segurança jurídica, que merece ser protegido contra a *reformatio in peius*. Porém, a doutrina e a jurisprudência não costumam analisar o instituto em exame por essa ótica, colocando-o como mero desdobramento do princípio dispositivo e do efeito devolutivo da impugnação, condicionado à existência de interesse recursal.

À semelhança dos demais institutos de processo civil, o estudo da proibição da *reformatio in peius* deve considerar o direito positivo, ponto de partida de qualquer exegese. Todavia, mesmo quando os ordenamentos jurídicos contenham expressa previsão legal tratando do assunto, aí não se esgota a compreensão do problema. A evolução histórica e a descoberta da fundamentação teórica do proibitivo permitem determinarmos com mais precisão o seu âmbito de aplicação, e as eventuais exceções existentes podem ser identificadas com maior acuidade.

A expressão *reformatio in peius* é empregada, sobretudo, quando associada à palavra "proibição", para designar o *instituto de direito processual* que, no âmbito do sistema recursal, representa uma indesejada inversão entre a finalidade do ato e o resultado alcançado.

A *reformatio in peius*, no sistema recursal do processo civil, significa o agravamento qualitativo ou quantitativo da posição jurídica de vantagem (processual ou material) que teria sido assegurada ao recorrente caso não houvesse interposto sua inconformidade. Todavia, demonstraremos que a "posição jurídica de vantagem", protegida contra a *reformatio in peius*, não pode divorciar-se dos valores e interesses perseguidos pela jurisdição e pelo processo civil. Assim, a decisão que extingue o processo sem resolução do mérito não confere ao autor nenhuma vantagem digna de ser protegida contra o agravamento decorrente da apreciação do mérito pelo juízo recursal.

Conforme os posicionamentos majoritários na doutrina processual civil, a proibição da *reformatio in peius* encontraria seu fundamento teórico no princípio dispositivo em sentido próprio (ou princípio da demanda), em particular na máxima da vinculação do juiz ao pedido (*ne eat iudex ultra petita partium*), também aplicável aos pedidos recursais. A vinculação do novo juízo ao pedido

---

[1] LIMA, Alcides de Mendonça. *Introdução aos recursos cíveis*. 2. ed. São Paulo: Revista dos Tribunais, 1976, p. 127-128.

do recorrente, expressão do princípio dispositivo em sentido próprio, costuma ser associada ao requisito de admissibilidade interesse recursal ou ainda à "essência" ou finalidade do recurso. Assim, jamais seria devolvida ao tribunal a possibilidade de agravar a situação do recorrente, podendo apenas beneficiar-lhe ou manter a sucumbência anterior.

Esse posicionamento, que busca extrair a proibição da *reformatio in peius* a partir do princípio dispositivo em sentido material, predomina na doutrina processual civil. Recebe, contudo, contestações embasadas em relevantes argumentos, que evidenciam a real complexidade do tema.

Essas críticas direcionam-se em dois sentidos: uns negam ao princípio dispositivo a condição de fundamento teórico da proibição da *reformatio in peius*; outros afirmam que a norma jurídica fundamental da vinculação do juízo ao pedido do recorrente seria seu fundamento legal, porém não teórico.[2]

Ao contrário do ocorrido no Brasil e na Itália, onde o princípio dispositivo em sentido material foi aceito de maneira quase inconteste como fundamento teórico da proibição da *reformatio in peius*, os processualistas alemães e do Cantão de Zurique travaram grande debate doutrinário em torno do tema. Foram produzidas, ao longo do tempo, teses de doutoramento destinadas exclusivamente ao problema da proibição da *reformatio in peius*, além de incontáveis críticas formuladas em artigos doutrinários. Na Alemanha, Bernhard-Michael Kapsa apresenta, em 1973, sua célebre tese de doutoramento (*Das Verbot der reformatio in peius im Zivilprozess*),[3] demonstrando a insuficiência do princípio dispositivo para fundamentar a proibição da reforma para pior. Os sólidos argumentos formulados por Kapsa rompem o pensamento consolidado ao longo do tempo e causam enorme polêmica entre os processualistas, tornando a sua obra, hoje, o referencial mais citado e conhecido no que diz respeito ao tema, inclusive entre os processualistas brasileiros.

A crescente influência dos direitos fundamentais na compreensão do processo, acentuada nas últimas décadas, trouxe nova roupagem à velha discussão, exigindo o rompimento das peias históricas que fossilizaram a doutrina processual civil no tratamento do proibitivo. A dimensão objetiva do direito fundamental à segurança jurídica impõe ao legislador o dever de criar, no interesse de toda a coletividade, um modelo de processo civil baseado na cognoscibilidade, calculabilidade e previsibilidade.

A adequada compreensão do instituto em exame somente pode ocorrer à luz das normas constitucionais que dão substrato aos direitos fundamentais (processuais e materiais). Além de auxiliarem na descoberta da fundamentação teórica da *reformatio in peius*, prestam relevante ajuda na elucidação do seu âmbito de incidência e na aplicação de exceções. Não se trata, contudo, de

---

[2] KAPSA, Bernhard-Michael. *Das Verbot der reformatio in peius im Zivilprozess*, Berlim: Duncker & Humblot, 1976, p. 51 e seg; RICCI, Hans-Peter. *Reformatio in peius und Anschliessung an das Rechtsmittel im Zivilprozess (unter vergleichweiser Heranziehung des Strafprozesses und des Steuer- und Justizverfahrens)*. Zürich: Winterthur, 1955, p. 105.

[3] KAPSA, Bernhard-Michael. *Das Verbot der reformatio in peius im Zivilprozess*, Berlim: Duncker & Humblot, 1976.

A proibição da *reformatio in peius* no processo civil

proteção absoluta conferida ao recorrente, mas de interesse de alta densidade, cuja prevalência, embora presumível, pode ser excepcionalmente afastada no caso concreto. Também a legislação processual civil deve conformar-se às normas constitucionais e, em especial, aos direitos fundamentais no tratamento do proibitivo. Disso também depende a definição das balizas que limitam e condicionam a atividade do legislador infraconstitucional no tratamento do assunto, sobretudo aquelas colocadas pelos direitos fundamentais envolvidos.

O nosso estudo se limita ao exame da proibição da *reformatio in peius* no âmbito do sistema recursal do processo civil, sem que isso impeça a aplicação de parte das conclusões por nós apresentadas ao processo penal.[4] Ressalte-se, entretanto, que os institutos do processo penal nem sempre se harmonizam com o processo civil, valendo também o raciocínio inverso.

Nossa pesquisa divide-se em três partes. A primeira dedica-se ao estudo do conceito de *reformatio in peius* e à evolução histórica da sua *proibição* como instituto de direito processual civil. Na segunda parte, analisamos a insuficiência da fundamentação teórica apresentada pela doutrina tradicional, propondo a compreensão do proibitivo como exigência da segurança jurídica, em especial diante da necessidade de assegurar-se aos recorrentes o direito fundamental à proteção da confiança. A proibição da *reformatio in peius* passa a representar, então, limite adicional à liberdade decisória do juízo *ad quem*, diferenciando-se daquele fixado pelo pedido do recorrente. A terceira parte da nossa pesquisa dedica-se à aplicação do instituto, delineando o alcance da proteção conferida ao recorrente. A análise das principais questões polêmicas (doutrinárias e jurisprudenciais) permite, novamente, demonstrarmos que a proibição da *reformatio in peius,* no sistema recursal do processo civil, decorre do direito fundamental à proteção da confiança.

---

[4] O art. 617 do Código de Processo Penal brasileiro proíbe expressamente a *reformatio in peius* no julgamento do recurso interposto pelo réu (*O tribunal, câmara ou turma atenderá nas suas decisões ao disposto nos arts. 383, 386 e 387, no que for aplicável, não podendo, porém, ser agravada a pena, quando somente o réu houver apelado da sentença*).

1. A proibição da *reformatio in peius*

1.1. O significado da *reformatio in peius*

A definição da expressão ou do termo sobre o qual recaia o objeto de uma investigação científica representa um bom ponto de partida, possivelmente fundamental, para o estudo que se pretenda realizar. Não obstante a dificuldade de conceituar uma expressão de forma exata, a sua definição, ao menos em linhas gerais, apresenta grande utilidade prática, sobretudo no âmbito das ciências humanas. Em se tratando de uma expressão, devemos compreender os significados individuais dos seus termos para que, após, possamos conjugá-los obtendo como resultado a definição de uma ideia.

Recaindo a pesquisa por nós empreendida sobre a proibição da *reformatio in peius no sistema recursal do processo civil*, a definição do conteúdo da expressão *reformatio in peius* apresenta especial dificuldade. Isso ocorre em virtude do longo lapso temporal transcorrido desde o seu surgimento, que remonta à época do Império Romano, bem como do seu emprego excessivamente amplo na linguagem jurídica, que nunca se restringiu ao âmbito do direito processual civil. Este que, aliás, ganha autonomia como objeto de estudo muitos séculos após a primeira menção registrada à *reformatio in peius*.[5]

Portanto, após o resgate histórico do(s) significado(s) da expressão em sentido amplo, impõe-se sua ressignificação como instituto de processual civil, objeto da nossa pesquisa.[6]

O sentido original de *reformatio* denota, essencialmente, "modificação" ou "transformação". Todavia, como já ressaltava Rolf Lauckner, a palavra *reformatio* teve, desde a época dos romanos, conteúdo ético positivo, pressupondo uma "transformação para melhor" ou, ao menos, uma "melhora". Portanto, a

---

[5] Embora tenhamos restrições quanto ao conceito de pretensão formulado por Windscheid, esse possui o mérito de delinear a separação dos planos processual e material, ao acenar com o conceito de ação que significaria o simples agir em juízo, desvinculado da necessidade de existência de um direito violado, como fazia Savigny (ver: FAZZALARI, Elio. *Note in tema di diritto e processo.* Milano: Giuffrè, 1953. p. 12). Todavia, coube a Oskar Bülow (*Die Lehre von den Prozesseinreden und die Prozessvoraussetzungen,* 1868), na esteira da célebre polêmica gerada entre Windscheid e Muther, desenvolver de forma definitiva a concepção da relação jurídica processual, nascida entre as partes e o juiz e distinta da relação material litigiosa, com o que se cristalizou em definitivo a ideia da autonomia da ação em face do Direito Subjetivo Material.

[6] Acerca da importância da definição e ressignificação da expressão *reformatio in peius,* ver: EGGER, Walter. *Die reformatio in peius im Zivilprozessrecht.* Zürich: Hans Schellemberg, Winterthur, 1985. p. 2.

A proibição da *reformatio in peius* no processo civil

19

carga valorativa da expressão *in melius* seria imanente à *reformatio*,[7] razão pela qual, quando conjugada a *in peius*, representaria uma *contradictio in adjecto*.

Assim, a expressão *reformatio in peius*, quando empregada no âmbito do direito processual, significaria um verdadeiro paradoxo. Além do já exposto quanto ao significado imanente de *reformatio*, a reforma para pior descreve circunstância na qual a parte, inconformada com uma decisão, insurge-se contra ela, no intuito de alcançar situação mais vantajosa, obtendo como resultado justamente o contrário: a nova decisão agrava,[8] ainda mais, a sua situação, reduzindo ou retirando *posição jurídica de vantagem (Besitzstand)* em decorrência do julgamento do próprio recurso.[9] Essa definição ampla da *reformatio in peius* extrapola o âmbito do processo civil e, mais ainda, o do sistema recursal.

Contudo, conforme assevera Bernhard-Michael Kapsa, na prática, a expressão é empregada, sobretudo quando associada à palavra "proibição", para designar o instituto de direito processual que, no âmbito do sistema recursal, representa uma indesejada inversão entre a finalidade do ato e resultado obtido. A decisão do juízo *ad quem* frustra totalmente a expectativa do recorrente, pois, além de não eliminar a sucumbência que motivou a interposição do recurso, agrava ainda mais a sua situação.[10]

O pedido de reforma ou anulação do ato impugnado expressa o desejo da parte em obter tutela jurisdicional mais favorável. Já *reforma para pior* representa justamente o inverso do pretendido.[11]

Da interposição de um recurso, desde que conhecido pelo juízo *ad quem*, podem advir três situações distintas, contrastando-se o novo julgado com a

---

[7] LAUCKNER, Rolf. *Zur Geschichte und Dogmatik der reformatio in peius*. Breslau, 1913. p. 3. *apud* EGGER, Walter. *Die reformatio in peius im Zivilprozessrecht*. Zürich: Hans Schellemberg, Winterthur, 1985. p. 2.

[8] O vocábulo "agravo", até a legislação Afonsina, sempre significou prejuízo, lesão, dano. Com as Ordenações Manuelinas, a palavra passa a ser utilizada para designar o recurso cabível contra as decisões interlocutórias simples (TUCCI, José Rogério Cruz e. *Jurisdição e poder*. São Paulo: Saraiva, 1987. p. 108). Sob a égide das ordenações Afonsinas, o juiz poderia revogar as decisões interlocutórias, de ofício ou a pedido da parte. Neste último caso, mantida a decisão, o interessado poderia manifestar seu "estormento", redigido pelo tabelião, ou por carta testemunhável, pelo escrivão. Aí estaria, segundo aduz José Rogério Cruz e Tucci, a origem do agravo, embora o estormento ou carta ainda não trouxessem a forma e a natureza de recurso em sentido técnico. Conclui: "De qualquer maneira, no entanto, demonstrando que a índole humana não se sujeita à medida que lhe cerceie direitos, em ambos os instrumentos, lançava-se, por escrito, a lesão sofrida, o gravame ocorrido, do qual a parte se queixava. Era o meio pelo qual as partes levavam ao conhecimento do rei o seu inconformismo, assemelhando-se à velha querima ou querimônia verbal dos *primeiros tempos da monarquia, mas agora expresso por escrito e com as formalidades descritas na lei*" (TUCCI, José Rogério Cruz e; AZEVEDO, Luiz Carlos. *Lições de história do processo civil lusitano*. São Paulo: Revista dos Tribunais, 2009. p. 80).

[9] Mais adiante trataremos do significado da expressão "posição jurídica de vantagem", representada no direito alemão pela palavra *Besitzstand*.

[10] "In aller Regel meint man mit "reformatio in peius" jedoch einen spezifisch prozessualen Sachverhalt, ein – zumeist als "Verbot der reformatio in peius" bezeichnetes – Institut des Verfahrensrechts, das im Bereich des Rechtsmittelverfahrens eine ähnlich ungewollte Umkehrung von Ziel und Wirkung erfasst: Indem die Rechtsmittelentscheidung gegebenenfalls die in dem angefochtenen Urteil dem Rechtsmittelkläger auferlegten Nachteile nicht nur nicht beseitigt, sondern im Gegenteil sogar noch vergrössert, schlägt die vom jenem in der Erwartung einer Verbesserung veranlasste "Reform" letzlich zum seinen Ungunsten aus" (KAPSA, Bernhard-Michael. *Das Verbot der reformatio in peius im Zivilprozess*. Berlin: Duncker e Humblot, 1976. p. 19). Abordando a relação causa e efeito (recurso *vrs.* efeito devolutivo), ver: CALAMANDREI, Piero. Apuntti sulla "reformatio in peius. In: *Studi sul processo civile*. Padova: CEDAN, 1934. v. 3, p. 44-45.

[11] NERY JUNIOR, Nelson. *Teoria geral dos recursos*. 6. ed. São Paulo: Revista dos Tribunais, 2004. p. 183.

decisão impugnada: (*i*) decisão mais vantajosa para o recorrente (provimento do recurso); (*ii*) manutenção da decisão recorrida (desprovimento do recurso); (*iii*) decisão mais desvantajosa para o recorrente (*reformatio in peius lato sensu*). A última hipótese somente possui relevância quando a desvantagem não tenha decorrido do provimento de recurso da parte contrária ou dos demais legitimados à sua interposição (art. 996 do NCPC; art. 499 do CPC/73). Por isso emprega-se, no estudo do tema, a expressão *reformatio in peius* em sentido estrito, significando apenas o agravamento da situação do recorrente em razão da atuação oficiosa do juízo *ad quem*, ou seja, sem a interposição de inconformidade (principal ou adesiva) pela parte adversa ou por outro legitimado. Assim, a *reforma para pior* decorre do julgamento do próprio recurso.

Entretanto, a doutrina costuma referir-se à *reformatio in peius* como aquela decorrente do julgamento desfavorável ao "único" recorrente (prejudicado pela nova decisão). Trata-se, todavia, de imprecisão. Imagine-se uma sentença julgando parcialmente procedente demanda indenizatória, condenando o réu a ressarcir o autor por danos emergentes, rejeitando os pedidos de indenização por lucros cessantes e dano moral. Caso o réu apele da condenação por danos emergentes e o autor recorra apenas do capítulo que rejeitou o pedido de indenização por lucros cessantes, ainda assim existiria *reformatio in peius* quando a decisão do juízo *ad quem* condenasse o réu pelos danos morais, capítulo da sentença não impugnado pelo autor. Vê-se, portanto, que a expressão "um único recurso" ou "o único recorrente", muito empregada na doutrina e na jurisprudência, não se afigura totalmente precisa.

Ao abordar o tema, em artigo que se tornou referência no direito processual civil brasileiro, José Carlos Barbosa Moreira afirma existir *reformatio in peius* "quando o órgão 'ad quem', no julgamento de um recurso, profere decisão mais desfavorável ao recorrente, sob o ponto-de-vista [*sic*], prático, do que aquela contra a qual se interpôs o recurso".[12]

Não se discute que a característica essencial da proibição da *reformatio in peius* consiste na impossibilidade de uma nova decisão trazer desvantagem ao recorrente, na ausência de impugnação da parte adversa (ou de outro legitimado) com pedido específico. Nisso há muito se pacificou a doutrina nacional e estrangeira.[13] Todavia, numerosas vozes apontam a insuficiência desse critério na definição do que seja uma *reforma para pior*. Aqui terminam os consensos doutrinários e jurisprudenciais, existindo múltiplas abordagens e posicionamentos quanto aos demais critérios a serem empregados para a melhor compreensão do problema.

O primeiro estudo aprofundado acerca do assunto foi elaborado em 1955 pelo suíço Hans-Peter Ricci (*Reformatio in peius und Anschliessung an das Rechts-*

---

[12] Ver: BARBOSA MOREIRA, José Carlos. *Reformatio in peius*. In: *Direito processual civil*: ensaios e pareceres. Rio de Janeiro: Borsoi, 1971b, p. 147.

[13] Conforme discorre Walter Egger, o âmbito de abrangência conceitual da *reformatio in peius* não foi estabelecido de forma uníssona ao longo do tempo. O único consenso estabelecido entre os doutrinadores limita-se ao fato de que a *reformatio in peius* descreve situação que pode ocorrer no âmbito decisório de uma instância recursal. As outras características essenciais da *reformatio in peius* variam de autor para autor (Ver: EGGER, Walter. *Die reformatio in peius im Zivilprozessrecht*. Zürich: Hans Schellemberg, Winterthur, 1985. p. 3).

mittel im Zivilprozess (unter vergleichweiser Heranziehung des Strafprozesses und des Steuerjustizverfahrens)), o qual afirma que somente haveria reformatio in peius quando uma nova instância julgadora alterasse de ofício o objeto principal (*Hauptsache*) da decisão atacada, em desfavor do recorrente, quando a parte contrária não houvesse se insurgido contra isso:

> O conceito de *reformatio in peius*, em sentido estrito, pode ser descrito como a situação na qual a nova instância julgadora, agindo *ex officio*, modifique o objeto principal da decisão recorrida em desfavor daquele que contra ela tenha se insurgido (tradução nossa).[14]

Esse conceito sempre foi muito criticado, pois exige que a nova decisão decorra de órgão judicial diverso do recorrido, eliminando, portanto, os pedidos voltados ao próprio juízo prolator da decisão impugnada. Ademais, restringe o fenômeno ao objeto principal da decisão, excluindo, de antemão, os capítulos acessórios, a exemplo dos ônus sucumbenciais.

Em consequência disso, o juízo *ad quem* poderia modificar em desfavor do recorrente os capítulos acessórios da decisão impugnada (*Nebenentscheidung*), ainda quando não atacados pela parte adversa (ou outro legitimado).

Também, parece-nos irrelevante o juízo do qual tenha advindo a piora na situação da parte impugnante, pois o fenômeno pode ocorrer nos recursos e sucedâneos recursais julgados pelo próprio prolator da decisão atacada,[15] a exemplo dos embargos de declaração (art. 1.022, NCPC; art. 535, CPC/73) ou nos embargos infringentes interpostos contra a sentença que extingue a execução fiscal de pequeno valor (art. 34, Lei nº 6.830/80).

Hans-Peter Ricci também recebe muitas críticas por conceber a *reformatio in peius* como qualquer piora (no objeto principal) decorrente da atuação *ex officio* do juízo *ad quem*, pois, em muitos casos, esse conhecimento oficioso estaria baseado em lei autorizativa.[16]

Essa e outras conceituações, excessivamente detalhadas e específicas, aspiram definir o âmbito de incidência do *proibitivo*, e não propriamente o que seria uma *reforma para pior*. Acaba-se por confundir o fenômeno da *reformatio in peius* com a permissão ou a vedação de sua ocorrência em um determinado ordenamento jurídico. A *reformatio in peius* liga-se, sobretudo, à deterioração na posição jurídica de vantagem (*Besitzstand*), ou seja, ao prejuízo causado ao recorrente, no julgamento da própria impugnação, pela atuação oficiosa do

---

[14] "Der Begriff der reformatio in peius im engeren, hier verwendeten Sinn lässt sich umschreiben als 'jede von einer neu urteilenden Instanz vorgenommene, von Amts wegen erfolgte und die Hauptsache betreffende Änderung einer Entscheidung zum Nachteil desjenigen, der gegen diese ein Rechtsmittel eingelegt hat'" (RICCI, Hans-Peter. *Reformatio in peius und Anschliessung an das Rechtsmittel im Zivilprozess*: unter vergleichweiser Heranziehung des Strafprozesses und des Steuerjustizverfahrens. Zürich: Winterthur, 1955. p. 3).

[15] KUHLMANN, Axel. *Das Verbot der reformatio in peius im Zivilprozessrecht*. Berlin: Duncker Humblot, 2010. p. 20-21.

[16] KLAMARIS, Nikolaos. *Das Rechtsmittel der Anschlussberufung*. Tübingen: J.C.B. Mohr, 1975. p. 114-115. Entretanto, veremos que a atuação oficiosa do juízo recursal não pode afetar os capítulos não impugnados. Além disso, o legislador infraconstitucional, ao contrário do afirmado por KAPSA, Bernhard-Michael. *Das Verbot der reformatio in peius im Zivilprozess*. Berlin: Duncker e Humblot, 1976. p. 108) e STÜRNER, Michael. *Die Anfechtung von Zivilurteile. Eine funktionelle Untersuchung der Rechtsmittel im deutschen und englischen Recht*. München: C. H. Beck, 2002. p. 165-168), não possui ampla liberdade para positivar exceções ao proibitivo.

juízo *ad quem*. Já a proibição da *reformatio in peius* (*o proibitivo*) decorre de opções do legislador, orientadas pelos valores constitucionais que informam o processo civil. Daí deriva, também, a delimitação do âmbito de abrangência do proibitivo e o estabelecimento de exceções.[17]

Relaciona-se ao problema, ainda, o questionamento acerca da proibição da denominada *reformatio in melius*, situação na qual o juízo *ad quem* defere, em favor do recorrente, vantagens não postuladas em sua impugnação, que estariam, por isso, preclusas, em benefício do recorrido.[18] Daí decorre a frequente afirmação no sentido de que "a *reformatio in peius* e a *reformatio in melius* seriam duas faces da mesma moeda".[19] Embora essa associação seja inevitável, possivelmente quase instintiva, não nos parece de todo correta. Conforme demonstraremos, as razões que impedem uma piora na situação do recorrente, quando inexista pedido formulado pela parte adversa, não se limitam ao mandamento *ne eat iudex ultra petita partium* (expressão do princípio dispositivo), reportando-se diretamente à proteção da confiança, dimensão subjetiva do direito fundamental à segurança jurídica. Já a proibição da *reformatio in melius*, ao impedir a concessão *ex officio* de vantagem não postulada no recurso interposto, fundamenta-se muito mais no princípio dispositivo em sentido material (ou princípio da demanda) e nas normas de preclusão, que, em última análise, também remetem à segurança jurídica no (e pelo) processo civil. Essa questão será analisada ao longo da nossa pesquisa. Assim, por exemplo, caso o autor, diante da sentença de (total) improcedência da demanda, na qual se postule reparação por danos materiais e morais, interponha apelação exclusivamente contra o primeiro capítulo (danos materiais), não poderia o tribunal reformar a seu favor também o outro capítulo (danos morais). A questão não envolve o princípio da proteção da confiança do recorrente.

---

[17] Ver: KAPSA, Bernhard-Michael. *Das Verbot der reformatio in peius im Zivilprozess*. Berlin: Duncker e Humblot, 1976. p. 22; KUHLMANN, Axel. *Das Verbot der reformatio in peius im Zivilprozessrecht*. Berlin: Duncker Humblot, 2010. p. 21.

[18] Importante ressaltar que o Tribunal Federal Alemão emprega a expressão *reformatio in peius* para designar qualquer julgamento do juízo *ad quem* que desborde do pedido contido no recurso. Isso se aplica às decisões que prejudiquem o recorrente, bem como àquelas que, julgando fora do pedido, melhorem a sua situação. Pode se dizer, pois, que nessa visão a proibição da *reformatio in peius*, em sentido amplo, compreenderia também a assim denominada *reformatio in melius* (Ver: KAPSA, Bernhard-Michael. *Das Verbot der reformatio in peius im Zivilprozess*. Berlin: Duncker e Humblot, 1976. p. 20, nota 4). O emprego de uma mesma expressão para designar dois fenômenos semelhantes, porém distintos, parece atentar contra o rigor científico, em nada contribuindo para a compreensão do assunto, razão pela qual merece ser afastada.

[19] Também não nos parece adequado o posicionamento de Gerassimos Melissinos, quando afirma que a decisão do juízo recursal que promove a *reformatio in peius* em desfavor do recorrente, resultaria, por via de consequência, em uma *reformatio in melius* para o recorrido. Após sustentar que ambos os proibitivos decorrem diretamente da vinculação do tribunal ao pedido das partes (*ne eat iudex ultra petita partium*), conclui que, ao agravar a situação do recorrente (sem pedido do recorrido), o juízo recursal ofende a proibição da *reformatio in peius* e, ao mesmo tempo, a proibição da *reformatio in melius*. Isso porque, ao melhorar a situação do recorrido, sem que ele tenha interposto recurso (principal ou adesivo), o juízo recursal estaria julgando a seu favor sem o corresponde pedido (ver MELISSINOS, Gerassimos. *Die Bindung des Gerichts an die Parteianträge: nach § 308 I, ZPO (ne eat iudex ultra petita partium)*. Berlin: Duncker e Humblot, 1981. p. 168-169). A *reformatio in peius* deve ser compreendida objetivamente e não sob o ponto de vista das partes. O fenômeno descreve situação específica na qual ocorre uma inversão entre a finalidade da interposição do recurso (de beneficiar o recorrente) e o resultado obtido (prejuízo). A denominada *reformatio in melius* nenhuma relação possui com isso, embora possa significar ofensa ao princípio dispositivo, ao princípio da congruência, ao efeito devolutivo do recurso, à segurança jurídica e ao contraditório (e, portanto, ao devido processo legal).

Advirta-se, porém, que a busca de uma definição mais acurada da expressão *reformatio in peius*, com a ênfase exagerada no conceitualismo, pode se mostrar inútil (ou prejudicial) pelo ponto de vista prático e/ou teórico.

Numerosos questionamentos, sobretudo de ordem prática, decorrem da *proibição* (ou autorização) da *reforma para pior*. Trata-se de instituto complexo, ligado a múltiplos fundamentos processuais e valores constitucionais, que não se permite compreender a partir de um conceito perfeitamente determinado.[20] Ao estudo do processo civil interessam a finalidade, o conteúdo e a forma dos institutos, porém não o seu *nomen iuris*.[21]

Isso não significa, contudo, que o conceito da *reformatio in peius* deva ser dispensado, pois apresenta-se útil ao estudo do proibitivo, desde que não seja demasiadamente rígido e fechado, resultante da tentativa de afastar ou abranger as possíveis exceções à proibição da *reformatio in peius*, a exemplo da previsão legal do conhecimento *ex officio* de inúmeras questões (v.g.: análise das condições da ação, dos pressupostos processuais[22] etc.).

Como ponto de partida para o estudo do proibitivo, a definição do conceito de *reformatio in peius*, formulada em termos mais abrangentes, apresenta-se útil e traz significativa contribuição, principalmente quando centrada no rompimento da lógica entre a finalidade e resultado da impugnação das decisões judiciais.[23]

Nisso avança bastante a definição da *reformatio in peius* proposta por Bernhard-Michael Kapsa:

> Em consequência disso, a *reformatio in peius* situa-se, no sentido aqui compreendido, fundamentalmente em qualquer modificação ou anulação de uma decisão atacada em desfavor daquele que contra ela tenha interposto um remédio jurídico. (Tradução nossa).[24]

---

[20] KAPSA, Bernhard-Michael. *Das Verbot der reformatio in peius im Zivilprozess*. Berlin: Duncker e Humblot, 1976. p. 19. Quanto aos perigos de um conceitualismo excessivo, assim discorre Hans-Georg Gadamer: "Um termo é sempre algo artificial, seja porque a própria palavra é formada artificialmente, seja – o que é mais frequente – porque uma palavra, já encontrada em uso, é recortada da plenitude e larguezas de suas relações de significado e fixada em um determinado sentido conceitual" (GADAMER, Hans-Georg. *Verdade e método*: traços fundamentais de uma hermenêutica filosófica. 2. ed. Tradução de Flávio Paulo Meurer. Petrópolis: Vozes, 1997. p. 603).

[21] Quanto ao assunto, assim assevera Carlos Alberto Alvaro de Oliveira: "Se a forma não é oca nem vazia, o que interessa é o conteúdo, não o nome do ato processual". Ver: ALVARO DE OLIVEIRA, Carlos Alberto. *Do formalismo no processo civil*: proposta de um formalismo-valorativo. 3. ed. São Paulo: Saraiva, 2009. p. 246.

[22] Ao conceber o processo como uma relação jurídica, Oscar Büllow percebe que, como qualquer outro vínculo, necessita de alguns requisitos indispensáveis ao seu nascimento, qualificando-os, de forma geral, como pressupostos processuais (ver: BÜLOW, Oskar. *La teoria de las excepciones procesales y los presupuestos procesales*. Tradução de Miguel Angel Rosas Lichtschein. Buenos Aires: Europa-America, 1964. p. 1-2).

[23] Isso também pode ocorrer no reexame necessário previsto em lei (art. 496, NCPC – art. 475, CPC/73). Neste último caso, que será analisado mais adiante, verifica-se a ruptura lógica entre a finalidade da previsão do mecanismo e o resultado obtido. Sua fundamentação teórica, entretanto, pouco possui em comum com o instituto da proibição da *reformatio in peius* no processo civil. Como bem assevera Flávio Cheim Jorge, admitir que a *reformatio in peius* ocorra no reexame necessário seria contrariar a própria essência do reexame necessário, estabelecido em lei justamente para proteger os interesses dos Entes Públicos em juízo (CHEIM JORGE, Flávio. *Teoria geral dos recursos cíveis*. 4. ed. São Paulo: Revista dos Tribunais, 2009. p. 248-249).

[24] KAPSA, Bernhard-Michael. *Das Verbot der reformatio in peius im Zivilprozess*. Berlin: Duncker e Humblot, 1976. p. 22. No original: "Demzufolge liegt eine reformatio in peius im der hier verstandenen Sinn grundsätzlich in jeden Abänderung oder auch Aufhebung einer angefochtenen Entscheidung zum Nachteil desjenigen, der hiergegen einen Rechtsbehelf eingelegt hat". No mesmo sentido, ver: KUHLMANN, Axel. *Das Verbot der reformatio in peius im Zivilprozessrecht*. Berlin: Duncker Humblot, 2010. p. 22.

Todavia, esse conceito de *reforma para pior,* conjugado à proibição da sua ocorrência, não pode ser empregado em sentido excessivamente amplo, de forma a abarcar outros institutos do processo civil. Imagine-se a situação na qual o juízo *ad quem,* além de desbordar do pedido da apelação, ultrapasse os limites do objeto do processo, traçados pelo pedido inicial, julgando em desfavor da apelante relação jurídica não submetida à apreciação judicial. Nesse caso, embora ocorra evidente piora na situação prática do recorrente, a decisão do juízo *ad quem* não violaria, propriamente, a proibição da *reformatio in peius,* mas sim o *princípio da congruência – ne eat iudex ultra petita partium,* (arts. 141 e 492, NCPC – arts. 128 e 460, CPC/73) –, ao proferir decisão *extra petita.* Embora este último seja decorrência do *princípio dispositivo* em sentido próprio (ou *princípio da demanda*), com o qual a proibição da *reformatio in peius* guarda, ao menos, íntima relação, eles não se confundem, representando institutos processuais distintos. Não nos parece correto, nem desejável, o emprego da expressão em sentido tão amplo, razão pela qual José Carlos Barbosa Moreira afirma ser essencial pressupor que o juízo *ad quem* tenha prolatado a decisão respeitando os limites do objeto do processo, traçados pela petição inicial.[25]

A *reformatio in peius* no sistema recursal do processo civil significa o agravamento qualitativo ou quantitativo de qualquer posição jurídica de vantagem (processual ou material) que teria sido assegurada ao recorrente, caso não houvesse interposto sua inconformidade. Todavia, a "posição jurídica de vantagem" protegida contra a *reformatio in peius* não pode divorciar-se dos valores e interesses perseguidos pela jurisdição e pelo processo civil.

Destaque-se que o nosso estudo se limita ao exame da proibição da *reformatio in peius* no âmbito do sistema recursal do processo civil. A tentativa de fundamentar o proibitivo em base teórica comum a espécies processuais tão distintas como o processo civil, penal e administrativo apresenta-se desnecessária e perigosa.

1.2. A evolução histórica da proibição da *reformatio in peius*

A reconstituição histórica do desenvolvimento da revisibilidade das decisões judicias e da estruturação de um sistema recursal apresenta grande re-

---

[25] Analisando a situação, assim discorre José Carlos Barbosa Moreira: "Não é, porém, em termos tão amplos que se costuma pôr e estudar o problema da *reformatio in peius.* Nas circunstâncias acima expostas, ele teria solução óbvia e imediata à luz do princípio da correlação entre a sentença e o pedido: *ne eat iudex ultra* (ou *extra*) *petita partium.* Para que a questão se revista de seriedade, é necessário admitir que a decisão do órgão *ad quem* respeite os limites do pedido inicial" (ver: BARBOSA MOREIRA, José Carlos. *Reformatio in peius.* In: *Direito processual civil*: ensaios e pareceres. Rio de Janeiro: Borsoi, 1971b. p. 148). Conforme bem salientado por Gerassimos Melissinos, no procedimento recursal o vínculo do julgador ao pedido das partes é duplo: (*i*) vincula-se aos pedidos que delimitaram o objeto do processo, que, como regra, não pode ser alterado no juízo recursal; (*ii*) ao mesmo tempo, sempre respeitando os limites do objeto do processo, a atividade cognitiva do novo juízo encontra limites nos pedidos formulados pelos recorrentes (*tantum devolutum quantum appellatum*) (ver: MELISSINOS, Gerassimos. *Die Bindung des Gerichts an die Parteianträge: nach § 308 I, ZPO (ne eat iudex ultra petita partium).* Berlin: Duncker e Humblot, 1981. p. 167).

levância para a compreensão mais aprofundada da proibição da *reformatio in peius* enquanto fenômeno jurídico.

Assim como o problema da *reformatio in peius* pressupõe a existência da pluralidade de instâncias julgadoras, o estudo histórico das culturas que nos antecederam condiciona-se à existência de registros escritos e reconstituições arqueológicas.

Nas primeiras culturas orientais, o Direito confundia-se com a religião. As decisões da autoridade investida de poder para solucionar os litígios expressavam a vontade divina, possuindo os atributos da infalibilidade. Por essa razão, costuma-se negar a existência de instâncias revisoras ou recursais.[26] Todavia só se pode especular se os homens daquele tempo efetivamente confiavam na expressão divina das decisões que os prejudicassem.

Possivelmente os primeiros rudimentos registrados do direito de recorrer vão ser encontrados na legislação mosaica, na qual o prejudicado poderia recorrer das decisões locais ao Sinédrio (tribunal composto por anciãos do povo israelense).[27] Todavia, a ruptura da concepção do Direito como expressão da vontade divina ocorre muito tempo depois, com o apogeu helênico. As leis passam a ser elaboradas pelo povo em assembleia, que a elas se sujeita voluntariamente. Isso levou Aristóteles a teorizar sobre a necessidade de que a atividade jurisdicional não fosse realizada por um único juiz, mas sim por vários, em diversos níveis e tribunais. Contudo, não há registro escrito sobre a possibilidade de o "recurso" ser julgado em desfavor do próprio impugnante.

1.3. O desenvolvimento do sistema recursal no processo civil romano e a *reformatio in peius*

1.3.1. O período das "legis actiones" e o processo formulário

No processo civil romano da República, inicialmente imperava o sistema das *legis actiones*, desenvolvendo-se, aos poucos, até transformar-se em processo formulário, sendo ambos marcados pela divisão em duas fases. Em um primeiro momento, a parte dirigia seu pedido a um Pretor, que analisava o direito em tese, isto é, se estava previsto em lei expressa.[28] Caso concedesse ao autor a *actio*, remetia as partes ao *iudex privatus*, que deveria decidir o litígio segundo a fórmula preestabelecida (isso no processo formulário). Ao magistrado cabia apenas a função de indicar e formular o direito a ser aplicado pelo *iudex* ao caso concreto. A decisão do Pretor de remeter ou não a causa ao *iudex* não gerava coisa julgada, pois ausente qualquer juízo de valor acerca do pedido. As partes firmavam, então, a *litis contestatio*, na qual, além de escolherem o

---

[26] COUTURE, Eduardo. *Fundamentos del derecho procesal civil*. Palma: Palma, 1973. p. 347-349.

[27] AZEVEDO, Luiz Carlos de. *Origem e introdução da apelação no direito lusitano*. São Paulo: Fundação Instituto de Ensino para Osasco, 1976. p. 32.

[28] Daí a máxima: "Nulla legis actio sine lege". AZEVEDO, Luiz Carlos de. *Origem e introdução da apelação no direito lusitano*. São Paulo: Fundação Instituto de Ensino para Osasco, 1976. p. 39.

iudex, se comprometiam a acatar a sentença. O julgamento da demanda, com a subsunção do suporte fático às normas, competia ao *iudex privatus*, que não era órgão estatal, mas um mero cidadão.[29] Daí a razão pela qual sua decisão refletia o entendimento da opinião pública, o que fortalecia seu caráter definitivo, não cabendo recurso contra ela.[30] Essa decisão, embora proferida pelo *iudex*, vinculava as partes, gerando a *res iudicata*, mas não podia ser impugnada pelo prejudicado. Em situações excepcionais, quando ocorresse grave violação das normas processuais ou erro grosseiro na aplicação do direito, a sentença era nula de pleno direito. Nesses raros casos seria possível a *intercessio*, quando o poder estatal, de ofício ou a requerimento da parte, intervinha no processo cassando a sentença, a *litis contestatio*, ou retornando ao estado anterior (*restitutio in integrum*).[31]

A perquirição acerca da *reformatio in peius* pressupõe a existência de instâncias recursais ou revisoras. A ausência de possibilidade de impugnação dos atos judiciais torna inútil e impossível o estudo do tema, não possuindo o sistema das *legis actiones* ou do processo formulário relevância para o objeto da nossa pesquisa.

1.4. A transformação empreendida pelo processo da *cognitio* e o surgimento do sistema recursal e do problema da *reformatio in peius*

A investidura de Otaviano (Augusto) na condição *princeps* pelo Senado romano marca o fim da República e o início do Principado. Concentra-se o poder nas mãos do Imperador, e o exercício da jurisdição passa a ser compreendido como desdobramento de uma das funções do *princeps*. A profunda transformação do Estado Romano, com o rápido fortalecimento da figura do imperador, reflete-se na mudança do processo formulário para o processo da *cognitio*. Substitui-se a figura do *iudex privatus* por um funcionário público do Império, o que coloca o processo nas mãos do Estado.[32] A sentença deixa de ser

---

[29] ALVARO DE OLIVEIRA, Carlos Alberto. *Do formalismo no processo civil:* proposta de um formalismo-valorativo. 3. ed. São Paulo: Saraiva, 2009. p. 20-23.

[30] Por expressar a vontade soberana da opinião do povo, a decisão do *iudex* possuía caráter definitivo, sendo irrecorrível, salvo em situações excepcionais, nas quais a sentença poderia ser impugnada por meio da *"provocatio ad populum"*, que seria julgada por uma assembleia popular. Acerca do assunto, ver: AZEVEDO, Luiz Carlos de. *Origem e introdução da apelação no direito lusitano.* São Paulo: Fundação Instituto de Ensino para Osasco, 1976. p. 41.

[31] KASER, Max; HACKL, Karl. *Das römische Zivilprozessrecht.* 2. ed. München: Beck, 1996. p. 350-375. Afirma-se que a *intercessio* não possuía, contudo, efeito devolutivo, assemelhando-se às funções que os *writs* assumiriam posteriormente no processo do *common law* (ver: STÜRNER, Michael. *Die Anfechtung von Zivilurteile. Eine funktionelle Untersuchung der Rechtsmittel im deutschen und englischen Recht.* München: C. H. Beck, 2002. p. 8). Já Alex Kuhlmann adere ao entendimento de que a *appellatio* e *provocatio* já existiriam ao tempo da República, porém somente poderiam ser utilizadas para retirar a eficácia executória de uma sentença, não sendo possível seu emprego para postular-se a modificação da decisão recorrida, ou mesmo a sua anulação (ver: KUHLMANN, Axel. *Das Verbot der reformatio in peius im Zivilprozessrecht.* Berlin: Duncker Humblot, 2010. p. 22).

[32] KASER, Max; HACKL, Karl. *Das römische Zivilprozessrecht.* 2. ed. München: Beck, 1996. p. 435 *et seq.*

fruto da atividade do *iudex privatus* (mero cidadão), passando a ser compreendida como comando vinculante de um órgão estatal. Torna-se, portanto, ato do poder estatal.[33] Na relação jurídica processual, o juiz coloca-se em posição superior às partes (modelo hierárquico), passando a acumular, ao longo do tempo, amplos poderes para a condução do processo.[34]

A prestação jurisdicional entregue pelo magistrado-funcionário, atividade exercida em nome do Império, exigia, portanto, mecanismos que possibilitassem controle. Essa necessidade resulta na criação, pelo imperador Augusto, de uma nova instância jurisdicional, na qual o juízo *ad quem*, apreciando a *appellatio*, poderia anular ou reformar a decisão impugnada.[35] A criação da *appellatio* destinava-se, portanto, a assegurar o controle do imperador sobre a atividade jurisdicional desenvolvida de forma delegada por seus funcionários: os magistrados. A justiça do caso individual e a pacificação ficavam em segundo plano.[36] A interferência do *princeps*, portanto, possuía muito mais características de intervenção política extraordinária do que de natureza jurisdicional.[37]

O surgimento da *appellatio* com a passagem do processo formulário à *cognitio extra ordinem*[38] traz consigo a importância na definição da *reformatio in peius* e, principalmente, de sua proibição. Embora muito se discuta a respeito da amplitude da cognição do juízo julgador da *appellatio* no Direito Romano, prevalece o entendimento no sentido da vigência da proibição da *reformatio in peius*, ao menos em um primeiro momento, até a introdução da *Lex Ampliorem*

---

[33] A partir do momento em que o imperador Augusto, por meio da *lex Iulia privatorum*, inicia o período da *congnitio extra ordinem* do *princeps*, a decisão do magistrado "não mais correspondia à 'expressão do parecer jurídico ('sententia') de um simples cidadão autorizado pelo Estado, mas sim a um comando vinculante de um órgão estatal'" (TUCCI, José Rogério Cruz e. *Jurisdição e poder*. São Paulo: Saraiva, 1987. p. 28-29).

[34] MITIDIERO, Daniel. *Colaboração no processo civil:* pressupostos sociais, lógicos e éticos. São Paulo: Revista dos Tribunais, 2009. p. 67-68.

[35] KUHLMANN, Axel. *Das Verbot der reformatio in peius im Zivilprozessrecht.* Berlin: Duncker Humblot, 2010. p. 23. Conforme bem assevera Antônio Carlos de Araújo Cintra, o processo da extraordinaria cognito substitui o iudex por "uma organização judiciária burocrática e estruturada em graus sobrepostos, cujo vértice era ocupado pelo imperador, como autoridade suprema" (ver: ARAÚJO CINTRA, Antônio Carlos de. *Sobre os limites objetivos da apelação cível*. São Paulo: [s.n.], 1986. p. 2). Segundo discorre Riccardo Orestano em seu célebre estudo acerca da *appellatio* no Direito Romano, trata-se de instituto inteiramente novo, que emerge espontaneamente do novo clima gerado pelo tempo do Império (ORESTANO, Riccardo. *L'apello civile in diritto romano*. Torino: G. Giappichelli, 1966. p. 166-167).

[36] Ver: GILLES, Peter. *Rechtsmittel im Zivilprozess; Berufung, Revision und Beschwerde im Vergleich mit der Wiederaufnahme des Verfahrens, dem Einspruch und der Wiedereinsetzung in den vorigen Stand.* Frankfurt am Main: Athenaum Verlag, 1972, pp. 206-209; KASER, Max; HACKL, Karl. *Das römische Zivilprozessrecht.* 2. ed. München: Beck, 1996. p. 502-504. Destaca José Rogério Cruz e Tucci que a *appellatio*, já a partir da época do imperador Adriano (117-138, d.C) passou a ser "concebida como um meio processual ordinário contra a injustiça substancial das sentenças formalmente válidas". Prossegue: "o recurso de apelação é acolhido nas experiências jurídicas sucessivas, tornando-se um instituto de secular tradição, presente em quase todos os ordenamentos processuais do mundo contemporâneo" (ver: TUCCI, José Rogério Cruz e. *Jurisdição e poder*. São Paulo: Saraiva, 1987. p. 41). A nova organização do Estado romano passa a compreender a Jurisdição com uma das funções inerentes ao poder do imperador, que delegava essa atribuição (ORESTANO, Riccardo. *L'apello civile in diritto romano*. Torino: G. Giappichelli, 1966. p. 438).

[37] TUCCI, José Rogério Cruz e. *Jurisdição e poder*. São Paulo: Saraiva, 1987. p. 38-40. O processualista também enfatiza o papel desempenhado pela *appellatio* na "unificação do ordenamento jurídico". Essa unificação dever ser compreendida, no entanto, antes como finalidade político-jurídica, de concentração de poder e manutenção da unidade estatal, não sendo voltada, em um primeiro plano, à segurança jurídica individual.

[38] Consultar: KEMMERICH, Clóvis. *O direito processual da idade média.* Porto Alegre: Fabris, 2006. p. 131-132.

pelo imperador Justiniano (530 d.C). Todavia, no período compreendido entre a criação da *appellatio* e a *Lex Ampliorem*, a figura da *reformatio in peius* já era conhecida no Direito Romano, sendo vedada sua ocorrência no âmbito recursal, quando a parte contrária não tivesse interposto seu próprio recurso.[39] A reforma da decisão impugnada a favor do recorrido somente seria possível quando ele também houvesse interposto recurso. O juízo recursal deveria decidir se a apelação era fundada (*iusta*) ou infundada (*iniusta*). Na pior das hipóteses, o juízo recursal deveria pronunciar a *appellatio* como *iniusta* (infundada), desprovendo o recurso e mantendo a sentença, sem agravar a situação do recorrente.[40]

Posteriormente, no *Direito Justinianeu*, aprovou-se a Constituição de 27 de março de 530, conhecida como *Lex Ampliorem*, dispensando-se a necessidade de que o recorrido interpusesse sua própria impugnação para que a instância recursal pudesse alterar, em seu favor, a decisão atacada.[41] Isso confirmaria a incidência da proibição da *reformatio in peius* no julgamento da *appellatio* no período anterior.[42]

Aquele que não houvesse recorrido da decisão dentro do prazo, diante da interposição de recurso pela parte adversa, já não mais deveria limitar-se a esperar o não conhecimento ou desprovimento da inconformidade. Agora, mesmo aquele que houvesse renunciado ao seu direito autônomo de recorrer poderia postular ao juízo *ad quem* a reforma da sentença (também) a seu favor. Além disso, mesmo que o recorrido não houvesse exercido essa faculdade, permanecendo novamente inerte, a instância recursal poderia pronunciar-se

---

[39] KUHLMANN, Axel. *Das Verbot der reformatio in peius im Zivilprozessrecht.* Berlin: Duncker Humblot, 2010. p. 23. Segundo José Carlos Barbosa Moreira, quanto ao Direito Romano existente antes das modificações introduzidas por Justiniano, *"é incontroverso que nele apenas o recorrente podia beneficiar-se da reforma da sentença"* (ver: BARBOSA MOREIRA, José Carlos. *Reformatio in peius.* In: *Direito processual civil*: ensaios e pareceres. Rio de Janeiro: Borsoi, 1971b. p. 150-151).

[40] EGGER, Walter. *Die reformatio in peius im Zivilprozessrecht.* Zürich: Hans Schellemberg, Winterthur, 1985. p. 10; KAPSA, Bernhard-Michael. *Das Verbot der reformatio in peius im Zivilprozess.* Berlin: Duncker e Humblot, 1976. p. 26; KLAMARIS, Nikolaos. *Das Rechtsmittel der Anschlussberufung.* Tübingen: J.C.B. Mohr, 1975. p. 112; RICCI, Hans-Peter. *Reformatio in peius und Anschliessung an das Rechtsmittel im Zivilprozess*: unter vergleichweiser Heranziehung des Strafprozesses und des Steuerjustizverfahrens. Zürich: Winterthur, 1955. p. 12; SCHULTZENSTEIN, Max. Wesen und Grund der Unzulässigkeit einer Reformatio peius. *ZZP*, n. 31, 1903. p. 7.

[41] Acerca do assunto, assim discorre José Carlos Barbosa Moreira: "Muito se discute acerca da amplitude da atividade cognitiva exercitável pelo juízo superior, sendo provável que, pelo menos em determinado período, a devolução abrangesse a parte não impugnada da sentença; o certo é que a famosa constituição Ampliorem, de Justiniano, datada de 530, permitiu ao apelado, quando comparecesse perante o 'órgão ad quem', na hipótese de 'sucumbência recíproca', atacar também a sentença e pleitear-lhe a reforma a seu favor, ainda que não houvesse, até então, interposto recurso por sua vez. Não comparecendo o apelado, era lícito ao próprio tribunal, de ofício, corrigir a injustiça que porventura entendesse contra ele perpetrada. Nessas circunstâncias, pois, a apelação interposta por uma única das partes reputava-se "comum" a ambas ('beneficium commune', 'communio remedii') e podia resultar na piora da situação do apelante (permissão da 'reformatio in peius')" (ver: BARBOSA MOREIRA, José Carlos. *Comentários ao Código de Processo Civil.* 14. ed. Rio de Janeiro: Forense, 2008. v. 5, p. 412-413). Segundo Michael Stürner, no período do processo da *cognitio*, o juízo de apelação não se limitava ao exame da matéria impugnada pelo recorrente, podendo examinar amplamente a causa (ver: STÜRNER, Michael. *Die Anfechtung von Zivilurteile. Eine funktionelle Untersuchung der Rechtsmittel im deutschen und englischen Recht.* München: C. H. Beck, 2002. p. 9).

[42] EGGER, Walter. *Die reformatio in peius im Zivilprozessrecht.* Zürich: Hans Schellemberg, Winterthur, 1985. p. 9-10.

ex officio, melhorando a sua situação em comparação à decisão atacada pela parte adversa.

Evidenciam-se, pois, duas situações distintas: uma que cria a possibilidade de o recorrido formular pedido de reforma da decisão atacada nos capítulos que lhe foram desfavoráveis, quando não houvesse interposto seu próprio recurso; outra que possibilita à instância recursal reformar *ex officio* os capítulos desfavoráveis ao recorrido, no caso da sua ausência ou nova omissão.

A primeira situação depende de manifestação do próprio apelado, razão pela qual a instância recursal, ao pronunciar-se a seu favor, não estaria agindo de ofício com o objetivo de piorar a situação do apelante, mas sim provendo pedido do apelado. Daí não se poder falar em *reformatio in peius* ou *beneficium commune* da *appellatio*. Nitidamente, percebe-se o surgimento da figura do recurso adesivo.[43]

Já no segundo caso, no qual a instância recursal pode pronunciar-se a favor do recorrido ainda quando esteja ausente – e, portanto, de ofício – pode-se falar em *reformatio in peius* e em *beneficium commune*, autorizados pelo direito positivo ali reinante.[44]

A legislação de Justiniano fundamenta-se na compreensão do processo como instrumento voltado à eliminação de controvérsias e à obtenção de certeza quanto ao direto objetivo. Como o direito objetivo decorria da atividade criadora reservada ao Imperador, natural que o processo privilegiasse a sua realização em detrimento dos interesses das partes. Daí o fortalecimento dos poderes do juiz-funcionário, atribuindo-se às partes papel secundário.[45] A concepção do processo civil como instrumento voltado especialmente à manutenção do ordenamento objetivo reflete-se na esfera recursal. O sistema do *beneficium commune*, por não limitar a cognição do juízo de apelação ao interesse do recorrente, possibilita ampla atuação nesse sentido. A permissão da *reformatio in peius* expressa o primado do interesse do Imperador na manutenção do ordenamento jurídico sobre o interesse individual dos litigantes.

Após essa breve análise do sistema recursal no processo civil romano, podemos concluir que o problema da proibição da *reformatio in peius* surge simultaneamente à introdução de uma nova instância julgadora. A criação da

---

[43] Os doutrinadores têm, de modo geral, identificado essa criação como o "ancestral" da forma de recorrer "adesiva", razão pela qual dela, ao menos quando o apelado exerça esse direito, não decorre a figura do *beneficium commune* dos recursos. Nesse sentido, dentre outros: BARBOSA MOREIRA, José Carlos. *Reformatio in peius*. In: *Direito processual civil*: ensaios e pareceres. Rio de Janeiro: Borsoi, 1971b. p. 150-151; KUHLMANN, Axel. *Das Verbot der reformatio in peius im Zivilprozessrecht*. Berlin: Duncker Humblot, 2010. p. 24; RICCI, Hans-Peter. *Reformatio in peius und Anschliessung an das Rechtsmittel im Zivilprozess*: unter vergleichweiser Heranziehung des Strafprozesses und des Steuerjustizverfahrens. Zürich: Winterthur, 1955.

[44] Merece destaque a crítica de José Carlos Barbosa Moreira àqueles que afirmam, de forma generalista, que a apelação romana nessa fase era comum a ambas as partes. O *beneficium commune "não constituía efeito direto e constante da interposição do recurso por uma das partes"*, só ocorrendo na hipótese de contumácia do apelado no procedimento recursal. Comparecendo o apelado, deveria pedir a reforma da sentença a seu favor, caracterizando uma forma primitiva de apelação incidental (ver: BARBOSA MOREIRA, José Carlos. *Reformatio in peius*. In: *Direito processual civil*: ensaios e pareceres. Rio de Janeiro: Borsoi, 1971b. p. 150-151).

[45] MITIDIERO, Daniel. *Colaboração no processo civil:* pressupostos sociais, lógicos e éticos. São Paulo: Revista dos Tribunais, 2009. p. 67-68.

appellatio traz consigo a dúvida quanto à possibilidade de o novo julgamento agravar a situação do recorrente, quando a parte contrária não haja interposto sua própria inconformidade.

1.5. A transformação no significado da *reformatio in peius*, desde a primeira definição escrita até o processo civil moderno

Embora a *reformatio in peius* fosse conhecida no sistema recursal do processo civil romano desde o surgimento da *appellatio*, coube a Ulpiano o primeiro registro do conceito escrito daquela:

> Appellandi usus quam sit frequens, quanque necessarius, nemo est que nesciat, quippe quum iniquitatem iudicatium, vel imperitiam recorrigat, licet nonnum-quam bene latas sententias in peius reformet; neque enim utique melius pronuntiat, qui novissimus sententiam laturus est.[46]

Ali, entretanto, a *reformatio in peius* possuía significado muito diferente do atual, pois comparava a qualidade técnica do conteúdo da decisão do juízo recursal ao da instância inferior. Concebia-se a *reformatio in peius* apenas pelo aspecto qualitativo, pois a preocupação centrava-se na possibilidade de o juízo recursal reformar incorreta ou injustamente a decisão atacada. Em contrariedade a isso, utiliza-se, atualmente, a expressão *reformatio in peius* para significar a indesejada modificação da decisão recorrida em desfavor (prejuízo) do recorrente, sem qualquer conotação valorativa no que diz respeito à qualidade técnica do julgado. Passa-se a definir a *reforma para pior* a partir dos prejuízos práticos que a nova decisão cause à esfera jurídica do recorrente.[47]

Embora seja amplamente aceito que o conteúdo da expressão *reformatio in peius*, à época em que empregada por Ulpiano, centrava-se na ideia da deterioração na qualidade "técnica" da nova decisão, enquanto a atual compreende a piora apenas sob o aspecto do prejuízo (prático) acarretado à parte recorrente, não se pode precisar ao certo o momento no qual ocorreu a modificação desse significado.

No direito suíço e no alemão, nos quais o tema foi objeto de numerosos estudos e controvérsias, muitos apontam Nikolaus Thaddäus Gönner como o primeiro a empregar, em 1802, a expressão no sentido atual (*in Handbuch des Deutschen gemeinen Prozesses*, vol. III, Erlangen), embora isso não seja completamente aceito. Ao que tudo indica, a alteração semântica da expressão *reformatio in peius* ocorreu no século XIX. Reforçam essa conclusão os reflexos gerados pela Revolução Francesa nos mais diversos âmbitos, permitindo

---

[46] "Não se desconhece quão frequente e necessário é o uso da apelação, pois certamente corrige a injustiça assim como a imperícia dos julgadores. Acontece também de sentenças bem lançadas serem reformadas para pior, pois não julga melhor o que profere a sentença por último". Dig. 49.1.1 (ULPIANO. *Digesto*. Libro 49, Título 1º, De Appellationibus).

[47] Nesse sentido: EGGER, Walter. *Die reformatio in peius im Zivilprozessrecht*. Zürich: Hans Schellemberg, Winterthur, 1985. p. 6; KLAMARIS, Nikolaos. *Das Rechtsmittel der Anschlussberufung*. Tübingen: J.C.B. Mohr, 1975. p. 112; RICCI, Hans-Peter. *Reformatio in peius und Anschliessung an das Rechtsmittel im Zivilprozess*: unter vergleichweiser Heranziehung des Strafprozesses und des Steuerjustizverfahrens. Zürich: Winterthur, 1955. p. 10 *et seq*.

lançar-se, também sobre o Direito, um olhar racionalista, de cunho humanístico. As transformações motivadas pelos ventos liberais daquele período histórico também atingem o problema do agravamento da situação do recorrente em razão da atuação *ex officio* do juízo *ad quem*. O processo civil do século XIX permeia-se pela ideologia do liberalismo decorrente da Revolução Francesa, ganhando contorno marcadamente individualista, centrado na concepção dos direitos materiais privados. O fenômeno da *reformatio in peius* deixa de ser observado pela ótica da qualidade "técnica", passando, em um primeiro momento, a ser compreendido unicamente pelo ponto de vista do recorrente, prejudicado por uma atuação *ex officio* do juízo recursal no julgamento da própria impugnação.[48]

Dessa concepção liberal do processo civil, notadamente individualista e privatista, surge uma nova valoração dos distintos interesses das partes dentro do processo, bem como do papel desempenhado pelo órgão judicial na sua condução. O processo passa a ser visto como coisa privada das partes, razão pela qual Wach chega a propor o princípio do desinteresse estatal na coisa litigiosa.[49]

Analisando a concepção liberal do processo, principalmente sob o prisma do formalismo no processo civil, assim discorre Carlos Alberto Alvaro de Oliveira:

> Seu aspecto principal encontra assento na ideologia liberal, então vigorante, de dificultar e mesmo limitar o aumento dos poderes do órgão judicial, privilegiando por conseguinte o domínio das partes. Todo o processo prosseguia circunscrito apenas às exigências de defesa dos direitos dos litigantes, a que paralelamente deve corresponder a passividade e a neutralidade do juiz, dando azo a lentidão e abuso.[50]

Além de não mais ser compreendida pelo enfoque qualitativo (correta e justa aplicação do direito ao caso concreto), a *reformatio in peius* também se dissocia da ideia de proteção à parte inerte na interposição do recurso (recorrido). Conclui-se que, antes de constituir instrumento de proteção, a possibilidade de uma *reformatio in peius* representa verdadeira parcialização do julgador, algo rechaçado pelo liberalismo.[51] Daí compreendermos a incompatibilidade do sistema do *beneficium commune* com o modelo de processo civil decorrente das normas contidas na Constituição da República Federativa do Brasil. Uma alteração dessa natureza no sistema recursal não apenas representaria ruptura dogmática com o processo civil em vigor,[52] mas comprometeria os valores da segurança jurídica e da efetividade. O afastamento da norma geral da proi-

---

[48] Nesse sentido: EGGER, Walter. *Die reformatio in peius im Zivilprozessrecht.* Zürich: Hans Schellemberg, Winterthur, 1985. p. 6-7.

[49] Nesse sentido: ALVARO DE OLIVEIRA, Carlos Alberto. *Do formalismo no processo civil:* proposta de um formalismo-valorativo. 3. ed. São Paulo: Saraiva, 2009. p. 44-48.

[50] Idem. p. 46.

[51] Nesse sentido: KAPSA, Bernhard-Michael. *Das Verbot der reformatio in peius im Zivilprozess.* Berlin: Duncker e Humblot, 1976. p. 27-28.

[52] Ao contrário do afirmado por Axel Kuhlmann, entendemos que não se trataria apenas de uma ruptura dogmática com o atual modelo de processo civil, mas de uma ruptura contrária à Constituição Federal (ver: KUHLMANN, Axel. *Das Verbot der reformatio in peius im Zivilprozessrecht.* Berlin: Duncker Humblot, 2010. p. 95).

bição da *reformatio in peius* e a restauração do sistema do *beneficum commune* reduziria a previsibilidade e a calculabilidade, elementos essenciais ao princípio da segurança jurídica, além de colocar em risco a efetividade do processo, como demonstraremos ao longo do nosso estudo.

1.6. A evolução da proibição da *reformatio in peius* no direito reinícula e brasileiro

As Ordenações do Reino de Portugal, influenciadas pelo Direito Romano, expressamente estatuíram o *beneficium commune* para a apelação, embora isso não se aplicasse ao agravo ordinário, em que era proibida a *reformatio in peius*.[53]

Ao tempo da "descoberta" por Portugal do que viria mais tarde a se tornar o Estado brasileiro, vigoravam as Ordenações Afonsinas, editadas no ano de 1446.[54] Recepcionando o direito comum, já podemos verificar nessa legislação a sistemática do *beneficium commune* para a apelação e a possibilidade da *reformatio in peius* (Livro III, 84).[55]

Durante o reinado de Dom Manoel, passou a vigorar a legislação hoje denominada de Ordenações Manuelinas (1521), caracterizada pelo fortalecimento do poder do rei. A estrutura do sistema recursal já existente restou preservada,

---

[53] BARBOSA MOREIRA, José Carlos. *Reformatio in peius*. In: *Direito processual civil*: ensaios e pareceres. Rio de Janeiro: Borsoi, 1971b. p. 151; TUCCI, José Rogério Cruz e; AZEVEDO, Luiz Carlos. *Lições de história do processo civil lusitano*. São Paulo: Revista dos Tribunais, 2009. p. 80-81. Controverte-se se o direito de apelação já era conhecido e aplicado no período anterior. Para Alfredo Buzaid, a resposta seria afirmativa. Contudo, parece mais adequado o posicionamento traçado por Luiz Carlos Azevedo em sentido contrário. Isso porque, nos primórdios da monarquia lusitana, a possibilidade de impugnar as decisões judicias diferenciava-se em muito da atual ideia de recurso, representando muito mais um verdadeiro ataque à própria pessoa do juiz. Somente a partir da introdução paulatina do Direito Justinianeu em Portugal, a pluralidade de instâncias julgadoras seria estabelecida, com a assimilação do conteúdo da *appellatio* romana (ver: AZEVEDO, Luiz Carlos de. *Origem e introdução da apelação no direito lusitano*. São Paulo: Fundação Instituto de Ensino para Osasco, 1976. p. 72-78).

[54] TUCCI, José Rogério Cruz e; AZEVEDO, Luiz Carlos. *Lições de história do processo civil lusitano*. São Paulo: Revista dos Tribunais, 2009. p. 80-81.

[55] "Título LXXXIIII. Que o Autor, e Reo poffam aleguar, e provar no artiguo d'apelaçam qualquer rezam, que não ouveffem aleguado no Juizo principal. Conhecida couza há, que fegundo Direito Comuun affy o Autor, como o Reo podem aleguar, e provar no artiguo d' apelaçam qualquer rezam nova, que no feito principal nam ouveffem aleguada, fe per ella entenderem aver vencimento de feu feito, e aos Juizes d'apelaçam parecer, que lhes deve com direito, e rezam fer recebida: com tanto que nam dem prova de novo perante os Juizes da apelaçam fobre alguuma rezam, fobre que já ouveffem dada outra prova no feito principal, e hy foffe acabada, e pubricada; ca em tal cafo nom ferâm recebidos a dar hy provas de teftemunhas; por que em outra guifa ligeiramente fe poderia abrir caminho pera fe fazerem muitas falfidades. Que fe aquelle, que já no feito principal foffe recebido a provar alguuma rezam, e depois da Inquiriçam fobre ella hy feita, acabada, e pubricada, outra vez foffe recebido no artigo d'apelaçam a dar fobre ella outra prova, fempre de trabalharia muito a todo feu grande carreguo de fuá conciencia, que podeffe provar a dita rezam outra vez aleguada pera vencimento de feu feito, fendo já em conhecimento verdadeiro do que tinha provado, e do que lhe falecêra pera provar. E por tolhermos a dita fobernação, e falfidade de teftemunhas Poemos por Ley, e Mandamos aos noffos Sobre-Juizes, e Ouvidores, e quaefquer outros Defembargadores, a que o conhecimento das apellaçoens pertença, que guardem, e cumpram em feus Juizos por Ley efto, que per Nós affy He eftabelecido e declarado, como dito he" [sic] (Ordenaçoens do Senhor Rey D. Affonso V., Livro III, Coimbra: Real Imprensa da Universidade, 2 de setembro de 1786).

mantendo-se o sistema do *beneficium commune* no julgamento da apelação, o que tornava possível a *reformatio in peius* (Livro III, 53).[56]

Embora não tenha tratado expressamente da *reformatio in peius*, o antigo direito português admitia a sua ocorrência, pois a apelação possibilitava ao juízo recursal o conhecimento integral da demanda. Seguia-se o sistema da comunhão da apelação, no qual todas as questões e pedidos que integravam a causa (favoráveis ou desfavoráveis ao recorrente) eram devolvidos ao juízo *ad quem*.[57] Como destaca Ovídio Baptista da Silva, "o *princípio da comunidade da apelação*, ou princípio da *realidade*, foi tradicionalmente adotado pelo direito luso-brasileiro".[58]

A legislação brasileira assimila o sistema do benefício comum, como demonstram o art. 1581 da Consolidação de Ribas[59] e o art. 692 da Consolidação de José Higino (Decreto n° 3084, de 5 de novembro de 1898).[60] [61] Todavia, já existiam posicionamentos doutrinários, influenciados pela ideologia liberal da Revolução Francesa, limitando a devolução integral da demanda aos casos nos quais a sentença não pudesse ser fracionada.[62] A transição para o novo modelo de processo civil, no qual haveria cada vez menos espaço para a comunhão dos recursos, ocorre paulatinamente, como demonstram os códigos de processo civil estaduais elaborados no início do século XX. Alguns estados membros vedavam a comunhão da apelação quando houvesse a possibilidade de segmentar a sentença em partes distinta (art. 1.008, Rio Grande do Sul; art. 1.850, Santa Catarina; art. 968, Maranhão; art. 1.423, Minas Gerais; art. 1.448, Pernambuco); outros permaneciam fiéis à tradição do direito reinícula, baseada no sistema do *beneficium commune* (art. 1.070, São Paulo; art. 2.297, Rio de Janeiro; art. 730, Paraná; art. 1.253, Bahia; art. 1.329, Ceará). Segundo Odilon de Andrade, a jurisprudência preexistente ao Código de Processo Civil de 1938 demonstra que, mesmo nos Estados nos quais as codificações houvessem mantido o sistema do benefício comum, raríssimos teriam sido os casos de *reformatio in peius*, demonstrando a mudança na compreensão do processo civil.[63] Também a dou-

---

[56] TUCCI, José Rogério Cruz e; AZEVEDO, Luiz Carlos. *Lições de história do processo civil lusitano*. São Paulo: Revista dos Tribunais, 2009. p. 103.

[57] COSTA, Moacyr Lobo da; AZEVEDO, Luiz Carlos de. *Estudos de história do processo*: recursos. Osasco: FIEO, 1996. p. 93 *et seq*.

[58] BAPTISTA DA SILVA, Ovídio A. *Curso de processo civil*. 7. ed. Rio de Janeiro: Forense, 2005. v. 1, p. 405.

[59] "Art. 1581. Se se conhecer que a sentença appellada fez aggravo ao appellado, e não ao appellante, a emendarão em favor daquelle; salvo se o appellante se houver descido da appellação, renunciando a ella e offerecendo-se a pagar todas as custas, porque então não se conhecerá mais da appellação (2.220)" (ver: RIBAS, Antonio Joaquim. *Consolidação das leis disposições legislativas e regulamentares concernentes ao Processo civil*. Rio de Janeiro: Typographia Nacional, 1878. p. 478-479).

[60] "Art. 692. O recurso de appellação e commum a ambas as partes, e por elle o Supremo Tribunal Federal tanto póde prover ao appellante como ao appellado, salvo si este aquiesceu a sentença".

[61] A respeito do assunto, ver: LIMA, Alcides de Mendonça. *Introdução aos recursos cíveis*. 2. ed. São Paulo: Revista dos Tribunais, 1976. p. 127-128. p. 341.

[62] Ver: STEFEN ELIAS, Carlos Eduardo. *Apelação:* os limites objetivos do efeito devolutivo. São Paulo: Atlas, 2010. p. 70.

[63] ANDRADE, Odilon. *Comentários ao Código de Processo Civil*. Rio de Janeiro: Forense, 1946, v. 9, p. 172, *apud* DIDIER JÚNIOR, Fredie; CUNHA, Leonardo José Carneiro da. *Curso de direito processual civil*, 8. ed. Salvador: Juspodivm, 2010. v. 3, p. 79-80.

trina e as transformações legislativas apontam no sentido da necessidade de limitar os poderes decisórios do juízo recursal, acentuando-se a aplicação do princípio dispositivo em sentido material. Portanto, a proibição da *reformatio in peius* passa a ser objeto de discussão e debate no direito brasileiro.

O Código de Processo Civil de 1939 rompe definitivamente com o sistema *beneficium commune*, outrora adotado no direito luso-brasileiro para o recurso de apelação, no qual o tribunal poderia reformar a sentença a favor de qualquer das partes.[64] Estabeleceu-se a possibilidade de apelação parcial (art. 811, Decreto-Lei nº 1.608/1939)[65] com a limitação do seu efeito devolutivo aos capítulos impugnados (art. 824, Decreto-Lei nº 1.608/1939),[66] não existindo a figura do recurso adesivo.

Como afirma José Carlos Barbosa Moreira, a ausência de previsão do recurso adesivo no Código de Processo Civil de 1939 não levou a doutrina e a jurisprudência a concluírem pela possibilidade da *reformatio in peius*. Por outro lado, embora a presença do recurso adesivo conduza à presunção da existência do proibitivo, sua previsão legal não é suficiente "para evitar por completo as controvérsias doutrinárias ao menos sobre a medida em que ao órgão *ad quem* fica vedado reformar em desfavor do único recorrente".[67] A presunção, no entanto, da vigência da proibição da *reformatio in peius* somente se pacifica após a previsão da figura do recurso adesivo contida no Código de Processo Civil de 1973. O novo Código de Processo Civil reforça a presença no proibitivo, especialmente em razão da delimitação profundidade efeito devolutivo da apelação do aumento do poder de disposição das partes, que pode alcançar, em algumas situações, o próprio procedimento (negócios jurídicos processuais).

---

[64] Segundo Nelson Nery Junior, até então vigorava, portanto, o princípio da realidade, segundo o qual o julgador não se encontrava vinculado aos limites traçados pelo efeito devolutivo da apelação (ver: NERY JUNIOR, Nelson. *Teoria geral dos recursos*. 6. ed. São Paulo: Revista dos Tribunais, 2004. p. 185-186).

[65] Art. 811. A sentença poderá ser impugnada no todo ou em parte, presumindo-se total a impugnação quando o recorrente não especificar a parte de que recorre.

[66] Art. 824. A apelação devolverá à superior instância o conhecimento integral das questões suscitadas e discutidas na ação, salvo a hipótese prevista no art. 811.
§ 1º As questões de fato não propostas na instância inferior somente poderão ser suscitadas no processo de apelação, se as partes provarem que deixaram de fazê-lo por motivo de força maior.
§ 2º Na apelação ex-officio, relativa a desquite por mútuo consentimento, o Tribunal limitar-se-á a verificar se foram observados os requisitos e formalidades legais.

[67] Ver: BARBOSA MOREIRA, José Carlos. *Reformatio in peius*. In: *Direito processual civil*: ensaios e pareceres. Rio de Janeiro: Borsoi, 1971b. p. 158. A previsão do recurso adesivo não põe fim à controvérsia quanto ao alcance do proibitivo, conforme também destaca a doutrina italiana (ver: PROVINCIALI, Renzo. *Delle impugnazioni in generale*. Nápoles: Morano, 1962. p. 219-220; ZANZUCCHI, Marco Tullio. *Diritto processuale civile*. 6. ed. Milano: Giuffrè, 1964. v. 2, p. 244-245). No mesmo sentido se posiciona José Carlos Barbosa Moreira: "A possibilidade da adesão contrabalança a vedação da *reformatio in peius*. Não há correlação *necessária* entre semelhante vedação e a admissão do recurso adesivo, podendo aquela existir sem este; mas não sobre dúvida que a solução adotada pelo atual estatuto atende à ponderáveis razões de conveniência" (ver: BARBOSA MOREIRA, José Carlos. *Comentários ao Código de Processo Civil*. 14. ed. Rio de Janeiro: Forense, 2008. v. 5, p. 438).

2. A fundamentação teórica da proibição da *reformatio in peius*

2.1. Bases gerais

Desde as primeiras reflexões sobre a proibição da *reformatio in peius*, deparamo-nos com indagações acerca de seus fundamentos teóricos. A proibição da *reforma para pior* decorreria da livre decisão político-jurídica tomada pelo legislador, ou se deixaria conduzir a fundamentos permeados por valores constitucionais mais elevados? Caso a resposta seja afirmativa, tais fundamentos limitariam e orientariam a atuação do legislador, além de servirem como instrumentos úteis e necessários à definição do âmbito de abrangência do proibitivo nos casos concretos.

A nosso ver, a redução do instituto à mera decisão político-jurídica do legislador mostra-se falha. Todavia, mesmo que fosse aceita a ampla liberdade do legislador, a fundamentação teórica da proibição da *reformatio in peius* apresenta-se imprescindível, sob o ponto de vista prático, ao menos em duas importantes situações: *(i)* para determinar sua vigência naqueles casos de omissão legal; *(ii)* para determinar seu âmbito de abrangência, permitindo a compreensão de eventuais exceções.[68]

Ainda que não se descarte a importância do legislador infraconstitucional em disciplinar o assunto,[69] seu âmbito de disposição é limitado, sobretudo diante de institutos como a proibição da *reformatio in peius*, que possui sólidos fundamentos teóricos, lastreados em valores previstos de forma implícita ou explícita no texto constitucional.[70] Nesse assunto, o âmbito de liberdade do le-

---

[68] KUHLMANN, Axel. *Das Verbot der reformatio in peius im Zivilprozessrecht*. Berlin: Duncker Humblot, 2010. p. 33-34.

[69] Acerca do papel da lei na realização dos direitos fundamentais constitucionalizados, assim discorre Nicolò Trocker: "Indubbiamente, com l'affermazione che i diritti fondamentali sono diritto immediatamente vigente, il constituente non ha inteso escludere "sic et simpliciter" la funzione intermediaria del legislatore. La legge resta certamente lo strumento migliore per la concretizzazione di determinate situazioni di vantaggio riconosciute sul piano costituzionale" (TROCKER, Nicolò. *Processo civile e constituizione*. Milano: Giuffrè, 1974. p. 140-141).

[70] José Carlos Barbosa Moreira parece defender maior margem de discricionariedade ao legislador para tratar do assunto. Ver: BARBOSA MOREIRA, José Carlos. *Reformatio in peius*. In: *Direito processual civil: ensaios e pareceres*. Rio de Janeiro: Borsoi, 1971b. p. 150.

gislador será restrito, dependendo sempre de reflexões teóricas, e não de seus próprios critérios discricionários.[71]

Os fundamentos teóricos do instituto são, pois, em um primeiro momento, verdadeiras balizas à vontade do legislador e, em um segundo, instrumentos essenciais à definição da vigência do proibitivo nos casos omissos, possibilitando, também, a compreensão da abrangência do seu âmbito de aplicação, seja ele positivado ou não.

Diante do fracasso (momentâneo) da doutrina em encontrar um fundamento teórico da proibição comum às diversas espécies de processo (civil, penal, trabalhista, administrativo), não se pode extrair a conclusão de que o instituto esteja baseado, exclusivamente, em previsões legais, ou seja, na livre expressão de vontade do legislador, concretizada na lei.[72] Não se mostra razoável, sobretudo em processos com escopos e procedimentos tão diferenciados, como no caso dos processos civil e penal, a busca por uma base teórica única para a proibição da *reformatio in peius*.[73] Todavia, a impossibilidade de encontrarmos um fundamento comum não dispensa a importância de procurarmos fundamentos teóricos da proibição da reforma para pior em cada uma das espécies processuais, respeitando-se, assim, as diferenças e as peculiaridades de procedimentos, bem como os escopos processuais.[74]

Contudo, as tentativas de identificar a base teórica sobre a qual se assenta a proibição da *reformatio in peius* no processo civil empreendidas até agora pela doutrina e jurisprudência não obraram encontrar resultado uníssono ou minimamente satisfatório. Entre os processualistas pátrios, assim como ocorre no direito comparado, prevalece o entendimento segundo o qual o instituto seria decorrência do princípio dispositivo em sentido material. Entretanto, não faltam referências à proteção da coisa julgada progressiva ou ao efeito devolutivo dos recursos, associado ou não ao interesse recursal. As dissonâncias na solução do grande número de situações surgidas na prática dos nossos tribunais,

---

[71] KUHLMANN, Axel. *Das Verbot der reformatio in peius im Zivilprozessrecht.* Berlin: Duncker Humblot, 2010. p. 34.

[72] O argumento de que a proibição da *reformatio in peius* decorre da simples criação legal, não dependendo do princípio dispositivo ou do instituto da coisa julgada, foi fortemente defendido por Bernhard-Michael Kapsa (Ver: KAPSA, Bernhard-Michael. *Das Verbot der reformatio in peius im Zivilprozess.* Berlin: Duncker e Humblot, 1976). Sua obra é possivelmente a mais citada, dentre aquelas da doutrina alemã, pelos processualistas brasileiros que, embora não neguem a importância do princípio dispositivo e da preclusão neste aspecto, acabam transparecendo a subjacente ideia de uma maior liberdade do legislador no tratamento do assunto.

[73] Por tratar-se de instituto com manifestação similar nas mais diversas espécies de processo, muito se buscou encontrar fundamentos teóricos que fossem comuns a todos eles. Essa busca é aguçada pelo fato de que a proibição surge e se desenvolve no âmbito do processo civil e do processo penal de forma quase simultânea (Ver: KAPSA, Bernhard-Michael. *Das Verbot der reformatio in peius im Zivilprozess.* Berlin: Duncker e Humblot, 1976. p. 34). Tais processos possuem escopos e *iter* procedimental completamente distintos, transformando o instituto que se insere em tais realidades. Daí a dificuldade em padronizar o embasamento teórico da proibição da *reformatio in peius.* Nem por isso se pode concluir que o instituto não possua tais fundamentos, que devem ser adaptados aos diferentes tipos de processos nos quais se insere. Ressalte-se que o art. 617 do Código de Processo Penal brasileiro proíbe expressamente a *reformatio in peius* no julgamento do recurso interposto pelo réu.

[74] KUHLMANN, Axel. *Das Verbot der reformatio in peius im Zivilprozessrecht.* Berlin: Duncker Humblot, 2010. p. 34.

sobretudo no que diz respeito ao âmbito de abrangência do proibitivo, demonstram a insuficiência dessas conclusões.

Os fundamentos invocados pelos processualistas para proibição da *reformatio in peius* no processo civil podem ser condensados da seguinte forma:[75]

(a) princípio dispositivo em sentido material ou princípio da demanda, em razão do domínio das partes quanto ao início, à delimitação do objeto e ao fim do processo, além da vinculação do juiz aos pedidos, também aplicável à esfera recursal;

(b) proteção à coisa julgada progressiva dos capítulos não impugnados da sentença recorrida;

(c) efeito devolutivo do recurso, quase sempre conjugado ao requisito de admissibilidade do interesse recursal;

(d) conteúdo do recurso, ou a própria ausência de impugnação do julgado;

(e) outros institutos (v.g.: o recurso adesivo) e normas extraprocessuais;[76]

Também existem posicionamentos que compreendem a proibição da *reformatio in peius* como questão puramente político-jurídica, deixada a cargo do legislador infraconstitucional, que seria livre para instituí-la ou não.[77]

Todavia, como ocorre com os demais institutos de processo civil, o estudo da proibição da *reformatio in peius* deve sempre considerar o direito positivo, ponto de partida para qualquer exegese. Porém, a positivação do proibitivo na lei processual não exclui a necessidade de buscarmos os fundamentos e valores sobre os quais se assente.

2.2. A proibição da *reformatio in peius* no direito positivo

Delineado em termos gerais o conceito de *reformatio in peius*, cabe indagarmos acerca da sua vedação (ou não) no processo civil para, após, definirmos o âmbito de abrangência da aplicação do proibitivo, além de suas exceções. Como ressaltamos anteriormente, este trabalho inicia-se com o estudo do direito positivo, embora não se esgote aí.

Sabe-se que, ao longo da história evolutiva do processo civil nos mais diversos ordenamentos jurídicos, o legislador adotou diferentes posições no que

---

[75] Já em 1804, o jurista alemão Nikolaus Thaddäus von Gönner fundamentava o proibitivo, simultaneamente, na coisa julgada formada pelos capítulos não impugnados da sentença, assim como do juízo aos pedidos das partes (*ne eat iudex ultra petita partium*). Esse primeiro fundamento ainda desempenha algum papel na proibição da *reformatio in peius* no processo penal, enquanto o último sempre foi identificado com o processo civil (Ver: KAPSA, Bernhard-Michael. *Das Verbot der reformatio in peius im Zivilprozess*. Berlin: Duncker e Humblot, 1976. p. 33).

[76] KAPSA, Bernhard-Michael. *Das Verbot der reformatio in peius im Zivilprozess*. Berlin: Duncker e Humblot, 1976. p. 33-34.

[77] Segundo Bernhard-Michael Kapsa, tudo dependeria da configuração que o legislador deu ao sistema recursal e da previsão expressa da regra impeditiva da reforma para pior. Assim, o legislador estaria livre para decidir sobre a vigência do proibitivo e definir o seu âmbito de alcance (ver: KAPSA, Bernhard-Michael. *Das Verbot der reformatio in peius im Zivilprozess*. Berlin: Duncker e Humblot, 1976. p. 108). Do mesmo modo se posiciona Michael Stürner, para quem o legislador, ponderando a necessidade de assegurar a "justiça" (equidade), poderia autorizar que o juízo recursal reformasse em desfavor do apelante capítulo da sentença não impugnado (STÜRNER, Michael. *Die Anfechtung von Zivilurteile. Eine funktionelle Untersuchung der Rechtsmittel im deutschen und englischen Recht*. München: C. H. Beck, 2002. p. 195).

diz respeito à proibição da *reformatio in peius*. Ora admitia-se que os tribunais pudessem agir de ofício agravando a situação do recorrente, ora vedava-se de forma expressa ou implícita a possibilidade de fazê-lo.

Atualmente, a proibição da *reformatio in peius* parece preponderar na maior parte dos sistemas processuais civis ao redor do mundo. Todavia, isso não significa a existência de consenso a respeito do assunto, do qual se origina uma infinidade de indagações teóricas e práticas, aguçadas pela ausência de nominação expressa do proibitivo, para o processo civil, na maioria dos ordenamentos jurídicos.

Não existe, portanto, para o problema da proibição da *reformatio in peius*, solução *a priori*, de abrangência universal e uniforme e aplicável a todos os ordenamentos jurídicos. Essa conclusão aflora ao observarmos a forma diferenciada como positivado o tratamento do assunto ao longo do espaço e do tempo.[78] Mesmo quando se tome como objeto de análise um único ordenamento jurídico, verifica-se, na maioria das vezes, que a questão não foi concebida de maneira uniforme.

Analisando o assunto, José Carlos Barbosa Moreira afirma que os sistemas poderiam ser divididos em três classes: (a) aqueles que expressamente permitem a *reformatio in peius*; (b) aqueles que expressamente a proíbem; (c) aqueles que não possuem disposição expressa, cabendo ao intérprete verificar de forma sistemática a solução que melhor se harmoniza com o sistema. O primeiro grupo seria representado pelo Direito Romano, pelo Direito Reinícula e pelo direito brasileiro quando da vigência da Consolidação Ribas; o segundo grupo diria respeito ao direito alemão, ao direito austríaco e ao português; o terceiro, ao direito francês, ao direito italiano e ao direito espanhol.[79]

A Lei nº 13.105/2015 (NCPC), à semelhança do Código de Processo Civil de 1973, não possui referência expressa à proibição da *reformatio in peius*. Os limites da competência do juízo de apelação são delineados pelo *caput* do art. 1.013 e seus parágrafos. Segundo o disposto no *caput* do art. 1.013 do novo Código de Processo Civil, aplicável aos recursos em geral, a apelação devolve ao tribunal o conhecimento da matéria impugnada (*tantum devolutum quantum appellatum*).

Como analisaremos mais adiante, no Brasil existe forte tendência de compreender a proibição da *reformatio in peius* como desdobramento do disposto no *caput* do art. 515 do CPC/73 (produzido no art. 1.013 do NCPC), que traça os limites da extensão do efeito devolutivo da apelação.

No Código de Processo Civil de 1973, sobram exemplos de previsões legais concretizadoras do princípio dispositivo em sentido próprio (material),

---

[78] BARBOSA MOREIRA, José Carlos. *Reformatio in peius*. In: *Direito processual civil*: ensaios e pareceres. Rio de Janeiro: Borsoi, 1971b. p. 150.

[79] Idem. p. 150 e 162 e seg. Todavia, é pacífico na doutrina processual civil tedesca que a ZPO não prevê expressamente a proibição da *reformatio in peius*. Ver: KLAMARIS, Nikolaos. *Das Rechtsmittel der Anschlussberufung*. Tübingen: J.C.B. Mohr, 1975. p. 124-125 e p. 280. KAPSA, Bernhard-Michael. *Das Verbot der reformatio in peius im Zivilprozess*. Berlin: Duncker e Humblot, 1976. p. 45-57; KUHLMANN, Axel. *Das Verbot der reformatio in peius im Zivilprozessrecht*. Berlin: Duncker Humblot, 2010. p. 56-57.

constituindo base normativa que sugere a vigência da proibição da *reformatio in peius* (p. ex.: arts. 2º; 128; 1ª parte; 460; 500 e 515 do CPC/73). O direito comparado demonstra a presença da proibição da *reformatio in peius* nos modelos de processo civil baseados no princípio dispositivo.[80]

O novo Código de Processo Civil reproduz essas previsões (p. ex.: arts. 141; 490; 492; 997, 1.013 e art. 1034, parágrafo único, do NCPC), porém avança prevendo hipótese de aplicação do princípio dispositivo em sentido processual (ou impróprio) para permitir às partes – em demandas versem sobre diretos que admitam autocomposição – estipular mudanças no próprio procedimento para *ajustá-lo às especificidades da causa e convencionar sobre os seus ônus, poderes, faculdades e deveres processuais, antes ou durante o processo* (art. 190, NCPC).

Ademais, a introdução da figura do recurso adesivo no art. 500 do Código de Buzaid parece afastar a dúvida acerca da vigência da proibição da *reformatio in peius* em nosso ordenamento jurídico.[81] A admissão da *reformatio in peius* esvaziaria a utilidade e o sentido da previsão legal do recurso adesivo. A presença dessa figura aponta fortemente no sentido da impossibilidade da *reformatio in peius*, porém, como veremos, a recíproca não é verdadeira. A ausência do recurso adesivo não faz presumir a permissão da *reformatio in peius*.[82]

De qualquer modo, a previsão expressa da proibição da *reformatio in peius* nas leis processuais não constitui condição *sine qua non* para sua validade em um determinado ordenamento jurídico. O conteúdo do proibitivo já se encontra implícito em quase todos os sistemas processuais civis, razão pela qual a nominação expressa apenas acaba revelando norma previamente existente no ordenamento jurídico. O instituto pode ser extraído de inúmeras normas principiais e valores existentes no texto da Constituição Federal, algumas das quais representam verdadeiros direitos fundamentais ou elementos estruturantes do processo civil.

À semelhança dos demais institutos de processo civil, o estudo da proibição da *reformatio in peius* deve considerar o direito positivo, ponto de partida de qualquer exegese. Todavia, mesmo quando os ordenamentos jurídicos contenham expressa previsão legal tratando do assunto, aí não se esgota a compreensão do problema. Por essa razão, iniciamos nossos esforços estudando a evolução ao longo da história do processo civil brasileiro e comparado, para, posteriormente, empreendermos a descoberta de seus fundamentos teóricos. Definidos os objetivos e os fundamentos, seu âmbito de aplicação e as eventuais exceções existentes podem ser determinados com maior acuidade.

---

[80] Ver: EGGER, Walter. *Die reformatio in peius im Zivilprozessrecht.* Zürich: Hans Schellemberg, Winterthur, 1985. p. 48-49 e 1p. 43-144.

[81] Ver: APRIGLIANO, Ricardo de Carvalho. *A apelação e seus efeitos.* São Paulo: Atlas, 2003. p. 36-42.

[82] Nesse sentido, dentre outros, ver: BARBOSA MOREIRA, José Carlos. *Reformatio in peius.* In: *Direito processual civil*: ensaios e pareceres. Rio de Janeiro: Borsoi, 1971b. p. 148; NERY JUNIOR, Nelson. *Teoria geral dos recursos.* 6. ed. São Paulo: Revista dos Tribunais, 2004. p. 186; KAPSA, Bernhard-Michael. *Das Verbot der reformatio in peius im Zivilprozess.* Berlin: Duncker e Humblot, 1976. p. 73; KUHLMANN, Axel. *Das Verbot der reformatio in peius im Zivilprozessrecht.* Berlin: Duncker Humblot, 2010. p. 39.

Já no ordenamento processual alemão, a proibição expressa de uma *piora na situação do recorrente* existe apenas para o processo penal.[83] Ao contrário do afirmado por alguns processualistas brasileiros, a regra contida no § 528 da ZPO alemã não designa expressamente a proibição da reforma para pior na apelação. Trata-se de previsão legal mais ampla, que se refere à vinculação do tribunal aos pedidos da apelação, fixando, assim, os limites decisórios, sem mencionar expressamente a proibição da *reformatio in peius. In verbis:*

§ 528, ZPO: A análise e decisão do juízo do tribunal julgador da apelação estão sujeitos apenas aos pedidos da apelação. A decisão do juízo de primeiro grau só pode ser modificada na medida em que uma modificação é postulada.[84]

Portanto, não nos parece correto afirmar que a ordenança processual civil alemã (ZPO) contenha menção expressa à proibição da *reformatio in peius*. A regra referente à apelação proíbe *qualquer modificação* das sentenças de primeiro grau, caso não haja pedido do recorrente.[85] Por conseguinte, abrange também a proibição de que sejam alterados, em favor do recorrente, capítulos da sentença contra os quais não tenha se insurgido (*reformatio in melius*). Embora disso também se deduza, em parte, a existência da proibição da *reformatio in peius*, não se pode falar em referência expressa ao proibitivo.

Todavia, o regramento tedesco torna muito mais clara a existência da proibição da *reformatio in peius*, quando comparada ao correlato art. 1.013, *caput*, do novo Código de Processo Civil (Lei nº 13.105/2015) que possui idêntica reação ao art. 515, *caput*, do CPC/73.

O direito processual civil alemão é fortemente marcado pelo princípio dispositivo em sentido material, ou princípio da demanda. A norma jurídica fundamental representada no aforismo *ne eat iudex ultra petita partium* faz-se presente significativas vezes na ordenança.[86] Já o § 308[87] explicita a vinculação geral do juízo aos pedidos das partes, fundamento processual geral aplicável, por força do § 525,[88] também aos tribunais regionais (*Landsgericht*), competentes para julgar a apelação (*Berufung*).

---

[83] Ver: §§ 331, 358-2, 373-2 StPO.

[84] Tradução nossa. Original: "§ 528 Bindung an die Berufungsanträge. Der Prüfung und Entscheidung des Berufungsgerichts unterliegen nur die Berufungsanträge. Das Urteil des ersten Rechtszuges darf nur insoweit abgeändert werden, als eine Abänderung beantragt ist".

[85] A questão é pacificada entre os processualistas tedescos. Por todos, ver: KLAMARIS, Nikolaos. *Das Rechtsmittel der Anschlussberufung*. Tübingen: J.C.B. Mohr, 1975. p. 124-125 e p. 280. KAPSA, Bernhard-Michael. *Das Verbot der reformatio in peius im Zivilprozess*. Berlin: Duncker e Humblot, 1976. p. 45-57; KUHLMANN, Axel. *Das Verbot der reformatio in peius im Zivilprozessrecht*. Berlin: Duncker Humblot, 2010. p. 56-57.

[86] A respeito do assunto, vem ganhando destaque nas últimas décadas a tese de doutoramento apresentada por Gerassinos Melissimos na Faculdade de Direito da Universidade de Munique (ver: MELISSINOS, Gerassimos. *Die Bindung des Gerichts an die Parteianträge: nach § 308 I, ZPO (ne eat iudex ultra petita partium)*. Berlin: Duncker e Humblot, 1981).

[87] "§ 308 Bindung an die Parteianträge
(1) Das Gericht ist nicht befugt, einer Partei etwas zuzusprechen, was nicht beantragt ist. Dies gilt insbesondere von Früchten, Zinsen und anderen Nebenforderungen.
(2) Über die Verpflichtung, die Prozesskosten zu tragen, hat das Gericht auch ohne Antrag zu erkennen."

[88] "§ 525 Allgemeine Verfahrensgrundsätze
Auf das weitere Verfahren sind die im ersten Rechtszuge für das Verfahren vor den Landgerichten geltenden Vorschriften entsprechend anzuwenden, soweit sich nicht Abweichungen aus den Vorschriften dieses Abschnitts ergeben. Einer Güteverhandlung bedarf es nicht."

Também existe previsão expressa no § 557 da ZPO no sentido da vinculação do *Bundesgerichtshof* ao pedido formulado no recurso de revisão (*Revisions*).[89]

Em se tratando do agravo (*Beschwerde*),[90] embora inexista previsão legal expressa da vinculação do juízo recursal ao pedido formulado pelo agravante, a jurisprudência e a doutrina processual civil tedesca posicionam-se pela aplicação da proibição da *reformatio in peius*.[91]

Isso demonstra a firme presença da proibição da *reformatio in peius* no sistema recursal do processo civil alemão, embora o legislador não a tenha mencionado expressamente.

Já o art. 684 do Código de Processo Civil português explicita a proibição da *reformatio in peius*, ao conferir expressamente proteção à coisa julgada dos capítulos não recorridos ("os efeitos do julgado, na parte não recorrida, não podem ser prejudicados pela decisão do recurso nem pela anulação do processo").[92]

2.3. A "essência" funcional dos recursos e a proibição da *reformatio in peius*

Não são poucos aqueles que relacionam a proibição da *reformatio in peius* à própria "essência" do recurso ou, ainda, à função de tutelar os interesses das partes, que possuiria preponderância sobre a necessidade de uniformização dos julgados e sobre a correta aplicação do direito ao caso concreto (realização do direito objetivo).[93] Por outro lado, as exceções ao proibitivo também poderiam resultar da prevalência destas últimas finalidades sobre a tutela do interesse do recorrente.

---

[89] "§ 557 Umfang der Revisionsprüfung
(1) Der Prüfung des Revisionsgerichts unterliegen nur die von den Parteien gestellten Anträge.
(2) Der Beurteilung des Revisionsgerichts unterliegen auch diejenigen Entscheidungen, die dem Endurteil vorausgegangen sind, sofern sie nicht nach den Vorschriften dieses Gesetzes unanfechtbar sind.
(3) Das Revisionsgericht ist an die geltend gemachten Revisionsgründe nicht gebunden. Auf Verfahrensmängel, die nicht von Amts wegen zu berücksichtigen sind, darf das angefochtene Urteil nur geprüft werden, wenn die Mängel nach den §§ 551 und 554 Abs. 3 gerügt worden sind."

[90] Esse recurso não corresponde exatamente ao agravo existente no direito processual civil brasileiro.

[91] Ver: GRUNSKY, Wolfgang; BAUR, Fritz. *Zivilprozessrecht*. 12. ed. München: Luchterhand, 2006. p. 191-192 e p. 206; KAPSA, Bernhard-Michael. *Das Verbot der reformatio in peius im Zivilprozess*. Berlin: Duncker e Humblot, 1976. p. 80; KUHLMANN, Axel. *Das Verbot der reformatio in peius im Zivilprozessrecht*. Berlin: Duncker Humblot, 2010, p. 107; SCHULTZENSTEIN, Max. Wesen und Grund der Unzulässigkeit einer Reformatio peius. ZZP, n. 31, 1903. p. 3; ROSENBERG, Leo; SCHWAB, Karl Heinz; GOTTWALD, Peter. *Zivilprozessrecht*. 17. ed. München: C. H. Beck München, 2010. p. 857-858, § 147, 31.

[92] Segundo Fernando Amâncio Pereira, o art. 684 do Código de Processo Civil português consagrou a proibição da *reformatio in peius*: o julgamento do recurso não pode agravar a posição do recorrente, tornando-a pior do que seria se ele não tivesse recorrido. Ver: PEREIRA, Fernando Amâncio. *Manual dos recursos em processo civil*. 7. ed. Coimbra: Almedina, 2006. p. 159.

[93] No direito alemão, destaca-se, pela tentativa de deduzir a proibição da *reformatio in peius* diretamente da denominada "essência do recurso" (SCHULTZENSTEIN, Max. Wesen und Grund der Unzulässigkeit einer Reformatio peius. ZZP, n. 31, 1903. p. 29). Também, ver as críticas formuladas por: KUHLMANN, Axel. *Das Verbot der reformatio in peius im Zivilprozessrecht*. Berlin: Duncker Humblot, 2010. p. 83-84; KAPSA, Bernhard-Michael. *Das Verbot der reformatio in peius im Zivilprozess*. Berlin: Duncker e Humblot, 1976. p. 58.

A expressão "essência dos recursos" mostra-se excessivamente vaga. A definição do seu conteúdo semântico já se coloca como obstáculo inicial e condição *sine qua non* ao entendimento de sua eventual articulação com a proibição da *reformatio in peius*.

A nosso ver, equivocam-se aqueles que tentam atribuir à "essência do recurso" significado quase supralegal, de conotação ontológica, dissociado da forma, finalidade e conteúdo positivados no direito processual civil e, eventualmente, no próprio texto constitucional.[94] Daí a impossibilidade de falarmos em uma "essência" recursal universalmente válida.[95]

O conteúdo da expressão "essência do recurso" varia de acordo com as funções atribuídas por um determinado ordenamento jurídico às espécies impugnatórias. Também não se podem dispensar as luzes lançadas pelo estudo dos valores e fins orientadores da jurisdição e do processo civil. A esse esforço hermenêutico prestam especial auxílio os valores, as normas principais e as regras previstas no texto constitucional, sobretudo aquelas atinentes aos direitos fundamentais, ao processo civil e aos recursos, além da previsão dos tribunais e suas competências.

Conclui-se, portanto, que a "essência do recurso" se define a partir dos fins e valores que o ordenamento jurídico atribui às espécies impugnatórias.[96] A proibição da *reformatio in peius* também recebe influência desses fatores, porém não da "essência" ontológica do recurso, expressão excessivamente vaga e abstrata. A essência do recurso é, para nós, a conjugação e o balanceamento desses valores e objetivos variáveis.

Todavia o direito como fenômeno cultural pode criar uma figura arquetípica de recurso, presente no imaginário coletivo, que faz pressupor a impossibilidade do prejuízo àquele que dele se utilize. Esse arquétipo é completamente transferido e positivado no processo civil pautado pelo princípio dispositivo em sentido próprio. A *reformatio in peius* surpreende o recorrente, pois rompe pressuposto cultural, reforçado pelo sistema recursal positivado pelo legislador.

Basear o proibitivo na "essência" do recurso não nos parece correto nem adequado ao rigor científico. Todavia, vão longe demais as teses de Axel Kuhlmann, Bernhard-Michael Kapsa e Walter Egger ao descartarem totalmente essa concepção, negando-lhe qualquer importância. Embora não seja apta a fundamentar diretamente a proibição da *reformatio in peius*, a ideia de que um recurso não possa piorar a situação do recorrente não decorre apenas da criação do legislador. A própria noção geral de recurso (figura arquetípica) preexiste ao direito positivo, sendo conhecida pelo homem desde a infância, como

---

[94] Nesse sentido: KUHLMANN, Axel. *Das Verbot der reformatio in peius im Zivilprozessrecht*. Berlin: Duncker Humblot, 2010. p. 184-185.

[95] Segundo Walter Egger, a transcendência de uma "essência" comum a todos os recursos, além de irreal, não serve à fundamentação teórica da proibição da *reformatio in peius*, pois o direito positivo faz conhecer inúmeras exceções ao proibitivo. Ver: EGGER, Walter. *Die reformatio in peius im Zivilprozessrecht*. Zürich: Hans Schellemberg, Winterthur, 1985. p. 22-23.

[96] KAPSA, Bernhard-Michael. *Das Verbot der reformatio in peius im Zivilprozess*. Berlin: Duncker e Humblot, 1976. p. 61.

bem captado por Alcides Mendonça Lima. O inconformismo com as decisões desfavoráveis, atavicamente arraigado à psique, ganha reforço quando consideramos a falibilidade humana, algumas vezes decorrente de limites cognitivos, e outras tantas vezes ocasionada pelas "paixões" ou, até mesmo, por interesses espúrios.[97]

Conforme já referido, embora não possamos aceitar a tentativa de basear a proibição da *reformatio in peius* na ideia excessivamente abstrata da "essência dos recursos", em uma acepção quase supralegal, desvinculada de sua positivação em um determinado ordenamento jurídico, os argumentos de ordem psicológica levantados por muitos doutrinadores possuem relevância. A compreensão da estruturação interna do pensamento humano, prenúncio de um agir que, uma vez exteriorizado, pode se manifestar como ato de significado jurídico, deve ser considerada pelo legislador, permitindo a formatação de um processo civil dotado de maior eficácia na realização de seus desideratos.

A proibição da *reformatio in peius* integra o arquétipo ("essência") do recurso. A atuação do legislador positivando um modelo de processo civil e um sistema recursal reforça essa ideia, gerando no recorrente grande expectativa na impossibilidade de que um agravamento na sua situação possa decorrer do julgamento do próprio recurso.

A frustração dessa sólida expectativa pode resultar em violação ao direito fundamental à proteção da confiança, expressão do valor segurança jurídica, que merece ser protegido contra a *reformatio in peius* – tema a ser tratado mais adiante.

2.4. A transferência, ao sistema recursal, dos fins e valores norteadores da jurisdição e do processo civil e sua relação com a proibição da *reformatio in peius*

O tema das funções da jurisdição e do processo civil sempre despertou grande polêmica, ocupando a mente e gerando aflições nos mais brilhantes juristas. Em geral se aceita que, com o exercício da jurisdição, o processo civil, além proporcionar a pacificação social e a materialização do direito objetivo, também realiza o direito subjetivo das partes, por meio da prestação da tutela

---

[97] LIMA, Alcides de Mendonça. *Introdução aos recursos cíveis.* 2. ed. São Paulo: Revista dos Tribunais, 1976. p. 127-128. Invocamos a doutrina de Alcides de Mendonça Lima em razão da importância de projetar o fenômeno no âmbito da estrutura familiar. Todavia, numerosos doutrinadores aludem à função psicológica desempenhada pelos recursos como "remédio" à inconformidade com as decisões prejudiciais, ínsita à natureza humana. Nesse sentido, também: THEODORO JÚNIOR, Humberto. *Curso de direito processual civil.* 51. ed. Rio de Janeiro: Forense, 2010. v. 1. p. 566; NERY JUNIOR, Nelson. *Teoria geral dos recursos.* 6. ed. São Paulo: Revista dos Tribunais, 2004. p. 39. Segundo Luiz Guilherme Marinoni, o próprio "'double degré de juridiction', ou mais precisamente a Corte de Cassação, partiu do pressuposto de que o juiz poderia não aplicar corretamente a lei" (ver: MARINONI, Luiz Guilherme. O Princípio da segurança dos atos jurisdicionais. In: MITIDIERO, Daniel; RIZZO, Guilherme Amaral (Coord.). *Processo civil:* estudos em homenagem ao Professor Doutor Carlos Alberto Alvaro de Oliveira. São Paulo: Atlas, 2012. p. 309-340). Se o erro pode ocorrer na interpretação da lei, mais ainda se diga do enquadramento dos fatos, que dependem das provas. A respeito das relações entre as provas e a verdade, ver: KNIJNIK, Danilo. *A prova nos juízos cível, penal e tributário.* Rio de Janeiro: Forense, 2007. p. 14-15.

jurisdicional. A divergência consiste em saber de que forma isso ocorreria, ou se existiria uma função preponderante.

Do balanceamento desses valores e interesses finalísticos, resulta a formatação do processo civil, transferindo-se, inevitavelmente, ao sistema recursal. Todavia, a definição dos valores e fins prevalentes ou primordiais do processo civil desperta grande polêmica.

No Brasil, a escola de processo civil paulista compreende que o objetivo da jurisdição e, por conseguinte, do processo civil consiste na manutenção do ordenamento jurídico, proporcionando a afirmação da autoridade do Estado e a manutenção da paz social. O Estado teria interesse na integridade do ordenamento jurídico e na pacificação social, instituindo função específica voltada à persecução dessa finalidade: a Jurisdição.[98] Para Cândido Rangel Dinamarco, o processo civil representa um instrumento colocado a serviço do poder estatal. Este poder deveria ser exercido, "ainda quando sob o estímulo de interesses individuais, sempre com vistas a elevados objetivos sociais e políticos que transcendam o âmbito finito destes".[99] A tutela ao direito subjetivo seria mera consequência da pacificação social e da realização do direito objetivo. Baseadas no interesse público, essas últimas finalidades sobrepor-se-iam à tutela dos interesses das partes.[100] A compreensão do processo como instrumento voltado à tutela dos direitos subjetivos e interesses das partes decorreria do sincretismo privatista já superado pela publicização do processo, predisposição psicológica decorrente de sua origem baseada no direito privado romano.[101]

Todavia, a vocação do processo civil para a tutela dos direitos subjetivos afirma-se ao longo da história.[102] Como bem assevera Marcelo Lima Guerra,

---

[98] Assim discorre José Roberto dos Santos Bedaque: "o processo, entendido como relação processual mais procedimento, ou como procedimento realizado em contraditório, tem sempre a mesma finalidade a ser atingida: a manutenção do ordenamento jurídico, do que advém a afirmação da autoridade do Estado e a paz social. A relação processual é, portanto, completamente independente da de direito material. O que existe é uma relação de instrumentalidade entre o processo e o direito objetivo material, pois aquele visa à atuação deste. E essa finalidade satisfaz não apenas o interesse das partes, cujas relações são reguladas pelas normas de direito material, mas, principalmente, o interesse público na obediência à ordem jurídica estabelecida. Aliás, esse último se sobrepõe ao primeiro" (ver: BEDAQUE, José Roberto dos Santos. *Poderes instrutórios do juiz*. 3. ed. São Paulo: Revista dos Tribunais, 2001. p. 70). Ver também: DINAMARCO, Cândido Rangel. *A instrumentalidade do processo*. 6. ed. São Paulo: Malheiros, 1998. p. 44-57.

[99] DINAMARCO, Cândido Rangel. *A instrumentalidade do processo*. 6. ed. São Paulo: Malheiros, 1998. p. 52.

[100] "A finalidade de atuação da lei e, portanto, de alcance da verdadeira paz social, sobrepõe-se aos possíveis interesses egoístas das partes" (ver: BEDAQUE, José Roberto dos Santos. *Poderes instrutórios do juiz*. 3. ed. São Paulo: Revista dos Tribunais, 2001. p. 72).

[101] DINAMARCO, Cândido Rangel. *A instrumentalidade do processo*. 6. ed. São Paulo: Malheiros, 1998. p. 46-47. Conforme advertem Burkhard Hess, Othmar Jauernig e Friedrich Lent, a positivação de um modelo de processo civil orientado, em geral, à proteção dos direitos subjetivos privados é, muitas vezes, mal interpretada como expressão de uma concepção individualista, contraposta à "concepção social do processo" (ver: HESS, Burkhard; JAUERNIG, Othmar; LENT, Friedrich. *Zivilprozessrecht*. 30. ed. München: C. H. Beck München, 2011. p. 3-4).

[102] As polêmicas entre o publicismo e o privatismo no processo civil são colocadas com muita lucidez por Leonardo Greco: "A justiça civil existe para atender à necessidade de tutela dos seus diretos destinatários. É claro que, ao avocar para si essa função em caráter praticamente monopolístico, o Estado realiza seus próprios objetivos políticos, talvez até mesmo o de realizar a paz social, mas principalmente o de assegurar a submissão dos cidadãos à sua autoridade. Não por outra razão os romanos puseram à disposição dos povos conquistados os seus juízes, acenando-lhes a justiça que os seus próprios juízes não lhes haviam ministra-

"a *função jurisdicional necessária*, tradicionalmente denominada *jurisdição civil*, corresponde à *proteção de direitos subjetivos*". Arremata o processualista da Universidade Federal do Ceará destacando que essa função jurisdicional foi a única a receber menção expressa e direta no texto da Constituição Federal (art. 5º, XXXV, CF).[103] A passagem da concepção privatista do fenômeno à publicização do processo não nos parece afastar ou mitigar esse pressuposto. O processo, enquanto instrumento, torna-se público, não mais podendo ser considerado como "assunto das partes",[104] mas o mesmo não ocorre com o seu objeto, que, de modo geral, permanece na esfera privada de disposição dos litigantes. A tutela aos direitos subjetivos, função essencial e central do processo civil, decorre diretamente de mandamento constitucional, pois os direitos fundamentais são essencialmente direitos individuais.[105] A necessidade de pacificação social e da realização do ordenamento jurídico (direito objetivo), enquanto valores e fins do Processo Civil, não excluem, mas somam-se à função de tutelar e efetivar os direitos subjetivos. A tutela ao interesse da parte não é apenas um meio para a tutela do interesse público, porém constitui, ela própria, finalidade perseguida pelo processo civil, como demonstram inúmeras previsões legais, a exemplo da exigência de interesse recursal, inclusive para a interposição dos recursos especial e extraordinário.[106]

A efetivação da tutela jurisdicional aos direitos subjetivos representa exigência da própria cláusula do Estado de Direito. Uma vez proibida a autotutela, o Estado obriga-se a dirimir adequadamente os conflitos, assegurando tanto a realização da ordem jurídica objetiva como os direitos subjetivos das partes por meio de um processo justo. A abolição paulatina da justiça privada, incialmente uma necessidade da imposição do poder estatal, desperta nos

---

do" (ver: GRECO, Leonardo. Publicismo e privatismo no processo civil. *Revista de Processo*, São Paulo, v. 33, n. 164, p. 29-56, out. 2008). Acerca da vocação histórica do processo civil à tutela dos direitos subjetivos, ver: MELISSINOS, Gerassimos. *Die Bindung des Gerichts an die Parteianträge: nach § 308 I, ZPO (ne eat iudex ultra petita partium)*. Berlin: Duncker e Humblot, 1981. p.19.

[103] "Nessa perspectiva, é suficiente identificar, como ponto de partida da presente investigação, aquela reconhecida *função jurisdicional necessária*, tradicionalmente denominada *jurisdição civil*, corresponde à *proteção de direitos subjetivos*. Registre-se que a jurisdição civil compreende a maior parte daquelas atuações que podem ser referidas ao mais amplo conceito de Jurisdição, englobando, por exemplo, toda e qualquer atuação jurisdicional exercida através do *processo civil*. Acrescente-se que a *função jurisdicional de proteção de direitos subjetivos* é a única que recebeu referência expressa e direta da CF, no art. 5º, inc. XXXV" (Ver: GUERRA, Marcelo Lima. *Direitos fundamentais e a proteção do credor na execução civil*. São Paulo: Revista dos Tribunais, 2003. p. 17).

[104] A respeito do assunto, ver: KNIJNIK, Danilo. *O recurso especial e a revisão da questão de fato pelo Superior Tribunal de Justiça*. Rio de Janeiro: Forense, 2005. p. 65.

[105] Destacando o papel central e indispensável da tutela aos direitos subjetivos como função do processo civil, ver: STÜRNER, Rolf. Verfahrensgrundsätze des Zivilprozesses und Verfassung. In: *Festschrift für Gottfried Baumgärtel (hrsg. von Prüting, Hanns)*. Berlin: Köln, 1990. p. 545 *et seq*.

[106] Também relevante, neste aspecto, a advertência feita por Danilo Knijnik, de que "à jurisdição, enquanto função estatal, já não interessa, exclusivamente, pacificar, mas pacificar com justiça, de modo que, ao manifestar a vontade da lei no caso concreto, se está igualmente a atingir outra finalidade, que é pública" (ver: KNIJNIK, Danilo. *O recurso especial e a revisão da questão de fato pelo Superior Tribunal de Justiça*. Rio de Janeiro: Forense, 2005. p. 93). Todavia, a polarização entre segurança jurídica e justiça é apenas aparente, pois a realização de uma ordem de justiça exigiria o emprego da quase totalidade das expressões técnicas da segurança jurídica (consultar: KNIJNIK, Danilo. Princípio da segurança jurídica no Direito Administrativo e Constitucional. *Revista do Ministério Público*, Porto Alegre, n. 35, p. 205-251, 1995. p. 208-210).

povos a consciência do processo como a melhor e única solução possível para a salvaguarda dos direitos.[107] O direito fundamental à tutela jurisdicional pressupõe, ao menos no plano lógico, a satisfação dos direitos subjetivos. Todavia, no Estado Constitucional, o processo não se destina a tutelar, exclusivamente, os direitos subjetivos em sua concepção clássica. A conjugação das dimensões objetiva e subjetiva dos direitos fundamentais existentes na Constituição demanda o alargamento das situações tuteláveis, de forma a incluir no espaço subjetivo do cidadão todo o círculo de situações juridicamente protegidas, como bem salienta José Joaquim Gomes Canotilho.[108]

A tutela do interesse concreto das partes como elemento central da existência dos recursos evidencia-se na positivação da possibilidade de desistência unilateral da impugnação a qualquer tempo, sem a necessidade de concordância do recorrido (art. 500, III, CPC). Também, o abandono do *beneficium commune* na apelação, pelo processo civil do Brasil e dos demais países da Europa continental e da América Latina, reforça a ideia da tutela aos interesses das partes como objetivo dos recursos.[109]

Não se pode aceitar, portanto, a visão daqueles que apontam a realização do direito objetivo e a pacificação social como as finalidades prevalentes do processo civil, relegando a tutela dos direitos subjetivos ao segundo plano.[110] Essa concepção somente seria (tecnicamente) aceitável nos Estados totalitários nos quais o principal objetivo da jurisdição consista em afirmar e realizar o direito objetivo colocado pelo Imperador ou soberano.[111] Esquecem-se da

---

[107] Como bem asseverado por Friedrich Lent e Othmar Jauernig, "a 'descoberta' de um processo para a realização da ordem jurídica representa uma dos maiores sucessos do espírito humano". (JAUERNIG, Othmar; LENT, Friedrich. *Direito processual civil*. Tradução de F. Silveira Ramos. 25. ed. totalmente refundida, da obra criada por Friedrich Lent. Coimbra: Almedina, 2002. p. 36).

[108] "A defesa dos direitos e o acesso aos tribunais não podem divorciar-se das várias dimensões reconhecidas pela constituição ao catálogo dos direitos fundamentais. O sentido global resultante da combinação das dimensões objectiva e subjetiva dos direitos fundamentais é de que o cidadão, em princípio, tem assegurada uma *posição jurídica subjectiva*, cuja violação lhe permite exigir a protecção jurídica. Isto pressupõe que, ao lado da criação de processos legais aptos para garantir essa defesa, se abandone a clássica ligação da justiciabilidade ao direito subjectivo e se passe a incluir no *espaço subjectivo* do cidadão todo o *círculo de situações juridicamente protegidas*. O princípio da protecção jurídica fundamenta, assim, um alargamento da dimensão subjetiva, e alicerça, ao mesmo tempo, um *verdadeiro direito ou pretensão de defesa* das posições jurídicas ilegalmente lesadas". Ver: CANOTILHO, José Joaquim Gomes. *Direito constitucional*. 6. ed. Coimbra: Almedina, 2003. p. 387-388. Também Ingo Sarlet destaca que, desde a sua origem, a própria noção de direitos fundamentais encontra-se atrelada à dos direitos subjetivos, "atribuídos aos indivíduos como pessoas e, nesta condição, como sujeitos de direito". Portanto, a noção de direitos subjetivos permaneceria essencial para os direitos fundamentais. Ver: SARLET, Ingo Wolfgang; MARINONI, Luiz Gilherme; MITIDIERO, Daniel. *Curso de direito constitucional*. São Paulo: Revista dos Tribunais, 2012. p. 292-293. Acrescente-se que o processo também deve tutelar adequadamente direitos não titularizados por um indivíduo, mas pertencentes a toda a coletividade, a exemplo da proteção ao meio ambiente (ver: ALVARO DE OLIVEIRA, Carlos Alberto. *Do formalismo no processo civil:* proposta de um formalismo-valorativo. 3. ed. São Paulo: Saraiva, 2009. p. 85).

[109] A respeito do direito inglês, ver: STÜRNER, Michael. *Die Anfechtung von Zivilurteile. Eine funktionelle Untersuchung der Rechtsmittel im deutschen und englischen Recht*. München: C. H. Beck, 2002. p. 194-195.

[110] Em sentido contrário, ver: BEDAQUE, José Roberto dos Santos. *Poderes instrutórios do juiz*. 3. ed. São Paulo: Revista dos Tribunais, 2001. p. 68-73; DINAMARCO, Cândido Rangel. *A instrumentalidade do processo*. 6. ed. São Paulo: Malheiros, 1998. p. 44-57.

[111] Ver: MITIDIERO, Daniel. *Colaboração no processo civil:* pressupostos sociais, lógicos e éticos. São Paulo: Revista dos Tribunais, 2009. p. 66-71. Disso resulta o fortalecimento dos poderes do juiz e a redução do for-

vocação histórica e constitucional do processo civil para a tutela e realização dos direitos subjetivos, possibilitando, com isso, que também o Estado persiga seus próprios objetivos políticos. Como assevera Leonardo Greco, não por outra razão "os romanos puseram à disposição dos povos conquistados os seus juízes, acenando-lhes a justiça que os seus próprios juízes não lhes haviam ministrado".[112]

A superação da visão privatista do fenômeno processual não nos parece resultar na preponderância da pacificação social e da realização do ordenamento objetivo sobre a tutela dos direitos subjetivos. Os estudos históricos demonstram a constante presença do interesse dos litigantes na realização dos seus direitos como importante elemento do processo e da jurisdição civil. As mudanças nas relações jurídico-políticas entre indivíduo, sociedade e Estado criam finalidades e inserem novéis valores no processo civil, mas dificilmente eliminam a necessidade de tutela aos direitos subjetivos das partes.[113] A proteção aos interesses do recorrente é uma, porém não a única, finalidade atribuída aos recursos pelo direito positivo. Excluí-la ou colocá-la em segundo plano significa transformar o recorrente em um mero instrumento dos interesses estatais.[114]

De modo geral, a necessidade de concentração de poder dos Estados totalitários reflete-se no modelo de processo civil adotado (modelo hierárquico). Com a passagem da República Romana a Principado, o poder concentra-se nas mãos do Imperador, e o exercício da jurisdição passa a ser compreendido como desdobramento de uma das funções do *princeps*. A partir daí, atribui-se ao processo civil a tarefa de preservar o ordenamento jurídico objetivo.[115] A finalidade principal do processo desloca-se da tutela do interesse individual para a "ilusória" manutenção do ordenamento jurídico objetivo, colocado pelo Imperador ou soberano.[116] Também o recurso deixa de ser compreendido como instrumento baseado no interesse das partes, colocando-se a serviço do ordenamento jurídico. Disso resulta, muitas vezes, a legitimação da *reformatio in peius*, como se constata da legislação de Justiniano. A conclusão é inevitável: Estados totalitários e admissão da *reformatio in peius* associam-se ao longo da história.[117]

---

malismo, trazendo incerteza ao ambiente processual e arbítrio, como demonstra o processo civil da *cognitio extra ordinem* (ver: ALVARO DE OLIVEIRA, Carlos Alberto. *Do formalismo no processo civil:* proposta de um formalismo-valorativo. 3. ed. São Paulo: Saraiva, 2009. p. 24).

[112] Ver: GRECO, Leonardo. Publicismo e privatismo no processo civil. *Revista de Processo,* São Paulo, v. 33, n. 164, p. 29-56, out. 2008.

[113] A respeito do assunto, ver: GRECO, Leonardo. Publicismo e privatismo no processo civil. *Revista de Processo,* São Paulo, v. 33, n. 164, p. 29-56, out. 2008.

[114] KAPSA, Bernhard-Michael. *Das Verbot der reformatio in peius im Zivilprozess.* Berlin: Duncker e Humblot, 1976. p. 60.

[115] MELISSINOS, Gerassimos. *Die Bindung des Gerichts an die Parteianträge: nach § 308 I, ZPO (ne eat iudex ultra petita partium).* Berlin: Duncker e Humblot, 1981. p. 21.

[116] Ver: MITIDIERO, Daniel. *Colaboração no processo civil:* pressupostos sociais, lógicos e éticos. São Paulo: Revista dos Tribunais, 2009. p. 66-71.

[117] Segundo Michael Stürner, no período do processo da *cognitio,* o juízo de apelação não se limitava ao exame da matéria impugnada pelo recorrente, podendo examinar amplamente a causa (ver: STÜRNER, Michael. *Die Anfechtung von Zivilurteile. Eine funktionelle Untersuchung der Rechtsmittel im deutschen und engli-*

No extremo oposto, situam-se aqueles que consideram a tutela aos direitos subjetivos como a única finalidade do processo civil, posicionando a pacificação e a realização do direito objetivo como meros subprodutos da atividade jurisdicional. Segundo Wolfgang Grunsky, como a jurisdição civil se destinaria, precipuamente, a acertar e impor os direitos privados das partes, ela também asseguraria a pacificação. A realização dos direitos subjetivos das partes estaria sempre em primeiro plano. A impossibilidade de obter-se a pacificação sem atender aos direitos subjetivos demonstraria que aquela não poderia constituir por si só objetivo do processo civil.[118] Não se trata de posicionamento isolado. Sobram exemplos, na doutrina germânica, de processualistas que compreendem a pacificação como decorrência da efetivação da tutela aos interesses individuais.[119]

Contudo, a pacificação social expressa relevantes valores constitucionais, que ultrapassam o âmbito da tutela dos direitos das partes. Também interessa à sociedade, ao Estado e aos indivíduos que os litígios sejam solucionados e os processos findos (*interest rei publicae ut sit finis litium*), mesmo que isso signifique, em alguns casos, o sacrifício de direitos. A Jurisdição e seu instrumento (o processo), além da realização dos direitos subjetivos materiais, também almeja a pacificação social, compreendida como interesse da coletividade, finalidades nem sempre coincidentes. Não por outra razão, o ordenamento jurídico protege a coisa julgada material manifestamente contrária ao direito ou baseada em erro, limitando a sua revisão ao prazo de dois anos, por meio da ação rescisória. Isso também é demonstrado, como bem destaca Carlos Alberto Alvaro de Oliveira, pelas técnicas processuais não ligadas diretamente à realização do direito material, a exemplo da preclusão, da eventualidade e da exigência de prazos peremptórios, "fatores esses importantes para a obtenção de mais rápido equacionamento da lide, além da economia processual". Do mesmo modo, ocorre com os exemplos fornecidos pela sumarização formal e material do processo, nos quais o "valor pacificação prevalece sobre o da justiça".[120]

---

schen Recht. München: C. H. Beck, 2002. p. 9). Todavia, cabe advertência feita por Leonardo Greco segundo a qual em períodos democráticos também são editadas leis autoritárias: "cumpre observar que, mesmo em períodos democráticos, são editadas leis processuais autoritárias, que tratam o processo sob a perspectiva do juiz ou do interesse público, e não do cidadão e do jurisdicionado, pois também os governos democráticos podem pretender submeter o acesso à justiça dos cidadãos ao que considerem ser os superiores interesses da sociedade" (Ver: GRECO, Leonardo. Publicismo e privatismo no processo civil. *Revista de Processo*, São Paulo, v. 33, n. 164, p. 29-56, out. 2008. p. 37).

[118] GRUNSKY, Wolfgang; BAUR, Fritz. *Zivilprozessrecht*. 12. ed. München: Luchterhand, 2006. p. 2.

[119] Dentre outros, ver: MELISSINOS, Gerassimos. *Die Bindung des Gerichts an die Parteianträge: nach § 308 I, ZPO (ne eat iudex ultra petita partium)*. Berlin: Duncker e Humblot, 1981. p. 19; STÜRNER, Michael. *Die Anfechtung von Zivilurteile. Eine funktionelle Untersuchung der Rechtsmittel im deutschen und englischen Recht*. München: C. H. Beck, 2002. p. 36.

[120] "[...] basta pensar no valor pacificação, a reclamar técnicas não ligadas diretamente à realização do direito material, como a preclusão e a eventualidade e a exigência de prazos peremptórios, fatores esses importantes para a obtenção de mais rápido equacionamento da lide, além da economia processual e da adaptação, acima mencionados. Igual raciocínio pode ser aplicado à sumarização formal e material do processo, em que o valor pacificação prevalece sobre o da justiça". Ver: ALVARO DE OLIVEIRA, Carlos Alberto. *Do formalismo no processo civil*: proposta de um formalismo-valorativo. 3. ed. São Paulo: Saraiva, 2009. p. 91-92. A respeito da economia processual, ver também: COMOGLIO, Luigi Paolo. Premesse ad uno studio sul principio di economia processuale. *Rivista Trimestrale di Diritto e Procedura Civile*, v. 32, n. 2, jun. 1978. p. 608 *et seq*. Segundo Flávio Luiz Yarshell, "a prestação da tutela estatal, na subespécie tutela jurisdicional, realiza-se

Igualmente, os requisitos de admissibilidade dos recursos especial e extraordinário demonstram que a finalidade da jurisdição e do processo civil não se limita à tutela do interesse concreto das partes. Conforme demonstraremos, a análise da sistemática recursal corrobora a existência e a articulação desses valores e finalidades no âmbito do processo civil.

Ademais, principalmente após a Segunda Guerra Mundial, as transformações das relações sociais, o surgimento do Estado social e a massificação das relações de consumo, associadas à necessidade de assegurar à população amplo acesso ao Poder Judiciário, exigem a readequação da jurisdição e do processo civil, principalmente no que diz respeito à tutela das pretensões coletivas.[121]

A estruturação do processo civil demonstra que, desde o início, a "descoberta" do direito material encontra-se limitada pelo poder monopolístico das partes na delimitação da demanda, por meio dos pedidos e das causas de pedir. Cabe ao juiz decidir o pleito nos limites e termos em foi que colocado, razão pela qual o litígio processual não coincide, necessariamente, com aquele efetivamente existente. Entretanto, a formatação do processo deve orientar-se pelos direitos fundamentais e demais valores constitucionais envolvidos, de forma a alcançar-se uma decisão justa e o mais próxima da verdade possível. Contudo, inexiste sistema processual que garanta um resultado justo e livre de falhas, sob o ponto de vista da justiça do caso concreto e do respeito ao direito objetivo. Como ressalta John Rawls, também quando todas as prescrições processuais tenham sido rigorosamente observadas, o resultado decorrente do processo pode, ainda assim, ser incorreto.[122] Contribui para a limitação dos meios materiais de que dispõe o Estado para exercer suas funções, inclusive a jurisdicional.[123] Aliás, a jurisdição, enquanto serviço prestado pelo Estado, é

---

independentemente do conteúdo do resultado proporcionado pelo exercício da citada atividade (atividade estatal), de sorte que aquela primeira ocorre em favor de ambos litigantes e, por essa razão, mesmo em face do vencido. Isto porque a atuação da vontade concreta do direito, a eliminação do conflito (de que resulta pacificação) e a afirmação do poder estatal não conhecem vencedor ou vencido; simplesmente operam-se para ambos" (Ver: YARSHELL, Flávio Luiz *Tutela jurisdicional específica nas obrigações de declaração de vontade* São Paulo: Malheiros, 1993, p. 20).

[121] ALVARO DE OLIVEIRA, Carlos Alberto. *Do formalismo no processo civil:* proposta de um formalismo-valorativo. 3. ed. São Paulo: Saraiva, 2009. p. 85.

[122] Embora discordemos das conclusões da teoria da justiça desenvolvida por John Rawls – em especial por conceber a justiça a partir da prática existente nos Estados Unidos, sem considerar os problemas da injustiça decorrentes do capitalismo e da economia de mercado – relevante a sua afirmação no sentido da impossibilidade de uma justiça procedimental perfeita. Essa observação, baseada no *common law*, segundo o nosso entendimento, também se aplica aos sistemas do *civil law*. Tanto a formatação do processo quanto o resultado da jurisdição prestada por esse meio seriam imperfeitas: "The political system, which I assume to be some form of constitutional democracy, would not be a just procedure if it did not embody these liberties. Clearly any feasible political procedure may yield an unjust outcome. In fact, there is no scheme of procedural political rules which guarantees that unjust legislation will not be enacted. In the case of a constitutional regime, or indeed of any political form, the ideal of perfect procedural justice cannot be realized. The best attainable scheme is one of imperfect procedural justice. Nevertheless some schemes have a greater tendency than others to result in unjust laws" (ver: RAWLS, John. *A Theory of Justice.* Cambridge, Massachusetts: The Belknap, 1999. p. 173).

[123] STÜRNER, Michael. *Die Anfechtung von Zivilurteile. Eine funktionelle Untersuchung der Rechtsmittel im deutschen und englischen Recht.* München: C. H. Beck, 2002. p 33.

A proibição da *reformatio in peius* no processo civil

custeada pelo contribuinte, "que merece obter, em contrapartida, eficiência e presteza, com custo baixo, qualidade adequada e fácil acessibilidade".[124]

A intangibilidade da descoberta da verdade absoluta[125] ressalta a importância da noção de *justiça procedimental*, na qual a "justiça" da prestação jurisdicional justifica-se processualmente, assegurando-se o devido processo legal,[126] com o respeito à correta aplicação das regras procedimentais, e com o pleno exercício do contraditório, proporcionando aos litigantes condições para a argumentação prática racional.[127] Todavia, são inaceitáveis os discursos que, descomprometidos com os valores humanos, relativizam a ideia da "justiça", servindo aos regimes autoritários.[128] Como destaca Danilo Knijnik o vínculo entre a verdade e o processo não possui natureza ontológica, mas sim teleológica.[129]

Até mesmo no plano do direito material existem exemplos nos quais o direito subjetivo é sacrificado em homenagem ao interesse público na pacificação social, a exemplo das previsões legais da prescrição e da decadência. A prescrição, assim como a decadência, existe para pacificar o ordenamento jurídico, estabilizando as situações consolidadas no tempo pela longa inércia do titular de um direito em exercê-lo. A compreensão do instituto evoluiu ao longo do tempo. Segundo a visão clássica, a prescrição seria um instrumento protetivo daqueles que, tendo adimplido as suas obrigações, já não possam comprar o pagamento em razão do transcurso do tempo (livraram-se dos recidos); segundo alguns, consistiria em castigo ao credor inerte. Nas últimas décadas, existe uma tendência a abordar o tema sob o enfoque do interesse público.[130]

---

[124] ALVARO DE OLIVEIRA, Carlos Alberto. *Do formalismo no processo civil:* proposta de um formalismo-valorativo. 3. ed. São Paulo: Saraiva, 2009. p. 85.

[125] Ressalte-se a lição de Michele Taruffo, de que existiriam somente verdades relativas, dentro e fora do processo. Ver: TARUFFO, Michele. *La prova dei fatti giuridici:* nozioni generali. Milano: Giuffrè, 1992. p. 8 *et seq.*

[126] Acerca do devido processo legal e seu papel na proteção dos direitos, ver: MATTOS, Sérgio Luís Wetzel de. *Devido processo legal e proteção de direitos.* Porto Alegre: Livraria do Advogado, 2009.

[127] Nesse sentido, dentre outros: PICARDI, Nicola. Il principio del contraddittorio. *Rivista di Diritto Processuale*, v. 52, p. 678; ZANETI JÚNIOR, Hermes. *Processo constitucional:* o modelo constitucional do processo civil brasileiro. Rio de Janeiro: Lumen Juris, 2007. p. 114-116. Acerca do assunto, consultar também: MARINONI, Luiz Guilherme. *Teoria geral do processo.* São Paulo: Revista dos Tribunais, 2006. p. 455 *et seq.* Como bem discorre Danilo Knijnik, o problema da falibilidade humana na cognição dos fatos, limitadora da descoberta da verdade, era solucionado, entre os séculos XII e XV, por meio de um sistema "tarifário" das provas. Após esse período, a questão passa a ser colocada de outro modo. Surge a "preocupação com a 'relevância' dos argumentos, a partir da ideia tópico-retórica: não se pode determinar o que é relevante de um ponto de vista abstrato, mas em relação à causa, ou seja, ao ponto em discussão. Os juristas medievais estavam não só valorizando o debate enquanto tal, como, sobretudo, emprestando-lhe uma função constitutiva: inviável, intangível ou imprevisível uma verdade necessária ou absoluta, quanto ao conhecimento dos fatos, até pela ampla possibilidade de erro, o processo devia contentar-se com uma "verdade provável" nele construída". Ver: KNIJNIK, Danilo. *O recurso especial e a revisão da questão de fato pelo Superior Tribunal de Justiça.* Rio de Janeiro: Forense, 2005. p. 73.

[128] Ver: GRECO, Leonardo. Publicismo e privatismo no processo civil. *Revista de Processo*, São Paulo, v. 33, n. 164, p. 29-56, out. 2008.

[129] KNIJNIK, Danilo. *A prova nos juízos cível, penal e tributário.* Rio de Janeiro: Forense, 2007. p. 14.

[130] Se fosse possível traçar uma linha cronológica, veríamos o longo caminho percorrido desde a concepção romana de prescrição como castigo (Ordenações Filipinas, Livro IV, Título 79), passando pela concepção privatista – ainda não de todo abandonada – da prescrição como instituto voltado à defesa do devedor, até a ideia de interesse público na estabilização das relações jurídicas (acentuada pelas recentes alterações na legislação que tornam obrigatório o conhecimento de ofício da prescrição pelo juiz). Todas essas concepções desempenharão um importante papel na definição e na aplicação das normas sobre prescrição. Acerca da

Em matéria de prescrição, aplica-se, também ao nosso ordenamento jurídico, a máxima latina *interest rei publicae ut sit finis litium*, muito mencionada no direito inglês, e que expressa o interesse público na rápida resolução dos litígios, de modo que esses não se tornem fonte de incerteza e de injustiça, com enormes custos para a sociedade.[131] Mesmo que a prescrição não possa ser considerada justa, ainda assim satisfaz, inegavelmente, as exigências práticas. Evidencia-se, no entanto, a influência da concepção da prescrição como instituto voltado, sobretudo, a atender ao interesse público na estabilidade das relações jurídicas, que extrapola a esfera jurídica do devedor.[132] A possibilidade do conhecimento de ofício da prescrição, positivada pelo legislador brasileiro,[133] demonstra sua função voltada à pacificação social, também compreendida como interesse da coletividade.[134] Portanto, nem mesmo no plano do direito material a pacificação social decorre exclusivamente da realização dos direitos subjetivos. A tutela às posições jurídico-subjetivas das partes nem sempre permite seja alcançado o valor pacificação social.

Assim, igualmente não nos parece aceitável considerar a tutela aos direitos subjetivos como a única finalidade do processo, situando a pacificação e a realização do direito objetivo como subprodutos da atividade jurisdicional. Todas essas finalidades e valores coexistem e articulam-se na conformação do processo civil, podendo-se até mesmo falar em interdependência.

A realização do direito objetivo, como finalidade da jurisdição, não se contrapõe àquela da tutela dos direitos individuais. Tanto a realização como o desenvolvimento do direito objetivo dependem, de um modo geral, da efetivação do direito material nos casos concretos.[135] O interesse da coletividade estará presente e será satisfeito também quando a tutela jurisdicional proteja direito de contorno nitidamente individual. A obediência ao ordenamento jurídico e o adimplemento das obrigações interessa a toda coletividade.[136]

---

evolução dos fundamentos da prescrição, ver: TONIOLO, Ernesto José. *A prescrição intercorrente na execução fiscal.* 2. ed. Rio de Janeiro: Lumen Juris, 2010, p. 57-80.

[131] Se o acolhimento da prescrição subtrai do legítimo credor a possibilidade de perseguir de forma derradeira a satisfação de seu crédito, somente valores muito caros ao ordenamento jurídico poderiam justificar tamanho "enfraquecimento" de um direito. Tais valores são profundamente ligados a razões de ordem prática, tendo levado muitos civilistas a afirmar que a prescrição apresenta-se como questão de utilidade e não de equidade. Em estudo dedicado ao instituto da prescrição no direito comparado, assim discorre Reinhard Zimmermann "[...] it is in the public interest that legal disputes are resolved swiftly so as not to create a source of uncertainty, unfairness and increased cost of litigation" (ZIMMERMANN, Reinhard. *Comparative foundations of a European Law of set-off and prescription.* Cambridge: Cambridge University, 2002. p. 64 e p. 66).

[132] THEODORO JÚNIOR, Humberto. *Comentários ao novo Código Civil.* Rio de Janeiro: Forense, 2003. v. 3, t. 2. p. 276.

[133] A alteração da regra contida no art. 219, § 5°, pela Lei n° 11.280/2006, que tornou a prescrição conhecível de ofício pelo juiz, mesmo em se tratando de direitos patrimoniais.

[134] Acerca do assunto, ver também nossa dissertação de mestrado, apresentada na Universidade Federal do Rio Grande do Sul: TONIOLO, Ernesto José. *A prescrição intercorrente na execução fiscal.* 2. ed. Rio de Janeiro: Lumen Juris, 2010. p. 57-80.

[135] STÜRNER, Michael. *Die Anfechtung von Zivilurteile. Eine funktionelle Untersuchung der Rechtsmittel im deutschen und englischen Recht.* München: C. H. Beck, 2002. p. 36-37.

[136] KAPSA, Bernhard-Michael. *Das Verbot der reformatio in peius im Zivilprozess.* Berlin: Duncker e Humblot, 1976. p. 60-61.

Acerca da indissociabilidade dos componentes desse complexo universo jurídico, assim discorre Carlos Alberto Alvaro de Oliveira:

> Assim, se certamente o autor da demanda preocupa-se, em regra, com a sua situação jurídica (ou com a dos entes componentes de determinada coletividade), a ação por ele desencadeada estimula concomitantemente o aparelho estatal ao exercício da atividade jurisdicional, de modo a assegurar a eficácia prática das normas de direito positivo, garantindo o direito objetivo como um todo, dispensando tutela à pretensão exercida e ao mesmo tempo pacificando.[137]

Essa articulação e essa interdependência evidenciam-se ao observarmos, nos mais diversos ordenamentos jurídicos, o formato do controle das decisões judiciais pelos tribunais superiores, que também desempenham notório papel na unificação e no desenvolvimento do direito objetivo. Se a tutela aos direitos subjetivos das partes fosse finalidade secundária da jurisdição e do processo, a tendência seria realizar a necessária unificação jurisprudencial e o aperfeiçoamento do direito objetivo por meio de mecanismos que não dependessem da atuação ou vontade dos litigantes.[138] A análise dos diversos sistemas de processo civil demonstra que o reexame de ofício e os recursos promovidos por representantes estatais geralmente não são previstos, ou representam exceções, como ocorre no Brasil.

A uniformização jurisprudencial e o aperfeiçoamento do direito são mais bem alcançados por meio da interposição de recursos pelos próprios litigantes, baseados no seu interesse, servindo à economia processual. O legislador poderia optar pela revisão de ofício das sentenças por um tribunal, independentemente de requerimento do interessado. Contudo, substituindo-se esse critério aleatório pela escolha dos interessados das sentenças a serem revisadas, amplia-se, em tese, proporcionalmente, o número de decisões de primeiro grau defeituosas que seriam apreciadas pelo tribunal. Comparativamente à escolha aleatória, a seleção racional das decisões a serem revisadas pelo juízo superior, ainda quando orientadas pelo interesse pessoal dos litigantes, mostra-se muito mais vantajosa ao aperfeiçoamento, à uniformização e ao controle da presta-

---

[137] Ver: ALVARO DE OLIVEIRA, Carlos Alberto. *Do formalismo no processo civil:* proposta de um formalismo--valorativo. 3. ed. São Paulo: Saraiva, 2009. p. 91.

[138] Conforme Leonardo Greco, "os tribunais superiores também exercem jurisdicional, cuja natureza essencial é a de instrumento de tutela de situações subjetivas de vantagem protegidas pelo Direito" (Ver: GRECO, Leonardo. Publicismo e privatismo no processo civil. *Revista de Processo*, São Paulo, v. 33, n. 164, p. 29-56, out. 2008). Compreendendo-se os recursos extraordinário e especial como instrumentos inseridos no ambiente processual, os interesses dos recorrentes não podem ser colocados em posição secundária em relação ao interesse público. Assim, parece-nos correta a solução proposta por Danilo Knijnik, ao afastar as teorias da preponderância ou da equivalência, apontando para a articulação e interdependência dos interesses, sem a primazia de uns sobre os outros: "Se o vetor mais importante fosse a proteção do interesse individual, não haveria necessidade alguma de concentrar a matéria em um tribunal especializado, centralizando os julgamentos, nem haveria qualquer necessidade de proceder-se uma rigorosa seleção de casos. Daí que não nos parece adequado aludir a uma mera equivalência, porque equivalentes são essas funções no âmbito dos recursos plenários; tampouco uma simples preponderância, porque, nesse caso, não estariam justificadas certas limitações ao atingimento da função jus-unitária. Trata-se, muito mais a nosso ver, de uma articulação: a função da cassação é tanto jus-unitária como resolutiva, mas os dois vetores devem articular-se, de modo que somente será legítima a sua atuação unificadora quando presente, de um lado, o interesse da parte, e o interesse da parte somente será levado na devida conta quando presente um relevante interesse jus-unitário ou nomofilácio, que justifique o funcionamento do Tribunal. Existe aí, pois, uma articulação" (Ver: KNIJNIK, Danilo. *O recurso especial e a revisão da questão de fato pelo Superior Tribunal de Justiça.* Rio de Janeiro: Forense, 2005. p. 95).

ção jurisdicional.[139] Essa única vantagem já justificaria a aplicação do princípio dispositivo ao âmbito recursal, mesmo desconsiderando as demais funções desempenhadas pelos recursos no âmbito do processo civil.[140] Incumbir representantes estatais dessa tarefa seletiva se mostraria inviável diante das limitações dos meios materiais disponíveis e do alto custo que isso acarretaria aos contribuintes. A eficácia na identificação das falhas e erros judiciais provavelmente seria inferior, quando comparada àquela decorrente dos recursos baseados no interesse egoístico das partes. Ademais, disso poderia resultar uma indesejada interferência do Estado sobre a atividade jurisdicional.

Todavia, se, por um lado, a uniformização e o desenvolvimento do direito são alcançados com a interposição de recursos pelas partes, por outro a justiça do caso individual indiretamente também depende da unificação e do desenvolvimento do ordenamento jurídico objetivo. Esses valores e finalidades do processo constituem um universo complexo e possuem implicações mútuas, razão pela qual dificilmente são dissociáveis.[141] A legitimação da *reformatio in peius* contraria essa lógica e prejudica o sistema recursal como um todo.

O balanceamento dos valores e escopos da jurisdição e do processo civil acaba se refletindo na estruturação do sistema recursal e, de modo geral, na conformação interna do ambiente processual,[142] influenciando, concomitantemente, a proibição da *reformatio in peius*. A complexidade desse intrincado arranjo potencializa-se no tratamento do proibitivo, especialmente em virtude da incidência direta de direitos fundamentais e da correlação com outros importantes institutos do processo civil.

Quando se conceba a tutela aos interesses das partes[143] como função essencial da jurisdição civil, a própria existência dos recursos também se funda-

---

[139] A prática demonstra que parte prejudicada é aquela que possui razão e maior necessidade de identificar erros no julgado, de forma a tomar iniciativa contra o pronunciamento desfavorável. Como a maior interessada na reforma da decisão no seu próprio interesse e no interesse geral, possui mais condições de ajudar a descobrir os erros do julgamento, apontados em suas razões recursais. Nesse sentido, ver: GILLES, Peter: Anschliessung, Beschwer, Verbot der Reformatio in peius und Parteidispositionen über die Sache in höherer Instranz. ZZP, n. 91, 1978. p. 143-144.

[140] Nesse sentido, KUHLMANN, Axel. *Das Verbot der reformatio in peius im Zivilprozessrecht*. Berlin: Duncker Humblot, 2010. p. 56. Não seria possível submeter indistintamente todas as decisões judiciais a uma instância revisora, uma vez que isso inviabilizaria o funcionamento dos tribunais, retardando a prestação jurisdicional e, com isso, ofendendo o direito fundamental à duração razoável do processo (art. 5º, LXXVIII, CF). O estabelecimento de um sistema recursal pautado pelo princípio dispositivo auxilia na busca do ponto de equilíbrio entre a necessidade de controlar e aperfeiçoar a prestação jurisdicional e a necessidade de duração razoável do processo (REDENTI, Enrico. *Diritto processuale civile*. Milano: Giufrè, 1957. v. 2, p. 308). Em última análise, trata-se de harmonizar os valores constitucionais da segurança jurídica e da efetividade, em constante tensão, tema muito caro ao estudo do formalismo-valorativo. Acerca do assunto, ver: ALVARO DE OLIVEIRA, Carlos Alberto. *Do formalismo no processo civil*: proposta de um formalismo-valorativo. 3. ed. São Paulo: Saraiva, 2009.

[141] ALVARO DE OLIVEIRA, Carlos Alberto. *Do formalismo no processo civil*: proposta de um formalismo-valorativo. 3. ed. São Paulo: Saraiva, 2009. p. 91.

[142] Idem. p. 90.

[143] Relevante ressaltar aqui a lição de Piero Calamandrei segundo a qual todas as normas jurídicas direcionadas a regular as condutas dos indivíduos e, portanto, a estabelecer certos limites a estas, mesmo quando diretamente relacionadas à tutela do interesse público, podem resultar em tutela indireta aos interesses individuais. Trata-se da figura geralmente denominada de "interesse legítimo". Nesses casos, embora a efetivação da norma jurídica resulte em proteção ao interesse individual, sua observância não é deixada à

menta na persecução dessa finalidade, apontando no sentido da tendência de proibir a *reformatio in peius*. Sabe-se, contudo, que a jurisdição e o processo perseguem igualmente outros valores de grande importância, como a pacificação social e a realização do direito objetivo. As diversas espécies impugnatórias que compõem o sistema recursal também se orientam pela efetivação do conjunto desses objetivos e valores, porém fazem-no de modo distinto. A natureza da decisão impugnada e, sobretudo, a função desempenhada pela instância julgadora influenciam o balanceamento e o modo de articulação desses fins, formatando diferenciadamente os recursos.[144] Os requisitos de admissibilidade específicos de cada espécie impugnatória fornecem relevante informação nesse sentido. Recursos ordinários, como a apelação, servem preponderantemente à "justiça do caso individual", enquanto naqueles julgados pelas instâncias especiais a função de uniformização e aperfeiçoamento do direito objetivo ganha especial relevo.[145] A atuação conjunta de todas essas espécies impugnatórias compõe aquilo que denominamos de "sistema recursal", condição *sine qua non* para a prestação da tutela jurisdicional adequada,[146] como resultado de um processo justo. Todavia, como demonstraremos, essa acentuação do interesse público nas instâncias superiores não legitima a *reformatio in peius*.

2.5. A existência de mais de um grau de jurisdição e a proibição da *reformatio in peius*

Em um primeiro olhar, os direitos subjetivos das partes e o interesse público na observância e desenvolvimento do ordenamento jurídico estariam assegurados com a previsão de apenas uma instância jurisdicional. Isso ocorreu durante muito tempo no Direito Romano, persistindo parcialmente nos sistemas processuais nos quais o valor de alçada constitua requisito de admissibilidade recursal. Entretanto, o aumento da complexidade das relações jurídicas e a necessidade de uniformizar a aplicação do direito nos casos concretos exige que, eventualmente, se coloque à disposição das partes a possibilidade de acionar uma segunda instância julgadora.

As transformações das relações de poder decorrentes do fim da República e do início do Principado trazem consigo a necessidade de controle da atividade jurisdicional para o fortalecimento do poder do Imperador. Institui-se uma nova instância jurisdicional, que poderia ser acessada pelo litigante insatisfeito, utilizando-se do instrumento da *appellatio*, criado com essa finalidade.

---

livre disposição (vontade) do indivíduo ao qual pertence esse interesse. Diferencia-se do *direito subjetivo* em sentido estrito, no qual a norma jurídica protege diretamente o interesse do indivíduo, que possui total liberdade em exigir, ou não, a satisfação do seu próprio interesse (CALAMANDREI, Piero. *Istituzioni di diritto processuale civile*: secondo Il nuovo Codice, Parte Prima. Padova: CEDAM, 1943. p. 94-95).

[144] STÜRNER, Michael. *Die Anfechtung von Zivilurteile. Eine funktionelle Untersuchung der Rechtsmittel im deutschen und englischen Recht*. München: C. H. Beck, 2002. p. 38.

[145] Idem. p. 44.

[146] A respeito do assunto, ver: ALVARO DE OLIVEIRA, Carlos Alberto. Os direitos fundamentais à efetividade e à segurança em perspectiva dinâmica. *Revista Magister de Direito Civil e Processual Civil*, v. 4, n. 21, nov./dez. 2007.

Em sua origem no Direito Romano, contudo, o duplo grau de jurisdição surge como instrumento de imposição da autoridade do soberano, que delegava a atividade jurisdicional que era exercida em seu nome.[147] O interesse individual do litigante em obter uma decisão mais favorável na nova instância jurisdicional constituía, em um primeiro momento, ferramenta utilizada pelo Estado. A justiça do caso individual e a pacificação jurídica ficavam em um segundo plano.[148] Daí não causar nenhum espanto que a *Lex Ampliorem* de Justiniano (530 d.C) tenha previsto expressamente a possibilidade de uma *reformatio in peius*.[149]

Muito mais tarde, os recursos seriam caracterizados como instrumentos de fiscalização da atividade jurisdicional (voltada ao interesse da coletividade) e, posteriormente, de seu aperfeiçoamento técnico. Essa concepção evolui, finalmente, no sentido dos recursos serem considerados instrumentos essenciais ao Estado Democrático de Direito, expressando os valores constitucionais a ele inerentes, a exemplo dos direitos fundamentais à segurança jurídica e ao "processo justo".

O deslocamento da posição do indivíduo, frente ao Estado, além da progressiva compreensão da dignidade humana como elemento central do ordenamento jurídico, finalmente elevada à condição de direito fundamental, conduz a uma inegável conclusão: a tutela do interesse do litigante torna-se finalidade inseparável da jurisdição civil. Desprezá-la, ou colocá-la em segundo plano, significaria retrocesso indesejável.[150]

---

[147] Acerca do assunto, ver: ARAÚJO CINTRA, Antônio Carlos de. *Sobre os limites objetivos da apelação cível*. São Paulo: [s.n.], 1986. p. 5-6); TUCCI, José Rogério Cruz e. *Jurisdição e poder*. São Paulo: Saraiva, 1987. p. 38-40; GILLES, Peter. *Rechtsmittel im Zivilprozess; Berufung, Revision und Beschwerde im Vergleich mit der Wiederaufnahme des Verfahrens, dem Einspruch und der Wiedereinsetzung in den vorigen Stand*. Frankfurt an Main: Athenaum, 1972. p. 206-209; KASER, Max; HACKL, Karl. *Das römische Zivilprozessrecht*. 2. ed. München: Beck, 1996. p. 502-50; ORESTANO, Riccardo. *L'apello civile in diritto romano*. Torino: G. Giappichelli, 1966. p. 438.

[148] Ver: GILLES, Peter. *Rechtsmittel im Zivilprozess; Berufung, Revision und Beschwerde im Vergleich mit der Wiederaufnahme des Verfahrens, dem Einspruch und der Wiedereinsetzung in den vorigen Stand*. Frankfurt an Main: Athenaum, 1972. p. 206-209; KASER, Max; HACKL, Karl. *Das römische Zivilprozessrecht*. 2. ed. München: Beck, 1996. p. 502-504. Destaca José Rogério Cruz e Tucci que a *appellatio*, já a partir da época do imperador Adriano (117-138, d.C) passou a ser"concebida como um meio processual ordinário contra a injustiça substancial das sentenças formalmente válidas". Prossegue: [...] "o recurso de apelação é acolhido nas experiências jurídicas sucessivas, tornando-se um instituto de secular tradição, presente em quase todos os ordenamentos processuais do mundo contemporâneo" (ver: TUCCI, José Rogério Cruz e. *Jurisdição e poder*. São Paulo: Saraiva, 1987. p. 41). A nova organização do Estado romano passa a compreender a Jurisdição com uma das funções inerentes ao poder do imperador, que delegava essa atribuição (ORESTANO, Riccardo. *L'apello civile in diritto romano*. Torino: G. Giappichelli, 1966. p. 438).

[149] KUHLMANN, Axel. *Das Verbot der reformatio in peius im Zivilprozessrecht*. Berlin: Duncker Humblot, 2010. p. 23. Segundo José Carlos Barbosa Moreira, quanto ao Direito Romano existente antes das modificações introduzidas por Justiniano, *"é incontroverso que nele apenas o recorrente podia beneficiar-se da reforma da sentença"* (ver: BARBOSA MOREIRA, José Carlos. *Reformatio in peius*. In: *Direito processual civil*: ensaios e pareceres. Rio de Janeiro: Borsoi, 1971b. p. 150-151. A interferência do *princeps*, portanto, possuía muito mais características de intervenção política extraordinária do que natureza jurisdicional. Ver: TUCCI, José Rogério Cruz e. *Jurisdição e poder*. São Paulo: Saraiva, 1987. p. 38-40. O processualista também enfatiza o papel desempenhado pela *appellatio* na "unificação do ordenamento jurídico". Essa unificação deve ser compreendida, no entanto, antes como finalidade político-jurídica, de concentração de poder e manutenção da unidade estatal, não sendo voltada, em um primeiro plano, à segurança jurídica individual.

[150] Segundo Rosenberg, Schwab e Gottwald, o direito ao duplo grau de jurisdição seria uma garantia objetiva ao segundo grau, porém não um direito subjetivo constitucional ao recurso (ver: ROSENBERG, Leo;

Embora a existência de mais de um grau de jurisdição, alcançável, em regra, pela interposição de recurso pela parte interessada traga à baila o assunto da proibição da *reformatio in peius*, nenhuma interferência possui na fundamentação teórica do proibitivo ou mesmo na delimitação de seu âmbito de eficácia. O duplo grau, em si, não impede nem permite a reforma para pior. Basta recordarmos do reexame de ofício das decisões judiciais.

Contudo, o duplo grau de jurisdição realiza-se por intermédio da positivação de um sistema recursal, em especial pela apelação ("o recurso por excelência"). Principalmente nos sistemas do *civil law*, a apelação expressa a "dinâmica sequencial do processo", constituindo um elo de ligação entre o primeiro grau e o segundo grau de jurisdição. No primeiro grau, predomina a cognição voltada à criação da norma jurídica para o caso concreto e à outorga da tutela jurisdicional, enquanto no segundo grau soma-se a isso a função uniformizadora da interpretação jurídica, que legitimará o exercício da jurisdição.[151] A tutela recursal também pode ser compreendida como a proteção do jurisdicionado contra a lesão decorrente da decisão do juiz.

Isso independe da compreensão do apelo como um *novum iudicium* ou como uma *revisio prioris instantiae*.[152] Todavia, essa diferenciação pode influenciar o alcance da proibição da *reformatio in peius*, especialmente no que diz respeito às suas exceções. Ao concebermos o apelo como fase sequencial do processo – e não como uma nova demanda –,[153] os limites da competência julgadora do juízo recursal definem-se a partir das funções específicas desse recurso. Além de influenciado pela necessidade de tutela do interesse da parte, o juízo de apelação também deve satisfazer o interesse público voltado à uniformização dos jugados e ao controle da atividade exercida pelo juiz.

SCHWAB, Karl Heinz; GOTTWALD, Peter. *Zivilprozessrecht*. 17. ed. München: C. H. Beck München, 2010. p. 768, § 133, II). Na doutrina e jurisprudência germânicas, compreende-se que ao legislador competiria a tarefa de regular a forma e os limites desse acesso à nova instância (v.g. *BVerfGE* 107, 395 (Plenum)). No Brasil, a discussão a respeito da existência do "princípio" do duplo grau de jurisdição na Constituição Federal é infindável. Deve-se destacar, contudo, que sua presença no texto constitucional não impediria o legislador de limitar o acesso aos tribunais de segundo grau, quando outro valor de igual hierarquia, a exemplo da efetividade processual, prevalecesse. Feitas essas ponderações, concordamos com o posicionamento defendido por Ada Pellegrini Grinover, segundo o qual o duplo grau de jurisdição seria imanente na Constituição Federal, que teria adotado o sistema da pluralidade de graus (ver: GRINOVER, Ada Pellegrini. *O processo em sua unidade*. São Paulo: Saraiva, 1978. p. 35 *et seq.*).

[151] Assim ensina o professor da Universidade de Florença Remo Caponi: "Nei sistemi di 'civil law', l'appello è un instituto che esprime al massimo grado la dinamicità sequenziale del processo civile. Esso è un anelo di congiunzione tra il primo grado diretto alla cognizioni di chi ha ragione e chi há torto tra le parti e il grado di legitimità, in cui il processo civile è chiamato a realizzare la funzione della uniforme interpretazione del diritto." (ver: CAPONI, Reno. L'appello nel sistema delle impugnazione civili: note di comparazione anglo-tedesca. *Rivista di Diritto Processuale*, Milano, v. 64, n. 3, 2009. p. 631-632).

[152] Essa distinção realizada a partir da análise histórica do instituto do apelo pode ser bem compreendida, dentre outros, pela leitura da obra de ARAÚJO CINTRA, Antônio Carlos de. *Sobre os limites objetivos da apelação cível*. São Paulo: [s.n.], 1986. p. 15-21.

[153] Em sentido contrário, Peter Gilles concebe a apelação como uma ação constitutiva processual (*prozessuale Gestaltungsklage*), dotada de objeto próprio determinado pela expressão do desejo de anulação (*Aufhebung*) de uma determinada decisão judicial (ver: GILLES, Peter. *Rechtsmittel im Zivilprozess; Berufung, Revision und Beschwerde im Vergleich mit der Wiederaufnahme des Verfahrens, dem Einspruch und der Wiedereinsetzung in den vorigen Stand*. Frankfurt an Main: Athenaum, 1972. p. 34-49). Essa posição, contudo, é amplamente rejeitada pela doutrina germânica, à semelhança do que ocorre no processo civil brasileiro.

Concebido como meio de impugnação voluntária de decisões judiciais, posição integrante do direito de ação, o recurso deve propiciar às partes a possibilidade de obterem uma posição jurídica mais vantajosa ou, conforme o senso comum, na pior das hipóteses, a manutenção do estado anterior. Neste aspecto, mostra-se inevitável a comparação do recurso ao direito de ação.

Segundo o entendimento geral, ao ajuizar uma demanda, o autor supõe que, na pior das hipóteses, seu pedido será negado, não advindo daí qualquer desvantagem em relação à posição substancial anterior.[154] A afirmação sugere a impossibilidade de que a *reformatio in peius* ocorra no julgamento do recurso. A premissa, contudo, parece-nos incorreta. Mesmo quando julgada improcedente a demanda, o juiz acaba prestando tutela jurisdicional. A *eficácia declaratória negativa* da sentença de improcedência consiste na afirmação da inexistência da pretensão deduzida em juízo, que será acobertada pelo manto protetivo da coisa julgada material. Conforme preleciona Carlos Alberto Alvaro de Oliveira, "há tutela mesmo quando julgado improcedente o pedido, visto que, nesse caso, restará protegida a posição substancial do demandado".[155] Ao proteger a posição substancial do demandado, a eficácia declaratória (negativa) da sentença, em tese, coloca o autor em situação menos vantajosa do que aquela anterior ao ajuizamento da demanda. Desse modo, a sentença de improcedência altera a posição substancial do demandante, interferindo na sua esfera jurídica, pois deverá observar o comando judicial, além de não poder ajuizar contra o mesmo réu demanda com idêntico objeto. Isso também ocorre com a condenação do autor em honorários de sucumbência, especialmente quando o valor da causa seja elevado e tenha servido como base de cálculo. O demandante deve sempre contar com a possibilidade de condenação em honorários e demais encargos sucumbenciais.[156] Assim, o exercício do direito de ação poderá acarretar intervenção restritiva na esfera jurídica do autor, mesmo na ausência de reconvenção ou ação declaratória incidental do réu.

---

[154] Utilizamos a expressão "posição substancial anterior" no sentido processual, ou seja, significando o direito material afirmado do processo. Não podem ser confundidos os planos do direito material e do processual. Ressalte-se que estamos abstraindo a possibilidade de o réu reconvir ou ajuizar ação declaratória incidental, situações nas quais o acolhimento dos seus pedidos poderá prejudicar o autor.

[155] Ver: ALVARO DE OLIVEIRA, Carlos Alberto. *Teoria e prática da tutela jurisdicional.* Rio de Janeiro: Forense, 2008. p. 108. No mesmo sentido: DINAMARCO, Candido Rangel. *Capítulos da sentença.* 3. ed. São Paulo: Malheiros. 2008. p. 56; MAFFINI, Rafael Da Cás. Direito e processo. In: ALVARO DE OLIVEIRA, Carlos Alberto (Org.). *Eficácia e coisa julgada.* Rio de Janeiro: Forense, 2006. p. 19-22. Acerca da tutela prestada nas ações declaratórias, assim discorre Alcides de Mendonça Lima: "É por via do direito de ação, portanto, que as partes procuram satisfazer a seus direitos subjetivos violados mediante a aplicação da norma jurídica pertinente à espécie. A própria ação declaratória tem este escopo, pois torna certa uma situação originariamente incerta, prevenindo, possivelmente, futuros litígios ou criando uma situação cuja existência causava prejuízo ao autor [...]" (Ver: LIMA, Alcides de Mendonça. *Introdução aos recursos cíveis.* 2. ed. São Paulo: Revista dos Tribunais, 1976. p. 128-129).

[156] Se a sentença foi omissa neste aspecto, o tribunal deverá fixar os honorários sucumbenciais de ofício, mesmo em prejuízo do recorrente. A condenação aos custos do processo decorre do *princípio da sucumbência*, devendo ser fixados de ofício, conforme prevê o art. 20 do Código de Processo Civil (fixados, mas não revisados!). Ademais, os honorários de sucumbência possuem dimensão valorativa distinta dos juros legais, pois, além de representarem imposição legal, decorrem da necessidade de remunerar o trabalho do advogado. Ao prolongar o processo, o recorrente deve contar com a possibilidade de que o trabalho do advogado da parte vencedora seja remunerado às suas expensas. Não há, portanto, expectativa legítima a ser protegida, inexistindo ofensa à proibição da *reformatio in peius*.

Prejuízo idêntico ao da *eficácia declaratória negativa* ocorrerá quando o tribunal, apreciando a apelação interposta pelo autor contra a sentença que extinguiu o processo sem resolução do mérito, julgue improcedente a demanda (art. 1.013, § 3º, NCPC; art. 515, § 3º, CPC/73). A formação de coisa julgada material ocasionará evidente prejuízo ao apelante sob o ponto de vista prático.[157] Portanto, a comparação das consequências da sentença de improcedência da demanda com aquelas decorrentes do julgamento do apelo não permite identificar de forma conclusiva a fundamentação teórica da proibição da *reformatio in peius*.[158]

Ao contrário do que ocorre com o direito de ação em geral, a existência dos recursos funda-se, em última análise, na falibilidade da cognição humana, que pode implicar um pronunciamento judicial equivocado. As decisões judiciais podem ser incorretas ou, ao menos, assim parecerem aos olhos da parte prejudicada.[159] O motivo da existência dos recursos e, portanto, da necessidade das razões recursais, decorre da possibilidade de que as decisões judiciais sejam – ao tempo em que prolatadas ou mesmo após – "injustas" ou incorretas.[160] Em decorrência disso, podemos afirmar que, em um primeiro momento, os recursos servem ao interesse da parte prejudicada, a quem se assegura o direito

---

[157] Isso não significa que ocorra ofensa ao proibitivo. Tampouco compreendemos que o legislador brasileiro, ao redigir o § 3º do art.1.013, tenha criado exceção à proibição da *reformatio in peius*. Porém, isso será analisado mais adiante.

[158] Nesse sentido: KAPSA, Bernhard-Michael. *Das Verbot der reformatio in peius im Zivilprozess*. Berlin: Dunkker e Humblot, 1976. p. 65.

[159] Quanto à ausência de garantia de que a nova decisão fosse qualitativamente melhor do que a anterior, já assinalava Ulpiano, embora não negasse o papel fundamental desempenhado pela apelação.

[160] As reformas processuais empreendidas nos mais diversos ordenamentos jurídicos vêm estabelecendo sistemas de "filtros", que limitam o conhecimento dos recursos à presença do "interesse público" (uniformização da jurisprudência, aperfeiçoamento da atividade jurisdicional como um todo, preservação dos direitos fundamentais etc.), inclusive, em alguns casos, para os recursos ordinários, a exemplo a apelação no direito processual civil alemão, quando a sucumbência seja inferior a € 600 (§ 511, ZPO). Isso não invalida, a nosso ver, a fundamentação geral da existência dos recursos na falibilidade humana, que pode resultar em decisões incorretas. Saliente-se, contudo, como bem observado por Peter Gilles, que o juízo recursal deve considerar a situação jurídica e fática existente no exato momento do julgamento do recurso, para determinar a questão da "justiça" ou da "injustiça" da decisão, e não momento da prolação do ato impugnado (GILLES, Peter: Anschliessung, Beschwer, Verbot der Reformatio in peius und Parteidispositionen über die Sache in höherer Instranz. *ZZP*, n. 91, 1978. p. 135). No direito processual civil brasileiro, a prestação jurisdicional deve ser "atual", levando em consideração o direito e o fato supervenientes, conforme prescreve o art. 462 do Código de Processo Civil ("Se, depois da propositura da ação, algum fato constitutivo, modificativo ou extintivo do direito influir no julgamento da lide, caberá ao juiz tomá-lo em consideração, de ofício ou a requerimento da parte, no momento de proferir a sentença"). A jurisprudência dos nossos tribunais consolidou-se no sentido da aplicação integral da norma contida no art. 462 ao julgamento dos recursos ordinários, restringindo-se, quanto aos recursos especial e extraordinário, à perda de objeto das impugnações (confira: MARINONI, Luiz Guilherme; MITIDIERO, Daniel. *Código de Processo Civil comentado*. São Paulo: Revista dos Tribunais, 2008. p. 441). Criticando a tendência de resolver o problema da litigiosidade por meio do emprego de "filtros" para os recursos constitucionais, assim discorre Humberto Theodoro Júnior: "Ademais, tal litigiosidade não será resolvida tão-somente com a filtragem dos recursos extraordinários, eis que tais medidas resolvem, em nosso país, apenas o problema da profusão numérica de feitos nos tribunais superiores, mas sem permitir uma solução adequada do problema para os cidadãos, que há muito deixaram, em numerosas situações, de ser vistos como sujeitos de direitos que reclamam por uma aplicação adequada da normatividade e passam a ser percebidos, de preferência, como dados numéricos nas pesquisas estatísticas de produtividade do sistema judicial" (ver: THEODORO JÚNIOR, Humberto; NUNES, Dierle; BAHIA Alexandre. In Litigiosidade em massa e repercussão geral no recurso extraordinário. *Revista de Processo*, n. 177, 2009, p. 9-46).

de obter uma decisão judicial justa e livre de erros na aplicação do direito.[161] A parte presume que as falhas apontadas nas razões recursais, ao serem corrigidas pelo juízo *ad quem*, resultem em melhora na sua situação.[162]

Relevante aqui invocarmos o ensinamento de Alcides de Mendonça Lima:

> Por conseguinte, não se pode deixar de admitir que existe grande correlação entre o direito de ação e o direito de recorrer, ainda que este seja derivado daquele. Se o direito do Estado permite que os indivíduos se utilizem do direito de ação para a defesa de seus interesses, em nome da própria harmonia social é natural que o próprio Estado permita, igualmente, os recursos, em suas várias modalidades, para que os indivíduos pugnem também pela defesa de seus direitos desde que se sintam lesados pela manifestação do Estado, ao ser proferida uma decisão por um de seus legítimos representantes. A reação é inata. Faz parte da própria personalidade humana. O Estado deve incutir nos indivíduos a ideia de que seus órgãos agiram mais pela razão do que pelo uso de sua autoridade.[163]

Nessa esteira, o direito de recorrer centra-se no interesse das partes de obterem decisão judicial favorável e livre de erros, aperfeiçoando a prestação jurisdicional e, portanto, qualificando o direito de ação.[164] Conforme assevera Eurico Tullio Liebman, ao tratar da apelação, o poder de impugnação compete àquele contra o qual a sentença foi pronunciada (parte sucumbente), representando um *direito subjetivo processual*.[165] O direito ao recurso consiste em uma das

---

[161] Em sua origem no Direito Romano, contudo, o duplo grau de jurisdição surge como instrumento de imposição da autoridade do soberano, que delegava a atividade jurisdicional que era exercida em seu nome. Acerca do assunto, ver: ARAÚJO CINTRA, Antônio Carlos de. *Sobre os limites objetivos da apelação cível*. São Paulo: [s.n.], 1986. p. 5-6); TUCCI, José Rogério Cruz e. *Jurisdição e poder*. São Paulo: Saraiva, 1987. p. 38-40); GILLES, Peter. *Rechtsmittel im Zivilprozess; Berufung, Revision und Beschwerde im Vergleich mit der Wiederaufnahme des Verfahrens, dem Einspruch und der Wiedereinsetzung in den vorigen Stand*. Frankfurt an Main: Athenaum, 1972. p. 206-209; KASER, Max; HACKL, Karl. *Das römische Zivilprozessrecht*. 2. ed. München: Beck, 1996. p. 502-50; ORESTANO, Riccardo. *L'apello civile in diritto romano*. Torino: G. Giappichelli, 1966. p. 438. Somente após são caracterizados como instrumentos de fiscalização da atividade jurisdicional e, mais tarde, de seu aperfeiçoamento técnico. Essa concepção evolui, finalmente, para serem considerados instrumentos inerentes ao Estado Democrático de Direito, expressando valores constitucionais, como a segurança jurídica e o direito fundamental ao "processo justo".

[162] Nesse sentido se posicionam Rosenberg, Schwab e Gottwald, dos quais transcrevemos a seguinte afirmação: *"Alle Rechtsmittel haben ihren Grund in der Fehlbarkeit menschlicher Erkenntnis"* (Ver: ROSENBERG, Leo; SCHWAB, Karl Heinz; GOTTWALD, Peter. *Zivilprozessrecht*. 17. ed. München: C. H. Beck München, 2010. p. 770, § 133, 20). Tradução nossa: "Todos os recursos fundam-se na falibilidade da compreensão humana". Também na doutrina italiana encontramos idêntica conclusão, como se pode verificar de Remo Caponi "l'appello è um instituto chiamato a rispondere ad uma esigenza 'eterna' non solo nel processo civile: quella di corregere l'errore umano, anche se – com riferimento agli errore del giudice di primo grado – essa può realizzarsi in modi molto diversi, come rivela l'analisi di diritto comparato" (ver: CAPONI, Reno. L'appello nel sistema delle impugnazione civili: note di comparazione anglo-tedesca. *Rivista di Diritto Processuale*, Milano, v. 64, n. 3, 2009. p. 631). Na doutrina pátria também se afirma o mesmo (por todo, ver: NERY JUNIOR, Nelson. *Teoria geral dos recursos*. 6. ed. São Paulo: Revista dos Tribunais, 2004. p. 39). Acerca da utilização do interesse da parte sucumbente como instrumento de identificação de decisões que contenham falhas, relevantes as ponderações formuladas por Peter Gilles (GILLES, Peter: Anschliessung, Beschwer, Verbot der Reformatio in peius und Parteidispositionen über die Sache in höherer Instanz. *ZZP*, n. 91, 1978. p. 143-144).

[163] LIMA, Alcides de Mendonça. *Introdução aos recursos cíveis*. 2. ed. São Paulo: Revista dos Tribunais, 1976. p. 128-129.

[164] STÜRNER, Michael. *Die Anfechtung von Zivilurteile. Eine funktionelle Untersuchung der Rechtsmittel im deutschen und englischen Recht*. München: C. H. Beck, 2002. p. 38-39.

[165] LIEBMAN, Eurico Tullio. *Manual de direito processual civil*. Tocantins: Intelectus, 2003. v. 3, p. 25, n. 295. Até mesmo o "direito fundamental ao devido processo legal pode ser qualificado um direito subjetivo",

posições jurídicas que integram o direito de ação.[166] Assim como a ação se destina à tutela aos interesses das partes, os recursos que a qualificam preservam essa característica, independentemente das demais funções a eles atribuídas. A positivação de um sistema recursal que possibilite às partes impugnar as decisões judiciais constitui, a nosso ver, requisito essencial à "plena eficácia da tutela jurisdicional".[167]

Todavia, o desejo da parte de impugnar as decisões judiciais desfavoráveis, apontadas supostas falhas na aplicação do direito ao caso concreto (exigência das razões recursais para o conhecimento do recurso), serve também à persecução de outros valores sobre os quais se baseiam a jurisdição e o processo. O controle das decisões por um tribunal superior, embora não assegure necessariamente uma decisão mais correta,[168] proporciona, em geral, maior probabilidade de que esta encontrada. Ademais, a existência dos recursos pos-

---

como ressalta Sérgio Luís Wetzel de Mattos (ver: MATTOS, Sérgio Luís Wetzel de. *Devido processo legal e proteção de direitos*. Porto Alegre: Livraria do Advogado, 2009. p. 153).

[166] "O direito ao recurso é uma das posições jurídicas que compõem o direito de ação. É um de seus momentos. Portanto, tem igualmente o mesmo objeto: visa à obtenção de tutela jurisdicional mediante processo justo. Visa à prestação jurisdicional" (ALVARO DE OLIVEIRA, Carlos Alberto; MITIDIERO, Daniel. *Curso de processo civil*. São Paulo: Atlas, 2012. v. 2, p. 164).

[167] Correto o posicionamento de Leonardo Greco ao aduzir que "o direito de recorrer é fundamental à plena eficácia da tutela jurisdicional efetiva" (ver: GRECO, Leonardo. Publicismo e privatismo no processo civil. *Revista de Processo*, São Paulo, v. 33, n. 164, p. 29-56, out. 2008). Não se trata de afirmar que o duplo grau de jurisdição seja obrigatório em todos os casos concretos, porém de conceber que o direito fundamental à tutela jurisdicional também outorga proteção contra os atos praticados pelo juiz.

[168] Na defesa da possibilidade da *reformatio in peius* baseada na busca da "verdade real", não são poucos os argumentos levantados no sentido de que a decisão de um tribunal seria mais justa ou tecnicamente mais aperfeiçoada do que aquela oriunda de um juízo singular recorrido. Costuma-se invocar na defesa dessa tese a maior experiência dos juízes integrantes dos tribunais, bem como o fato de as decisões serem tomadas por um colegiado. O primeiro argumento é, no mínimo, duvidoso ou relativo, pois não necessariamente os julgadores mais experientes proferirão melhores decisões, nem tampouco os juízes mais experientes se encontram nos tribunais (numerosos são os exemplos de juízes experientes que optam por permanecer em suas comarcas, recusando promoções, por razões distintas). Já a composição dos tribunais por colegiados também não assegura, necessariamente, que o novo julgamento deverá superar em qualidade o anterior, em geral proferido por juízo singular. Ademais, a crescente litigiosidade das sociedades pós-modernas resultou na realização de reformas legislativas nos sistemas recursais (no Brasil e ao redor do mundo), que buscam preservar o valor efetividade, prevendo juízos recursais monocráticos e, por conseguinte, rompendo com a lógica do julgamento colegiado. À semelhança do que ocorreu com a alteração do art. 557 do Código de Processo Civil de 1973 (art. 932, III, IV, V, do NCPC), também na Alemanha a reforma processual de 27 de julho de 2001 inseriu no § 526 da ZPO numerosas possibilidades de julgamento recursal monocrático. Ainda quando se compreenda necessário e adequado o fortalecimento da atuação oficiosa dos tribunais, legitimando-os a superarem os limites objetivos do pedido recursal, no intuito de obter maior acuidade na aplicação do direito ao caso concreto (*"função de nomofilácica"* dos recursos), disso não poderia resultar a legitimação da *reformatio in peius*. Se a decisão do tribunal não é necessariamente mais "correta" (ou mais "justa") quando comparada àquela proferida pelo juízo singular recorrido, então a permissão da *reformatio in peius* seria inócua ao alcance da "verdade real" (Nesse sentido, ver: KUHLMANN, Axel. *Das Verbot der reformatio in peius im Zivilprozessrecht*. Berlin: Duncker Humblot, 2010. p. 28). Já Alcides de Mendonça Lima ensina que "o recurso não se assenta na presunção de erro da sentença recorrida, mas apenas na sua possibilidade". Como essa possibilidade de erro poderia prejudicar o "verdadeiro titular do direito", a existência dos recursos também se justifica pela menor probabilidade de que isso ocorra com a decisão recursal, já que os tribunais seriam formados por órgãos colegiados e "juízes mais experimentados" (Ver: LIMA, Alcides de Mendonça. *Introdução aos recursos cíveis*. 2. ed. São Paulo: Revista dos Tribunais, 1976. p. 133). Conforme ressaltado por Michael Stürner, essa garantia não existiria ainda que fossem criadas infinitas instâncias recursais (ver: STÜRNER, Michael. *Die Anfechtung von Zivilurteile. Eine funktionelle Untersuchung der Rechtsmittel im deutschen und englischen Recht*. München: C. H. Beck, 2002. p. 38). Segundo o nosso entendimento, embora se afigure acertado relativizar a ideia de que as decisões dos tribunais seriam necessariamente mais justas e

sibilita a realização dos seguintes interesses: (a) o controle da atividade dos julgadores, reduzindo a possibilidade de que profiram decisões arbitrárias, que poderiam comprometer a separação dos Poderes e, em razão disso, o próprio Estado Democrático de Direito (função eminentemente política);[169] (b) a tutela contra as lesões aos direitos subjetivos decorrentes da decisão judicial; (c) uma maior uniformidade na interpretação e aplicação do direito, incentivando a confiança da população na capacidade do Estado de prestar jurisdição de forma adequada; (d) uma maior segurança jurídica aos jurisdicionados em decorrência da uniformização da jurisprudência, da qual resulta aumento no grau de previsibilidade;[170] (e) a unicidade do ordenamento jurídico, beneficiando, em especial, a federação; (f) uma interpretação mais "exata" da lei (função nomofilácica).[171] Ainda, a existência do duplo grau de jurisdição costuma ser associada ao devido processo legal, à "garantia da boa justiça",[172] assim como ao direito fundamental ao contraditório e à ampla defesa.

---

tecnicamente mais "exatas", a negação de que isso possa ocorrer enquanto tendência (maior "probabilidade") iria longe demais, esvaziando o significado das instâncias recursais.

[169] Após analisar os reflexos da Revolução Francesa no sistema recursal, que quase implicou, em um primeiro momento, na eliminação das espécies impugnatórias, em decorrência da visão dos tribunais como uma casta corrupta que submetia os juízes de primeiro grau, assim discorre Nelson Nery Júnior, quanto às consequências da ausência de controle das decisões judiciais: *"o juiz único poderia tornar-se despótico, sabedor de que sobre as decisões não haveria controle algum, conforme sábia advertência de Montesquieu"* (ver: NERY JUNIOR, Nelson. *Teoria geral dos recursos*. 6. ed. São Paulo: Revista dos Tribunais, 2004. p. 39). Montesquieu assim discorre sobre o magistrado único: "Du Magistrat Unique. Un tel magistrat ne peut avaior lieu que dans le gouvernement despotique. On voit, dans l'histoire romaine, à quel point un juge unique peut abuser de son pouvoir. Comment Appius, sur son tribunal, n'aunait-il pas méprisé les lois, puis qu'il viola même celle qu'il avaite faite? Tite-Live nous apprend l'inique distinction du décemvir. Il avait aposté un homme qui réclamait devant lui Virginie comme son esclave; les parents de Virginie lui demandèrent qu'en vertu de sa loi on la leur remît jusqu'au jugement définitif. Il déclara que sa loi n'avait été faite qu'enfaveur du père, et que, virginius absent, elle ne pouvait avoir d'application" (MONTESQUIEU, Charles de Secondat, Baron de la Brede et de. *De l'esprit des lois*. Paris: Garnier, 1949. v. 1, p. 87).

[170] Ver: MARINONI, Luiz Guilherme. O Princípio da segurança dos atos jurisdicionais. In: MITIDIERO, Daniel; RIZZO, Guilherme Amaral (Coord.). *Processo civil*: estudos em homenagem ao Professor Doutor Carlos Alberto Alvaro de Oliveira. São Paulo: Atlas, 2012. p. 309-340.

[171] Na doutrina processual civil pátria, Danilo Knijnik, em sua tese de doutoramento apresentada na Faculdade de Direito da Universidade de São Paulo, emprega a expressão "função nomofilácica", em alusão a Piero Calamandrei, significando maior exatidão na aplicação da lei, o que difere da função de uniformização da jurisprudência desempenhada pelos tribunais superiores. Atualmente fala-se em nomofilaquia tendencial ou dialética, pois não se pode nem se deseja afirmar a existência de uma única interpretação exata, "busca-se não uma imposição, mas um diálogo, uma construção jurisprudencial permanente, que se imponha pela sua força persuasiva e que seja inclusive suscetível de evolução". Contudo, como bem coloca Knijnik, isso não invalida a necessidade de buscar-se a "certeza do direito", que não pode ser confundida com o "imobilismo jurídico". Ver: KNIJNIK, Danilo. *O recurso especial e a revisão da questão de fato pelo Superior Tribunal de Justiça*. Rio de Janeiro: Forense, 2005. p. 92-105). Embora a obra centre-se no estudo dos recursos dirigidos aos "tribunais superiores" (unitários), a "função nomofilácica" também existe nos recursos plenários (p.ex.: apelação cível, embargos infringentes, Recurso Ordinário etc), assim como a função de unificação da jurisprudência em âmbito regional (Tribunais Regionais Federais e Tribunais de Justiça). Nessa esfera, contudo, acentua-se o interesse das partes (ver: STÜRNER, Michael. *Die Anfechtung von Zivilurteile. Eine funktionelle Untersuchung der Rechtsmittel im deutschen und englischen Recht*. München: C. H. Beck, 2002. p. 38 e p. 44).

[172] Situando o duplo grau de jurisdição no halo de significado do direito fundamental ao devido processo legal, assim discorre Sérgio Luís Wetzel de Mattos: "[...] o duplo grau de Jurisdição é 'garantia fundamental da boa justiça'. Isto porque (I) há 'maior probabilidade de acerto', com a sujeição dos pronunciamentos judiciais ao crivo da revisão, dado que 'o controle exercido pelo juízo *ad quem* beneficia-se da presença, nos autos, de material já trabalhado, já submetido ao crivo do primeiro julgamento, e ao da crítica formulada pelas próprias partes, ao arrazoarem, num sentido e noutro, ou recurso'; (II) o *duplo grau* promete a 'relativa *uniformi-*

Também quanto à finalidade dos recursos, é esclarecedora a lição de Alcides de Mendonça Lima ao afirmar que a recorribilidade das decisões é uma necessidade psicológica ínsita à natureza humana.[173] Como entre os fins perseguidos pela jurisdição, por intermédio do processo, destaca-se a necessidade de pacificação social, os possíveis comportamentos dos jurisdicionados frente às decisões judiciais desfavoráveis devem ser ponderados. A previsão legal de remédios impugnatórios possibilita o aumento no grau de aceitação das decisões desfavoráveis aos jurisdicionados, reduzindo os temores às violações ilegítimas, arbitrárias ou abusivas, potencializados por decorrerem de ato praticado por autoridade investida de poder estatal. Contra essa ideia, abundantes críticas são levantadas, principalmente baseando-se no argumento de que "o vencido nunca se conformará com o provimento desfavorável".[174] Porém, a função psicológica atribuída aos recursos não se baseia na ingênua fantasia de alcançar-se a conformidade do vencido, o que certamente não ocorrerá, mas sim na redução ou mitigação do inconformismo, principalmente afastando o temor da arbitrariedade e outras ideias, ainda piores, dos numerosos adeptos de teorias da conspiração. A função psicológica dos recursos consiste em algo possível: amainar as inquietudes do espírito humano. Liga-se, portanto, à função pacificadora da Jurisdição.

Se a violação de um direito previsto na norma já gera temor no prejudicado e instabilidade jurídica e social, mais ainda se diga quando essa violação advém de ato praticado pelo próprio Estado-Jurisdição,[175] dotado de maior potencial para produzir efeitos no mundo sensível. Logo, não se pode prescindir dos meios impugnatórios das decisões judiciais. Trata-se de exigência do Estado Constitucional.

Assim, ainda que o vencido não se convença da improcedência da pretensão deduzida em juízo, mais facilmente compreenderá que eventual erro

---

zação da jurisprudência quanto à interpretação da Constituição e da Lei Federal', contribuindo para a 'melhor interpretação das Leis'; (III) põe 'os Juízes inferiores *sob o controle dos superiores'*, convertendo a liberdade do Juiz em 'liberdade vigiada'; (IV) oferece 'aos perdedores *mais uma oportunidade de êxito'*, sabido que 'errar é humano' e que 'ninguém se conforme com um juízo único e desfavorável'"(ver: MATTOS, Sérgio Luís Wetzel de. *Devido processo legal e proteção de direitos*. Porto Alegre: Livraria do Advogado, 2009. p. 242-243).

[173] LIMA, Alcides de Mendonça. *Introdução aos recursos cíveis*. 2. ed. São Paulo: Revista dos Tribunais, 1976. p. 127-128. Invocamos a doutrina de Alcides de Mendonça Lima em razão da importância de projetar o fenômeno no âmbito da estrutura familiar. Todavia, numerosos doutrinadores aludem à função psicológica desempenhada pelos recursos como "remédio" à inconformidade com as decisões prejudiciais, ínsita à natureza humana. Nesse sentido, também: THEODORO JÚNIOR, Humberto. *Curso de direito processual civil*. 51. ed. Rio de Janeiro: Forense, 2010. v. 1. p. 566; NERY JUNIOR, Nelson. *Teoria geral dos recursos*. 6. ed. São Paulo: Revista dos Tribunais, 2004. p. 39.

[174] Representado esse pensamento, Araken de Assis afirma que "o vencido nunca se conformará com o provimento desfavorável, de um lado, e se ele é justo ou injusto é questão insolúvel da qual se ocupam os filósofos sem muito sucesso" (ver: ASSIS, Araken de. *Manual dos recursos*. 3. ed. São Paulo: Revista dos Tribunais, 2011. p. 75).

[175] Até mesmo a demora da prestação jurisdicional causa instabilidade e mal estar à sociedade e às partes litigantes, sempre na expectativa de uma decisão que poderá alterar ("para o bem ou para o mal") sua esfera jurídica, com potencial de gerar efeitos concretos. Se a violação aos direitos é excessiva e injustificada duração das demandas provoca instabilidade no ordenamento jurídico, mais ainda se diga das situações nas quais a violação decorre de decisão judicial (Acerca dos malefícios causados pela litispendência, ver: DINAMARCO, Cândido Rangel. *Execução civil*. 7. ed. São Paulo: Malheiros, 2000. p. 399 e ALVARO DE OLIVEIRA, Carlos Alberto. *Do formalismo no processo civil*. 3. ed. São Paulo: Saraiva, 2009. p. 67.

de julgamento não decorre da decisão individual de uma única autoridade, a quem o Estado conferiu a função de prestar Jurisdição em seu nome, eliminando ou reduzindo o temor do exercício arbitrário de poder. Os recursos são, portanto, instrumentos essenciais à realização da pacificação social, elemento nuclear do processo e da jurisdição.

Todavia, a proibição da *reformatio in peius* não decorre da simples necessidade da existência de um sistema recursal ou da previsão de múltiplos graus de jurisdição. A relevância encontra-se na formatação legal e nos valores e finalidades perseguidos pelos recursos, que remonta ao próprio texto constitucional.

2.6. O recurso adesivo como elemento identificador da vigência da proibição da *reformatio in peius*

Os posicionamentos doutrinários, ao menos em parte, relacionam a proibição da reforma para pior ao recurso adesivo, chegando-se a afirmar que a própria existência da forma de recorrer adesiva indicaria a impossibilidade da *reformatio in peius*. O argumento é relevante e deve ser considerado, mesmo quando o proibitivo possa existir independentemente da previsão legal dessa figura.

A correlação entre o recurso adesivo e a existência da proibição da *reformatio in peius* em um determinado sistema recursal é inevitável, pois a admissão da *reformatio in peius* esvaziaria a utilidade e o sentido da previsão legal do recurso adesivo. A positivação dessa figura impugnatória em um sistema processual aponta fortemente no sentido da presença da proibição da *reformatio in peius*. Porém, a recíproca não é verdadeira. A ausência do recurso adesivo não faz presumir a permissão da *reformatio in peius*. À semelhança do que ocorre na medicina, na qual a presença de anticorpos indica a existência da doença, a previsão da forma de recorrer adesiva também indica a existência da proibição da reforma para pior.[176] A previsão legal do recurso adesivo seria de pouca valia caso fosse permitido ao tribunal melhorar a situação da parte que não tenha interposto sua própria inconformidade (autônoma ou adesiva). A afirmação parece ser comprovada, na prática, pela rara – quase absoluta – existência de ordenamentos jurídicos que possuam previsão legal da figura do recurso adesivo e, ao mesmo tempo, permitam a *reformatio in peius*.[177]

---

[176] Essa comparação, utilizada por Alex Kuhlmann, parece-nos bem elucidativa para representar a relação entre os dois institutos. Ver: KUHLMANN, Axel. *Das Verbot der reformatio in peius im Zivilprozessrecht*. Berlin: Duncker Humblot, 2010.

[177] Essa última afirmação, fornecida por Bernhard-Michael Kapsa, funciona, à semelhança do que ocorre na aritmética, como uma espécie de prova real do resultado, na qual a equação matemática é resolvida e, após para verificar-se a correção do resultado, são realizadas, a partir dele, as operações inversas. Se o recurso adesivo indica a presença da proibição da *reformatio in peius*, então a previsão expressa dessa forma de recorrer não admitiria a possibilidade da *reformatio in peius* dentro de um mesmo ordenamento jurídico. Analisando-se o sistema recursal no processo civil brasileiro e comparado, no espaço e no tempo, praticamente não existem exceções a esse indicativo. Uma única e tênue exceção é mencionada por Kapsa, no que diz respeito à RAO (*Reichsabagenordenung*), que até o ano de 1936 permitia, mas apenas de forma limitada, uma

A pretensão do recorrente adesivo ultrapassa o mero desejo do não conhecimento ou desprovimento do recurso principal, pois dirige ao juízo *ad quem* pedido de alteração, no seu interesse, dos capítulos que lhe foram desfavoráveis na decisão recorrida. O provimento do recurso adesivo acaba possibilitando o legítimo agravamento da situação da parte adversa (recorrente principal). Como os pedidos de inadmissão ou rejeição do recurso poderiam ser manifestados por simples contrarrazões, a forma recursal adesiva somente se justifica, sob o ponto de vista prático, pelo acréscimo de uma pretensão recursal (de reforma ou anulação da decisão em favor do recorrente adesivo),[178] permitindo, como reflexo do seu provimento, a piora na situação do recorrente principal (recorrido adesivo). Como o recurso adesivo visa, justamente, afastar a impossibilidade de uma piora na situação do recorrente principal – e a consequente melhora para o recorrido –, disso se deduz a existência da proibição de *reformatio in peius*.[179]

A possibilidade de modificação da decisão impugnada em prejuízo do recorrente (principal), advinda da interposição do recurso adesivo, demonstra uma aparente correlação entre esta figura processual e a proibição da *reformatio in peius*. Se o apelante principal e o recorrente adesivo atacaram, respectivamente, todos os capítulos decisórios que lhes foram desfavoráveis, o juízo recursal fica livre para decidir em qualquer direção. Relevante questionarmos, todavia, de que forma os institutos se correlacionam.

Muitos acabam concebendo o recurso adesivo como instrumento destinado a afastar a proibição da *reformatio in peius*, excepcionando o proibitivo.[180] Para outros, todavia, tanto a proibição da reforma para pior quanto o recurso adesivo seriam decorrência fundamental da vinculação do juiz ao pedido das partes (desdobramento do princípio dispositivo em sentido próprio (material) ou princípio da demanda).[181]

José Carlos Barbosa Moreira critica a ideia de que a interposição do recurso adesivo afastaria o proibitivo, resultando em verdadeira exceção à vedação da *reformatio in peius*. Assevera que o conceito de *reformatio in peius*, no âmbito

---

reformatio in peius. Ver: KAPSA, Bernhard-Michael. *Das Verbot der reformatio in peius im Zivilprozess*. Berlin: Duncker e Humblot, 1976. p. 72.

[178] No direito comparado, a exemplo processo civil alemão, existem exemplos nos quais a apelação, em certos casos, também possibilita a ampliação do objeto do processo (§ 533, ZPO). Nessa hipótese, a isonomia processual exige que o recurso adesivo também compreenda essa função.

[179] Entre outros, ver: KLAMARIS, Nikolaos. *Das Rechtsmittel der Anschlussberufung*. Tübingen: J.C.B. Mohr, 1975. p. 107 *et seq*. KUHLMANN, Axel. *Das Verbot der reformatio in peius im Zivilprozessrecht*. Berlin: Duncker Humblot, 2010. p. 34-35; KAPSA, Bernhard-Michael. *Das Verbot der reformatio in peius im Zivilprozess*. Berlin: Duncker e Humblot, 1976. p. 72.

[180] EGGER, Walter. *Die reformatio in peius im Zivilprozessrecht*. Zürich: Hans Schellemberg, Winterthur, 1985. p. 119; GRUNSKY, Wolfgang; BAUR, Fritz. *Zivilprozessrecht*. 12. ed. München: Luchterhand, 2006. p. 191; HABSCHEID, Walther J. *Schweizerisches Zivilprozess und Gerichtsorganisationsrecht. Ein Lehrbuch seiner Grundlagen*. 2. ed. Basel und Frankfurt am Main: Helbing und Lichtenhahn, 1990, p. 444.

[181] Dentre outros, ver: BARBOSA MOREIRA, José Carlos. *Comentários ao Código de Processo Civil*. 14. ed. Rio de Janeiro: Forense, 2008. v. 5, p. 438-440; CHEIM JORGE, Flávio. *Teoria geral dos recursos cíveis*. 4. ed. São Paulo: Revista dos Tribunais, 2009. p. 328-329; KLAMARIS, Nikolaos. *Das Rechtsmittel der Anschlussberufung*. Tübingen: J.C.B. Mohr, 1975. p. 111-112; MELISSINOS, Gerassimos. *Die Bindung des Gerichts an die Parteianträge: nach § 308 I, ZPO (ne eat iudex ultra petita partium)*. Berlin: Duncker e Humblot, 1981. p. 167-175.

do processo civil, não compreende os casos nos quais, havendo sucumbência recíproca, ambas as partes recorram, e o provimento do recurso de uma acabe agravando a situação da outra. Obviamente, o provimento do recurso de um dos litigantes resulta, em geral, em piora na situação do adversário. O conceito de *reformatio in peius*, tal qual empregado no processo civil, deve restringir-se ao agravamento na situação do recorrente em razão do julgamento de seu próprio recurso, excluindo-se as situações nas quais seja prejudicado em razão do acolhimento da impugnação da parte adversa. Entendimento outro esvaziaria a utilidade do conceito da reforma para pior, conduzindo, ademais, a entendimentos equivocados.[182]

Para Nikolaos Klamaris, em obra referencial sobre o tema (recurso adesivo na apelação), a Ordenança de Processo Civil alemã (ZPO) limita-se a afirmar que sentença de primeiro grau somente pode ser modificada na medida em que requerido pelo apelante, não havendo qualquer referência expressa à proibição da *reformatio in peius*. O conteúdo dos dispositivos legais da ordenança processual civil da Alemanha (ZPO) não daria qualquer motivo para considerarmos a proibição da *reformatio in peius* como um conceito autônomo, e tampouco para entendermos o recurso adesivo como um meio para remover ou superar as limitações decorrentes do proibitivo. A proibição da *reformatio in peius* não passaria de aspecto parcial do "mandamento fundamental" da vinculação do juízo aos pedidos das partes, razão pela qual o recurso adesivo também não poderia ser visto como um meio de superação ou eliminação do proibitivo. A finalidade da apelação adesiva não consistiria no afastamento da proibição da *reformatio in peius*, pois isso também poderia ser alcançado com a interposição do recurso de forma autônoma. Klamaris conclui que o proibitivo decorre da vinculação do juízo recursal aos pedidos formulados por ambas as partes. Caso somente uma delas tenha recorrido, o juízo *ad quem* se vincula exclusivamente ao seu pedido, não podendo prejudicá-la. A possibilidade, aberta pela apelação adesiva, de mudança na sentença a favor do apelado principal (apelante adesivo) e, portanto, em desfavor do apelante principal (apelo adesivo) tão somente confirma o princípio da vinculação do juízo *ad quem* aos pedidos das partes.[183]

A nosso ver, equivoca-se Nikolaos Klamaris, pois a proibição da *reformatio in peius* pode ser extraída de valores mais elevados, que ultrapassam a simples presunção gerada por regras infraconstitucionais de processo civil, a exemplo da previsão contida no art. 997 do novo Código de Processo Civil

---

[182] "É claro que a situação do recorrido piora sempre que o órgão *ad quem* dá provimento ao recurso. Nisso não há qualquer interdependência entre o regime do recurso independente e o regime do recurso adesivo. Mas não é de tal possibilidade que se cogita quando aludimos à *reformatio in peius*, sob pena de diluirmos esse conceito a ponto de torná-lo infecundo e praticamente irrelevante. A questão é de ângulo visual: tem-se de focalizar o julgamento do recurso do ponto de vista de cada recorrente, para verificar se, como tal, ele teve piorada a sua situação. Só nesse caso é que ocorrerá, propriamente, *reformatio in peius*. Do contrário, seria forçoso reconhecê-la todas as vezes que se reformasse a decisão impugnada, pois é obvio que semelhante resultado não pode deixar de ser mais desvantajoso a alguém!" (ver: BARBOSA MOREIRA, José Carlos. *Comentários ao Código de Processo Civil*. 14. ed. Rio de Janeiro: Forense, 2008. v. 5, p. 440).

[183] KLAMARIS, Nikolaos. *Das Rechtsmittel der Anschlussberufung*. Tübingen: J.C.B. Mohr, 1975. p. 124-125 e p. 280.

(art. 500, CPC/73), ou da vinculação do juízo recursal ao pedido (NCPC: arts. 141, 490, 492, 997, 1.013 e 1034 – CPC/73: arts. 2º, 128, 1ª parte, 460, 500 e 515). A proibição da *reformatio in peius* constitui limite adicional à liberdade decisória do juízo *ad quem*, essencial à preservação da segurança jurídica no ambiente processual. Ademais, a função do recurso adesivo não se resume, necessariamente, a possibilitar que o tribunal agrave a situação do recorrente principal,[184] como demonstra a figura existente no direito processual civil alemão, que possibilita a ampliação do objeto do processo (ZPO, § 533). Entretanto, ainda que se possa extrair a existência da proibição de princípios processuais explícitos e/ou implícitos no próprio texto constitucional, não se pode desprezar a correlação entre os dois institutos.

O entendimento da articulação existente entre o recurso adesivo e a proibição da *reformatio in peius* exige sejam definidas a natureza e a finalidade da forma de recorrer adesiva. Esse questionamento apresenta-se relevante, ainda que a previsão legal do recurso adesivo não seja necessariamente o fator determinante para a existência do proibitivo em um sistema processual. A associação entre os dois institutos emerge de quase todas as abordagens doutrinárias ao redor do mundo, ganhando especial relevo em sistemas processuais civis como o brasileiro, no qual a proibição da *reformatio in peius* não se encontra expressamente positivada.

A previsão do recurso adesivo no Código de Buzaid parece afastar a dúvida que existia acerca da vigência da proibição da *reformatio in peius* no processo civil brasileiro. A criação de uma forma de recorrer adesiva representa, ao menos, um indício da presença do proibitivo. Contudo, a falta de previsão legal do recurso adesivo não conduz, necessariamente, à presunção de ausência da proibição da *reformatio in peius*, como demonstra a história do processo civil ao longo do tempo nos mais diversos ordenamentos jurídicos. Tome-se o exemplo da Ordenança Processual Civil (ZPO) da Áustria,[185] na qual, mesmo na ausência da figura do recurso adesivo, proíbe-se a *reformatio in peius*.[186]

Assim, a previsão legal do recurso adesivo em um determinado ordenamento jurídico não constitui fator essencial para determinarmos vigência da proibição de *reformatio in peius*.[187] A positivação do recurso adesivo no processo civil representa mero indicativo da presença da proibição da reforma para pior, mas não pode ser compreendida como causa da existência do proibitivo. Como mencionado anteriormente, à semelhança do que ocorre na medicina, "o anticorpo demonstra a existência da doença, sem que esta extraia sua existência da presença daquele". Assim, não passa de mera especulação a tentativa de extrair-se a possibilidade da *reformatio in peius* da ausência de previsão legal do

---

[184] KUHLMANN, Axel. *Das Verbot der reformatio in peius im Zivilprozessrecht.* Berlin: Duncker Humblot, 2010. p. 34-41.

[185] NERY JUNIOR, Nelson. *Teoria geral dos recursos.* 6. ed. São Paulo: Revista dos Tribunais, 2004. p. 186.

[186] KUHLMANN, Axel. *Das Verbot der reformatio in peius im Zivilprozessrecht.* Berlin: Duncker Humblot, 2010. p. 39.

[187] A previsão do recurso adesivo não põe fim à controvérsia quanto ao alcance do proibitivo. Nesse sentido, ver: PROVINCIALI, Renzo *Delle impugnazioni in generale.* Nápoles: Morano, 1962. p. 219-220; ZANZUCCHI, Marco Tullio. *Diritto processuale civile.* 6. ed. Milano: Giuffrè, 1964. v. 2, p. 244-245.

recurso adesivo, quando inexista na legislação previsão expressa do proibitivo. Por essa razão, a ausência de positivação da figura do recurso adesivo somente permite concluir pela inexistência da proibição da *reformatio in peius* quando conjugada a outros elementos existentes no sistema recursal.[188]

Um bom exemplo disso nos fornece a recém-criada ordenança de processo civil da Suíça (*Schweizerische Zivilprozessordnung*, ZPO), que entrou em vigor em 1º de janeiro de 2011, segundo a qual a adesão somente é possível na apelação (*Berufung*), mas a proibição da *reformatio in peius* se aplica a todos os recursos.[189]

Ainda, como afirma José Carlos Barbosa Moreira, a ausência de previsão do recurso adesivo no Código de Processo Civil de 1939 não levou a doutrina e a jurisprudência a concluírem pela possibilidade da *reformatio in peius*. Por outro lado, embora a presença do recurso adesivo conduza à presunção da existência do proibitivo, sua previsão legal não é suficiente "para evitar por completo as controvérsias doutrinárias ao menos sobre a medida em que ao órgão *ad quem* fica vedado reformar em desfavor do único recorrente".[190]

Concluímos, portanto, que a previsão legal do recurso adesivo aponta fortemente no sentido da vigência da proibição da *reformatio in peius*, porém não fundamenta a sua existência. Como criativamente demonstra Alex Kuhlmann, a previsão legal do recurso adesivo corresponde aos "anticorpos" que indicam a presença da proibição da *reformatio in peius*.[191] Porém, esta não lança suas bases teóricas sobre a positivação da figura do recurso adesivo.

---

[188] Dentre outros: BARBOSA MOREIRA, José Carlos. *Reformatio in peius*. In: *Direito processual civil*: ensaios e pareceres. Rio de Janeiro: Borsoi, 1971b. p. 148; NERY JUNIOR, Nelson. *Teoria geral dos recursos*. 6. ed. São Paulo: Revista dos Tribunais, 2004. p. 186; KAPSA, Bernhard-Michael. *Das Verbot der reformatio in peius im Zivilprozess*. Berlin: Duncker e Humblot, 1976. p. 73; KUHLMANN, Axel. *Das Verbot der reformatio in peius im Zivilprozessrecht*. Berlin: Duncker Humblot, 2010. p. 39.

[189] KUHLMANN, Axel. *Das Verbot der reformatio in peius im Zivilprozessrecht*. Berlin: Duncker Humblot, 2010. p. 39. A limitação do recurso adesivo exclusivamente à apelação na ZPO suíça foi motivada pelo entendimento segundo o qual a forma de recorrer adesiva, além de privilegiar uma das partes que deixou seu prazo recursal transcorrer *in albis*, causaria um aumento no número de recursos nos tribunais (ver: KUHLMANN, Axel. *Das Verbot der reformatio in peius im Zivilprozessrecht*. Berlin: Duncker Humblot, 2010. p. 39-40). Em se tratando do *Beschwerde* e da *Revision*, inexiste a forma de recorrer adesiva. Na Suíça, o legislador federal possui competência para legislar sobre direito civil; enquanto os cantões, para legislar sobre processo. Todavia, partindo-se do pressuposto de que o meio (processo) serve aos seus fins (direito material), quando a legislação processual do cantão comprometesse a realização dos fins (no caso, a realização do direito civil), haveria invasão à esfera de competência do legislador federal. Essa complexa definição de competência é muito bem examinada por Walter Egger (ver: EGGER, Walter. *Die reformatio in peius im Zivilprozessrecht*. Zürich: Hans Schellemberg, Winterthur, 1985. p. 34-38). O art. 1º da ordenança expressa sua aplicação às instâncias cantonais nos processos que possuam como objeto causas cíveis (art. 1º *Gegenstand Dieses Gesetz regelt das Verfahren vor den kantonalen Instanzen für: a. streitige Zivilsachen*). Acerca da formatação do recurso adesivo no processo civil nos cantões suíços, antes da ZPO de 2011, ver: BARBOSA MOREIRA, José Carlos. *Comentários ao Código de Processo Civil*. 14. ed. Rio de Janeiro: Forense, 2008. v. 5, p. 313.

[190] Ver: BARBOSA MOREIRA, José Carlos. *Reformatio in peius*. In: *Direito processual civil*: ensaios e pareceres. Rio de Janeiro: Borsoi, 1971b. p. 158; BARBOSA MOREIRA, José Carlos. *Comentários ao Código de Processo Civil*. 14. ed. Rio de Janeiro: Forense, 2008. v. 5, p. 438. A previsão do recurso adesivo não põe fim à controvérsia quanto ao alcance do proibitivo, conforme também destaca a doutrina italiana (ver: PROVINCIALI, Renzo *Delle impugnazioni in generale*. Nápoles: Morano, 1962. p. 219-220; ZANZUCCHI, Marco Tullio. *Diritto processuale civile*. 6. ed. Milano: Giuffrè, 1964. v. 2, p. 244-245).

[191] Ver: KUHLMANN, Axel. *Das Verbot der reformatio in peius im Zivilprozessrecht*. Berlin: Duncker Humblot, 2010.

2.7. A coisa julgada como fundamento da proibição da *reformatio in peius*

Desde as primeiras abordagens doutrinárias, buscou-se embasar a proibição da *reformatio in peius* na proteção da coisa julgada, pensamento que, em maior ou menor medida, ainda persiste entre os processualistas, conduzindo diretamente à proteção da coisa julgada positivada no texto constitucional (art. 5º, XXXVI, Constituição Federal).

A evolução do conceito de coisa julgada e o delineamento de seus limites objetivos e subjetivos acabam influenciando as diversas tentativas de elucidar os fundamentos do proibitivo. Nos primeiros estudos dedicados à proibição da *reformatio in peius*, ocorre a tentativa de deduzi-la a partir das ideias da coisa julgada "subjetiva" ou "relativa às partes" (*relative/einseitige Rechtskraft*), conceito baseado na compreensão equivocada da coisa julgada, que logo seria rechaçado. Já os posicionamentos doutrinários atuais abordam o tema sob a perspectiva da *coisa julgada parcial* (*Teilrechtskraft/partielle Rechtskraft*), conhecida no Brasil como coisa julgada "progressiva", baseada na segmentação dos capítulos da sentença.

A coisa julgada (material) confere certeza e estabilidade ao conteúdo da decisão judicial de mérito, impossibilitando que outro juízo se pronuncie novamente sobre o mesmo objeto.[192] Viabiliza, portanto, a realização do direito fundamental à segurança jurídica, constituindo, para alguns, decorrência necessária do direito fundamental à tutela jurisdicional.[193] A estabilização pro-

---

[192] Preferimos utilizar a expressão "estabilidade", ao invés de "imutabilidade", termo mais comum para designar essa característica da coisa julgada material, por entendermos que melhor se coaduna com a visão atual do processo. A inadequação do emprego da palavra "definitividade" é amplamente demonstrada na tese de doutoramento de Antonio do Passo Cabral, apresentada em 2011 na Universidade do Estado do Rio de Janeiro (CABRAL, Antonio do Passo. *Coisa julgada dinâmica:* limites objetivos e temporais. Entre continuidade, mudança e transição de posições processuais estáveis. Rio de Janeiro: [s.n.], 2011). Já a definição do objeto do processo sempre rendeu grandes discussões, principalmente entre os processualistas alemães, nunca encontrando seu fim. A teoria mais aceita no Brasil foi desenvolvida por Schwab. Segundo ela, o objeto do processo corresponderia ao pedido, que guardaria correspondência com o dispositivo da sentença. Todavia, outro posicionamento, capitaneado por Habscheid, eleva a causa de pedir à condição de elemento essencial da demanda, integrante do objeto do processo. No Brasil essa teoria é defendida, dentre outros, por José Rogério Cruz e Tucci em obra que se tornou referencial no estudo do objeto do processo (TUCCI, José Rogério Cruz e. *A causa petendi no processo civil.* 2. ed. São Paulo: Revista dos Tribunais, 2001). Ao que parece, o Código de Processo Civil brasileiro de 1973 acolheu a teoria de Schwab, restringindo expressamente a estabilização operada pela coisa julgada ao dispositivo da sentença. A motivação da sentença, segundo a doutrina "tradicional", possuiria no máximo função de auxiliar a interpretação do dispositivo. Assim, a resolução de questões prejudiciais, mesmo quando exaustivamente debatidas pelas partes no processo, somente serão estabilizadas pela coisa julgada se forem objeto de ação declaratória incidental. Aliás, a própria previsão legal da ação declaratória incidental em um determinado sistema de processo civil demonstraria o rechaço à ideia defendida por SAVIGNY, segundo a qual ao menos parte da motivação seria alcançada pelo efeito estabilizante da coisa julgada (A respeito do assunto com enfoque no ZPO alemão, ver: HABSCHEID, Walter J. *Der Streitgegenstand im Zivilprozess und im Streitverfahren der freiwilligen Gerichtsbarkeit.* Bielefeld: Gieseking, 1956. p. 285 *et seq.*).

[193] Para Luiz Guilherme Marinoni, a coisa julgada seria atributo do processo jurisdicional, imprescindível à afirmação do poder estatal. Sem ela, seria impossível o discurso jurídico como discurso de poder. MARINONI, Luiz Guilherme. O Princípio da segurança dos atos jurisdicionais. In: MITIDIERO, Daniel; RIZZO, Guilherme Amaral (Coord.). *Processo civil:* estudos em homenagem ao Professor Doutor Carlos Alberto Alvaro de Oliveira. São Paulo: Atlas, 2012. p. 333.

movida pela coisa julgada e por outros institutos semelhantes, a exemplo da preclusão (em sentido amplo), torna possível a realização de todo o conteúdo polissêmico do valor segurança jurídica, exigência do Estado Constitucional.[194]

Em uma visão privatista, poder-se-ia tomar como função primordial do processo civil o estabelecimento autoritativo da existência e do conteúdo das relações jurídicas privadas das partes. Mesmo dentro dessa concepção limitada, a efetividade da tutela jurisdicional, a pacificação e a segurança jurídica devem ser aceitas como valores que regem o processo civil, ainda quando concebidos indiretamente a partir dos objetivos decorrentes do direto privado. Ademais, considerada a litigiosidade como algo maléfico a todas as sociedades, ela clama por um pronunciamento judicial que lhe ponha fim no menor espaço de tempo possível. Sendo uma das principais funções do processo civil a eliminação dos litígios e, portanto, a pacificação social, não se pode prescindir de que as decisões nele proferidas vinculem as partes. Disso decorre a crença de que a coisa julgada (material) seria imanente à própria essência do processo civil.[195]

Em decorrência da estabilidade produzida pela coisa julgada, a doutrina vem tentando, de diferentes formas, extrair daí a proibição da *reformatio in peius*. Destacam-se, especialmente, as ideias da *coisa julgada subjetiva* ou "relativa às partes" (*relative/einseitige Rechtskraft*), hoje amplamente rejeitada, e a *coisa julgada parcial* ou *progressiva* (*parteille Rechtskraft* ou *Teilrechtskraft*).

Algumas das primeiras tentativas de determinar as causas ou os fundamentos teóricos da proibição da *reformatio in peius* resultaram na sua associação à denominada "coisa julgada relativa" ou "unilateral" (*relative/einseitige*

---

[194] "Die materielle Rechtskraft ist notwendige Folge des Rechts auf Rechtsschutz durch die Gerichte. Sie findet ihre verfassungsgemässe Verankerung im Rechtsstaatsprinzip" (ver: ROSENBERG, Leo; SCHWAB, Karl Heinz; GOTTWALD, Peter. *Zivilprozessrecht*. 17. ed. München: C. H. Beck München, 2010. p. 869, § 151, 1). Alguns até chegam a afirmar que a coisa julgada se insere parcialmente no estudo da própria eficácia da soberania estatal (ver: EGGER, Walter. *Die reformatio in peius im Zivilprozessrecht*. Zürich: Hans Schellemberg, Winterthur, 1985. p. 29). Ressaltando que o instituto da coisa julgada não possui natureza ontológica, decorrendo de razões políticas de conveniência em determinado grupamento social, Carlos Alberto Alvaro de Oliveira e Daniel Mitidiero asseveram possuir a sociedade brasileira um "firme compromisso de respeito à coisa julgada como 'regra básica de convivência sócio-política', cujo respeito tem de ser promovido diante do Estado como um todo" (ver: ALVARO DE OLIVEIRA, Carlos Alberto; MITIDIERO, Daniel. *Curso de processo civil*. São Paulo: Atlas, 2012. v. 2, p. 270-271).

[195] EGGER, Walter. *Die reformatio in peius im Zivilprozessrecht*. Zürich: Hans Schellemberg, Winterthur, 1985. p. 29-30. Entretanto, prevalece na doutrina a ideia de que a coisa julgada não seria essencial à jurisdição, o que até mesmo Chiovenda já destacava, ao observar que o instituto não existia em todos os sistemas de processo civil. (ver: CHIOVENDA, Giuseppe. *Principii di diritto processuale civile*. 3. ed. Roma: [s.n.], 1913. p. 906-907). Nem a coisa julgada, tampouco a imutabilidade das decisões seriam uma característica essencial à jurisdição. Nesse sentido: CABRAL, Antonio do Passo. *Coisa julgada dinâmica*: limites objetivos e temporais. Entre continuidade, mudança e transição de posições processuais estáveis. Rio de Janeiro: [s.n.], 2011; TALAMINI, Eduardo. *Coisa julgada e sua revisão*. São Paulo: Revista dos Tribunais, 2005. p. 34-47. Acerca do assunto, assim discorrem Daniel Mitidiero e Luiz Guilherme Marinoni: "Como discurso prático, é imprescindível ao direito que os seus problemas sejam definitivamente resolvidos em determinado momento no tempo. A coisa julgada, portanto, é uma regra que torna possível o discurso jurídico como discurso prático. Não é simplesmente uma 'regra do discurso' – é uma 'regra sobre o discurso'" (ver: SARLET, Ingo Wolfgang; MARINONI, Luiz Gilherme; MITIDIERO, Daniel. *Curso de direito constitucional*. São Paulo: Revista dos Tribunais, 2012. p. 673).

Rechtskraft), que consistiria no efeito vinculativo unilateral da coisa julgada quanto aos capítulos favoráveis ao recorrente. As conclusões desses primeiros esforços doutrinários compreendiam os processos civil e penal.[196]

A coisa julgada "relativa" ou "unilateral" (*relative/einseitige Rechtskraft*) seria limitada à parte que não possa interpor recurso contra a sentença. Segundo essa teoria, a definitividade e a executoriedade vinculantes da coisa jugada[197] surgiriam apenas em face da parte que já não possa impugnar a sentença, seja porque deixou transcorrer *in albis* seu prazo recursal, seja por haver perecido seu direito de recorrer, seja por algum outro motivo. Nesse sentido, impediria a modificação da decisão atacada em favor do recorrido, que por alguma razão não lhe tenha impugnado, resultando, assim, em uma proibição da *reformatio in peius*.[198] Portanto, a coisa julgada possuiria eficácia apenas em relação a uma das partes: o apelado. Existindo coisa julgada frente ao apelado (*coisa julgada relativa*), a decisão não poderia ser modificada em seu benefício. Presumindo-se que o benefício (vedado) ao apelado significasse prejuízo ao apelante, daí decorria, por via transversa, a proibição da *reformatio in peius*.

A construção dessa teoria representa a mais antiga tentativa de elucidação do fundamento teórico da proibição da *reformatio in peius*, tanto no processo civil, como no processo penal.[199]

A tentativa de extrair o proibitivo dessa figura não surpreende. Na concepção da *coisa julgada relativa* (ou *unilateral*), a ausência de interposição de recurso por uma das partes significaria que, frente a ela, a sentença teria se tornado imutável. Já a parte contrária, impugnando os capítulos desfavoráveis, impediria que o mesmo efeito ocorresse para si. Como a incidência da proibição da reforma para pior condiciona-se à existência de capítulos decisórios não impugnados pela parte prejudicada (recorrido) – pois, caso contrário, a devolutividade dos recursos de ambas as partes seria mais ampla ou integral – é inevitável a sua associação à teoria da coisa julgada relativa.[200]

Contudo, além de não possuir esteio na legislação de nenhum ordenamento jurídico conhecido, a limitação da eficácia da coisa julgada a apenas uma das partes também atenta contra os fundamentos e contra os próprios

---

[196] KAPSA, Bernhard-Michael. *Das Verbot der reformatio in peius im Zivilprozess*. Berlin: Duncker e Humblot, 1976. p. 43.

[197] Na verdade, compreendemos que a vinculatividade não seria propriamente uma característica da coisa julgada, mas da própria sentença. Também a executoriedade, a nosso ver, não seria característica essencial da coisa julgada material, assertiva facilmente comprovada pela previsão legal da execução provisória, atribuindo eficácia executória (provisória) às sentenças que ainda não tenham ensejado a formação de coisa julgada material, ante o prosseguimento da demanda com a interposição de recurso sem efeito suspensivo (art. 475-O, CPC).

[198] Nesse sentido: EGGER, Walter. *Die reformatio in peius im Zivilprozessrecht*. Zürich: Hans Schellemberg, Winterthur, 1985. p. 30; KAPSA, Bernhard-Michael. *Das Verbot der reformatio in peius im Zivilprozess*. Berlin: Duncker e Humblot, 1976. p. 41; RICCI, Hans-Peter. *Reformatio in peius und Anschliessung an das Rechtsmittel im Zivilprozess*: unter vergleichweiser Heranziehung des Strafprozesses und des Steuerjustizverfahrens. Zürich: Winterthur, 1955. p. 102.

[199] KAPSA, Bernhard-Michael. *Das Verbot der reformatio in peius im Zivilprozess*. Berlin: Duncker e Humblot, 1976. p. 41.

[200] Por salientar a conexão aparente entre os dois institutos, ver: KUHLMANN, Axel. *Das Verbot der reformatio in peius im Zivilprozessrecht*. Berlin: Duncker Humblot, 2010. p. 42.

valores perseguidos pelo instituto. A vinculação à definitividade da decisão e à declaração autoritativa consubstanciada no dispositivo deve ocorrer da mesma forma e ao mesmo tempo para ambas as partes, independentemente do direito concedido ou da obrigação imposta, pouco importando a posição processual ocupada (demandante ou demandado).[201] Tanto a *coisa julgada formal* quanto a *coisa julgada material* desenvolvem-se de modo a que a sua eficácia atinja ambas as partes. Isso também vale para o caso de interposição do recurso por apenas um dos litigantes. A interposição do recurso impede, total ou parcialmente, que a decisão recorrida transite em julgado. Esse retardo na formação da coisa julgada, contudo, projeta-se nas esferas jurídicas de ambas as partes (recorrente ou recorrido), não se limitando àquele que haja impugnado a decisão. Assim como a coisa julgada possui eficácia vinculante em relação a ambas as partes, também é indiferente à suspensão ou ao retardo na sua formação qual dos litigantes haja interposto o recurso.[202]

Ademais, o esforço para extrair a proibição da *reformatio in peius* da *coisa julgada relativa* ou *unilateral* (*relative/einseitige Rechtskraft*) acaba conduzindo ao comportamento das partes, pois o proibitivo só teria validade na ausência de interposição do recurso (principal ou adesivo) pelo recorrido.[203]

Assim, a coisa julgada relativa não se harmonizaria com a sistemática do direito processual civil. Ocorre que o instituto da coisa julgada serve, principalmente, aos seguintes objetivos: (a) fixar de forma definitiva a relação litigiosa submetida ao juízo pelas partes; (b) sob o ponto de vista dos litigantes, contribuir para a realização do direito fundamental à prestação jurisdicional frente ao Estado, e com isso impedir que outro órgão jurisdicional decida novamente o mesmo objeto, causando insegurança e instabilidade (aspecto subjetivo do princípio da continuidade); (c) atender ao princípio da continuidade (aspecto objetivo), realizando o interesse público na constância do direito objetivo.

A coisa julgada também desempenha papel sistêmico, impedindo decisões contraditórias que colocariam em xeque a própria credibilidade do Poder Judiciário. Portanto, a coisa julgada não serve apenas aos litigantes, mas também ao interesse público, na estabilização das relações jurídicas, correspondendo à dimensão objetiva do direito fundamental à segurança jurídica. Além disso, viabiliza a realização da dimensão subjetiva do direito fundamental à segurança jurídica, em especial o princípio da proteção da confiança e o princípio da continuidade (face objetiva), fundamento sobre o qual se assenta o Estado

---

[201] O que atinge unilateralmente a parte não recorrente (e recorrida) são os efeitos da preclusão do ato de recorrer. Acerca do assunto, ver: RUBIN, Fernando. *A preclusão na dinâmica do processo civil*. Porto Alegre: Livraria do Advogado, 2010.

[202] EGGER, Walter. *Die reformatio in peius im Zivilprozessrecht*. Zürich: Hans Schellemberg, Winterthur, 1985. p. 31.

[203] A doutrina é firme ao criticar a tentativa de basear a validade da proibição da *reformatio in peius* no comportamento da parte. Esse grau de subjetividade somente seria possível caso o legislador formulasse previsão expressa a esse respeito, o que não ocorreu em nenhum ordenamento jurídico conhecido, até o momento. Ver: KAPSA, Bernhard-Michael. *Das Verbot der reformatio in peius im Zivilprozess*. Berlin: Duncker e Humblot, 1976. p. 141-143; KUHLMANN, Axel. *Das Verbot der reformatio in peius im Zivilprozessrecht*. Berlin: Duncker Humblot, 2010. p. 41-44.

Constitucional.[204] Qualquer construção referente à coisa julgada deve considerar o importante papel desempenhado pelo instituto, que, em última análise, remonta ao próprio texto constitucional.[205] Nesse sentido, a teoria da coisa julgada relativa não traz qualquer contribuição à segurança jurídica, quando propõe vincular, em uma relação litigiosa bilateral, apenas uma das partes.[206]

Mesmo que acolhêssemos a ideia da coisa julgada relativa (ou unilateral) como teoricamente aceitável, o que se descarta, ainda assim dela não se poderia extrair satisfatoriamente o proibitivo. Esse fundamento não se presta a justificar a proibição durante lapso temporal compreendido entre a decisão, potencialmente recorrível por ambas as partes, e o final do prazo para a interposição do recurso. Neste período, então, presumir-se-ia possível uma reforma para pior quando o prazo para interposição do recurso pela parte contrária ainda não se tenha esgotado.[207]

Observando os mais diversos ordenamentos jurídicos ao longo do tempo, verificamos que o conceito da *coisa julgada unilateral* ou *relativa* jamais restou positivado como norma de processo civil. Além de atentar contra os valores sobre os quais se funda esse instituto, o conceito não se harmoniza com o sistema do direito processual civil existente, carecendo de qualquer utilidade prática para fundamentar a proibição da *reformatio in peius*. Por essa razão, a ideia merece ser rechaçada, como, aliás, há muito vem fazendo a doutrina especializada no estudo do tema.[208]

A *coisa julgada relativa* ou *unilateral* (*relative/einseitige Rechtskraft*) assemelha-se à construção da teoria do *direito adquirido* (*wohlerworbenen Recht*) ou *ius quaesitum*, ocasionalmente invocada para fundamentar a proibição da *reformatio in peius*, desta vez baseando-se na vontade das partes. Ao contrário

---

[204] Nesse sentido, ver: ALVARO DE OLIVEIRA, Carlos Alberto; MITIDIERO, Daniel. *Curso de Processo Civil*, vol. 2. São Paulo: Atlas, 2012, pp. 270-271; CABRAL, Antonio do Passo. *Coisa julgada dinâmica:* limites objetivos e temporais. Entre continuidade, mudança e transição de posições processuais estáveis. Rio de Janeiro: [s.n.], 2011. p. 288 *et seq.*; ÁVILA, Humberto Bergmann. *Teoria dos princípios:* da definição à aplicação dos princípios jurídicos. 12. ed. ampl. São Paulo: Malheiros, 2011. p. 98. ÁVILA, Humberto. *Segurança jurídica*: entre permanência, mudança e realização no direito tributário. 2. ed. São Paulo: Malheiros, 2012.

[205] No direito processual civil alemão, costuma-se afirmar que o instituto da coisa julgada esteia-se, em última análise, no próprio princípio do Estado de Direito. Por todos, ver: ROSENBERG, Leo; SCHWAB, Karl Heinz; GOTTWALD, Peter. *Zivilprozessrecht*. 17. ed. München: C. H. Beck München, 2010. p. 869, § 151, 1.

[206] KUHLMANN, Axel. *Das Verbot der reformatio in peius im Zivilprozessrecht*. Berlin: Duncker Humblot, 2010. p. 44.

[207] Relevante a esse respeito a observação de Axel Kuhlmann: "A teoria da coisa julgada unilateral ou relativa (*relative/einseitige Rechtskraft*) somente poderia fundamentar a proibição de uma reforma para pior nos casos nos quais o recorrido também já não possa mais atacar a decisão. A coisa julgada unilateral ou relativa não serve para proibir a reforma para pior no espaço de tempo compreendido entre a interposição do recurso por uma das partes e o transcurso do prazo para a outra interpor seu próprio recurso ou aderir ao interposto." (*tradução nossa*). Confira no original: "Die Teorie der relativen Rechtskraft könnte somit ein Verschlerterungsverbot lediglich für die Fälle begründen, in denen eine Anfechtung durch den Rechtsmittelgegner nicht (mehr) möglich ist. Für den Zeitraum zwischen Rechtsmittelergreifung und Ablauf der gegnerischen Rechtsmittel – bzw. Anschlussfrist taugt die relative Rechtskraft als Begrundung des Verbots nicht" (KUHLMANN, Axel. *Das Verbot der reformatio in peius im Zivilprozessrecht*. Berlin: Duncker Humblot, 2010. p. 43).

[208] EGGER, Walter. *Die reformatio in peius im Zivilprozessrecht*. Zürich: Hans Schellemberg, Winterthur, 1985. p. 30-31; KAPSA, Bernhard-Michael. *Das Verbot der reformatio in peius im Zivilprozess*. Berlin: Duncker e Humblot, 1976. p. 41-43; KUHLMANN, Axel. *Das Verbot der reformatio in peius im Zivilprozessrecht*. Berlin: Duncker Humblot, 2010. p. 41-45.

da coisa julgada "relativa" (ou unilateral), concebida pela ótica da preclusão para o recorrido, segundo o *ius quaesitum*, o silêncio do apelado significaria sua incondicional concordância com o resultado da decisão, fazendo nascer para o recorrente um direito adquirido (*ius quaesitum*), que impediria o juízo recursal de impor qualquer prejuízo.[209]

Como se pode presumir, contra a teoria *ius quaesitum* valem todas as críticas já levantadas à ideia de uma *coisa julgada relativa* ou *unilateral*, em nada contribuindo para a descoberta da fundamentação teórica da proibição da *reformatio in peius*.[210]

Vale destacar que a omissão no exercício do direito de recorrer por uma das partes interessadas consiste em mero fato processual, do qual decorrem consequências previsíveis, segundo as regras do processo civil, como ocorre com a preclusão em geral.[211] As razões que orientam essa conduta omissiva são

---

[209] KUHLMANN, Axel. *Das Verbot der reformatio in peius im Zivilprozessrecht*. Berlin: Duncker Humblot, 2010. p. 45-46. Em sentido contrário, Giuseppe Chiovenda afirma que a ausência de impugnação pelo apelante de algum capítulo recorrível significa sua concordância ("Quando la sentenza contenga più capi, ed alcuno soltanto sia impugnato, s'intende che l'appellante abbia accettato gli altri capi"). Ver: CHIOVENDA, Giuseppe. *Principii di diritto processuale civile*. 3. ed. Roma: [s.n.], 1913, p. 984,

[210] Nesse sentido: KAPSA, Bernhard-Michael. *Das Verbot der reformatio in peius im Zivilprozess*. Berlin: Duncker e Humblot, 1976. p 41-43. Segundo Alex Kuhlmann, esse argumento ainda é muito invocado no direito alemão quando do estudo da proibição da *reformatio in peius* no processo administrativo. A impugnação do ato pelo administrado enfraqueceria a confiança na estabilidade dos atos administrativos, abrindo, assim, a possibilidade de que a administração pública reveja de ofício seus próprios atos (Ver: KUHLMANN, Axel. *Das Verbot der reformatio in peius im Zivilprozessrecht*. Berlin: Duncker Humblot, 2010. p. 45). Todavia, o principal argumento contrário à vigência da proibição da *reformatio in peius* no processo administrativo assenta-se poder de autotutela da administração pública, que deve anular os atos eivados de ilegalidade. Existindo ou não recurso, a administração pública pode anular seus próprios atos, ao contrário do que ocorre no processo civil. As exceções ao poder de autotutela devem estar previstas na legislação A inaplicabilidade da proibição da *reformatio in peius* ao processo administrativo também corresponde ao entendimento consolidado na doutrina e na jurisprudência dos tribunais superiores, a exemplo posicionamento adotado pelo Superior de Justiça, no RMS 21.981/RJ, 2ª Turma, relatado pela Min. Eliana Calmon, julgado em 22.06.2010 (DJe 5.08.2010), em acórdão assim ementado: "ADMINISTRATIVO – FUNCIONAMENTO DOS BANCOS – EXIGÊNCIAS CONTIDAS EM LEI ESTADUAL E MUNICIPAL – LEGALIDADE. 1. A jurisprudência do STF e do STJ reconheceu como possível lei estadual e municipal fazerem exigências quanto ao funcionamento das agências bancárias, em tudo que não houver interferência com a atividade financeira do estabelecimento (precedentes). 2. Leis estadual e municipal cuja arguição de inconstitucionalidade não logrou êxito perante o Tribunal de Justiça do Estado do RJ. 3. *Em processo administrativo não se observa o princípio da "non reformatio in pejus" como corolário do poder de auto tutela da administração, traduzido no princípio de que a administração pode anular os seus próprios atos. As exceções devem vir expressas em lei. 4. Recurso ordinário desprovido*" (grifamos).

[211] Como bem destaca Carlos Alberto Alvaro de Oliveira, ao analisar a preclusão como elemento do formalismo, invocando a doutrina pioneira de Oskar Bülow, a reponsabilidade das partes no exercício de suas faculdades processuais possui caráter público e objetivo, abstraída qualquer consideração de culpa, orientando-se o processo pela certeza. Analisando a obra histórica do jurista alemão, deduz-se que "a mera circunstância de não agir a parte em relação ao adversário, ou contra as determinações judiciais provocadas pelos atos deste, constitui fundamento suficiente e decisivo para o seu prejuízo jurídico". (ver: ALVARO DE OLIVEIRA, Carlos Alberto. *Do formalismo no processo civil*. 3. ed. São Paulo: Saraiva, 2009. p. 200-201). A omissão na prática de um ato processual resultará em preclusão quando as consequências decorrentes da inércia sejam previsíveis e exista a real possibilidade de praticá-lo. Os critérios são, portanto, objetivos, e não subjetivos, não havendo falar em culpa. De outra banda, compreendemos que a omissão prolongada no exercício de uma faculdade processual pode, em alguns casos, gerar na parte contrária uma justa expectativa de manutenção daquele padrão de conduta estável que merece ser protegida, ainda que a lei não estabeleça a preclusão para a prática do ato, principalmente quando transcorra longo lapso temporal marcado pela inércia. Trata-se de sopesar os direitos fundamentais em conflito. Nesse sentido: CABRAL, Antonio do Passo. *Nulidades no processo moderno*: contraditório, proteção da confiança e validade 'prima facie' dos atos processuais. 2. ed. Rio de Janeiro: Forense, 2010. p 335.

irrelevantes para o delineamento da liberdade decisória do juízo recursal. A presunção da concordância da parte inerte com a sentença, como pretendido por Chiovenda,[212] não passa de mera especulação, insuficiente para impedir que o juízo *ad quem* a favorecesse no julgamento de recurso interposto pelo seu adversário (e em detrimento deste). Contudo, enquanto fato processual, a ausência de interposição de recurso pela parte interessada resulta em preclusão, em coisa julgada, ou seja, em estabilidade do ato decisório, conforme o regramento estabelecido para o processo civil. Isso gera na parte contrária a justa expectativa de haver conquistado posição jurídica de vantagem (*Besitzstand*), que não poderia ser retirada pelo tribunal no julgamento da própria apelação.

Ainda, para alguns, a proibição da *reformatio in peius* seria decorrência do "princípio da defesa da coisa julgada parcial" (*Gebot zur Wahrung der Teilrechtskraft*),[213] conhecida no Brasil como coisa julgada "progressiva", conduzindo diretamente à garantia de proteção da coisa julgada positivada no texto constitucional (art. 5º, XXXVI, Constituição Federal).

A *coisa julgada parcial* (*Teilrechtskraft/partielle Rechtskraft*), ou *progressiva*, significa que os capítulos da sentença inatacados pela apelação "transitam em julgado", frente a qualquer das partes. Ao contrário da denominada coisa julgada "relativa", que limitava seus efeitos àquele que não houvesse interposto seu próprio recurso, aqui se trata de limitar a extensão objetiva da coisa julgada. Uma vez definida a extensão dos capítulos da sentença transitados em julgado (ou com o potencial para formar coisa julgada material), sua eficácia vincula igualmente as partes. Daí alguns doutrinadores afirmarem que essa concepção não sofreria dos mesmos problemas levantados anteriormente quanto à ideia da *coisa julgada unilateral* ou *relativa*, ou, ainda, do *ius quaesitum*.[214] Trata-se da mesma qualidade da coisa julgada "tradicional", na qual o pronunciamento judicial definitivo é vinculante a ambas as partes, mas sua abrangência limita-se aos capítulos não impugnados pelo recurso. A estabilidade da parcela não atacada da decisão impede que sobre ela o juízo *ad quem* se pronuncie, tanto para melhorar, quanto para piorar, a situação de qualquer das partes.[215]

---

[212] CHIOVENDA, Giuseppe. *Principii di diritto processuale civile*. 3. ed. Roma: [s.n.], 1913. p. 984.

[213] Ainda, para alguns, a proibição da *reformatio in peius* seria decorrência do "princípio da defesa da coisa julgada parcial" (*Gebot zur Wahrung der Teilrechtskraft*). Ver: EGGER, Walter. *Die reformatio in peius im Zivilprozessrecht*. Zürich: Hans Schellemberg, Winterthur, 1985. n. 6.6.2, p. 31-32.

[214] Observando o problema do ponto de vista do processo civil suíço, nesse aspecto mais semelhante ao modelo brasileiro do que o alemão, Walter Egger afirma que as críticas levantadas quanto à *coisa julgada unilateral* ou *relativa* não se aplicariam à coisa julgada "parcial", embora negue que qualquer delas possa ser considerada causa direta e única do proibitivo (Ver: EGGER, Walter. *Die reformatio in peius im Zivilprozessrecht*. Zürich: Hans Schellemberg, Winterthur, 1985. p. 31-32). Já no direito processual civil alemão, essa ideia parece não se sustentar, principalmente em face da norma contida no art. 520 do ZPO, que posterga o termo final para modificação do objeto da apelação. Quando a abrangência da *coisa julgada parcial* é definida pela extensão do pedido do recorrente, como este demora para se estabilizar, permanece a crítica ao fato de que até o término do prazo para alteração do objeto do recurso o proibitivo ainda não seria válido (Ver: KUHLMANN, Axel. *Das Verbot der reformatio in peius im Zivilprozessrecht*. Berlin: Duncker Humblot, 2010. p. 41-45).

[215] EGGER, Walter. *Die reformatio in peius im Zivilprozessrecht*. Zürich: Hans Schellemberg, Winterthur, 1985. p. 31-32.

Conforme podemos constatar da análise do direito positivo, na maioria dos sistemas processuais civis, inclusive no Brasil, a *coisa julgada progressiva* ou *parcial*, caso aceita, poderia ser mensurada comparando-se a abrangência da decisão impugnada com a abrangência do pedido formulado no recurso.[216] Associada ao requisito de admissibilidade interesse recursal, a *coisa julgada progressiva* (ou *parcial*) acabaria vedando a possibilidade de uma *reformatio in peius*.

Entretanto, deve-se ter cautela para não inverter o raciocínio, afirmando-se que, na ausência de previsão legal dessa figura em um determinado ordenamento jurídico, possa resultar a permissão da reforma para pior. Isso somente seria possível se o proibitivo decorresse unicamente da coisa julgada parcial, o que não se verifica, conforme passaremos a demonstrar.

Aliás, quando se aceita a definição da abrangência da *coisa julgada progressiva* a partir da extensão do pedido do recurso, extraindo-se dela a proibição da *reformatio in peius*, surge o questionamento sobre se isso não conduziria, em última análise, ao *princípio dispositivo*.[217]

A possibilidade do trânsito em julgado em separado dos capítulos de mérito da sentença sempre suscitou, no direito processual civil brasileiro, grandes divergências doutrinárias e jurisprudenciais. Durante a vigência do Código de Processo Civil de 1973, acabou prevalecendo, no Superior Tribunal de Justiça, o entendimento contrário ao trânsito em julgado em separado dos capítulos não impugnados. Este posicionamento baseia-se, principalmente, em razões de ordem prática, por compreender que o trânsito em julgado em diferentes datas de parcelas segmentáveis do *decisum* (capítulos) causaria tumulto processual. Entendeu-se que o fracionamento do mérito, possibilitando o ajuizamento de múltiplas ações rescisórias, traria insegurança jurídica, além de comprometer a celeridade na entrega da prestação jurisdicional. Disso resultou a edição da Súmula nº 401, em 07/10/2009, pelo Superior Tribunal de Justiça ("O prazo decadencial da ação rescisória só se inicia quando não for cabível qualquer recurso do último pronunciamento judicial"). Posteriormente, a decisão da Corte Especial do Superior Tribunal de Justiça, proferida no julgamento do EREsp 404.777/DF (Rel. p/ Acórdão Ministro Francisco Peçanha Martins, DJ 11/04/2005),[218] principal precedente que embasou a edição da Súmula nº 401, restou reformada pela Primeira Turma do Supremo Tribunal Federal, no jul-

---

[216] EGGER, Walter. *Die reformatio in peius im Zivilprozessrecht.* Zürich: Hans Schellemberg, Winterthur, 1985. p. 32. KUHLMANN, Axel. *Das Verbot der reformatio in peius im Zivilprozessrecht.* Berlin: Duncker Humblot, 2010. p. 47-48.

[217] Essa indagação é suscitada por Walter Egger. Ver: EGGER, Walter. *Die reformatio in peius im Zivilprozessrecht.* Zürich: Hans Schellemberg, Winterthur, 1985. p. 32.

[218] PROCESSUAL CIVIL – EMBARGOS DE DIVERGÊNCIA NO RECURSO ESPECIAL – AÇÃO RESCISÓRIA – PRAZO PARA PROPOSITURA – TERMO INICIAL – TRÂNSITO EM JULGADO DA ÚLTIMA DECISÃO PROFERIDA NOS AUTOS – CPC, ARTS. 162, 163, 267, 269 E 495. – A coisa julgada material é a qualidade conferida por lei à sentença /acórdão que resolve todas as questões suscitadas pondo fim ao processo, extinguindo, pois, a lide. – Sendo a ação una e indivisível, não há que se falar em fracionamento da sentença/acórdão, o que afasta a possibilidade do seu trânsito em julgado parcial. – Consoante o disposto no art. 495 do CPC, o direito de propor a ação rescisória se extingue após o decurso de dois anos contados do trânsito em julgado da última decisão proferida na causa.

gamento do RE 666.589 (Rel. Min. Marco Aurélio, julgado em 25/03/2014). Naquela sentada, o órgão fracionário do Supremo Tribunal Federal admitiu a existência de coisa julgada progressiva na contagem do prazo decadencial para a propositura da ação rescisória.[219] Entretanto, trata-se de precedente isolado que, até o presente momento, não corresponde ao entendimento do Plenário daquele tribunal.

Já o novo Código de Processo Civil prevê amplas hipóteses de julgamento antecipado parcial do mérito, impugnáveis por agravo de instrumento. Nesses casos, se houver o trânsito em julgado da decisão parcial de mérito, a execução será definitiva (art. 356, §3º, NCPC). A própria seção que trata da coisa julgada, inaugurada com art. 502, qualifica a coisa julgada material como a "autoridade que torna imutável e indiscutível a decisão de mérito não mais sujeita a recurso". Portanto, decisões parciais de mérito – que não podem ser qualificadas como sentença – podem gerar coisa julgada material antes do término do processo. O novo diploma processual encontra-se repleto de referências ao fracionamento das decisões em capítulos, tornando praticamente inevitável concluir-se que ocorreu o acolhimento da coisa julgada progressiva. Dentre outros dispositivos, merecem destaque: (a) a previsão de que a ação rescisória pode ter por objeto apenas 1 (um) capítulo da decisão (art. 966, § 3º, NCPC); (b) e o esclarecimento de que a profundidade do efeito devolutivo da apelação e dos recursos extraordinário e especial restringe-se aos capítulos impugnados (art. 1.013, § 1º, e art. 1034, NCPC); Porém, com exceção das decisões parciais de mérito, não há, na nova lei processual, referência expressa ao trânsito em julgado dos capítulos da sentença não impugnados pela apelação.

Contudo, mesmo que o legislador tenha positivado no novo Código de Processo Civil a possibilidade do trânsito em julgado em separado dos capítulos da sentença, o fundamento teórico da proibição da *reformatio in peius* não poderia resumir-se à proteção à coisa julgada, sob pena de deixarmos fora de seu pálio protetivo o agravo de instrumento interposto contra as decisões interlocutórias.

Em última análise, a proibição da *reformatio in peius,* embora possa compreender a proteção à *coisa julgada progressiva*, possui espectro mais amplo, realizando o direito fundamental à segurança jurídica no ambiente processual, assegurando ao recorrente proteção às demais posições/situações de vantagem já conquistadas com a decisão (ir)recorrida (*Besitzstand*). Em algumas situações, a proteção contra a *reformatio in peius* deve ser outorgada mesmo quando a decisão recorrida não possua potencial para gerar coisa julgada (material). Também as posições processuais conquistadas no curso do processo merecem

---

¨ Embargos de divergência improvidos. (EREsp 404.777/DF, Rel. Ministro FONTES DE ALENCAR, Rel. p/ Acórdão Ministro FRANCISCO PEÇANHA MARTINS, CORTE ESPECIAL, julgado em 03/12/2003, DJ 11/04/2005, p. 169).

[219] COISA JULGADA – ENVERGADURA. A coisa julgada possui envergadura constitucional. COISA JULGADA – PRONUNCIAMENTO JUDICIAL – CAPÍTULOS AUTÔNOMOS. Os capítulos autônomos do pronunciamento judicial precluem no que não atacados por meio de recurso, surgindo, ante o fenômeno, o termo inicial do biênio decadencial para a propositura da rescisória. (RE 666589, Relator(a): Min. MARCO AURÉLIO, Primeira Turma, julgado em 25/03/2014, ACÓRDÃO ELETRÔNICO DJe-106 DIVULG 02-06-2014 PUBLIC 03-06-2014).

ser protegidas, sobretudo pelo aspecto da *justiça procedimental*, na qual a "justiça" da prestação jurisdicional justifica-se processualmente, assegurando-se o devido processo legal,[220] com o respeito à correta aplicação das regras procedimentais e do pleno exercício do contraditório, e proporcionando aos litigantes condições para a argumentação prática racional. A *justiça procedimental* também resgata a importância do *iter* que antecede a prolação da sentença, no qual ocorrem as interações entre ação, defesa e jurisdição.[221] Limitar a proteção conferida aos litigantes pela proibição da *reformatio in peius* ao âmbito das apelações interpostas contra as sentenças de mérito (aptas a gerarem coisa julgada material) seria desconhecer a importância dos demais atos do processo[222] (dos quais também se originam posições que merecem ser protegidas), ignorando o papel desempenhado pelo procedimento na obtenção de uma decisão final "justa" (*justiça procedimental*).

Como passaremos a examinar, o fundamento teórico da proibição da *reformatio in peius* não pode ser encontrado diretamente na *coisa julgada parcial* ou *progressiva* (*Teilrechtskraft/partielle Rechtskraft*), embora esse conceito, associado à segmentação do *decisum* em capítulos, apresente grande utilidade prática na definição do âmbito de aplicação do proibitivo. Ainda que não elucide todas as situações, o primeiro padrão para determinar as posições jurídicas tuteláveis pela proibição da *reformatio in peius* consiste em identificarmos o conteúdo da decisão apto a integrar a coisa julgada material. Entretanto, a isso também devemos acrescentar as decisões interlocutórias atingidas pela preclusão. Ademais, excepcionalmente, as consequências práticas decorrentes da motivação das decisões também podem identificar um padrão a ser protegido.[223]

Aqui, poder-se-ia indagar se a conclusão anteriormente exposta seria sustentável diante do sistema processual civil português, no qual o art. 684 do Código de Processo Civil expressamente confere proteção à coisa julgada dos capítulos não recorridos ("os efeitos do julgado, na parte não recorrida, não podem ser prejudicados pela decisão do recurso nem pela anulação do

---

[220] Acerca do devido processo legal e seu papel na proteção dos direitos, ver: MATTOS, Sérgio Luís Wetzel de. *Devido processo legal e proteção de direitos*. Porto Alegre: Livraria do Advogado, 2009.

[221] Nesse sentido, dentre outros: PICARDI, Nicola. Il principio del contraddittorio. *Rivista di Diritto Processuale*, v. 52, p. 678; ZANETI JÚNIOR, Hermes. *Processo constitucional*: o modelo constitucional do processo civil brasileiro. Rio de Janeiro: Lumen Juris, 2007. p. 114-116. Acerca do assunto, consultar também: MARINONI, Luiz Guilherme. *Teoria geral do processo*. São Paulo: Revista dos Tribunais, 2006. p. 455 *et seq*.

[222] Aqui merece destaque a tese orginal recentemente defendida por Antonio do Passo Cabral, ao criticar o dogma da limitação da coisa julgada ao dispositivo da sentença e a abstração da importância dos atos anteriormente praticados. O processualista critica as concepções que enxergam a "sentença como um ato isolado, como norma pronta, esquecendo-se de que a regra concreta não é produzida solitariamente pelo juiz, mas conjuntamente por todos os sujeitos condicionantes e condicionados". Arremata: "portanto, vão de encontro à atual compreensão do contraditório" (ver: CABRAL, Antonio do Passo. *Coisa julgada dinâmica*: limites objetivos e temporais. Entre continuidade, mudança e transição de posições processuais estáveis. Rio de Janeiro: [s.n.], 2011. p. 362).

[223] Nesse sentido: KAPSA, Bernhard-Michael. *Das Verbot der reformatio in peius im Zivilprozess*. Berlin: Duncker e Humblot, 1976. p. 117 *et seq*. KUHLMANN, Axel. *Das Verbot der reformatio in peius im Zivilprozessrecht*. Berlin: Duncker Humblot, 2010. p. 98-107. De forma semelhante, ver também: BÖTTICHER, Eduard. Reformatio in peius und Prozessurteil. *ZZP*, n. 65, p. 464-468, 1952.

processo").[224] A previsão legal expressa da *coisa julgada progressiva* ou *parcial* não afasta a conclusão acima esboçada. Ainda que a proteção à coisa julgada desempenhe importante papel na definição do âmbito de validade da proibição da *reformatio in peius*, esta decorre, sobretudo, da dimensão subjetiva do direito fundamental à segurança jurídica, ou seja, o princípio da proteção da confiança no ambiente processual.[225] A iniciativa do legislador em dar concretude, ainda que parcial, ao conteúdo do proibitivo deve ser louvada e seguida. Colabora, principalmente, para afastar entendimentos que, ao interpretar de forma inadequada as previsões legais que outorgam ao juiz poderes para conhecer *ex officio* de certas questões, sustentam ser permitido ao juízo recursal surpreender o impugnante, retirando-lhe posição jurídica de vantagem (*Besitzstand*) que haveria conquistado caso não interpusesse a sua própria inconformidade.

Nesse sentido, demonstraremos que as normas processuais que conferem ao magistrado o poder-dever de conhecer de ofício de certas questões, a exemplo das condições da ação e dos pressupostos processuais, quando aplicadas ao âmbito recursal, não podem estender seus efeitos para além dos limites dos capítulos impugnados. Trata-se de imposição constitucional, que restou reforçada pela redação da nova lei processual civil brasileira.

A proibição da *reformatio in peius* confere aos litigantes proteção muito mais ampla do que a alcançada pela *coisa julgada* (*progressiva*), razão pela qual aquela não poderia extrair o fundamento de sua existência diretamente desta. Todavia, tanto a coisa julgada como o proibitivo realizam o valor constitucional da segurança jurídica, tornando inevitável a sua associação. Diferenciam-se, contudo, no modo pelo qual realizam a segurança jurídica e na ênfase às diferentes facetas daquele valor, que opera sua efetivação através de vários institutos dentro do ambiente processual. A definição dos capítulos segmentáveis da sentença aptos a gerar coisa julgada material serve como um bom parâmetro para determinar a maior parte das posições jurídicas protegidas contra a *reformatio in peius*. Ainda assim, não permite identificar todas as posições que, conquistadas com a decisão recorrida, mereceriam ser protegidas contra a deterioração pelo juízo recursal, a exemplo dos recursos interpostos contra as decisões interlocutórias. Ademais, a limitação clássica da coisa julgada ao dispositivo da sentença não confere ao recorrente amparo contra a alteração da fundamentação da sentença, que em algumas situações pode resultar em prejuízos práticos, conforme analisaremos.

---

[224] "A parte não impugnada da decisão transitará, automaticamente, em julgado, razão pela qual no julgamento do recurso o tribunal não poderá modificá-la, sob pena inclusive de ofensa à coisa julgada. No direito português o legislador disciplinou a matéria de modo expresso, dispondo no art. 684, n. 4, do CPC, que "os efeitos do julgado, na parte não recorrida, não podem ser prejudicados pela decisão do recurso nem pela anulação do processo"" (ver: CHEIM JORGE, Flávio. *Teoria geral dos recursos cíveis*. 4. ed. São Paulo: Revista dos Tribunais, 2009. p. 222).

[225] Segundo Luiz Guilherme Marinoni, o próprio instituto da coisa julgada realiza a proteção da confiança. Ver: MARINONI, Luiz Guilherme. O Princípio da segurança dos atos jurisdicionais. In: MITIDIERO, Daniel; RIZZO, Guilherme Amaral (Coord.). *Processo civil:* estudos em homenagem ao Professor Doutor Carlos Alberto Alvaro de Oliveira. São Paulo: Atlas, 2012. p. 309-340.

2.8. O princípio dispositivo em sentido próprio (ou material) como fundamento teórico da proibição da *reformatio in peius*

Cumpre questionarmos se a proibição da *reformatio in peius* encontraria seu fundamento teórico no princípio dispositivo em sentido próprio (material), particularmente em virtude do seu desdobramento na norma jurídica fundamental da vinculação do juiz ao pedido (*ne eat iudex ultra petita partium*), também aplicável ao âmbito recursal.

Grande parte da doutrina responde afirmativamente a essa indagação.[226] Costuma-se asseverar que, assim como a petição inicial traça os limites da sentença, o pedido do apelante também define os limites do novo julgamento pelo tribunal, delineando a extensão do efeito devolutivo do recurso (*tantum devolutum quantum appellatum*; art. 1.013 e art. 1034, NCPC; art. 515, *caput*, CPC/73). A vinculação do novo juízo ao pedido do recorrente, expressão do princípio dispositivo em sentido próprio, costuma ser associada ao requisito de admissibilidade interesse recursal ou, ainda, à "essência" ou finalidade do recurso. Como a admissibilidade do recurso se condiciona ao potencial de vantagem propiciado ao recorrente em relação à decisão atacada, seu pedido só será conhecido nos limites em que possibilite essa "melhora". Assim, jamais seria devolvida ao tribunal a possibilidade de agravar a situação do recorrente, existindo apenas a possibilidade de obtenção de benefício ou manutenção da sucumbência anterior.

Esse posicionamento, que busca deduzir a proibição da *reformatio in peius* a partir do princípio dispositivo em sentido material, predomina na doutrina processual civil. Recebe, contudo, contestações, embasadas em relevantes argumentos, o que demonstra a real complexidade do tema.

As críticas a essa argumentação direcionam-se em dois sentidos: uns negam ao princípio dispositivo a condição de fundamento teórico da proibição da *reformatio in peius;* outros afirmam que a norma jurídica fundamental da vinculação do juízo ao pedido do recorrente seria seu fundamento legal, porém não teórico.[227]

Ao contrário do ocorrido no Brasil e na Itália, onde o princípio dispositivo em sentido material foi aceito de maneira quase incontese como fundamento teórico da proibição da *reformatio in peius*, os processualistas alemães e do Cantão de Zurique travaram grande debate doutrinário em torno do tema. O primeiro estudo aprofundado acerca do assunto foi elaborado em 1955 pelo

---

[226] EGGER, Walter. *Die reformatio in peius im Zivilprozessrecht.* Zürich: Hans Schellemberg, Winterthur, 1985. p. 32.; GILLES, Peter: Anschliessung, Beschwer, Verbot der Reformatio in peius und Parteidispositionen über die Sache in höherer Instranz. ZZP, n. 91, 1978, p. 159; KLAMARIS, Nikolaos. *Das Rechtsmittel der Anschlussberufung.* Tübingen: J.C.B. Mohr, 1975. p. 108 *et seq.*; MELISSINOS, Gerassimos. *Die Bindung des Gerichts an die Parteianträge: nach § 308 I, ZPO (ne eat iudex ultra petita partium).* Berlin: Duncker e Humblot, 1981. p. 167-174; STÜRNER, Michael. *Die Anfechtung von Zivilurteile. Eine funktionelle Untersuchung der Rechtsmittel im deutschen und englischen Recht.* München: C. H. Beck, 2002. p. 195-167.

[227] KAPSA, Bernhard-Michael. *Das Verbot der reformatio in peius im Zivilprozess.* Berlin: Duncker e Humblot, 1976. p. 51 *et seq.*; RICCI, Hans-Peter. *Reformatio in peius und Anschliessung an das Rechtsmittel im Zivilprozess:* unter vergleichweiser Heranziehung des Strafprozesses und des Steuerjustizverfahrens. Zürich: Winterthur, 1955. p. 105.

suíço Hans-Peter Ricci (*Reformatio in peius und Anschliessung an das Rechtsmittel im Zivilprozess (unter vergleichweiser Heranziehung des Strafprozesses und des Steuerjustizverfahrens)*).[228] Na Alemanha, Nikolaos Klamaris (*Das Rechtsmittel der Anschlussberufung*)[229] publica, em 1975, tese de doutoramento a respeito da apelação adesiva, defendendo a fundamentação teórica da proibição da *reformatio in peius* no princípio dispositivo em sentido próprio. Quase simultaneamente, Bernhard-Michael Kapsa apresenta, em 1973, tese de doutoramento (*Das Verbot der reformatio in peius im Zivilprozess*)[230] demonstrando a insuficiência desse fundamento teórico e rompendo, assim, com o pensamento consolidado entre os processualistas ao longo do tempo. Os sólidos argumentos trazidos por Kapsa causam enorme polêmica, colocando sua obra como o referencial mais citado e conhecido no que diz respeito ao tema, inclusive entre os processualistas brasileiros. Posteriormente, em 1978, Nikolaos Klamaris publica artigo rebatendo os argumentos de Kapsa (*Besprechung von Bernhard-Michael Kapsa: Das Verbot der reformatio in peius im Zivilprozess*, Berlin 1976, ZZP 91), no que é acompanhado por Walter Egger, em sua tese de doutoramento apresentada em 1985 na Universidade de Zurique (*Die reformatio in peius im Zivilprozessrecht*).[231]

Esse intenso debate suscitou dúvidas onde antes se pressupunha a existência de certeza. As desconfianças quanto à fundamentação teórica da proibição da *reformatio in peius* decorrem em grande medida da obra de Bernhard-Michael Kapsa, que catalisou as discussões entre os processualistas germânicos. A recente publicação (2010) da tese de doutoramento apresentada por Axel Kuhlmann (*Das Verbot der reformatio in peius im Zivilprozessrecht*)[232] na Universidade de Passau demonstra a persistente inquietude quanto ao tema. Esta obra resgata o pensamento de Kapsa, rejeitando o princípio dispositivo em sentido material como fundamento teórico da proibição da *reformatio in peius*; porém, inova ao articular esse princípio ao direito fundamental à proteção da confiança, erigido à condição de pedra angular do proibitivo. Todavia, deixa ao legislador infraconstitucional ampla liberdade para afastar a incidência da proibição da *reformatio in peius* no processo civil.

Observa-se, ademais, que a crescente influência dos direitos fundamentais na conformação do formalismo processual, acentuada nas últimas décadas, tem trazido nova roupagem à velha discussão, exigindo o rompimento das peias históricas que fossilizaram a doutrina processual civil no tratamento do proibitivo.

De toda sorte, a adequada compreensão do instituto em exame somente pode ocorrer à luz dos valores constitucionais da segurança jurídica e da efe-

---

[228] RICCI, Hans-Peter. *Reformatio in peius und Anschliessung an das Rechtsmittel im Zivilprozess*: unter vergleichweiser Heranziehung des Strafprozesses und des Steuerjustizverfahrens. Zürich: Winterthur, 1955.

[229] KLAMARIS, Nikolaos. *Das Rechtsmittel der Anschlussberufung*. Tübingen: J.C.B. Mohr, 1975. p. 108 *et seq.*

[230] KAPSA, Bernhard-Michael. *Das Verbot der reformatio in peius im Zivilprozess*. Berlin: Duncker e Humblot, 1976.

[231] EGGER, Walter. *Die reformatio in peius im Zivilprozessrecht*. Zürich: Hans Schellemberg, Winterthur, 1985.

[232] KUHLMANN, Axel. *Das Verbot der reformatio in peius im Zivilprozessrecht*. Berlin: Duncker Humblot, 2010.

tividade, densificados nos direitos fundamentais (processuais e materiais).[233] Além de auxiliarem na descoberta da fundamentação teórica da proibição da *reformatio in peius*, os direitos fundamentais prestam relevante ajuda na elucidação do âmbito de incidência e na aplicação de exceções ao proibitivo. Também a legislação processual civil deve conformar-se aos valores constitucionais e aos direitos fundamentais no tratamento do proibitivo.

Evidencia-se, portanto, a complexidade da fundamentação teórico da proibição da *reformatio in peius*. Não se trata de solucionarmos questão meramente acadêmica. A definição do âmbito de abrangência do proibitivo, necessária à elucidação dos casos concretos, condiciona-se ao resultado da resposta a essa questão fundamental. Disso também depende a definição das balizas que limitam e condicionam a atividade do legislador infraconstitucional no tratamento do assunto, sobretudo das colocadas pelos direitos fundamentais envolvidos.

Ante a inegável aplicação do princípio dispositivo em sentido material também ao âmbito recursal, manifestado pela norma jurídica fundamental da vinculação do tribunal ao pedido do recorrente, surge o questionamento acerca da possibilidade de deduzirmos a proibição da *reformatio in peius* a partir daí.

O estudo precursor de Hans-Peter Ricci negava a necessidade de fundamentação da proibição da *reformatio in peius* no princípio dispositivo em sentido material, com base na existência de sistemas processuais que desconhecem o princípio dispositivo, mas proíbem a *reformatio in peius*. Desse modo, a existência do instituto em exame não dependeria da norma jurídica fundamental da vinculação do tribunal ao pedido do recorrente.[234] Contudo, esse processualista suíço limita-se a argumentar que a proibição da *reformatio in peius* não se fundamenta única e exclusivamente no princípio dispositivo em todas as espécies de processo.[235] Não nega, portanto, que possa haver eventual vínculo de interdependência decorrente da configuração existente no direito positivo.

Destaque-se que seu estudo ultrapassa o âmbito do processo civil. A tentativa de fundamentar a proibição da *reformatio in peius* em espécies processuais tão distintas como o processo civil e o processo penal apresenta-se desnecessária e perigosa. Os institutos do processo penal nem sempre se harmonizam com o processo civil, valendo também o raciocínio inverso. A suficiência do princípio dispositivo como fundamento teórico da proibição da *reformatio in peius* no processo civil independeria da sua aplicação ao processo penal ou administrativo.

Conforme os posicionamentos majoritários na doutrina processual civil, a proibição da *reformatio in peius* encontraria seu fundamento teórico no princípio dispositivo em sentido próprio (ou princípio da demanda), em particular na máxima da vinculação do juiz ao pedido (*ne eat iudex ultra petita partium*),

---

[233] A respeito da utilização dos valores da segurança jurídica e da efetividade processual como metanormas, ver: ALVARO DE OLIVEIRA, Carlos Alberto. *Do formalismo no processo civil:* proposta de um formalismo-valorativo. 3. ed. São Paulo: Saraiva, 2009. p. 100-101; ALVARO DE OLIVEIRA, Carlos Alberto. *Teoria e prática da tutela jurisdicional*. Rio de Janeiro: Forense, 2008. p. 143.

[234] RICCI, Hans-Peter. *Reformatio in peius und Anschliessung an das Rechtsmittel im Zivilprozess*: unter vergleichweiser Heranziehung des Strafprozesses und des Steuerjustizverfahrens. Zürich: Winterthur, 1955.

[235] EGGER, Walter. *Die reformatio in peius im Zivilprozessrecht.* Zürich: Hans Schellemberg, Winterthur, 1985. p. 44-45.

também aplicável aos pedidos recursais.[236] Da mesma forma como a petição inicial traça os limites da sentença, o pedido do apelante também define os limites do novo julgamento pelo tribunal, delineando a extensão do efeito devolutivo da apelação (ou de outro recurso).[237]

Todavia, a opção do legislador de vincular o julgador *ad quem* ao pedido das partes – faceta processual da autonomia da vontade[238] – expressa o valor da prevalência geral do interesse dos recorrentes sobre a liberdade decisória do juízo. É esse valor e não o pedido concreto dos recorrentes que poderá embasar a norma geral da proibição da *reformatio in peius*.

A regra da vinculação ao pedido recursal produz a limitação do âmbito decisório do juízo *ad quem,* inspirando a presunção da vigência de uma norma geral da proibição da *reformatio in peius*. Todavia, como o proibitivo (também) possui base em outros valores constitucionais, a exemplo da segurança jurídica (proteção da confiança), não se confunde com a delimitação do âmbito decisório determinado pelo pedido formulado pelo recorrente (ou do efeito devolutivo). A proibição da *reformatio in peius* representa, antes, limite adicional à liberdade decisória do juízo *ad quem.*[239]

Todavia, a positivação da norma representada pelo aforisma *ne eat iudex ultra petita partium*, expressão do princípio dispositivo em sentido próprio, demonstra a prevalência geral da proteção aos interesses dos recorrentes, o que faz presumir a existência do proibitivo.

A seguir analisaremos as principais teses que questionam a fundamentação teórica da proibição da *reformatio in peius* no princípio dispositivo, buscando conhecer as relações entre ambos.

2.8.1. O princípio dispositivo em sentido próprio (material) ou princípio da demanda

Historicamente, sempre se compreendeu o processo civil como "instrumento" voltado à tutela dos direitos subjetivos, à pacificação social ou à efeti-

---

[236] EGGER, Walter. *Die reformatio in peius im Zivilprozessrecht.* Zürich: Hans Schellemberg, Winterthur, 1985. p. 32 *et seq.*; GILLES, Peter: Anschliessung, Beschwer, Verbot der Reformatio in peius und Parteidispositionen über die Sache in höherer Instranz. ZZP, n. 91, 1978, p. 159; KLAMARIS, Nikolaos. *Das Rechtsmittel der Anschlussberufung.* Tübingen: J.C.B. Mohr, 1975. p. 108 *et seq.*; MELISSINOS, Gerassimos. *Die Bindung des Gerichts an die Parteianträge: nach § 308 I, ZPO (ne eat iudex ultra petita partium).* Berlin: Duncker e Humblot, 1981. p. 167-174; STÜRNER, Michael. *Die Anfechtung von Zivilurteile. Eine funktionelle Untersuchung der Rechtsmittel im deutschen und englischen Recht.* München: C. H. Beck, 2002. p. 195-167.

[237] A fundamentação da proibição da *reformatio in peius* no princípio dispositivo e no efeito devolutivo do recurso também corresponde ao posicionamento adotado pela jurisprudência do Superior Tribunal de Justiça (v.g.: REsp 1091905/PR, Rel. Ministro Luiz Fux, Primeira Turma, julgado em 16/12/2010, DJe 23/02/2011).

[238] Referimo-nos à expressão processual da "autonomia da vontade" significando a liberdade atribuída ao indivíduo para "agir perante a administração judicial de maneira totalmente independente do poder estatal" (ver: ALVARO DE OLIVEIRA, Carlos Alberto. *Teoria e prática da tutela jurisdicional.* Rio de Janeiro: Forense, 2008. p. 11).

[239] A proibição da *reformatio in peius* não decorreria do efeito devolutivo, mas limitaria esse efeito. Nesse sentido, ver: KUHLMANN, Axel. *Das Verbot der reformatio in peius im Zivilprozessrecht.* Berlin: Duncker Humblot, 2010. p. 163.

vação do direito material "privado".[240] A legislação do direito civil confere às partes amplos poderes para disporem sobre os seus direitos, refletindo-se no processo civil, quando compreendido como instrumento realizador e protetivo do direito material.[241]

O princípio dispositivo em sentido material ou próprio (princípio da demanda) encontra larga aplicação no processo civil, significando a liberdade conferida ao (suposto) titular de um direito lesado (ou ameaçado de lesão) de manter-se inerte ou de postular tutela jurisdicional,[242] atuando de forma independente perante a administração da justiça. Caso o se dizente titular de um direito decida ingressar em juízo, seus pedidos e causas de pedir definem a amplitude da prestação jurisdicional. Porém, a inércia do (suposto) titular do direito (supostamente) lesado ou ameaçado de lesão, salvo raras exceções, impede a instauração do processo, obstando a prestação da tutela jurisdicional. A ideia pode ser reduzida pelo aforisma latino: *ne procedat iudex ex officio sine actore*, ou na expressão muito utilizada na Alemanha: *Wo kein Kläger, da kein Richter*. Em consequência disso, postulada a reparação parcial da lesão sofrida, a decisão não poderá determinar a reparação integral dos danos (proibição da sentença *ultra* ou *extra petita*, normalmente reduzida ao aforisma *ne eat judex ultra petita partium*). Tomemos como exemplo a prática de ato ilícito do qual decorram danos morais e materiais. Caso o lesado postule exclusivamente reparação dos danos materiais, a sentença não poderá condenar o réu em danos morais, pois aqui se estaria prestando jurisdição de ofício. Tomando emprestada a concisa definição de Wolfgang Grunsky, poderíamos afirmar que a essência do princípio dispositivo significa, em resumo, que "as partes podem determinar o início, o objeto e o término do processo".[243]

Embora na doutrina nacional e estrangeira ainda exista muita discordância quanto à nomenclatura mais adequada para designar a ideia acima exposta

---

[240] Os Estados absolutistas, no entanto, podem refletir a necessidade de concentração de poder no modelo de processo civil adotado (modelo hierárquico). A finalidade principal do processo desloca-se da tutela do interesse individual para a "ilusória" manutenção do ordenamento jurídico objetivo, colocado pelo Imperador ou soberano (ver: MITIDIERO, Daniel. *Colaboração no processo civil:* pressupostos sociais, lógicos e éticos. São Paulo: Revista dos Tribunais, 2009. p. 66-71). Disso resulta o fortalecimento dos poderes do juiz e a redução do formalismo, trazendo incerteza ao ambiente processual e arbítrio, como demonstra o processo civil da *cognitio extra ordinem* (ver: ALVARO DE OLIVEIRA, Carlos Alberto. *Do formalismo no processo civil:* proposta de um formalismo-valorativo. 3. ed. São Paulo: Saraiva, 2009. p. 24). Também o recurso deixa de ser compreendido como instrumento baseado no interesse das partes, colocando-se a serviço do ordenamento jurídico objetivo. Disso resulta, muitas vezes, a legitimação da *reformatio in peius,* como se verifica da legislação de Justiniano. Portanto, Estados totalitários e admissão da *reformatio in peius* associam-se ao longo da história.

[241] GRUNSKY, Wolfgang; BAUR, Fritz. *Zivilprozessrecht.* 12. ed. München: Luchterhand, 2006. p. 24. O direito material indisponível ou público (em sentido amplo) também encontra no processo civil seu instrumento de efetivação. Contudo, na maior parte dos países europeus existem jurisdições especializadas em direito público, restringindo-se a utilização do processo civil à tutela do direito material privado. Em decorrência disso, os processualistas alemães e italianos estudaram a natureza e o objeto do processo civil com enfoque eminentemente no direito privado. Daí a crítica formulada por alguns quanto à importação dos conceitos doutrinários, muitas vezes aplicados sem qualquer adaptação ao modelo de processo civil pátrio.

[242] WYNESS MILLAR, Robert. Formative principles of civil procedure. In: ENGELMAN, Arthur. *A history of continental civil procedure.* New York: Augustus M. Kelly, 1969. p. 17.

[243] No original: *Der Dispositionsgrundsatz bedeutet also, dass die Parteien über Beginn, Gegenstand und Ende des Verfahrens bestimmen können* (ver: GRUNSKY, Wolfgang; BAUR, Fritz. *Zivilprozessrecht.* 12. ed. München: Luchterhand, 2006. p. 24).

e seus numerosos desdobramentos, o conteúdo essencial do princípio dispositivo, representado pela máxima *ne eat iudex ultra petita partium*, remonta ao Direito Romano.[244] Esse domínio da parte sobre o objeto do processo pode ser verificado também no *adversary system* do direito inglês.[245] Foi no direito alemão, contudo, a partir dos estudos iniciados por Nikolaus Thaddäus von Gönner,[246] que a percepção do princípio dispositivo (*Dispositionsmaxime*) foi aperfeiçoada, apartando-se daí os poderes "monopolísticos" das partes na determinação dos fatos apreciáveis em juízo e das provas a serem produzidas, que passam a integrar o princípio denominado *Verhandlungsmaxime* (traduzido por princípio da negociação ou do debate).[247] Este último seria contraposto ao *Inquisitionsmaxime*, enquanto o oposto da *Dispositionsmaxime* consistiria na *Offizialmaxime* (ou *Offizialprinzip*).

Não obstante a ausência de uniformidade conceitual, grande parte dos processualistas brasileiros, influenciados pela nomenclatura empregada por Mauro Cappelletti, utilizam a expressão "princípio dispositivo em sentido material" (ou "próprio") e "princípio dispositivo em sentido processual" (ou "impróprio"). O primeiro corresponderia ao *Dispositionsmaxime*, enquanto o segundo ao *Verhandlungsmaxime*. Ressalve-se que essa correspondência não é exata. Segundo Mauro Cappelletti, os fatos principais constituem elemento essencial da demanda, razão pela qual este aspecto melhor se amoldaria ao *Dispositionsmaxime*. Aqui Mauro Cappelletti se distancia do posicionamento de Tito Carnacini e dos doutrinadores germânicos, recebendo críticas de Eurico Tullio Liebman, posteriormente rebatidas.[248] O aprofundamento dessa discus-

---

[244] ENGELMANN, Arthur. The Germanic Procedure. In: ENGELMANN, Arthur *et al. A history of continental civil procedure*. Tradução de Robert Wyness Millar. Boston: Little, Brown, 1927. p. 179. Para um estudo mais aprofundado da história do princípio dispositivo em sentido material, em especial quanto ao aspecto representado pelo brocardo latino *ne eat iudex ultra petita partium*, recomendamos: MELISSINOS, Gerassimos. *Die Bindung des Gerichts an die Parteianträge: nach § 308 I, ZPO (ne eat iudex ultra petita partium)*. Berlin: Duncker e Humblot, 1981. p. 19-23; EGGER, Walter. *Die reformatio in peius im Zivilprozessrecht*. Zürich: Hans Schellemberg, Winterthur, 1985. p. 39; RICCI, Hans-Peter. *Reformatio in peius und Anschliessung an das Rechtsmittel im Zivilprozess*: unter vergleichweiser Heranziehung des Strafprozesses und des Steuerjustizverfahrens. Zürich: Winterthur, 1955. p. 104.

[245] STÜRNER, Michael. *Die Anfechtung von Zivilurteile. Eine funktionelle Untersuchung der Rechtsmittel im deutschen und englischen Recht*. München: C. H. Beck, 2002. p. 34.

[246] Ver GÖNNER, Nikolaus Thaddäus von. *Handbuch des deutschen gemeinen Prozesses*. Erlangen, 1801, vol. I, p. 93.

[247] A *Verhandlungsmaxime* contempla, simultaneamente, a escolha dos fatos a serem apreciados no julgamento da demanda (*Stoffsammlung*) e a escolha das provas a serem produzidas. Este último aspecto, e apenas ele, também designado de *Beibringunsgrundsatz*. Portanto, a palavra *Beibringunsgrundsatz* não pode ser utilizada como sinônimo de *Verhandlungsmaxime*. ROSENBERG, Leo; SCHWAB, Karl Heinz; GOTTWALD, Peter. *Zivilprozessrecht*. 17. ed. München: C. H. Beck München, 2010. p. 398-399. No que diz respeito aos poderes para definir os fatos a serem apreciados em juízo, entendemos acertada a posição de Mauro Cappelletti, ao afirmar que melhor se inserem no conteúdo do *Dispositionsmaxime*, por ele denominado de princípio dispositivo em sentido material. A alegação dos fatos integraria o direito material, constituindo elemento indispensável à propositura da demanda. Ver: CAPPELLETTI, Mauro. *La testimonianza della parte nel sistema dell'oralità*: contributo alla teoria della utilizzazione probatoria del sapere delle parti nel processo civile. Milano: Giuffrè, 1962. v. 1, p. 357; também: DALL'AGNOL JÚNIOR, Antonio Janyr. O princípio dispositivo no pensamento de Mauro Cappelletti. *AJURIS*, Porto Alegre, n. 46, p. 97-115, 1989.

[248] Ver: LIEBMAN, Enrico Tullio. Fondamento del principio dispositivo. *Rivista di Diritto. Processuale*, Padova, v. 15, 1960. Para uma visão conjunta da controvérsia, ver: DALL'AGNOL JÚNIOR, Antonio Janyr. O princípio dispositivo no pensamento de Mauro Cappelletti. *AJURIS*, Porto Alegre, n. 46, p. 97-115, 1989.

são representaria desvio inútil ao estudo da proibição da *reformatio in peius*, conduzindo ao conceitualismo excessivo e desnecessário à finalidade por nós pretendida. A preservação da imparcialidade impõe o afastamento do juiz da indicação dos fatos principais, pouco importando seu enquadramento conceitual.[249] Todavia, compreendemos que esse imperativo estaria mais bem situado no *Dispositionsmaxime*. Passaremos a utilizar a expressão *princípio dispositivo em sentido material* (ou *próprio*), compreendido como o *Dispositionsmaxime* germânico acrescido do monopólio das partes na indicação dos fatos principais. Portanto, para o desenvolvimento da nossa tese, adotamos a nomenclatura utilizada por Mauro Cappelletti.

Assim, o *princípio dispositivo em sentido processual* (ou *impróprio*) significa o poder de influência das partes na técnica e no desenvolvimento interno do processo, sobretudo pela escolha dos instrumentos necessários à formação do convencimento pelo juiz.[250] Como mencionamos anteriormente, a doutrina germânica há muito conhecia a necessidade de distinguir os poderes de disposição sobre o objeto do processo daqueles referentes à produção das provas e à condução do processo em geral. O primeiro passa a ser denominado de *Dispositionsmaxime*, correspondendo ao que hoje compreendemos no Brasil como *princípio dispositivo em sentido material* (ou *princípio da demanda*), enquanto o segundo é chamado *Verhandlungmaxime*, que literalmente traduzido significa "princípio do debate". Na doutrina italiana, coube a Tito Carnacini elaborar a ideia, posteriormente aperfeiçoada por Mauro Cappelletti, com algumas distinções, principalmente quanto ao enquadramento dos fatos principais no âmbito do princípio dispositivo em sentido material e não no *Verhandlungmaxime*. A discussão não apresenta qualquer relevo para o estudo da proibição da *reformatio in peius*. Aqui importam a vinculação do juiz ao pedido das partes e a disponibilidade sobre o objeto do processo – o que não pode ser confundido com a natureza (disponível ou indisponível) do direito –, aspecto incontroverso do denominado princípio dispositivo em sentido próprio (*Dispositionsmaxime*).

Em termos gerais, o *princípio dispositivo em sentido próprio* ou *material* corresponde ao domínio das partes quanto ao início e ao objeto do processo, além do poder de encerrá-lo antes do tempo esperado. Significa a liberdade das partes para atuarem de forma independente perante a administração da justiça (expressão processual da autonomia da vontade), realizando, ao mesmo tempo, o direito fundamental à imparcialidade do julgador, afastado do pedido e da causa de pedir.[251]

---

[249] Nada impede, contudo, que o juiz conheça de ofício fatos secundários ou instrumentais não alegados pelas partes, "dos quais se poderá, direta ou indiretamente, extrair a existência ou o modo de ser do fato principal" (ver: ALVARO DE OLIVEIRA, Carlos Alberto. *Do formalismo no processo civil*: proposta de um formalismo-valorativo. 3. ed. São Paulo: Saraiva, 2009. p. 184. Deve, contudo, submetê-los previamente ao contraditório, de forma a não surpreender as partes (ver: MITIDIERO, Daniel. *Colaboração no processo civil*: pressupostos sociais, lógicos e éticos. São Paulo: Revista dos Tribunais, 2009. p. 93).

[250] ALVARO DE OLIVEIRA, Carlos Alberto; MITIDIERO, Daniel. *Curso de processo civil*. São Paulo: Atlas, 2010. v. 1, p. 65.

[251] Ver: ALVARO DE OLIVEIRA, Carlos Alberto. *Teoria e prática da tutela jurisdicional*. Rio de Janeiro: Forense, 2008, p. 111-112. Em sentido semelhante, Pontes de Miranda afirma que o fundamento político-jurídico do princípio dispositivo consiste em "amparar os indivíduos quanto a possíveis invasões do órgão do Estado,

Esse poder de disposição e liberdade de atuação das partes não se exaure com a propositura da demanda (nem com as respostas do réu), manifestando-se ao longo de todo o processo, a exemplo da possibilidade de os litigantes realizarem acordo judicial, reconhecerem o pedido ou os fatos, desistirem da demanda etc.[252]

Costuma-se afirmar que a disponibilidade (privada) das partes do objeto do processo corresponderia ao poder de disposição sobre seus direitos subjetivos (autonomia privada), previstos na lei civil. Ou melhor, o princípio dispositivo seria "o equivalente processual da autonomia privada".[253] Nas palavras de Carlos Alberto Alvaro de Oliveira e Daniel Mitidiero, "trata-se de norma inspirada no valor *liberdade*, prestigiando a *autonomia da vontade* na conformação do formalismo processual".[254] Logo, o direito processual civil estaria em contradição com isso caso pretendesse subtrair às partes a liberdade de definir e dispor do objeto do processo.[255] Como destaca Ovídio Baptista da Silva, "a compulsoriedade de exercício de uma faculdade legal ou de um direito subjetivo contradiz o próprio conceito de direito".[256]

---

que postularia e julgaria" (ver: PONTES DE MIRANDA, Francisco Cavalcanti. *Comentários ao Código de Processo Civil*. Rio de Janeiro: Forense, 1973. v. 1, p. 67). Exige-se a imparcialidade do juiz no que diz respeito à demanda que lhe é submetida, porém não em relação ao processo e, menos ainda, no que toca ao julgamento da causa, à "justiça" da decisão. Ver: CAPPELLETTI, Mauro. *La testimonianza della parte nel sistema dell'oralità*: contributo alla teoria della utilizzazione probatoria del sapere delle parti nel processo civile. Milano: Giuffrè, 1962. v. 1, p. 358.

[252] Não poderia ser diferente, pois a própria ação e, portanto, as posições processuais a ela inerentes (faculdades, direitos e deveres) não se exaure com o ajuizamento. Após criticar a redução do conteúdo da ação ao momento do ajuizamento da demanda, assim discorre Elio Fazzalari: "A me pare, invece, che l'azione possa essere definita soltanto ponendosi di fronte ad un più ampio quadro: cioè tenendo conto anche delle altre molteplici posizioni sogetive (di cui l'attore è munito nel processo e che sono tutte di pari rango ai fini della riconstruzione sistematica) e cogliendo il vincolo che le unisce. Da questo culmine, l'azione si presenta come una situazione soggetiva composita, cioè come l'insieme dei poteri, delle facoltà e dei doveri dell'attore nel processo; insieme individuato e ridotto ad unità (alla stessa stregua della funzione del magistrato, cioè dell' insieme dei suoi doveri) dal vincolo che coordina quei poteri, quelle facoltà e quei doveri nel procedimento, per essere ciascuno, direttamente o indirettamente, conseguenza di un altro e presupposto di un altro ancora." Ver: FAZZALARI, Elio. *Note in tema di diritto e processo*. Milano: Giuffrè, 1953. p. 57-58.

[253] HABSCHEID, Walther J. *Schweizerisches Zivilprozess und Gerichtsorganisationsrecht. Ein Lehrbuch seiner Grundlagen*. 2. ed. Basel und Frankfurt am Main: Helbing und Lichtenhahn, 1990.

[254] ALVARO DE OLIVEIRA, Carlos Alberto; MITIDIERO, Daniel. *Curso de processo civil*. São Paulo: Atlas, 2010. v. 1, p. 68. Acerca do *princípio dispositivo* e o dimensionamento das cargas de participação atribuídas aos sujeitos do processo, ver: REICHELT, Luis Alberto. *A prova no direito processual Civil*. Porto Alegre: Livraria do Advogado, 2009, p. 90-98.

[255] ROSENBERG, Leo; SCHWAB, Karl Heinz; GOTTWALD, Peter. *Zivilprozessrecht*. 17. ed. München: C. H. Beck München, 2010. p. 395. Acerca do assunto, assim discorre Carlos Alberto Alvaro de Oliveira: "Instaurado, porém, o processo, o seu modo, ritmo e impulso escapam à disponibilidade das partes, elementos que devem ser disciplinados por normas legais cogentes, não sendo despiciendo, no entanto, possa o juiz em certas hipóteses levar em conta as exigências concretas do caso" (Ver: ALVARO DE OLIVEIRA, Carlos Alberto. *Teoria e prática da tutela jurisdicional*. Rio de Janeiro: Forense, 2008. p. 117).

[256] Prossegue explanando: "Ninguém pode ser obrigado a exercer os direitos que por ventura lhe caibam, assim como ninguém deve ser compelido, contra a vontade própria, a defendê-los em juízo" (ver: BAPTISTA DA SILVA, Ovídio A. *Curso de processo civil*. 7. ed. Rio de Janeiro: Forense, 2005. v. 3, p. 30). Conforme assevera Jauernig, a existência de um verdadeiro poder de disposição condiciona-se à impossibilidade de o Estado invalidar a decisão do indivíduo de abster-se de postular a prestação jurisdicional (JAUERNIG, Othmar; LENT, Friedrich. *Direito processual civil*. 25. ed. totalmente refundida, da obra criada por Friedrich Lent. Tradução de F. Silveira Ramos. Coimbra: Almedina, 2002. p. 132). Aqui também se apresenta relevante a lição de Alcides de Mendonça Lima: "A iniciativa de reparar a lesão a um direito subjetivo (contendo-se,

Salientam Burkhard Hess, Friedrich Lent e Othmar Jauernig que a dependência da ação das partes para a existência do processo decorre da configuração do direito material civil no ordenamento jurídico. A lei civil reconhece aos indivíduos determinados direitos que apenas indiretamente interessam ao Estado (predomínio do interesse individual). Em razão desse predomínio, a decisão de instaurar a jurisdição deve ser deixada aos indivíduos e não ao Estado, nisso se revelando a faceta processual da autonomia da vontade, elemento estrutural dominante do ordenamento jurídico. A decisão do indivíduo de buscar ou não a tutela jurisdicional deve ser respeitada, ainda quando se mostre insensata, reconhecendo-lhe a autodeterminação na formação das suas relações jurídicas.[257]

Embora o *princípio dispositivo em sentido próprio* se correlacione fortemente com a liberdade atribuída pelo direito material aos titulares de direitos, a independência entre os planos do processo civil e do direito material demonstra a dissociabilidade dos institutos. Mauro Cappelletti corretamente destaca a natureza processual do *princípio dispositivo*, não podendo ele ser identificado ou confundido com a disponibilidade do direito material.[258] Salvo poucas exceções estabelecidas em lei, a violação de direito indisponível não permite que o juiz principie o processo de ofício, sendo necessária a iniciativa da parte interessada ou do Ministério Público.[259] Aplica-se, nesse aspecto, o *princípio dispositivo em sentido próprio (material)* ou *princípio da demanda*. Como bem observado por Piero Calamandrei, "iniciativa pública" e "iniciativa oficial" não se confundem.[260] Tome-se o exemplo de uma execução fiscal, na qual o ente público não pode dispor do crédito tributário inscrito em dívida ativa, devendo obrigatoriamente postular sua satisfação (salvo exceções previstas em lei). O *princípio*

na ideia, também o ato de preservar a lesão ou de declarar uma situação incerta, que poderá tornar-se prejudicial) é uma prerrogativa do interessado. Tal atitude configura-se, evidentemente, no ato da propositura da ação; no ato de o réu opor defesa, em suas diversas modalidades, e em qualquer outro em que a parte invoque a tutela judiciária nas diversas fases por que passa o processo. Para satisfazer a pretensão – positiva (por via da ação ou reconvenção) ou negativa (por via da contestação ou outro meio de defesa) – qualquer das partes é livre de formular os argumentos de fato e de direito, normalmente sem qualquer limite: para pedir e para negar" (ver: LIMA, Alcides de Mendonça. *Introdução aos recursos cíveis*. 2. ed. São Paulo: Revista dos Tribunais, 1976. p. 329-330).

[257] Ver: JAUERNIG, Othmar; LENT, Friedrich. *Direito processual civil*. 25. ed. totalmente refundida, da obra criada por Friedrich Lent. Tradução de F. Silveira Ramos. Coimbra: Almedina, 2002. p. 131.

[258] "Ma non è vero, invece, per quanto sommessamente mi sembra, che il principio dispositivo cessi per ciò di essere un principio 'processuale', e possa, anzichè semplicemente farsi 'derivare', addirittura 'indentificarsi' e 'confondersi' con la disponibilità del diritto sostanziale, e quindi con la disponibilità del diritto sostanziale, e quindi con la natura privata di questo" (ver: CAPPELLETTI, Mauro. *La testimonianza della parte nel sistema dell'oralità*: contributo alla teoria della utilizzazione probatoria del sapere delle parti nel processo civile. Milano: Giuffrè, 1962. v. 1. p. 317).

[259] Art. 989, CPC/73: "O juiz determinará, de ofício, que se inicie o inventário, se nenhuma das pessoas mencionadas nos artigos antecedentes o requerer no prazo legal". Contudo, não se pode presumir que a prevalência do interesse público quanto ao objeto do processo autorize o afastamento do princípio dispositivo, possibilitando que a demanda seja instaurada por iniciativa do juiz. Muito antes pelo contrário. Como bem demonstra Grunsky, nem mesmo no processo penal, no qual não vigora o princípio dispositivo, marcado pela forte presença do interesse público, pode o juiz iniciar a demanda sem a iniciativa da parte. Daí a existência estatal da figura do Ministério Público. Ver: GRUNSKY, Wolfgang; BAUR, Fritz. *Zivilprozessrecht*. 12. ed. München: Luchterhand, 2006. p. 24.

[260] Ver: CALAMANDREI, Piero. *Istituzioni di diritto processuale civile*: secondo Il nuovo Codice, Parte Prima. Padova: CEDAM, 1943. p. 183.

A proibição da *reformatio in peius* no processo civil

dispositivo em sentido próprio aplica-se ao processo de execução fiscal, embora o crédito tributário seja obviamente indisponível. O mesmo ocorrerá com ação civil pública, na qual se postule tutela contra dano causado ao meio ambiente. Mesmo diante da indisponibilidade da relação jurídica material deduzida em juízo, veda-se ao magistrado substituir as partes na prática dos atos compreendidos no núcleo essencial do *princípio dispositivo*. Disso se deduz a impossibilidade de o juízo recursal atuar de ofício examinando capítulos da decisão não impugnados pelo simples fato de tratarem de direitos indisponíveis.

Evidencia-se que essa norma principial não se resume a expressar a faceta processual da autonomia da vontade, mas, principalmente, consiste em mandamento voltado à preservação da imparcialidade judicial, exigida para a realização do direito fundamental ao processo justo. Ademais, a vinculação do juízo ao pedido (expressão do *princípio dispositivo*) permite que o réu, conhecendo os limites decisórios, defenda-se de forma adequada.[261] A incerteza quanto aos limites de cognição e julgamento acarretaria prejuízo ao direito fundamental à ampla defesa e ao contraditório.[262] Incidindo o interesse público sobre o objeto da demanda, os diversos sistemas de processo civil atribuem ao Ministério Público (ou a figuras semelhantes) a competência para praticar certos atos, essencialmente reservados às partes pelo *princípio dispositivo*, mormente no que diz respeito ao início do processo. Afasta-se, portanto, o perigo da parcialização do julgador. Nesse aspecto, relevante a observação feita por Giovanni Tesoriere, segundo a qual, ainda quando possua como objeto direito indisponível, o processo, em razão disso, não deixa de "ser disponível", pois o exercício da jurisdição sempre se condiciona ao exercício da ação. Assim, embora as partes não possuam poder de disposição sobre a relação jurídica de direito material deduzida em juízo, podem expressar sua vontade no não prosseguimento da demanda.[263] Todavia, a natureza (disponível ou indisponível) do direito material afirmado em juízo pode influenciar o ambiente interno do processo, sobretudo na definição dos poderes das partes e do juiz, até mesmo atenuando o princípio dispositivo (p.ex. impossibilidade das partes transigirem, reconhecerem fatos ou pedidos), desde que respeitado seu núcleo essencial, calcado na necessidade de preservação da imparcialidade judicial.[264]

---

[261] EGGER, Walter. *Die reformatio in peius im Zivilprozessrecht.* Zürich: Hans Schellemberg, Winterthur, 1985. p. 39. No mesmo sentido, relacionando a proibição da *reformatio in peius* ao princípio do contraditório, ver: LIMA, Alcides de Mendonça. *Introdução aos recursos cíveis.* 2. ed. São Paulo: Revista dos Tribunais, 1976. p. 345.

[262] Segundo Cândido Rangel Dinamarco, a sentença *ultra petita* afronta os direitos fundamentais ao contraditório, à ampla defesa e ao devido processo legal (ver: DINAMARCO, Candido Rangel. *Capítulos da sentença.* 3. ed. São Paulo: Malheiros. 2008. p. 87). Em geral, a ofensa a esses direitos também existirá quando uma *reformatio in peius* ocorra no julgamento do recurso.

[263] Confira no original: "Il processo non cessa, per questo, di essere dispositivo; l'esercizio della giurisdizione dipende pur sempre dall'esercizio dell'azione, e le parti sono libere di rinunziare agli atti o di far estinguere il processo con la loro inattività" (TESORIERE, Giovanni. *Contributo allo studio delle preclusioni nel processo civile.* Padova: Cedam, 1983. p. 154-155).

[264] HABSCHEID, Walther J. *Schweizerisches Zivilprozess und Gerichtsorganisationsrecht. Ein Lehrbuch seiner Grundlagen.* 2. ed. Basel und Frankfurt am Main: Helbing und Lichtenhahn, 1990, pp. 310-311. Do mesmo modo, Wolfgang Grunsky afirma que a natureza indisponível do direito deduzido em juízo, embora não afaste a incidência do princípio dispositivo, impede, por exemplo, que as partes transijam em juízo (ver: GRUNSKY, Wolfgang; BAUR, Fritz. *Zivilprozessrecht.* 12. ed. München: Luchterhand, 2006. p. 24).

Em regra, quanto mais acentuada a natureza pública do direito material, tanto maiores os poderes atribuídos ao juiz, especialmente no que diz respeito à produção de provas e à investigação dos fatos (secundários).[265] O polêmico art. 190 do novo Código de Processo Civil confirma essa correspondência, ao restringir a validade da realização de negócios jurídicos processuais – que permitem às partes estipular mudanças no procedimento para ajustá-lo às especificidades da causa e convencionar sobre os seus ônus, poderes, faculdades e deveres processuais – aos processos que versem sobre direitos que admitam a autocomposição.[266]

Reitere-se que a violação ao *princípio dispositivo em sentido próprio* compromete a própria imparcialidade do julgador, característica essencial da jurisdição, a impedir o arbítrio estatal. Esse encadeamento inevitável fortalece ainda mais o *princípio dispositivo*, elucidando a sua constante e acentuada presença ao longo da história, nos mais diversos sistemas processuais civis. Sobretudo as transformações do processo civil nas últimas décadas, além das peculiaridades da estrutura organizacional da jurisdição brasileira, colocam em relevo a necessidade de preservação da imparcialidade judicial (proteção contra o arbítrio) como elemento norteador do *princípio dispositivo*. Não se trata de negar a importância da autonomia da vontade na conformação do formalismo processual, mas de conjugá-la à salvaguarda da imparcialidade judicial, condição *sine qua non* ao direito fundamental ao processo justo.

Aqui transcrevemos parte do raciocínio desenvolvido por Carlos Alberto Alvaro de Oliveira (*Teoria e Prática da Tutela Jurisdicional*) a respeito do assunto:

> Razões importantes determinam a conveniência do total afastamento do órgão judicial tanto da formulação do pedido quanto da indicação da *causa petendi*, pouco importando a natureza do direito em causa, salvo contadas exceções. De um lado, pode ser invocada a autonomia de vontade, princípio essencial ao Estado Democrático de Direito. No plano jurisdicional refere-se esse princípio à liberdade atribuída ao indivíduo de agir perante a administração judicial de maneira totalmente independente do poder estatal. De outro, a imparcialidade do órgão judicial, nota essencial ao exercício da jurisdição, e componente inafastável do direito fundamental a um processo justo.[267]

No âmbito do *princípio dispositivo em sentido próprio* (ou *material*), também se compreende a primazia da liberdade de disposição das partes sobre o objeto litigioso (*Streitgegenstand*). Isso ocorre inicialmente com o ajuizamento da demanda e delimitação de seu objeto pelos pedidos (identificados pelas causas de pedir) e, posteriormente, com a desistência e extinção "prematura" do proces-

---

[265] BARBIERI, Maurício Lindenmeyer. Implicações do princípio dispositivo nos poderes instrutórios do juiz. In: ALVARO DE OLIVEIRA, Carlos Alberto *et al*. *Prova cível*. Rio de Janeiro: Forense, 1999. Porém, isso já corresponde ao princípio *dispositivo em sentido processual* ou *impróprio* (*Verhandlungsmaxime*), carecendo de interesse no estudo da proibição da *reformatio in peius*.

[266] Entretanto, existem existes raros exemplos de direitos indisponíveis que admitem a *autocomposição*, a exemplo dos alimentos.

[267] ALVARO DE OLIVEIRA, Carlos Alberto. *Teoria e prática da tutela jurisdicional*. Rio de Janeiro: Forense, 2008. p. 111-112. Em sentido semelhante, Pontes de Miranda afirma que o fundamento político-jurídico do princípio dispositivo consiste em "amparar os indivíduos quanto a possíveis invasões do órgão do Estado, que postularia e julgaria" (ver: PONTES DE MIRANDA, Francisco Cavalcanti. *Comentários ao Código de Processo Civil*. Rio de Janeiro: Forense, 1973. v. 1, p. 67).

so, com o reconhecimento do pedido ou dos fatos (inclusive de forma indireta, dando causa à revelia) e, dentre outros casos, com a transação homologada pelo juízo. Costuma-se também associar o princípio dispositivo aos brocardos jurídicos *ne procedat iudex ex officio* e *ne eat iudex ultra petita partium*, somados à possibilidade de as partes encerrarem o processo quando entendam desnecessária ou inconveniente a prestação da tutela jurisdicional, outrora pretendida. Interessa ao estudo da proibição da *reformatio in peius*, principalmente, a manifestação do princípio dispositivo pela vinculação do juízo aos pedidos das partes (*ne eat iudex ultra petita partium*).

Em decorrência disso, salvo raras exceções previstas em lei, a sentença não pode conceder ao demandante tutela de natureza diversa do pedido (*aliud petita*), ou condenar o demandado em quantia superior ao pedido (*ultra petita*) (arts. 141, 490 e 492, do NCPC – arts. 128, 459 e 460 do CPC/73). Ademais, a máxima da vinculação do juiz ao pedido impede que a sentença conceda ao autor "menos do que foi reconhecido pelo réu", contanto que este possa dispor da relação jurídica controvertida em juízo (direito disponível).[268] Mauro Cappelletti, ao aprofundar o estudo do tema, enumera de forma exemplificativa as seguintes manifestações do *princípio dispositivo*: (a) princípio da inércia da jurisdição (por ele denominado de princípio da demanda): *nemo judex sine actore* ou ainda *nemo invitus agere cogatur*, correspondendo à expressão muito utilizada pelos alemães: "onde não há demandante, não há juiz" (*Wo kein Kläger ist, da ist auch kein Richter*); (b) princípio da exceção de direito material; (c) princípio da vinculação ao pedido (ou congruência): *ne eat judex ultra petita partium*; (d) princípio da impugnação privada da sentença; (e) princípio da disponibilidade privada do objeto do processo.[269]

Embora o início do processo e a determinação do seu objeto se submetam ao domínio das partes, afigura-se incorreto considerar o processo em si como assunto privado dos litigantes. Isso significa que as partes não podem dispor livremente do desenvolvimento da marcha processual estabelecida na lei.[270] A condução do processo relaciona-se muito mais com as atividades do juízo do que com o poder de disposição das partes.[271] O processo civil é público em decorrência da função (também pública) por ele exercida, ainda que seu objeto seja composto de direito privado. Daí a necessidade de atribuir-se ao órgão judicial poderes para a condução da marcha processual, em particular no que diz respeito à produção de provas. O empoderamento do juiz, nesse sentido,

---

[268] Ao reconhecer o pedido do autor ou os fatos por ele alegados, quando o processo possua por objeto direito disponível, o réu também exerce seu poder de disposição sobre o direto material, expressão da autonomia da vontade, vinculando o juiz. Nesse caso, conclui-se, portanto, que a sentença não pode dar ao autor menos do que foi reconhecido pelo réu. Ver: EGGER, Walter. *Die reformatio in peius im Zivilprozessrecht*. Zürich: Hans Schellemberg, Winterthur, 1985. p. 40-41.

[269] CAPPELLETTI, Mauro. *La oralidad y las pruebas en el proceso civil*. Traduccion de Santiago Sentis Melendo. Buenos Aires: Europa-America, 1972). CAPPELLETTI, Mauro. *O processo civil no direito comparado*. Tradução de Hiltomar M. Oliveira. Belo Horizonte: Líder, 2001. p. 22 *et seq.*

[270] SATTA, Salvatore. *Diritto processuale civile*. 9. ed. Pádua: Cedam, 1981. p. 273.

[271] Ver: ALVARO DE OLIVEIRA, Carlos Alberto. *Teoria e prática da tutela jurisdicional*. Rio de Janeiro: Forense, 2008. p. 117; ROSENBERG, Leo; SCHWAB, Karl Heinz; GOTTWALD, Peter. *Zivilprozessrecht*. 17. ed. München: C. H. Beck München, 2010. p. 396, § 77, n. 8.

permite-lhe formar a convicção adequada sobre os fatos deduzidos pelas partes, viabilizando a prolação de uma sentença mais próxima à "realidade" e, portanto, condizente com a expectativa de justiça da sociedade.[272] Tito Carnacini ressalta que o processo, enquanto instrumento para obter-se tutela jurisdicional, encontra-se a serviço das partes. Porém, como ocorre com qualquer instrumento, possui exigências próprias, impondo a quem pretenda utilizá-lo atuar em conformidade com seu mecanismo interno de funcionamento. Ou seja, optando por valer-se do processo, a parte deve agir em conformidade com a sua estrutura e o seu regramento interno, sistematizados na lei processual.[273]

Já a previsão contida no art. 190 do novo Código de Processo Civil pode representar forte ruptura com essa concepção há muito sedimentada na doutrina, atribuindo amplos poderes às partes para estipularem mudanças no procedimento (negócios jurídicos processuais atípicos). Trata-se de dispositivo que amplia a esfera de autonomia da vontade, reforçando a presença da proibição da *reformatio in peius*. Indubitavelmente, a inovação legislativa será objeto de grande discussão no que diz respeito a sua constitucionalidade e ao seu alcance, especialmente âmbito do Supremo Tribunal Federal e do Superior Tribunal de Justiça.

Porém, cada ordenamento jurídico conferirá ao juiz maiores ou menores poderes para a condução do processo, sempre evitando colocar em risco sua imparcialidade, que poderia resultar em arbítrio. A medida desse equilíbrio representa, sobretudo, questão de política legislativa, adequadamente equacionável quando ponderadas a situação ética, política e cultural de cada sociedade em um determinado momento histórico, com especial atenção no que diz respeito à magistratura, segundo já advertia Mauro Cappelletti.[274]

No que diz respeito ao *princípio dispositivo em sentido próprio*, compreendemos que o legislador infraconstitucional não goza da mesma liberdade,[275]

---

[272] Nesse sentido, discorrem Carlos Alberto Alvaro de Oliveira e Daniel Mitidiero, ressaltando que proposta a demanda e fixado o objeto material do processo, o seu desenvolvimento escapa à disponibilidade das partes, "exigindo o interesse público a formação de uma convicção adequada do juiz sobre as alegações de fato da causa, assentada o mais possível na coincidência com a realidade". (Ver: ALVARO DE OLIVEIRA, Carlos Alberto; MITIDIERO, Daniel. *Curso de processo civil*. São Paulo: Atlas, 2010. v. 1, p. 64). Analisando a questão do ponto de vista do juiz, Antonio Janyr Dall'agnol Júnior aduz que o magistrado "está vinculado às alegações (dos fatos constitutivos) de iniciativa das partes, mas, por estar no exercício de função pública, na direção do processo, concorre com as partes no que respeita à iniciativa probatória (abolido, aqui, o poder monopolístico de iniciativa das partes)". Ver: DALL'AGNOL JÚNIOR, Antonio Janyr. O princípio dispositivo no pensamento de Mauro Cappelletti. *AJURIS*, Porto Alegre, n. 46, p. 97-115, 1989.

[273] CARNACINI, Tito. Tutela giurisdizionale e tecnica del processo. In: *Studi in onore de E. Redenti*. Milano: Giuiuffrè, 1951. v. 2. p. 707.

[274] CAPPELLETTI, Mauro. *La testimonianza della parte nel sistema dell'oralità*: contributo alla teoria della utilizzazione probatoria del sapere delle parti nel processo civile. Milano: Giuffrè, 1962. v. 1. p. 373.

[275] Ressalve-se que o *princípio dispositivo em sentido material*, no que diz respeito à disponibilidade das partes sobre o objeto do processo, abrange a possibilidade de reconhecimento dos fatos e dos pedidos, além da possibilidade dos litigantes transigirem em juízo. É justamente neste aspecto que a legislação brasileira e comparada restringe o princípio dispositivo em sentido material, sobretudo quando a demanda tenha como objeto direito indisponível. Ademais, Pontes de Miranda destaca que o princípio dispositivo em sentido material – por ele denominado de suscitamento pelas partes – deve ser preservado *de lege ferenda*, comportando exceções exclusivamente em casos nos quais prevaleça o interesse público. Já o princípio dispositivo em sentido processual (ou impróprio) – por ele denominado de *indicação e produção de provas* – pode e deve ser excepcionado. Conclui indagando: "se as partes fizeram o pedido e indicaram os pontos de fato, qual o sério

encontrando barreiras na preservação da imparcialidade judicial e na autonomia da vontade, valores essenciais ao Estado Democrático de Direito. A possibilidade de o juiz iniciar o processo de ofício, fixando os limites da tutela jurisdicional e determinando os fatos principais a serem apreciados, sem a iniciativa das partes, comprometeria a sua imparcialidade, acarretando inaceitável risco de arbítrio. Isso violaria, finalmente, o direito fundamental ao "processo justo". Como a jurisdição diferencia-se das demais atividades estatais precisamente pela existência de um julgador imparcial, a eliminação ou a mitigação do princípio dispositivo em sentido próprio pelo legislador, nesse aspecto, comprometeria a sua essência.[276]

Todavia, a estatuição de poderes oficiosos ao juiz não significa que a condução do processo seja atribuição de sua exclusiva competência. Conforme ressalta Mauro Cappelletti, em um processo verdadeiramente dispositivo, o juiz não tem apenas o poder, mas o dever de instigar os litigantes ao debate, sem que isso signifique substituir as partes na prática dos atos a elas essencialmente reservados pela incidência do *princípio dispositivo em sentido material*. Respeitada essa restrição, o juiz pode e deve intervir ativamente no processo, exercendo seus poderes instrutórios e de impulso oficial.[277] O novo Código de

---

empecilho a que se permita ao juiz procurar a verdade, a fim de diminuir os casos de discordância entre a incidência da regra jurídica, que é abstrata, e a aplicação?" (ver: PONTES DE MIRANDA, Francisco Cavalcanti. *Comentários ao Código de Processo Civil*. Rio de Janeiro: Forense, 1973. v. 1, p. 388). Parece existir consenso no sentido de que a atribuição de poderes ao juiz para determinar a produção de provas, além de não comprometer a sua imparcialidade é recomendável para a administração da "boa justiça". A preservação da imparcialidade impõe o afastamento do juiz na definição do objeto do processo, mas não na investigação dos fatos (principais/jurídicos) trazidos pelas partes, por meio das causas de pedir e das exceções (materiais). Muito antes pelo contrário. Conforme destaca Mauro Cappelletti, não se pode pretender que a atuação do juízo seja imparcial no sentido de desinteressada, pois estamos diante da técnica com qual o órgão judicial exercita o seu próprio poder, a sua própria função jurisdicional, definida como atividade essencial do Estado. Exige-se a imparcialidade do juiz no que diz respeito à demanda que lhe é submetida, porém não em relação ao processo e, menos ainda, no que toca ao julgamento da causa, à justiça da decisão. Ver: CAPPELLETTI, Mauro. *La testimonianza della parte nel sistema dell'oralità:* contributo alla teoria della utilizzazione probatoria del sapere delle parti nel processo civile. Milano: Giuffrè, 1962. v. 1. p. 358. Ver também: ALVARO DE OLIVEIRA, Carlos Alberto. *Do formalismo no processo civil:* proposta de um formalismo-valorativo. 3. ed. São Paulo: Saraiva, 2009. p. 184; MATTOS, Sérgio Luís Wetzel de. *Da Iniciativa Probatória do Juiz no Processo Civil*. Rio de Janeiro: Forense, 2001. MITIDIERO, Daniel. *Colaboração no processo civil:* pressupostos sociais, lógicos e éticos. São Paulo: Revista dos Tribunais, 2009. p. 93 e p. 109.

[276] CAPPELLETTI, Mauro. *La oralidad y las pruebas en el proceso civil*. Traduccion de Santiago Sentis Melendo. Buenos Aires: Europa-America, 1972). CAPPELLETTI, Mauro. *O processo civil no direito comparado*, Trad.: Hiltomar M. Oliveira, Belo Horizonte: Editora Líder, 2001, p. 45 e seg. A ideia é muito bem desenvolvida por Antônio Janyr Dall'Agnol Júnior em artigo no qual analisa o princípio dispositivo no pensamento de Mauro Cappelletti (ver: DALL'AGNOL JÚNIOR, Antonio Janyr. O princípio dispositivo no pensamento de Mauro Cappelletti. *AJURIS*, Porto Alegre, n. 46, p. 97-115, 1989).

[277] Confira: "al giudice potrà bensi aspetare – è anzi sommamente augurabile, a mio avviso, che gli spetti – il potere e perfino il dovere di supplere, mediante la interrogatio ad clarificandum ch'è espressione essenciale de potere guidiciale di direzione materiale del processo, alle mancanze dell'attività processuale della parte ed anche, im particolare, ale mancanze in tema di allegazione. Ma questo poteri giudiziale dovrà, in un processo a tipo dispositivo, essere inteso nel senso che il guidice possa metere in guardia la parte circa eventuali lacune, imperfezioni, contraddizioni delle sue allegazioni, e offrire così alla parte l'occasione, ma non più che l'ocasione, di precisare, di chirire, d'intregrare dette allegazioni e in tal mod di perfezionare, o addirittura (nei limiti di legge) di mutare, sempre che essa lo voglia, la propria domanda, non però anche nel senso che il guidice possa senz'altro e di ufficio esorbitare dalle allegazioni, volute proporre delle parti, e guidicare dunque, in ultima analisi, fuori dei limiti dell'azione: se non propriamente ultra petita, certo extra allegata ossi extra petendi, con palese conseguente violazione dei principii stessi espressi dagli aforismi sopra ricor-

Processo Civil consolida no Brasil um modelo de processo civil democrático, baseado na participação e na colaboração das partes, reduzindo sensivelmente o domínio do juiz sobre a marcha processual. Aos litigantes, assegura-se o direito fundamental à participação no processo, que deve ser estimulado pelo magistrado. Ademais, o processo civil colaborativo exige que o juiz também se coloque como partícipe do debate. Já não se trata, apenas, de estimular o debate entre as partes, mas também de integrar o debate.[278]

2.8.2. A omissão no exercício do direito de recorrer como fundamento da proibição da "reformatio in peius"

Salvo raras exceções, a doutrina apresenta o princípio dispositivo como o principal – senão o único – fundamento da proibição da *reformatio in peius*.[279] Costuma-se afirmar que o poder das partes de disposição sobre o objeto do processo e do recurso fundamenta (total ou parcialmente) a existência do proibitivo. Entretanto, embora a questão seja quase sempre analisada pela ótica do recorrente, o problema poderia ser visualizado pelo prisma da autonomia da vontade do recorrido, materializada pela omissão no exercício do direito de impugnar a sentença (ou outra espécie de julgado).

Trata-se de respondermos à indagação sobre se o tribunal, ao reformar a decisão em favor do recorrido, não estaria violando seu poder de disposição, manifestado de forma tácita pela ausência de interposição do próprio recurso (autônomo ou adesivo).

Para alguns, a ausência de interposição do recurso significa a renúncia ao direito de recorrer e, por conseguinte, a concordância com a decisão prolatada, como legítimo exercício do poder de disposição das partes (autonomia da

---

dati [...]" (ver: CAPPELLETTI, Mauro. *La testimonianza della parte nel sistema dell'oralità:* contributo alla teoria della utilizzazione probatoria del sapere delle parti nel processo civile. Milano: Giuffrè, 1962. v. 1. p. 329). Reflexões adicionais podem ser encontradas em: ALVARO DE OLIVEIRA, Carlos Alberto. *Do formalismo no processo civil:* proposta de um formalismo-valorativo. 3. ed. São Paulo: Saraiva, 2009. p. 180-185.

[278] Conforme bem destaca Daniel Mitidiero, a formatação do Estado Constitucional brasileiro, baseado na democracia participativa e solidária, influi em nosso modelo de processo civil, que deve orientar-se pelo diálogo e pela cooperação, permitindo que a sentença realmente seja um ato *trium personarum*. O juiz não apenas deve instigar as partes ao debate, mas deve ele próprio dialogar com as partes. Transcrevemos: "coloca-se o órgão jurisdicional como um dos participantes do processo, igualmente gravado pela necessidade de observar o contraditório ao longo de todo o procedimento. Por força do contraditório, vê-se obrigado ao debate, ao diálogo judiciário. Vê-se na contingência, pois, de dirigir o processo isonomicamente, cooperando com as partes, estando gravado por deveres de esclarecimento, prevenção, consulta e auxílio para com os litigantes" (ver: MITIDIERO, Daniel. *Colaboração no processo civil:* pressupostos sociais, lógicos e éticos. São Paulo: Revista dos Tribunais, 2009. p. 75 et seq.). A respeito do assunto, também ver: ZANETI JÚNIOR, Hermes. *Processo constitucional:* o modelo constitucional do processo civil brasileiro. Rio de Janeiro: Lumen Juris, 2007.

[279] Também entre os doutrinadores de língua germânica prevalece o entendimento segundo o qual do princípio da vinculação do juiz ao pedido (aspecto principal do princípio dispositivo em sentido material ou princípio da demanda) deduz-se a proibição da *reformatio in peius* (ver: EGGER, Walter. *Die reformatio in peius im Zivilprozessrecht.* Zürich: Hans Schellemberg, Winterthur, 1985. p. 48-49; KLAMARIS, Nikolaos. *Das Rechtsmittel der Anschlussberufung.* Tübingen: J.C.B. Mohr, 1975. p. 123-125; MELISSINOS, Gerassimos. *Die Bindung des Gerichts an die Parteianträge: nach § 308 I, ZPO (ne eat iudex ultra petita partium).* Berlin: Duncker e Humblot, 1981. p. 167-174.

vontade). Assim, a reforma da decisão em favor do recorrido também significaria, por esse prisma, ofensa ao *princípio dispositivo*, indo de encontro à sua manifestação (tácita) de vontade, na manutenção da prestação jurisdicional outorgada, que estaria implícita em seu silêncio, ou seja, na ausência de recurso.[280] A proibição da *reformatio in peius*, portanto, também poderia ser extraída da omissão do recorrido. Evidencia-se a semelhança desse pensamento com a teoria do *direito adquirido* (*wohlerworbenen Recht*) ou *ius quaesitum*, também invocada para fundamentar a proibição da *reformatio in peius*, com base na vontade das partes.[281]

Dentre os esforços para ligar a proibição da reforma para pior ao comportamento do recorrido, destaca-se a tentativa de Nikolaus Thaddäus von Gönner, já no ano de 1801. O doutrinador sustentava a impossibilidade de agravamento na situação do recorrente com base na norma jurídica fundamental da vinculação do juízo ao pedido (*ne eat iudex ultra petita partium*), uma vez que a omissão do recorrido significaria sua manifestação de vontade pela confirmação da sentença.[282]

Também Giuseppe Chiovenda afiança essa ideia, aduzindo que ausência de impugnação de algum capítulo recorrível da sentença significa a concordância da parte investida no direito de recorrer ("Quando la sentenza contenga più capi, ed alcuno soltanto sia impugnato, s'intende che l'appellante abbia accettato gli altri capi").[283]

Trata-se de entendimento equivocado. Em primeiro lugar, porque a ausência de interposição de recurso não significa necessariamente a concordância da parte com a decisão; em segundo lugar, porque, ainda que isso ocorresse, não seria suficiente para fundamentar o proibitivo.

Equivocam-se aqueles que vislumbram na ausência de interposição de recurso a concordância da parte omissa com a decisão prolatada, por presumirem erroneamente a existência de manifestação (implícita) de vontade do "não recorrente" em sua manutenção. O litigante, parcialmente vencido, pode deixar de recorrer por diversas razões, a exemplo do desejo de ver encerrada a relação jurídica processual (com a formação imediata da coisa julgada), da

---

[280] Assim se posiciona Nelson Nery Junior, ao afirmar que "a proibição da reforma para pior é decorrência da aplicação do princípio dispositivo, pois não se pode conceder vantagem ao recorrido se este nada pediu a tribunal ad quem" (NERY JUNIOR, Nelson. *Teoria geral dos recursos*. 6. ed. São Paulo: Revista dos Tribunais, 2004. p. 429)

[281] Ao contrário da coisa julgada "relativa" (ou unilateral), concebida pela ótica da preclusão para o recorrido, segundo o *ius quaesitum*, o silêncio do apelado significaria sua incondicional concordância com o julgado, fazendo nascer para o recorrente um direito adquirido (*ius quaesitum*), impedindo que o juízo recursal lhe impusesse qualquer prejuízo. Nesse sentido, por todos, ver: KUHLMANN, Axel. *Das Verbot der reformatio in peius im Zivilprozessrecht*. Berlin: Duncker Humblot, 2010. p. 45-46.

[282] "Keinem Richter kömmt das Recht zu, ultra petita partium zu erkennen, und dies würde geschehen, wenn in der neuen Instantz das Urtheil zum Nachtheil des Appellanten abgeändert würde, wo es der Appellat nicht ausdrücklich forderte, denn seine Bitte war im unterstellten Falle nur auf Bestätigung, keineswegs aber auf Abänderung des Erkentnisses gerichtet. Der im Prozess so oft durchgreifende Grundsatz eines Verzichts spricht also laut gegen eine von Amtswegen zu verfügende Abänderung des Urtheil zum Vortheil des Appellaten" (ver: GÖNNER, Nikolaus Thaddäus von. *Handbuch des deutschen gemeinen Prozesses*. Erlangen, 1801. v. 1)

[283] CHIOVENDA, Giuseppe. *Principii di diritto processuale civile*. 3. ed. Roma: [s.n.], 1913. p. 984.

cautela em relação aos custos adicionais decorrentes da interposição da própria inconformidade ou, até mesmo, da perda não intencional do prazo estabelecido em lei.

A omissão do recorrido não significa, necessariamente, a sua concordância com o resultado da prestação jurisdicional; tampouco representa manifestação de vontade (tácita) nesse sentido. A previsão legal da figura do recurso adesivo reforça esse pensamento, ao criar nova oportunidade impugnatória no prazo das contrarrazões. Caso a ausência de interposição do recurso pelo recorrido significasse sua concordância tácita com a decisão (e manifestação implícita de vontade em vê-la mantida), não seria possível justificar a previsão legal da nova oportunidade para impugná-la.

Como destacamos, a omissão no exercício do direito de recorrer por uma das partes interessadas consiste em mero fato processual, do qual decorrem consequências previsíveis, segundo as regras do processo civil, como ocorre com a preclusão em geral.[284] Entretanto, as razões que orientam essa conduta omissiva são irrelevantes para o delineamento da liberdade decisória do juízo recursal. A presunção da concordância da parte inerte com a sentença não, insuficiente a impedir que o juízo *ad quem* a favoreça no julgamento de recurso interposto pelo seu adversário (e em detrimento deste). Ademais, pela ótica do recorrido, não existe violação ao princípio dispositivo quando o tribunal, ao julgar a apelação da parte adversa, melhora a sua situação.[285]

Muito menos se pode extrair da omissão do recorrido a existência de um pedido implícito de manutenção da sentença impugnada, suficiente a impedir a modificação a seu favor (*ne ultra petita*), como defendia Nikolaus Thaddäus von Gönner. Isso até poderia funcionar caso houvesse manifestação expressa no sentido da renúncia à interposição de recurso. A renúncia expressa ao direito de impugnar determinado capítulo desfavorável da sentença manifesta o legítimo exercício do poder de disposição da parte sobre o objeto do processo,

---

[284] Como bem destaca Carlos Alberto Alvaro de Oliveira ao analisar a preclusão como elemento do formalismo, invocando a doutrina pioneira de Oskar Bülow, a responsabilidade das partes no exercício de suas faculdades processuais possui caráter público e objetivo, abstraída qualquer consideração de culpa, orientando-se o processo pela certeza. Analisando a obra histórica do jurista alemão, deduz-se que "a mera circunstância de não agir a parte em relação ao adversário, ou contra as determinações judiciais provocadas pelos atos deste, constitui fundamento suficiente e decisivo para o seu prejuízo jurídico". (ver: ALVARO DE OLIVEIRA, Carlos Alberto. *Do formalismo no processo civil*: proposta de um formalismo-valorativo. 3. ed. São Paulo: Saraiva, 2009. p. 200-201). A omissão na prática de um ato processual resultará em preclusão quando as consequências decorrentes da inércia sejam previsíveis e exista a real possibilidade de praticá-lo. Os critérios são, portanto, objetivos, e não subjetivos, não havendo falar em culpa. De outra banda, compreendemos que a omissão prolongada no exercício de uma faculdade processual pode, em alguns casos, gerar na parte contrária uma justa expectativa de manutenção daquele padrão de conduta estável que merece ser protegida, ainda que a lei não estabeleça a preclusão para a prática do ato, principalmente quando transcorra longo lapso temporal marcado pela inércia. Trata-se de sopesar os interesses em conflito. Nesse sentido: CABRAL, Antonio do Passo. *Nulidades no processo moderno*: contraditório, proteção da confiança e validade 'prima facie' dos atos processuais. 2. ed. Rio de Janeiro: Forense, 2010. p. 335.

[285] EGGER, Walter. *Die reformatio in peius im Zivilprozessrecht*. Zürich: Hans Schellemberg, Winterthur, 1985. p. 41-43. KUHLMANN, Axel. *Das Verbot der reformatio in peius im Zivilprozessrecht*. Berlin: Duncker Humblot, 2010. p. 52-53. KAPSA, Bernhard-Michael. *Das Verbot der reformatio in peius im Zivilprozess*. Berlin: Duncker e Humblot, 1976. p. 48-50.

à similitude do reconhecimento do pedido. Entretanto, não se poderia extrair a mesma consequência da simples omissão do recorrente, pois a disposição das partes sobre o objeto do processo não se presume, devendo ser expressa e inequívoca.[286] Como a renúncia expressa ao direito de recorrer existe muito mais em teoria do que na prática, não se pode pretender extrair daí o fundamento teórico da proibição da *reformatio in peius*.

Ademais, seriam secundárias as ponderações levantadas contra a atitude protetiva do juízo recursal em favor do recorrente,[287] pois a reforma para pior seria praticada, presume-se, para alcançar uma decisão mais justa, ou mais aproximada da verdade "absoluta", ou, ainda, para uniformizar a interpretação jurisprudencial a respeito de determinado assunto. A isso corresponderia o interesse geral em decisões materialmente corretas, que poderia beneficiar tanto o recorrido quanto o recorrente.[288] Contudo, não há qualquer garantia de que a decisão do juízo recursal seja mais correta do que aquela proferida pelo juízo recorrido.[289]

A abrangência da impugnação da decisão e os limites do objeto do processo devolvidos ao juízo *ad quem* somente podem ser definidos a partir do próprio recurso (mas na medida do regramento da lei processual!). Já a omissão do recorrido no exercício do seu poder de disposição não possui qualquer interferência nisso.[290]

Ademais, essa construção deixaria a descoberto o período correspondente ao prazo para interposição do recurso (principal ou adesivo).

Conclui-se, portanto, pela impossibilidade de que a proibição da *reformatio in peius* decorra diretamente do poder de disposição do recorrido.

---

[286] EGGER, Walter. *Die reformatio in peius im Zivilprozessrecht*. Zürich: Hans Schellemberg, Winterthur, 1985. p. 41. No processo civil brasileiro também não se admite a renúncia tácita ao direito de recorrer. Embora a lei não exija forma especial para a renúncia, as características do ato exigem que conste de "petição dirigida ao órgão perante o qual pende o feito" (ver: BARBOSA MOREIRA, José Carlos. *Comentários ao Código de Processo Civil*. 14. ed. Rio de Janeiro: Forense, 2008. v. 5, p. 343-344). A renúncia não pode ser confundida com a aquiescência à decisão, que decorre da norma jurídica fundamental que proíbe o *venire contra factum proprium*, também aplicável ao processo civil.

[287] Ademais, como ressalta Hans-Peter Ricci, a legitimação da *reformatio in peius* na necessidade de proteção do recorrido também só possuiria sentido se houvesse garantia de que a decisão do juízo recursal possuísse qualidade superior quando comparada à decisão recorrida, o que não se verifica na prática (ver: RICCI, Hans-Peter. *Reformatio in peius und Anschliessung an das Rechtsmittel im Zivilprozess*: unter vergleichweiser Heranziehung des Strafprozesses und des Steuerjustizverfahrens. Zürich: Winterthur, 1955. p. 107-108).

[288] KUHLMANN, Axel. *Das Verbot der reformatio in peius im Zivilprozessrecht*. Berlin: Duncker Humblot, 2010. p. 52-53. KAPSA, Bernhard-Michael. *Das Verbot der reformatio in peius im Zivilprozess*. Berlin: Duncker e Humblot, 1976. p. 48-50.

[289] Trata-se do pensamento consolidado entre os processualistas. Dentre outros, ver: EGGER, Walter. *Die reformatio in peius im Zivilprozessrecht*. Zürich: Hans Schellemberg, Winterthur, 1985. p. 108. LIMA, Alcides de Mendonça. *Introdução aos recursos cíveis*. 2. ed. São Paulo: Revista dos Tribunais, 1976. p. 133. KUHLMANN, Axel. *Das Verbot der reformatio in peius im Zivilprozessrecht*. Berlin: Duncker Humblot, 2010. p. 28. Conforme ressaltado por Michael Stürner, essa garantia não existiria ainda que fossem criadas infinitas instâncias recursais (ver: STÜRNER, Michael. *Die Anfechtung von Zivilurteile. Eine funktionelle Untersuchung der Rechtsmittel im deutschen und englischen Recht*. München: C. H. Beck, 2002. p. 38).

[290] KAPSA, Bernhard-Michael. *Das Verbot der reformatio in peius im Zivilprozess*. Berlin: Duncker e Humblot, 1976. p. 49-50.

2.8.3. A incidência do princípio dispositivo em sentido material no segundo grau de jurisdição

Evidencia-se a correlação existente entre o instituto da proibição da *reformatio in peius* e o *princípio dispositivo em sentido próprio*. As partes, além de delimitarem o objeto do processo, com os pedidos recursais também traçam os limites da revisão das decisões impugnadas. Do mesmo modo como a petição inicial delineia os limites da sentença, o pedido do recorrente delimita a prestação jurisdicional no âmbito dos tribunais (*tantum devolutum quantum appellatum*). Essa dimensão do efeito devolutivo da apelação decorre da projeção do princípio dispositivo em sentido material,[291] sustentando-se que os recursos funcionam como uma "renovação" do direito de ação ou, ainda, como um mecanismo de passagem para outra fase do processo.[292]

A eficácia do princípio dispositivo em sentido próprio no âmbito recursal não possui qualquer motivo para ser desconsiderada ou mitigada em comparação ao que ocorre no primeiro grau.[293] Quanto a isso, existe consenso doutrinário e jurisprudencial no processo civil brasileiro, bem como no direito comparado. A vinculação do tribunal aos pedidos dos apelantes encontra-se prevista no *caput* do art. 1.013 e no art. 1.034 do novo Código de Processo Civil brasileiro – que repete a redação do *caput* do art. 515 do Código de Processo Civil de 1973 – aplicando-se aos demais recursos. Nesse sentido, José Carlos Barbosa Moreira afirma não haver razão para supor que "no direito brasileiro, o princípio dispositivo atue com menor intensidade na instância recursal do que na primeira, 'quanto à fixação do objeto do juízo'".[294]

---

[291] ALVARO DE OLIVEIRA, Carlos Alberto; MITIDIERO, Daniel. Curso de Processo Civil, vol. 2. São Paulo: Atlas, 2012; CAPPELLETTI, Mauro. *La testimonianza della parte nel sistema dell'oralità:* contributo alla teoria della utilizzazione probatoria del sapere delle parti nel processo civile. Milano: Giuffrè, 1962. v. 1. p. 303-375.

[292] Nesse sentido, ver: NERY JUNIOR, Nelson. *Teoria geral dos recursos.* 6. ed. São Paulo: Revista dos Tribunais, 2004. p. 429. Em sentido contrário, posiciona-se Peter Gilles, que concebe o recurso como uma ação constitutiva (*Gestaltungsklage*), definindo seu objeto (recursal) como expressão do desejo de anulação (*Aufhebung*) de uma determinada decisão judicial (ver: GILLES, Peter. *Rechtsmittel im Zivilprozess; Berufung, Revision und Beschwerde im Vergleich mit der Wiederaufnahme des Verfahrens, dem Einspruch und der Wiedereinsetzung in den vorigen Stand.* Frankfurt an Main: Athenaum, 1972. p. 34-49).

[293] Ver: FUX, Luiz. *Curso de Direito Processual Civil*, Processo de Conhecimento. v. 1. 4ª ed. Rio de Janeiro: Forense, 2008, p. 754.

[294] Prossegue aduzindo que a previsão legal de exceções, exemplo da remessa obrigatória, demonstra a aplicação do princípio dispositivo no processo recursal, sendo que outras exceções deveriam ser expressamente previstas pelo legislador (ver: BARBOSA MOREIRA, José Carlos. *Direito Processual Civil, Ensaios e pareceres*, Rio de Janeiro: Editor Borsoi, 1971, p. 162. No mesmo sentido, leciona Piero Calamandrei: "Nel processo civile vale anche in sede impugnativa il principio per cui il giudice conosce soltanto di quelle controversie di cui lo investe la iniziativa delle parti, e nei limiti di tale iniziativa. Anche in appello il riesame del giudice di secondo grado si esercita solo in quanto le parti lo provochino col loro gravame: anche in appello, come in primo grado, lo sguardo del giudice è imprigionato, per dir così, attraverso la feritoia del principio dispositivo, e non è in grado di vedere se non ciò che le parti portano dinanzi al campo visivo delimitato da questa angusta apertura" (ver: CALAMANDREI, Piero. Apuntti sulla "reformatio in peius. In: *Studi sul processo civile*. Padova: CEDAN, 1934. v. 3, p. 47). Os doutrinadores alemães também explicitam a aplicação do princípio dispositivo em sentido material (*Dispositionsmaxime*) ao âmbito recursal, em especial no que diz respeito à vinculação do juiz ao pedido das partes. Dentre outros: GILLES, Peter: Anschliessung, Beschwer, Verbot der Reformatio in peius und Parteidispositionen über die Sache in höherer Instanz. ZZP, n. 91, 1978. p. 143 *et seq.*; MELISSINOS, Gerassimos. Die Bindung des Gerichts an die Parteianträge: nach § 308 I, *ZPO*

No procedimento recursal, o vínculo do julgador é duplo: vincula-se aos pedidos que delimitaram o objeto do processo, os quais, como regra, não podem ser alterados nessa esfera e, ao mesmo tempo, a atividade cognitiva (horizontal) do novo juízo vincula-se aos pedidos formulados pelos recorrentes (*tantum devolutum quantum appellatum*).[295]

Pode-se afirmar que o *princípio dispositivo em sentido próprio* permeia toda a estrutura normativa do processo civil. Em seu âmbito de incidência, inclui-se o poder das partes de postularem o reexame de uma decisão que não as favoreça.[296] Além de correlacionar-se com o princípio da voluntariedade recursal,[297] *o princípio dispositivo em sentido próprio* encontra abundante expressão no novo Código de Processo Civil, à semelhança do diploma processual de 1973, como podemos constatar dos seguintes exemplos: "o recurso pode ser interposto (...)" (art. 996, NCPC – art. 499, CPC/73); no art. 1.015 do NCPC, segundo o qual a "a *decisão* pode ser impugnada no todo ou em parte" (CPC/73: art. 505, "sentença pode ser impugnada no todo ou em parte"); no art. 1.008 do NCPC, segundo o qual o "julgamento proferido pelo tribunal substituirá a decisão impugnada no que tiver sido objeto de recurso" (CPC/73: art. 512, o "julgamento proferido pelo tribunal substituirá a sentença ou a decisão recorrida no que tiver sido objeto do recurso"); no art. 1.013 do NCPC, que vincula a amplitude do julgamento pelo tribunal ao pedido do recurso – "a apelação devolverá ao tribunal o conhecimento da matéria impugnada" – (CPC/73: art. 515, *apelação devolverá ao tribunal...*).

Além disso, a possibilidade da desistência do recurso (art. 998 e art. 999, NCPC – art. 501 e art. 502, CPC/73) a qualquer momento, mesmo sem a concordância do recorrido, também expressa o poder de disposição das partes, que podem avaliar a oportunidade e a conveniência do pedido de novo julgamento formulado ao juízo *ad quem*.[298] A prática dos nossos tribunais demonstra que, de modo geral, a *reformatio in peius*, principalmente quando embasada no dever do conhecimento oficial das questões de ordem pública – muitas vezes não debatidas pelas partes nem ventiladas na decisão impugnada –, sequer são precedidas de indicativo de que isso possa ocorrer, subtraindo ao recorrente a possibilidade de avaliar a conveniência do julgamento da sua inconformidade.

(*ne eat iudex ultra petita partium*). Berlin: Duncker e Humblot, 1981. p. 169-174. Também assim ocorre no processo civil suíço no Cantão de Zürich EGGER, Walter. *Die reformatio in peius im Zivilprozessrecht*. Zürich: Hans Schellemberg, Winterthur, 1985. p. 32 *et seq.*

[295] Ver: MELISSINOS, Gerassimos. *Die Bindung des Gerichts an die Parteianträge: nach § 308 I, ZPO (ne eat iudex ultra petita partium)*. Berlin: Duncker e Humblot, 1981. p. 167.

[296] Nesse sentido, KUHLMANN, Axel. *Das Verbot der reformatio in peius im Zivilprozessrecht*. Berlin: Duncker Humblot, 2010. p. 50; MUSIEKAK, Hans-Joachim. Die Bindung des Gerichts an die Anträge der Parteien im Zivilprozess. In: *Festschrift für Karl Heinz Schwab*. München, 1990, p. 349.

[297] Não empregamos a expressão "essência do recurso" como uma ideia quase supralegal, dissociada da concretude que lhe dá o legislador e, eventualmente, o próprio texto constitucional. A "essência do recurso" deve ser extraída da formatação positivada do processo civil, de acordo com as normas principais e regras previstas no texto constitucional. Ademais, essa ideia não pode ser compreendida dissociada da função e dos escopos do processo civil e do papel ali desempenhado pelos meios recursais.

[298] ALVARO DE OLIVEIRA, Carlos Alberto; MITIDIERO, Daniel. *Curso de processo civil*. São Paulo: Atlas, 2010. v. 1, p. 71-72; ROSENBERG, Leo; SCHWAB, Karl Heinz; GOTTWALD, Peter. *Zivilprozessrecht*. 17. ed. München: C. H. Beck München, 2010. p. 850, § 146, n. 12.

Essas regras, similarmente reproduzidas em outras codificações processuais nos países do sistema do *civil law*, comprovam que a máxima *ne eat iudex ultra petita partium* atua nas instâncias recursais da mesma forma e na mesma intensidade, com que o faz no primeiro grau de jurisdição.

Entretanto, a mitigação ou a supressão da proibição da *reformatio in peius*, excepcionando a norma jurídica fundamental da vinculação do tribunal ao pedido do recorrente, restringe o princípio dispositivo em sentido material. Isso demonstra exclusivamente que há correlação entre ambos, porém não necessariamente que a proibição decorra do princípio dispositivo.

Cumpre investigarmos se o acolhimento *do princípio dispositivo em sentido próprio*, ou seu desdobramento da norma jurídica fundamental da vinculação do tribunal ao pedido do recorrente, é suficiente para deduzirmos a amplitude protetiva esperada da proibição da *reformatio in peius*. Esse esclarecimento também permite delimitarmos com maior clareza o âmbito de abrangência do proibitivo.

O poder do recorrente de iniciar uma nova fase do processo (fase ou procedimento recursal) e limitar a liberdade decisória do juízo *ad quem*, bem como o de desistir da impugnação, expressa a vocação do recurso à tutela dos interesses do recorrente.[299] Porém, à semelhança do que ocorre com o processo, o recurso persegue outros valores e finalidades. Com o ajuizamento da demanda, o autor exerce seu direito de ação, postulando a prestação da tutela jurisdicional para satisfazer seu interesse. Isso não afasta, contudo, a função do processo de pacificação social e de realização do direito objetivo. Assim, em se tratando do procedimento no segundo grau de jurisdição (ou no terceiro!), o princípio dispositivo em sentido próprio, manifestado pela faculdade de interposição, delimitação do objeto e desistência do recurso, não serve para impedir a possibilidade de uma *reformatio in peius*, que poderia encontrar justificativa na necessidade de realizar outros valores e finalidades do processo civil (pacificação, realização do direito objetivo etc.).

Conclui-se que o poder titulado pela parte de iniciar, definir o conteúdo e desistir do recurso, expressão do princípio dispositivo em sentido material, não é suficiente para afastar a possibilidade de que a nova decisão coloque os impugnantes em situação mais desvantajosa quando comparada àquela contra a qual tenham se insurgido. Assim, o poder de interposição, de definição do conteúdo e de desistência do recurso não se presta a fundamentar a proibição da *reformatio in peius*.[300]

A formatação do sistema recursal, positivada no novo Código de Processo Civil (*v.g.*: arts. 996, 997, 1.002, 1.013 e 1034 – CPC/73) – como já ocorria com o Código de Processo Civil de 1973 (*v.g.*: arts. 499, 500, III, 505, 512 e 515) – de-

---

[299] Essa predisposição do processo à tutela dos direitos subjetivos estende-se ao sistema recursal, aplicando-se, inclusive, às espécies impugnatórias julgadas pelos tribunais superiores, como bem destaca Leonardo Greco. Ver: GRECO, Leonardo. Publicismo e privatismo no processo civil. *Revista de Processo*, São Paulo, v. 33, n. 164, p. 29-56, out. 2008.

[300] KAPSA, Bernhard-Michael. *Das Verbot der reformatio in peius im Zivilprozess*. Berlin: Duncker e Humblot, 1976. p. 68-72.

A proibição da *reformatio in peius* no processo civil

monstra exaustivamente a incidência do princípio dispositivo no segundo grau de jurisdição. A vinculação aos pedidos recursais limita a liberdade decisória do julgador *ad quem*, expressando sua indissociabilidade da função de tutelar o direito dos recorrentes. Essa conformação cria no recorrente a expectativa da impossibilidade de prejudicar-se com julgamento do próprio recurso.

A vinculação do juízo *ad quem* ao pedido do recorrente – representada pelo aforisma *ne eat iudex ultra petita partium* – limita o âmbito decisório e faz presumir a vigência de uma norma geral de proibição da *reformatio in peius*. Como o proibitivo (também) possui base em outros valores constitucionais, a exemplo da proteção da confiança (segurança jurídica), não se confunde com a delimitação do âmbito decisório fixado no pedido formulado pelo recorrente (ou do efeito devolutivo). A proibição da *reformatio in peius* representa, antes, um limite adicional à liberdade decisória do juízo *ad quem*. Ademais, também encontra fundamento nos valores dos quais decorrem as regras materializadoras da incidência do princípio dispositivo no âmbito recursal (imparcialidade judicial e autonomia da vontade).

Deste modo, a *aplicação do princípio dispositivo em sentido material* ao segundo grau de jurisdição, ou seu desdobramento na regra da vinculação do juízo recursal ao pedido, não fundamenta satisfatoriamente a proibição da *reformatio in peius*.[301] Todavia, daí não decorre sua insignificância ao embasamento teórico do proibitivo.

2.9. A associação do efeito devolutivo dos recursos ao requisito de admissibilidade interesse recursal

Abundantes posicionamentos doutrinários e jurisprudenciais extraem a proibição da *reformatio in peius* do efeito devolutivo dos recursos (desdobramento do princípio dispositivo ou da norma jurídica fundamental da vinculação do tribunal ao pedido do recorrente), limitado pela necessidade da presença do requisito interesse recursal.[302]

Segundo o disposto no art. 1.013 do novo Código de Processo Civil (art. 515, CPC/73), aplicável aos recursos em geral, a apelação devolve ao tribunal o conhecimento da matéria impugnada (*tantum devolutum quantum appellatum*), exigindo-se que o insurgente possa obter algum benefício prático com o novo julgamento (processual ou material). Verifica-se a existência do interesse em recorrer prospectando o potencial, que o recurso possui, de colocar o recorren-

---

[301] Nesse sentido, KAPSA, Bernhard-Michael. *Das Verbot der reformatio in peius im Zivilprozess*. Berlin: Dunkker e Humblot, 1976. p. 45-57; KUHLMANN, Axel. *Das Verbot der reformatio in peius im Zivilprozessrecht*. Berlin: Duncker Humblot, 2010. p. 56-57. Em sentido contrário: EGGER, Walter. *Die reformatio in peius im Zivilprozessrecht*. Zürich: Hans Schellemberg, Winterthur, 1985. p. 48-49; KLAMARIS, Nikolaos. *Das Rechtsmittel der Anschlussberufung*. Tübingen: J.C.B. Mohr, 1975. p. 123-125; MELISSINOS, Gerassimos. *Die Bindung des Gerichts an die Parteianträge: nach § 308 I, ZPO (ne eat iudex ultra petita partium)*. Berlin: Duncker e Humblot, 1981. p. 167.

[302] Nesse sentido: ARAÚJO CINTRA, Antônio Carlos de. *Sobre os limites objetivos da apelação cível*. São Paulo: [s.n.], 1986. p. 67-68.

te em situação (prática) mais vantajosa do que aquela já obtida com a decisão impugnada. Daí concluir-se que, se o juízo *ad quem* se vincula ao pedido formulado no recurso, que somente será conhecido quando possibilitar a melhora na situação prática das partes em relação à decisão impugnada, seria irracional cogitar que novo julgamento faça exatamente o contrário. O recorrente não possuiria interesse em postular do juízo recursal julgamento menos favorável do que aquele já obtido com a decisão recorrida. Esse raciocínio, ao associar a exigência de interesse recursal à vinculação do tribunal ao pedido do recorrente, conduziria à fundamentação teórica da proibição da *reformatio in peius*.[303]

Contudo, a construção, embora útil para determinar o âmbito de abrangência da proibição da *reformatio in peius*, sequer consegue cumprir essa finalidade de forma satisfatória, como será demonstrado.

Se o efeito devolutivo dos recursos decorre, em última análise, do princípio dispositivo em sentido material, este, e não aquele, poderia ser erigido à condição de um dos fundamentos teóricos, ainda que não o único, da proibição da *reformatio in peius*. Todavia, o proibitivo representa limite adicional à liberdade decisória do juízo *ad quem*, pois se fundamenta, sobretudo, no princípio proteção da confiança, expressão subjetiva do direito fundamental à segurança jurídica.

Conclui-se, portanto, pela insuficiência da fundamentação do proibitivo no próprio efeito devolutivo dos recursos. Além disso, a demarcação dos limites da incidência do proibitivo exige esforço hermenêutico que, como nos demais casos, deve pautar-se na observância dos direitos fundamentais processuais envolvidos e nas demais normas contidas no próprio texto da Constituição Federal, tendo especial relevo o valor segurança jurídica.

2.9.1. A sucumbência e o interesse recursal

O direito de recorrer de uma decisão judicial desfavorável, assegurado às partes, como já visto, guarda grande semelhança com o direito de ação, colocado à disposição daquele que deseje postular a intervenção do órgão judicial para afastar ou prevenir lesão a direito.[304] Considera-se que o direito ao recurso consistiria em uma das posições jurídicas que integram o direito de ação.[305] Este, por sua vez, possibilita aos jurisdicionados buscar a intervenção judicial,

---

[303] Nesse sentido: ARAÚJO CINTRA, Antônio Carlos de. *Sobre os limites objetivos da apelação cível*. São Paulo: [s.n.], 1986. p. 67-68;

[304] A semelhança entre o direto de ação e o recurso de apelação inicia já na compreensão de que ambos são atos voluntários, colocados à disposição da parte que pode, por meio do direito de ação, buscar tutela frente à lesão a um direito ou permanecer inerte, conformando-se com o prejuízo. Assim também ocorre no caso de sucumbência, em que a parte pode contentar-se com o prejuízo decorrente do provimento judicial desfavorável ou buscar tutela mediante a revisão da decisão por outra instância. Situando a propositura da demanda, assim como o interesse da parte sucumbente em interpor o recurso, na esfera da autonomia privada da vontade, interessante a lição e o paralelo traçado por Friedrich Lent e Othmar Jauernig (Ver: JAUERNIG, Othmar; LENT, Friedrich. *Direito processual civil*. 25. ed. totalmente refundida, da obra criada por Friedrich Lent. Tradução de F. Silveira Ramos. Coimbra: Almedina, 2002. p. 361 e p. 364).

[305] "O direito ao recurso é uma das posições jurídicas que compõem o direito de ação. É um de seus momentos. Portanto, tem igualmente o mesmo objeto: visa à obtenção de tutela jurisdicional mediante processo

para reparar ou evitar lesão a direito, exigindo-se que o autor comprove a necessidade de ajuizar a demanda e que o meio processual eleito seja adequado à tutela pretendida. Nisso consiste a exigência de interesse processual.

Como as decisões judiciais também podem conter erros e injustiças, em geral coloca-se à disposição da parte insatisfeita, e supostamente prejudicada, o poder de postular novo pronunciamento.[306] Assim como ação destina-se a tutelar os interesses das partes, os recursos que a qualificam preservam essa característica, independentemente das demais funções a eles atribuídas. A positivação de um sistema recursal que possibilite às partes impugnar as decisões judiciais constitui, a nosso ver, requisito essencial à "plena eficácia da tutela jurisdicional".[307] Não se trata de afirmar que o duplo grau de jurisdição seja obrigatório em todos os casos concretos, porém de conceber que o direito fundamental à tutela jurisdicional também outorga proteção contra os atos praticados pelo juiz. Contudo, assim como ocorre com a exigência de comprovação do interesse processual para o exercício do direito de ação, o recurso somente será admitido quando se mostre necessário e útil ao recorrente.[308]

Como bem salientado por Peter Gilles, a exigência de que decisão impugnável cause gravame (*Beschwer*) ao recorrente, atua com norma reguladora do conflito entre o interesse da parte e o interesse público na existência de uma decisão o mais correta possível. Isso equilibra a necessidade de corrigir as decisões defeituosas e o interesse (público e privado) na segurança jurídica decorrente da estabilidade e vinculatividade da decisão, atendendo ao princípio da economia processual.[309] Trata-se de típico exemplo da harmonização dinâmica dos valores da segurança jurídica e da efetividade processual.

---

justo. Visa à prestação jurisdicional" (ALVARO DE OLIVEIRA, Carlos Alberto; MITIDIERO, Daniel. *Curso de processo civil*. São Paulo: Atlas, 2012. v. 2. p. 164).

[306] Nesse sentido se posicionam Rosenberg, Schwab e Gottwald, dos quais transcrevemos a seguinte afirmação: "Alle Rechtmittel haben ihren Grund in der Fehlbarkeit menschlicher Erkenntnis" (Ver: ROSENBERG, Leo; SCHWAB, Karl Heinz; GOTTWALD, Peter. *Zivilprozessrecht*. 17. ed. München: C. H. Beck München, 2010. p. 770, § 133, 20). Tradução nossa: "Todos os recursos fundam-se na falibilidade da compreensão humana".

[307] Correto o posicionamento de Leonardo Greco, ao aduzir que "o direito de recorrer é fundamental à plena eficácia da tutela jurisdicional efetiva" (ver: GRECO, Leonardo. Publicismo e privatismo no processo civil. *Revista de Processo,* São Paulo, v. 33, n. 164, p. 29-56, out. 2008).

[308] A parte presume que as supostas falhas apontadas nas razões recursais, ao serem corrigidas pelo juízo *ad quem*, resultem em melhora na sua situação. Aqui conflui o interesse estatal, que se vale do interesse do recorrente para perseguir outros fins, também de enorme relevância à jurisdição e ao Estado de Direito (p. ex.: proteção ao direito objetivo, segurança jurídica por meio de uniformização da jurisprudência etc.). Ver: GILLES, Peter. Anschliessung, Beschwer, Verbot der Reformatio in peius und Parteidispositionen über die Sache in höherer Instranz. ZZP, n. 91, 1978. p. 144.

[309] Ademais, o recurso interposto pela parte prejudicada atende à economia processual, representando o instrumento mais efetivo na seleção de decisões judiciais defeituosas, a serem reapreciadas (função seletiva dos recursos). A exigência de sucumbência como requisito recursal equilibra a necessidade de controle das incorreções com a necessidade de preservar a estabilidade das decisões judiciais, harmonizando os valores da segurança jurídica e da efetividade processual. Acerca do assunto, assim discorre Peter Gilles: "Das Erfordernis der Beschwer fungiert damit als Regulativ zwischen den konfligierenden Individual- und Allgemeinsinteressen an möglichst richtigen Entscheidungen auf der einen Seite, die nach einer unbeschränkten Richtigkeitskontrolle auf Veranlassung jeder Partei wenn nicht jedermann verlangen (sog. Richtigkeitspostulat), und dem privaten wie öffentlichen Interesse an der Bestandskraft der getroffenen Entscheidung und ihrer verbindlichen Rechtsgewissheit (sog. Effizienzpostulat) sowie dem Streben nach Geringhaltung der privaten und sozialen, materiellen und immateriellen Kosten des gesamten Rechtspflegeapparats (sog.

A adjetivação contida na expressão "parte vencida", no art. 996 do novo Código de Processo Civil (art. 499, CPC/73) – tradicionalmente associada à ideia de sucumbência –, deve ser interpretada de forma abrangente: abarca todas as hipóteses nas quais a decisão não tenha proporcionado à parte, do ponto de vista prático, tudo aquilo que lhe era lícito esperar e que ainda pode obter com a interposição do recurso.[310]

A sucumbência, primeiro parâmetro utilizado na verificação do interesse recursal, deve ser compreendida como aquela decorrente da decisão que deixou de proporcionar à parte qualquer benefício prático que poderia advir do processo, ou que lhe causou qualquer desvantagem. Assim, é sucumbente tanto aquele que foi condenado quanto aquele que deixou de ganhar alguma coisa.[311] Trata-se de preencher o binômio utilidade-necessidade ("utilidade": exige-se que o recorrente possa, em tese, esperar do provimento do recurso situação prática mais vantajosa; "necessidade": exige-se a imperatividade do emprego das vias recursais para obter essa vantagem).

Mesmo no sentido "tradicional", a verificação da existência de sucumbência não se resume à comparação formal entre os pedidos formulados e o teor da decisão judicial, podendo ser procurada, também, nos prejuízos decorrentes da própria decisão (compreendidos em sentido amplo).

Contudo, a associação da sucumbência ao interesse recursal exige cautela, pois este possui significado mais amplo. A ênfase à exigência de sucumbência (*Beschwer*) na doutrina germânica decorre da circunstância de que lá somente as partes são legitimadas à interposição do recurso, não sendo prevista a figura do recurso do terceiro interessado (*Drittrechtsmittel*).[312] O mesmo não ocorre no Brasil, que prevê o recurso de terceiro (art. 996, NCPC – art. 499, CPC/73). Assim, o terceiro interessado, exatamente pelo fato de não ser parte, manifesta seu "interesse" em interpor o recurso, sem que se fale em sucumbência. A exigência de sucumbência para configurar o interesse recursal não se aplica aos

---

Rationalisierungspostulat) auf der anderer Seite, die ein Rechtsmittelverfahren letzlich ganz verbieten" (GILLES, Peter. Anschliessung, Beschwer, Verbot der Reformatio in peius und Parteidispositionen über die Sache in höherer Instranz. *ZZP*, n. 91, 1978. p. 144).

[310] Segundo José Carlos Barbosa Moreira, "configura-se este requisito sempre que o recorrente possa esperar, em tese, do julgamento do recurso, situação mais vantajosa, do ponto de vista prático, do que aquela em que o haja posto a decisão impugnada (utilidade do recurso) e, mais, que lhe seja preciso usar as vias recursais para alcançar esse objetivo (necessidade do recurso). Em relação à parte, alude o art. 499 à circunstância de ter ela ficado "vencida" (sucumbência, conforme se costuma dizer em doutrina); o adjetivo deve ser entendido como abrangente de quaisquer hipóteses em que a decisão não tenha proporcionado à parte, ao ângulo prático, tudo aquilo que lhe era lícito esperar, pressuposta a existência do feito" (BARBOSA MOREIRA, José Carlos. *O novo processo civil brasileiro*. 26. ed. Rio de Janeiro: Forense, 2008. p. 116).

[311] Assim discorre Eurico Tullio Liebman: "Sucumbente é a parte cuja demanda não foi acolhida, mesmo se isso ocorreu por motivos não atinentes ao mérito, ou por omissão da pronúncia, ou daquela contra quem foi acolhida uma demanda da parte contrária, não aceita expressamente" (ver: LIEBMAN, Eurico Tullio. *Manual de direito processual civil*. Tocantins: Intelectus, 2003. v. 3, p. 25, n. 295). A determinação da sucumbência não pode ser reduzida à mera comparação formal entre os pedidos formulados e o teor da decisão judicial, mas antes deve ser encontrada nos prejuízos decorrentes da própria decisão. Acerca do assunto, ver: GILLES, Peter. Anschliessung, Beschwer, Verbot der Reformatio in peius und Parteidispositionen über die Sache in höherer Instranz. *ZZP*, n. 91, 1978. p. 145-146.

[312] Ver: GILLES, Peter. Anschliessung, Beschwer, Verbot der Reformatio in peius und Parteidispositionen über die Sache in höherer Instranz. *ZZP*, n. 91, 1978. p. 143.

demais legitimados: nem mesmo ao terceiro juridicamente interessado, nem ao Ministério Público, quando recorra nos processos em que atuou como fiscal do ordenamento jurídico. Quando atua na função de *custos legis*, o Ministério Público defende o interesse público e não aquele próprio da condição de parte, não se podendo falar em sucumbência. Nessa hipótese, o *parquet* poderia, em tese, recorrer ainda que a sentença tenha acolhido totalmente seus argumentos e conclusões.[313]

Ademais, em se tratando de recurso interposto pela parte, embora a sucumbência sirva como primeiro parâmetro para determinarmos a presença do interesse, a compreensão mais atualizada desse requisito de admissibilidade dirige-se ao futuro, e não ao passado. Trata-se de prospectar o benefício potencial que o julgamento da inconformidade possa trazer ao recorrente. Ao tratar do requisito "interesse recursal", José Carlos Barbosa Moreira afirma que "a ênfase incidirá mais sobre o que é possível ao recorrente esperar que se decida, no novo julgamento, do que sobre o teor daquilo que se decidiu, no julgamento impugnado".[314]

Finalmente, advirta-se que as interpretações excessivamente restritivas e formalistas da exigência de interesse recursal podem comprometer o acesso dos jurisdicionados aos tribunais, infringindo o direito fundamental à (plena) tutela jurisdicional.[315] A reconstrução do significado do interesse recursal deve ocorrer à luz das metanormas da efetividade e da segurança.[316]

Conforme ressalta Candido Rangel Dinamarco, os recursos interpostos pelas partes objetivam a "abertura de vias processuais destinadas à possível obtenção de solução favorável quanto às situações instrumentais que se configuram no processo ou no próprio *meritum causae*". O requisito interesse, pressuposto de admissibilidade de qualquer recurso, consiste justamente nessa utilidade, sem a qual não poderá ser conhecido. Daí vedar-se a via recursal ao vencedor.[317]

---

[313] Ver: LIEBMAN, Eurico Tullio. *Manual de direito processual civil*. Tocantins: Intelectus, 2003. v. 3, p. 28-29, n. 295.

[314] BARBOSA MOREIRA, José Carlos. *Comentários ao Código de Processo Civil*. 14. ed. Rio de Janeiro: Forense, 2008. v. 5, p. 299. Ainda, segundo José Carlos Barbosa Moreira, a referência contida no art. 499 do CPC à parte "'vencida", do qual decorre a necessidade de sucumbência, deve ser compreendida "como abrangente de quaisquer hipóteses em que a decisão não tenha proporcionado à parte, ao ângulo prático, tudo aquilo que lhe era lícito esperar, pressuposta a existência do feito" (ver: BARBOSA MOREIRA, José Carlos *O novo processo civil brasileiro*. 26. ed. Rio de Janeiro: Forense, 2008. p. 116).

[315] Como destaca Leonardo Greco, "os tribunais superiores também exercem jurisdicional, cuja natureza essencial é a de instrumento de tutela de situações subjetivas de vantagem protegidas pelo Direito" (ver: GRECO, Leonardo. Publicismo e privatismo no processo civil. *Revista de Processo*, São Paulo, v. 33, n. 164, p. 29-56, out. 2008).

[316] Carlos Alberto Alvaro de Oliveira propõe o emprego das metanormas da segurança e da efetividade para a interpretação do pedido (ver: ALVARO DE OLIVEIRA, Carlos Alberto. *Teoria e prática da tutela jurisdicional*. Rio de Janeiro: Forense, 2008, p. 143). A lição é perfeitamente aplicável ao interesse recursal. Segundo Humberto Ávila, o valor segurança jurídica consistiria em uma metanorma, colocando-se como regra hermenêutica para orientar a aplicação das regras e princípios (Ver: ÁVILA, Humberto. *Teoria dos princípios:* da definição à aplicação dos princípios jurídicos. 12. ed. ampl. São Paulo: Malheiros, 2011. p. 133-137).

[317] Acerca do interesse recursal, assim discorre Candido Rangel Dinamarco: "Os recursos valem pela aptidão que tenham de possibilitar à parte a remoção do gravame sofrido pelo ato judicial. Sua utilidade, no mundo jurídico, consiste na abertura de vias processuais destinadas à possível obtenção de solução favorável quan-

Essa exigência pressupõe a impossibilidade de recorrer-se no intuito de buscar decisão menos vantajosa do que aquela já obtida com a decisão impugnada. Assim, não será conhecida impugnação do recorrente que postule o agravamento da própria situação.

O requisito interesse recursal, todavia, não necessariamente condiciona a liberdade decisória do tribunal, a não ser que se recorra à ideia de uma "essência" dos recursos.

2.9.2. O efeito devolutivo dos recursos

Embora objeto de controvérsias doutrinárias, de modo geral compreende-se por **efeito devolutivo** do recurso a transferência ao órgão *ad quem* do conhecimento da matéria impugnada ou, ainda, a "transição do processo de uma instância a outra". Conforme José Carlos Barbosa Moreira, o Código de Processo Civil de 1973 adotou a noção genérica de efeito devolutivo, havendo "devolução sempre que se transfere ao órgão 'ad quem' algo que fora submetido ao juízo *a quo*", razão pela qual o efeito devolutivo faz-se presente, em maior ou menor medida, em todos os recursos.[318] Os capítulos da decisão

---

to às situações instrumentais que se configuram no processo ou no próprio *meritum causae*. Nessa utilidade é que reside o interesse em recorrer, que é pressuposto de admissibilidade de todo recurso; sem o interesse, nenhum merece ser conhecido, sendo vedada a via recursal ao vencedor. A ninguém é lícito *contra se venire*, recorrendo para obter dos tribunais uma solução pior, para o seu próprio direito, do que aquela que já existia no processo. Não é à-toa que o art. 499 do CPC diz: o recurso pode ser interposto pela parte vencida, etc." (ver: DINAMARCO, Cândido Rangel. *Fundamentos do processo civil moderno*. 3. ed. rev. e atual. de Antônio Rulli Neto. São Paulo: Malheiros, 2000. p. 655).

[318] BARBOSA MOREIRA, José Carlos. *Comentários ao Código de Processo Civil*. 14. ed. Rio de Janeiro: Forense, 2008. v. 5, p. 260. Entendemos satisfatório afirmar, em termos gerais, que o efeito devolutivo do recurso corresponde à transição do processo de uma instância a outra. Todavia, é muito comum encontrar na doutrina que o efeito devolutivo caracteriza a passagem da causa decidida no juízo inferior ao superior, como expressa Giuseppe Chiovenda: "il passaggio della causa decisa dal giudice inferiore alla piena cognizione del giudice superiore" (ver: CHIOVENDA, Giuseppe. *Principii di diritto processuale civile*. 3. ed. Roma: [s.n.], 1913. p. 977). A nosso ver, inexiste razão para condicionar a existência do efeito devolutivo e do próprio conceito de recurso à necessidade de uma instância julgadora superior, como também o fazem Othmar Jauernig e Friedrich Lent (ver: JAUERNIG, Othmar; LENT, Friedrich. *Direito processual civil*. 25. ed. totalmente refundida, da obra criada por Friedrich Lent. Tradução de F. Silveira Ramos. Coimbra: Almedina, 2002. p. 361). Ao menos no processo civil brasileiro, no qual o legislador positivou a existência de recursos direcionados ao próprio juízo recorrido – embargos infringentes interpostos contra a sentença proferida em execução fiscal de pequeno valor (art. 34, Lei nº 6830/80) e dos embargos de declaração (art. 1.022, NCPC – art. 535, CPC/73)–, não existe razão para condicionar a existência de efeito do volutivo à passagem a uma instância superior. Afirmar que os embargos de declação do art. 535 do CPC não possuem natureza recursal significaria atribuir natureza ontológica ao recurso, como instituto supralegal. Também na Alemanha existe grande polêmica quanto à necessidade de condicionar o efeito devolutivo à existência de uma instância julgadora superior (ver: KLAMARIS, Nikolaos. *Das Rechtsmittel der Anschlussberufung*. Tübingen: J.C.B. Mohr, 1975. p. 79-80). Como mencionamos no início do nosso estudo, é irrelevante o juízo do qual tenha advindo a piora na situação da parte impugnante, pois o fenômeno também pode ocorrer nos recursos e nas demais impugnações julgadas pelo próprio prolator da decisão atacada (KUHLMANN, Axel. *Das Verbot der reformatio in peius im Zivilprozessrecht*. Berlin: Duncker Humblot, 2010. p. 20-21). O conceito de Chiovenda para o efeito devolutivo, já foi amplamente criticado e afastado pela doutrina nacional e estrangeira, por limitar sua existência aos recursos direcionados a outras instâncias julgadoras, hierarquicamente posicionadas sobre as demais. Todavia, o conceito de Chiovenda possui o mérito de não limitar o efeito devolutivo à existência de pedido impugnatório, pois isso exclui a existência de efeito devolutivo no reexame necessário. Trata-se, contudo, de questão irrelevante a justificar o afastamento da aplicação do proibitivo ao reexame necessário, pois, como demonstramos, a proibição da *reformatio in peius* não decorre exclusivamente do princípio dispositivo ou

impugnada, que poderão ser objeto reapreciação pelo juízo *ad quem*, deixam-se definir a partir do pedido formulado pelo recorrente, usualmente denominado de "extensão do efeito devolutivo", desde que nisso exista interesse recursal.[319] A entrada em vigor do novo Código de Processo Civil brasileiro reforça a lição de Barbosa Moreira, ao intensificar o poder de disposição das partes e a vinculação do juízo recursal ao pedido do recorrente, mencionando expressamente que a profundidade do efeito devolutivo da apelação estaria limitada aos capítulos recorridos (art. 1.013, § 1°, NCPC). Ainda, o art. 1034, parágrafo único, do NCPC, prevê a mesma limitação para o julgamento dos recursos extraordinário e especial (*Admitido o recurso extraordinário ou o recurso especial por um fundamento, devolve-se ao tribunal superior o conhecimento dos demais fundamentos para a solução do capítulo impugnado*). No sistema processual civil brasileiro, fortemente marcado pelo princípio dispositivo (em sentido próprio), o recorrente define o objeto da sua impugnação. O exercício desse poder, materializado no pedido recursal, afasta a preclusão para o juízo e, ao mesmo tempo, limita o âmbito decisório do juízo recursal. O efeito devolutivo é, assim, criador e limitador.

Já as questões de fato e de direito que podem ser (re)apreciadas pelo juízo recursal dizem respeito à dimensão **"profundidade" do efeito devolutivo**, não se submetendo ao poder de disposição dos recorrentes. Essas duas dimensões complementares são previstas no art. 1.013 do NCPC (*caput* e parágrafos) e no art. 515 do CPC/73 (*caput* e parágrafos). Extrai-se do *caput* que a extensão do efeito devolutivo, em regra, só diz respeito aos capítulos impugnados. O pedido da apelação define quais capítulos da sentença serão revisados pelo tribunal, mas seu conhecimento ocorre somente se, e na medida em que, exista interesse recursal. Todavia, respeitados os limites dos capítulos impugnados, a cognição das questões de fato e de direito não se subordina à argumentação do recorrente. Nisso o tribunal goza da mesma liberdade e submete-se aos mesmos limites existentes para o juiz de primeiro grau, devendo, ademais, **respeitar as questões preclusas** (art. 507, NCPC – art. 473, CPC/73).[320] Assim, a extensão do efeito devolutivo depende do pedido do recorrente, mas a profundidade, dentro desses limites, será sempre integral.[321]

---

do efeito devolutivo dos recursos. Como bem assevera Flávio Cheim Jorge, admitir que a *reformatio in peius* ocorra no reexame necessário seria contrariar a própria essência do reexame necessário, estabelecido em lei justamente para proteger os interesses dos Entes Públicos em juízo (CHEIM JORGE, Flávio. *Teoria geral dos recursos cíveis*. 4. ed. São Paulo: Revista dos Tribunais, 2009. p. 248-249).

[319] "A decisão apelada tem o seu objeto: pode haver julgado o mérito da causa (sentença definitiva), ou matéria preliminar ao exame do mérito (sentença terminativa). É necessário verificar se a decisão do tribunal cobrirá ou não área igual à coberta pela do juízo *a quo*. Encara-se aqui o problema, por assim dizer, em perspectiva *horizontal*". Ver: BARBOSA MOREIRA, José Carlos. *Comentários ao Código de Processo Civil*. 14. ed. Rio de Janeiro: Forense, 2008. v. 5, p. 430.

[320] Todavia, tratando dos limites do julgamento e da cognição da *Corte di Cassazione* italiana, assim discorre Elio Fazzalari: "Tuttavia, la corrispondenza fra la cognizione della Corte e la censura può mancare. Infatti, la Cassazione varca il limite segnato della censura, sai quando s'imbatta in nullità da rilevarsi 'ex officio' in ogni stato e grado e quindi anche in cassazione (purchè, beninteso, esse non sia già state deliberate nella precedente fase: nella quale ipotesi la Corte non potrebbe riesaminarle senza la denunzia di parte): sia quando, accertata l'esistenza del vizio del giudizio di merito (di cui al n. 3 dell'art. 360), deve stabilire se esso si sia tradotto in vizio del dispositivo (ciò della statuizione) (art. 384 cpc., cpv)". Ver: FAZZALARI, Elio. *Il giudizio civile di cassazione*, Dott. A. Giuffrè Editore, Milano, 1960, p. 126.

[321] GUIMARÃES, Luiz Machado. *Limites objetivos do recurso de apelação*. Rio de Janeiro: [s.n.], 1962. p. 28.

Segundo **Piero Calamandrei, o efeito devolutivo** seria um "efeito" da interposição do recurso, assim como qualquer outra relação de causa e efeito. Abordando o tema ao tratar da apelação, conclui que admitir a devolução total como consequência de uma apelação parcial equivaleria a aceitar que se possa ter, quanto à parte da controvérsia que não foi objeto da apelação parcial, uma devolução sem apelação, ou seja, um efeito sem causa.[322]

Por meio da análise do processo civil ao longo do tempo, na história e no direito comparado, inclusive nos sistemas de *common law*, conclui-se que os meios impugnatórios das decisões variam muito, principalmente quanto ao nível de cognição reservado ao novo juízo. A comparação dos limites decisórios traçados pelas normas de processo civil para a sentença, com a liberdade no julgamento da apelação, demonstra a gradação no nível de cognição, bem representada pela figura de um cone, conforme a doutrina de Remo Caponi. O grau máximo de cognição recursal representaria a base do cone, que coincide com o objeto do processo. Já o grau mínimo representaria o topo do cone, no qual o **nível de cognição recursal** limita-se exclusivamente pela impugnação e pedido de correção das falhas apontadas pelo recorrente na sentença.[323]

A cognição do juízo recursal, na maioria dos sistemas processuais civis, não coincide com a base, nem com o ápice da figura representativa do cone. No direito pátrio, bem como em inúmeros outros ordenamentos jurídicos, os limites do julgamento pelo juízo recursal são, em regra, circunscritos pelo pedido da impugnação recursal, excepcionando-se algumas situações nas quais a lei permite a atuação oficiosa do órgão julgador. Respeitados esses limites, o juízo *ad quem* não se vincula às razões recursais formuladas pelo impugnante.

O direito processual civil brasileiro autoriza o juízo *ad quem* a apreciar de ofício questões de ordem pública, mesmo que não tenham sido suscitadas pela impugnação da parte interessada, ou que não tenham sido objeto de análise prévia do juízo de primeiro grau, pois estas, por expressa previsão legal, devem

---

[322] Assim discorre Piero Calamandrei: "[...] l'effeto devolutivo, appunto perchè è effetto, non si produce se non in quanto vi sia nella interposizione dell'appello la causa che ad esso dà luogo. Dato questo rapporto di causa ad effetto che passa tra la interposizione dell'appello e la devoluzione della controversia al giudice 'ad quem', la devoluzione totale potrà essere effetto soltanto di un appello totale; ma se si ammette la possibilità di un appello parziale, si dovrà necessariamente ammettere la possibilità di un appello parziale: 'tantum devolutum, quantum appellatum'. Pensare diversamente, ammettendo che una devoluzione totale possa esser la conseguenza di un appello parziale, equivarrebbe ad ammettere che si possa avere, per quella parte di controversia che non è stata investita dall'appello parziale, una devoluzione senza appello: ossia un effetto senza causa" (ver: CALAMANDREI, Piero. Apuntti sulla "reformatio in peius. In: *Studi sul processo civile.* Padova: CEDAN, 1934. v. 3, p. 44-45). Nas palavras de José Carlos Barbosa Moreira, "se a omissão em recorrer mantém esse caminho totalmente fechado, a limitação voluntária do âmbito do recurso deve logicamente mantê-lo parcialmente fechado. Abre-se o caminho na medida em que se impugna a decisão, mas somente nessa medida" (ver: BARBOSA MOREIRA, José Carlos. *Reformatio in peius.* In: *Direito processual civil*: ensaios e pareceres. Rio de Janeiro: Borsoi, 1971b. p. 162 *et seq.*). Entretanto, como ressalta Chiovenda, presume-se total a impugnação quando o recorrente não especificar o capítulo contra o qual recorre (ver: CHIOVENDA, Giuseppe. *Principii di diritto processuale civile.* 3. ed. Roma: [s.n.], 1913. p. 984). Essa presunção era expressamente prevista no art. 811 do Decreto-Lei nº 1.608/1939. Embora o Código de Processo Civil de 1973 não tenha repetido a regra, a doutrina e a jurisprudência continuam aceitando essa presunção.

[323] ver: CAPONI, Reno. L'appello nel sistema delle impugnazione civili: note di comparazione anglo-tedesca. *Rivista di Diritto Processuale,* Milano, v. 64, n. 3, 2009. p. 634.

ser conhecidas de ofício em qualquer tempo ou grau de jurisdição (*v.g.*: art. 64, § 1º, e art. 485, § 3º, NCPC – art. 113, e art. 267, § 3º, CPC/73).

Entretanto, a positivação nas normas de processo civil do conhecimento de ofício de certas matérias, como exceções ao princípio da vinculação do juízo ao pedido, não elucida quais capítulos da decisão recorrida podem ser afetados (ao menos diante da conformação normativa do Código de Processo Civil de 1973). Persiste a pergunta sobre se, por exemplo, o conhecimento *ex officio* da ausência de condições da ação pelo juízo *ad quem* afetaria unicamente o capítulo atacado da decisão, ou se também poderia alcançar os capítulos favoráveis ao recorrente, quando inexista impugnação da parte contrária. Na ausência de recurso do recorrido, caso o reconhecimento da carência de ação pelo juízo *ad quem* afete capítulo da sentença favorável ao recorrente, haverá evidente reforma para pior. Como demonstramos, ocorre a *reformatio in peius* quando o juízo *ad quem*, comparativamente à decisão atacada, prejudica o recorrente (sob o ponto de vista prático), no julgamento da sua própria impugnação, deteriorando a posição jurídica de vantagem que haveria conquistado caso se mantivesse inerte. No caso descrito, haverá evidente piora na situação do recorrente. Todavia, não se pode confundir a *reformatio in peius* com a *proibição* da *reformatio in peius*. Esta última questão não encontra resposta direta no art. 515 do Código de Processo Civil de 1973, que silencia quanto às matérias conhecíveis de ofício (tratadas nos arts. 113 e 267, § 3º, CPC/73), que poderiam representar exceções ao proibitivo. Embora o novo Código de Processo Civil limite expressamente a cognição do juízo recursal ao capítulo decisório impugnado (art. 1.013, § 1º, e art. 1.034, parágrafo único, NCPC), ainda deixa margem ao questionamento sobre se essa limitação alcançaria todas as questões conhecíveis de ofício, a exemplo da incompetência absoluta (art. 64, § 1º, NCPC). Ainda, imagine-se a situação na qual o juízo *ad quem* se depare com a existência de coisa julgada material que diga respeito ao capítulo não impugnado pela apelação.

Os limites da cognição do juízo recursal não se condicionam aprioristicamente apenas ao pedido do recorrente. O efeito devolutivo dos recursos terá a dimensão e os limites que o legislador processual lhe atribua, como demostra o contraste do sistema atual com aquele do *beneficium commune*. O exercício da vontade do recorrente ocorrerá dentro desses limites.

Portanto, o efeito devolutivo somente poderia fundamentar a proibição da *reformatio in peius* caso esta não possuísse qualquer conteúdo conceitual autônomo ou vinculação aos valores positivados no texto constitucional. Se a *proibição da reforma para pior* expressa valores que remontam à própria Constituição Federal, é ela que limita e condiciona o efeito devolutivo do recurso e não ao contrário, como pretendem alguns.

Costuma-se afirmar que o efeito devolutivo do recurso seria expressão do princípio dispositivo em sentido material, ultrapassando a figura da simples técnica do processo.[324] Embora a eficácia horizontal do efeito devolutivo dos recursos decorra de desdobramento do princípio dispositivo em sentido mate-

---

[324] Nesse sentido, ver: NERY JUNIOR, Nelson. *Teoria geral dos recursos*. 6. ed. São Paulo: Revista dos Tribunais, 2004. p. 428.

rial, nada impede que sofra limitações. O legislador infraconstitucional e o intérprete devem conformar as normas do processo civil ao conjunto de valores e direitos fundamentais existentes na Constituição.[325]

Caso a eficácia horizontal do efeito devolutivo do recurso decorra do princípio dispositivo, então este, e não aquela, poderia fundamentar a proibição da *reformatio in peius*[326]

2.10. A insuficiência do princípio dispositivo em sentido material como fundamento teórico da proibição da *reformatio in peius*

Na doutrina nacional e estrangeira predomina o entendimento segundo o qual a proibição da *reformatio in peius* no processo civil pode ser deduzida diretamente do conteúdo do pedido do recorrente, por vezes conjugado ao interesse recursal.[327]

Segundo Herbert Fenn, o poder da parte de iniciar e definir o objeto do processo, "indissociável do direito material", também seria exercido na delimitação da amplitude e do conteúdo da impugnação recursal. O limite da competência decisória do novo juízo seria traçado pelo pedido do recorrente, à semelhança da vinculação do juízo de primeiro grau aos pedidos das partes (*Bindungswirkung*), representada pelo aforisma *ne eat iudex ultra petita partium.*

---

[325] Pertinente a respeito do assunto a doutrina de Marcelo Lima Guerra. Ver: GUERRA, Marcelo Lima. *Direitos fundamentais e a proteção do credor na execução civil*. São Paulo: Revista dos Tribunais, 2003. p. 96.

[326] Isso igualaria a proibição da reformatio in peius com a denominada proibição da *reformatio in melius*. "Tratando-se de decorrência natural da incidência do princípio dispositivo, outra conclusão não se poderia chegar senão a de que a *reformatio in melius*, a saber, a reforma para melhor na situação do recorrente, também não pode ser permitida. Não é possível melhorar a situação do recorrente além dos limites de seu recurso, sob pena de violação da coisa julgada" (ver: CHEIM JORGE, Flávio. *Teoria geral dos recursos cíveis*. 4. ed. São Paulo: Revista dos Tribunais, 2009. p. 247). Também para o Tribunal Federal alemão (*Bundesgerichthof*), a proibição da *reformatio in peius*, em sentido amplo, compreenderia também a assim denominada *reformatio in melius* (Ver: KAPSA, Bernhard-Michael. *Das Verbot der reformatio in peius im Zivilprozess*. Berlin: Duncker e Humblot, 1976. p. 20, nota 4). No mesmo sentido, ver: MELISSINOS, Gerassimos. *Die Bindung des Gerichts an die Parteianträge: nach § 308 I, ZPO (ne eat iudex ultra petita partium)*. Berlin: Duncker e Humblot, 1981. p. 168-169.

[327] Segundo Nelson Nery Junior, a proibição poderia ser extraída, mais precisamente, "da conjugação do princípio dispositivo, da sucumbência como requisito de admissibilidade e, finalmente, do efeito devolutivo do recurso" (NERY JUNIOR, Nelson. *Teoria geral dos recursos*. 6. ed. São Paulo: Revista dos Tribunais, 2004. p. 183). No mesmo sentido leciona Piero Calamandrei: "Nel processo civile vale anche in sede impugnativa il principio per cui il giudice conosce soltanto di quelle controversie di cui lo investe la iniziativa delle parti, e nei limiti di tale iniziativa. Anche in appello il riesame del giudice di secondo grado si esercita solo in quanto le parti lo provochino col loro gravame: anche in appello, come in primo grado, lo sguardo del giudice è imprigionato, per dir così, attraverso la feritoia del principio dispositivo, e non è in grado di vedere se non ciò che le parti portano dinanzi al campo visivo delimitato da questa angusta apertura" (ver: CALAMANDREI, Piero. Apuntti sulla "reformatio in peius. In: *Studi sul processo civile*. Padova: CEDAN, 1934. v. 3, p. 47).
Os doutrinadores alemães também explicitam a aplicação do princípio dispositivo em sentido material (*Disponsitionsmaxime*) ao âmbito recursal, em especial no que diz respeito à vinculação do juiz ao pedido das partes. Dentre outros: BÖTTICHER, Eduard. Reformatio in peius und Prozessurteil. ZZP, n. 65, p. 464-468, 1952; GILLES, Peter: Anschliessung, Beschwer, Verbot der Reformatio in peius und Parteidispositionen über die Sache in höherer Instranz. ZZP, n. 91, 1978. p. 143 *et seq.*; GRUNSKY, Wolfgang; BAUR, Fritz. *Zivilprozessrecht*. 12. ed. München: Luchterhand, 2006. p. 191; MELISSINOS, Gerassimos. *Die Bindung des Gerichts an die Parteianträge: nach § 308 I, ZPO (ne eat iudex ultra petita partium)*. Berlin: Duncker e Humblot, 1981. p. 169-174. Também assim ocorre no processo civil suíço no Cantão de Zürich. Ver: EGGER, Walter. *Die reformatio in peius im Zivilprozessrecht*. Zürich: Hans Schellemberg, Winterthur, 1985. p. 32 *et seq.*

A proibição da *reformatio in peius* no processo civil

Fornece o exemplo no qual o autor postula a condenação do réu em $1000 e a sentença o condena a indenizar $500, julgando parcialmente procedente a demanda. Nesse caso, o autor apelaria postulando a quantia remanescente, e não a revisão do valor já pronunciado a seu favor, pois, ainda que o quisesse, não possuiria interesse recursal para isso. Assim, na ausência de recurso do apelado, o tribunal deveria limitar-se a confirmar a sentença ou a ampliar a condenação.[328] Daí a impossibilidade do novo julgamento subtrair ao recorrente posição de vantagem que seria conquistada caso não houvesse interposto sua própria inconformidade (*Besitzstand*). Segundo esse pensamento, o pedido concreto do recorrente limita a liberdade decisória do juízo recursal e também impede a *reformatio in peius*.

Desde cedo se tentou extrair a proibição da *reformatio in peius* diretamente da vinculação do juízo recursal ao conteúdo concreto do pedido impugnatório. Porém, mesmo no singelo exemplo apresentado por Fenn, já podemos notar de antemão alguns problemas. Na prática, o autor parcialmente vitorioso na demanda condenatória não costuma formular sua apelação pedindo a *quantia remanescente*, mas sim a condenação integral do réu. Presume-se, porém, que ele não pretende rediscutir todo o objeto do processo, mas apenas o conteúdo desfavorável da decisão. Evidencia-se a insuficiência da literalidade do pedido formulado pelo apelante para a fixação do âmbito decisório do juízo recursal. A descoberta da real pretensão do recorrente, que ensejou a formulação do pedido, coloca-se como ferramenta essencial à descoberta dos limites de cognição da nova instância julgadora.[329] Ademais, mesmo que se investigue a real pretensão do recorrente, a nova competência decisória não se permite definir apenas através do pedido, exigindo sua associação ao interesse recursal.

Walter Egger tenta sustentar a suficiência da vinculação do juízo ao pedido recursal, afirmando que a exigência de "sucumbência" estaria implícita no conteúdo da solicitação.[330] O argumento parece-nos forçado. O interesse recursal possui conteúdo mais amplo do que a simples necessidade de sucumbência. A compreensão mais atualizada desse requisito recursal dirige-se ao futuro, e não ao passado. Trata-se de prospectar o benefício potencial que o julgamento da inconformidade possa trazer ao recorrente. De qualquer forma, o pedido e o interesse se complementam, todavia não se confundem. A demarcação dos limites do novo julgamento exige, ao menos, a associação do pedido ao interesse recursal.

---

[328] FENN, Herbert. Die Auschlussberufung im Zivilprozess und im Verfahren der freiwilligen Gerichtsbarkeit. In: *Schriften zum deutschen und europäischen Zivil*. Bielefeld: Handels-und Prozessrecht, 1961. v. 12, p. 62 *et seq*.

[329] Alias, a real intenção subjacente à literalidade do pedido formal deve sempre ser levada em consideração, como bem demonstra a doutrina de Carlos Alberto Alvaro de Oliveira: "... o nome da forma de tutela requerida pelo autor mostrata-se secundário; muito mais importante é o fato motivador do direito de agir e o que realmente pretende a parte, para além do involucro exterior da pretensão processual exercida" (ver: ALVARO DE OLIVEIRA, Carlos Alberto. *Teoria e prática da tutela jurisdicional*. Rio de Janeiro: Forense, 2008. p. 143). Também, acerca da interpretação do pedido, ver: CARVALHO, Milton Paulo. *Do pedido no processo civil*. Porto Alegre: Fabris, 1992.

[330] EGGER, Walter. *Die reformatio in peius im Zivilprozessrecht*. Zürich: Hans Schellemberg, Winterthur, 1985. p. 46-47.

Ainda assim, isso não basta para fundamentar a proibição da *reformatio in peius*, nem para definir seu âmbito de validade. Em determinadas situações, a conjugação do pedido com o interesse recursal apresenta-se insuficiente a impedir a ocorrência de uma indesejada reforma para pior. A proibição da *reformatio in peius* incide, então, como limite adicional à liberdade decisória do tribunal.

O pedido concreto do recorrente, interpretado com base na pretensão impugnatória, mostra-se útil à compreensão do alcance do proibitivo em um grande número situações, embora não solucione todos os casos concretos. A insuficiência da vinculação ao pedido formal do recorrente para delimitar o alcance da proibição da *reformatio in peius*, ainda que identificado o conteúdo concreto da impugnação, demonstra, a nosso ver, a impossibilidade de considerarmos o princípio dispositivo em sentido material como o seu único e direto fundamento teórico.

A determinação do desejo subjacente ao pedido formal da impugnação também pode representar especial obstáculo, ainda mais quando se torne questionável a possibilidade de que daí possa advir uma posição jurídica mais vantajosa ao recorrente. Tome-se como exemplo a apelação interposta para modificar o índice oficial de correção monetária aplicada pela sentença condenatória. Em razão da dinâmica da economia, pode ocorrer que o índice oficial postulado pelo recorrente, sob o ponto de vista prático, não seja mais vantajoso do que o fixado anteriormente pela sentença.[331] No caso do provimento da apelação, o pedido formal do recorrente teria sido observado, assim como também teria sido acolhido o (seu) desejo subjacente ao requerimento impugnatório. Contudo, sob o ponto de vista prático, resultaria em uma *reformatio in peius*. Logo, a norma jurídica fundamental da vinculação do tribunal ao pedido do recorrente, manifestação do princípio dispositivo em sentido material, mostra-se insatisfatória para impedir a *reformatio in peius*, fazendo-se necessária a sua conjugação ao interesse recursal.[332]

---

[331] Esse exemplo é fornecido por Dárcio Franco Lima Júnior, em sua dissertação de mestrado, defendida em 2011 na Universidade Federal do Rio Grande do Sul, sob o título "Limites Objetivos da Apelação Civil". Demonstrando a complexidade prática do assunto, assim exemplifica Dárcio Franco Lima Júnior: "Exemplifica-se: em demanda de natureza condenatória, abrangendo o ressarcimento de valores pleiteados pela parte autora, o demandante, em apelação, opõe-se ao critério de atualização monetária determinado pela sentença de procedência do pedido, a qual ordenou a observância do IGP-M, reclamando o recorrente, todavia, a aplicação da TR. Espera-se da parte o devido cuidado ao estudar a conveniência e as vantagens do recurso; entretanto, chega a ser bastante comum, em algumas espécies de demanda, que as partes entrem em litígio a propósito do índice de correção monetária a ser adotado, invocando exclusivamente as diferenças da teses jurídicas suscitadas na Jurisprudência, sem o cuidado de verificar a repercussão efetiva dos índices no caso concreto. Assim, pode suceder que o índice pleiteado em apelação pelo autor, que recorreu ao se amparar especialmente na discussão jurídica do melhor critério da atualização, demonstra-se prejudicial ao seu direito nas circunstâncias específicas do caso concreto (hipoteticamente, no período em questão, o IGP-M, determinado na sentença, foi superior à TR, sendo mais vantajoso ao autor para a correção de seu crédito). Ver: LIMA JÚNIOR, Dárcio Franco. *Limites Objetivos da Apelação Civil*. Dissertação (Mestrado) – Faculdade de Direito, Universidade Federal do Rio Grande do Sul, Porto Alegre, 2011. p. 148).

[332] A determinação da sucumbência, que define o interesse recursal, não pode reduzir-se a uma comparação formal entre os pedidos formulados e o teor da decisão judicial, mas antes pode ser encontrada nos prejuízos decorrentes da própria decisão. Acerca do assunto, ver: GILLES, Peter: Anschliessung, Beschwer, Verbot der Reformatio in peius und Parteidispositionen über die Sache in höherer Instranz. *ZZP*, n. 91, 1978. p. 145-146.

No exemplo mencionado, verificamos que o pedido do recorrente baseou-se na falsa ideia de que a modificação do índice de correção monetária lhe traria maior vantagem financeira. O provimento do recurso, na exata forma em que pretendido pelo apelante, implicaria piora na sua situação sob o ponto de vista prático. Desse exemplo, evidencia-se que a tentativa de basear o proibitivo unicamente na vinculação do juiz ao pedido não permite elucidar totalmente o âmbito de alcance do proibitivo. No caso mencionado, somos conduzidos a concluir pela ausência de interesse recursal, pois da apelação interposta nada de útil poderia resultar ao litigante, não se podendo cogitar o conhecimento de recurso no qual se pleiteie provimento jurisdicional mais desfavorável. Essa conclusão, que poucos negariam, até mesmo por contrariar o senso comum, reforça a ideia de que a tutela aos direitos subjetivos, embora não seja a única finalidade do processo, não pode ser deixada em segundo plano em relação aos demais escopos de pacificação social e da realização do ordenamento jurídico.[333]

Essa combinação (pedido + interesse recursal), embora auxilie a demarcar o âmbito de abrangência do proibitivo, não pode ser considerada fundamento da proibição da *reformatio in peius*, pois esta extrai sua existência de valores e direitos fundamentais presentes no próprio texto constitucional. Aliás, como destacamos anteriormente, o valor do qual decorre a regra da vinculação do juízo recursal ao pedido (e não a própria regra!)[334] apresenta significado para a fundamentação teórica do proibitivo.

Destaque-se, também, que a separação entre os capítulos vantajosos e os desvantajosos da decisão nem sempre é possível, impedindo a exatidão

---

[333] Na doutrina processual civil brasileira, é comum criticar-se os posicionamentos – defendidos principalmente no direito alemão – de que a finalidade do processo seria apenas a tutela aos direitos subjetivos, ficando a pacificação e a realização do direito objetivo apenas em um segundo plano, como "subprodutos da atividade jurisdicional". Essa crítica é dirigida principalmente à Baur/Grunsky (GRUNSKY, Wolfgang; BAUR, Fritz. *Zivilprozessrecht*. 12. ed. München: Luchterhand, 2006. § 1, 4, p. 2). Conquanto não se afigure correta a compreensão excessivamente privatista do processo como instrumento destinado exclusivamente à tutela dos direitos subjetivos das partes, também não se pode excluir essa finalidade, como o fazem grande parte dos processualistas brasileiros. Nesse sentido, ver: ALVARO DE OLIVEIRA, Carlos Alberto. *Teoria e prática da tutela jurisdicional*. Rio de Janeiro: Forense, 2008. p. 95. Como bem salienta Gerassinos Melissinos, as regras de processo civil que, expressando o princípio dispositivo, atribuem à parte o poder de iniciar a demanda, delimitar o objeto da prestação jurisdicional e dispor do objeto processo, mesmo depois de sua instauração, comprovam a vocação do processo civil para a tutela dos direitos subjetivos. Confira: "Das dispositionsprinzip hat auch auf die prozessualen Normen sowie den Prozesszweck eine bedeutsame Auswirkung: Ist es nämlich Sache des Klägers, festzulegen, ob und in welchen Umfang er Rechtsschutz begehrt, so zeigt dies, dass der Zivilprozess dem Schutz subjektiver Rechte dient." Daí concordarmos com a crítica formulada por Carlos Alberto Alvaro de Oliveira aos que colocam em segundo plano a tutela aos direitos subjetivos como escopo do processo civil. Melissinos prossegue, concluindo com pensamento que hoje representa a maior parte da doutrina processual civil atual na Alemanha, no sentido de que o processo civil serve tanto à tutela dos direitos subjetivos quanto à proteção do ordenamento jurídico. "Also dient der Zivilprozess sowohl dem Privat- (= Schutz subjektiven Rechte) als auch dem Allgemeininteresse (= Schutz der Rechtsordnung)". Disso também extraímos a conclusão de que a crítica formulada pela escola paulista de processo civil à doutrina germânica já não mais se aplica ao entendimento reinante hoje entre os processualistas daquele país. Ver: MELISSINOS, Gerassimos. *Die Bindung des Gerichts an die Parteianträge: nach § 308 I, ZPO (ne eat iudex ultra petita partium)*. Berlin: Duncker e Humblot, 1981. p. 31-33.

[334] A norma contida no art. 515 do Código de Processo Civil de 1973, ou no art. 1.013 do novo Código de Processo Civil, pode ser considerada, no máximo, um dos suportes legais da proibição da *reformatio in peius*, porém nunca o seu fundamento teórico.

do pedido impugnatório e a identificação inequívoca do requisito interesse. A complexidade das relações jurídicas típicas das sociedades pós-modernas, transposta ao processo como matéria decidenda, nem sempre permite segregar facilmente os capítulos favoráveis daqueles desfavoráveis.

Também Bernhard-Michael Kapsa contesta a vinculação do juízo recursal ao pedido do recorrente como o fundamento teórico da proibição da *reformatio in peius*. Traz como primeiro argumento o fato de que a limitação do tribunal ao pedido do recorrente se daria de forma diversa nos processos penal e de jurisdição voluntária, não servindo como fundamento teórico do proibitivo nas três espécies de processos.[335] Além disso, ao contrário do que sugere o singelo exemplo fornecido por Herbert Fenn (há pouco analisado), nem sempre seria possível a cisão entre capítulos favoráveis e desfavoráveis da sentença. Embora viável na maioria das situações, a separação entre capítulos favoráveis e desfavoráveis da decisão não elucida integralmente a ocorrência da *reformatio in peius* em inúmeras espécies de demandas.[336]

Ademais, devemos considerar a possibilidade de que o agravamento na situação do recorrente advenha não do rompimento dos limites traçados no pedido impugnatório, porém da mudança na fundamentação da decisão. Embora a lei processual civil brasileira limite a coisa julgada ao dispositivo da sentença, atribuindo à fundamentação função – no máximo – interpretativa, sobram exemplos coletados no cotidiano dos nossos tribunais, nos quais a fundamentação adotada possui efeitos práticos. Também no direito comparado, eventualmente, a mudança na motivação das decisões pode refletir-se na esfera jurídica das partes e de terceiros, alterando situações subjetivas de vantagem protegidas pelo Direito.[337]

A modificação dos fundamentos da decisão pode agravar a situação do recorrente pelo ponto de vista prático. Ao contrário da impugnação autônoma (ação rescisória, ação anulatória etc.), na qual a causa de pedir possui força vinculativa, o recurso, por representar um prolongamento do direito de ação (e não nova ação) dentro do mesmo processo,[338] vincula o juízo *ad quem* exclu-

---

[335] Deve-se ter presente aqui o fato de que a tese de Bernhard-Michael Kapsa orienta-se pela busca de um fundamento teórico da proibição da *reformatio in peius* comum aos processos civil, penal e administrativo. Daí a razão pela qual a primeira crítica levantada contra a ideia de Fenn centra-se na diferença existente no sistema recursal do processo penal. (KAPSA, Bernhard-Michael. *Das Verbot der reformatio in peius im Zivilprozess*. Berlin: Duncker e Humblot, 1976).

[336] KAPSA, Bernhard-Michael. *Das Verbot der reformatio in peius im Zivilprozess*. Berlin: Duncker e Humblot, 1976.

[337] Aludimos, principalmente, à adesão, total ou parcial, à teoria dos motivos determinantes. Exemplificamos com: os casos especiais de prejudicialidade (*Sonderfalljudikatur*), acolhidos pela jurisprudência austríaca do *Oberste Gerichtshof* (OGH); a afirmação da vinculatividade das questões prévias decididas pela jurisprudência do Tribunal Constitucional espanhol; a tendência da Corte de Cassação italiana de interpretar a coisa julgada "em causas cíveis e tributárias, não apenas restrito ao âmbito do *petitum*, mas alcançando todo o *arco lógico* da decisão, inclusive no que tange aos pontos de fato" (ver: CABRAL, Antonio do Passo. *Coisa julgada dinâmica*: limites objetivos e temporais. Entre continuidade, mudança e transição de posições processuais estáveis. Rio de Janeiro: [s.n.], 2011. p. 365-375).

[338] Mencionamos anteriormente, que hoje predomina na doutrina a concepção de recurso como um prolongamento (voluntário) do direito de ação, sendo refutada a tentativa de lhe atribuir o caráter de ação constitutiva autônoma, como defende Peter Gilles.

sivamente quanto ao pedido formulado, porém não quanto às razões recursais. Portanto, o tribunal pode manter a sentença com base em outros fundamentos, desde que submetidos ao contraditório (art. 1.013, §§ 1º e 2º, NCPC – art. 515, §§ 1º e 2º, CPC/73).[339] Logo, a vinculação ao pedido do recorrente não se mostra suficiente para impedir a *reformatio in peius* resultante da alteração da motivação da decisão.

Excepcionalmente, a *reformatio in peius* pode resultar de uma modificação dos fundamentos da decisão recorrida. Imagine-se uma sentença que julgue improcedente ação de cobrança, em razão do acolhimento de exceção (imprópria ou material) de compensação oposta pelo réu na própria contestação. Nessa situação, o crédito do autor da ação de cobrança frente ao réu foi afirmado, porém restou consumido pela compensação. Embora a demanda tenha sido julgada improcedente, disso resultou certa vantagem ao autor, pois a compensação também haveria consumido a dívida que possuía frente ao demandado.

Caso o tribunal negue provimento à apelação interposta exclusivamente pelo autor, mantendo a sentença com fundamento na inexistência do crédito demandado, existirá evidente *reformatio in peius*. O crédito do réu frente ao autor já não seria mais consumido pela compensação, facultando-lhe, posteriormente, postular tutela jurisdicional voltada à sua satisfação. Esse evidente agravamento de ordem prática na situação do recorrente não poderia ser evitado se a proibição da *reformatio in peius* decorresse exclusivamente da vinculação do juízo recursal ao conteúdo concreto do pedido do apelante.[340]

Diversa é a situação na qual, em ação de cobrança julgada parcialmente procedente, apenas o autor apele, postulando a quantia remanescente. Nesse caso, o tribunal pode negar provimento ao seu recurso, com base no direito à compensação suscitado pelo réu e desacolhido pela sentença. Todavia, a compensação somente poderá atingir o capítulo apelado e não a totalidade do crédito declarado pela sentença, contra o qual o réu não tenha interposto apelação.

---

[339] Consoante o ensinamento de Carlos Alberto Alvaro de Oliveira "as matérias conhecíveis de ofício pelo juiz devem sempre ser submetidas ao contraditório prévio entre as partes, de forma a atender-se ao direito fundamental estatuído no art. 5º, inciso LV, da Constituição Federal" (Ver: ALVARO DE OLIVEIRA, Carlos Alberto. O juiz e o princípio do contraditório. *Revista de Processo*, São Paulo, n. 71, jul./set. 1993). Não poderia deixar de ser assim com os recursos, em decorrência da profundidade do efeito devolutivo da apelação, regrado pelos §§ 1º e 2º, do CPC. Ademais, como ressalta Daniel Mitideiro, no processo cooperativo, além da vedação à decisão-surpresa, é de rigor que o pronunciamento jurisdicional contenha uma apreciação completa das razões levantadas pelas partes para a solução da controvérsia.

[340] Na doutrina tedesca existe consenso no sentido de que, quando acolhida pelo juízo *a quo* a exceção de compensação, julgando improcedente a demanda, a modificação da fundamentação da sentença pode infringir a proibição da *reformatio in peius*. Quando houver apelação exclusivamente do autor, o tribunal não poderá manter a sentença modificando sua fundamentação de improcedente pelo acolhimento da compensação para improcedente em razão da inexistência do crédito demandado. Ver: NERY JUNIOR, Nelson. *Teoria geral dos recursos*. 6. ed. São Paulo: Revista dos Tribunais, 2004. p. 185; KAPSA, Bernhard-Michael. *Das Verbot der reformatio in peius im Zivilprozess*. Berlin: Duncker e Humblot, 1976. p. 53-54 e p. 157-158; ROSENBERG, Leo; SCHWAB, Karl Heinz; GOTTWALD, Peter. *Zivilprozessrecht*. 17. ed. München: C. H. Beck München, 2010. p. 569, § 103, 34. Assim também ocorre no direito suíço, no qual se compreende que a compensação, mesmo quando não tenha sido tratada no dispositivo da sentença, mas apenas na fundamentação, também integra a coisa julgada (ver: HABSCHEID, Walther J. *Schweizerisches Zivilprozess und Gerichtsorganisationsrecht. ein Lehrbuch seiner Grundlagen*. 2. ed. Basel und Frankfurt am Main: Helbing und Lichtenhahn, 1990, p. 284).

O mesmo se verifica na ação popular (Lei nº 4.717, art. 18) e na ação civil pública (Lei nº 7.347, art. 16), nas quais o julgamento de improcedência por insuficiência de provas não impede o ajuizamento de nova demanda. Segundo a doutrina processual civil pátria, interposta apelação contra a sentença de improcedência fundamentada na insuficiência de provas, haveria nítida *reformatio in peius* quando o tribunal negasse provimento ao apelo com base na ausência de direito, superando assim a insuficiência de provas. A modificação dos fundamentos da improcedência, nesse caso, traz consequências práticas. A nova decisão proferida no julgamento da apelação, ao afirmar a inexistência do direito postulado, impede que o autor proponha nova demanda. Assim, apelando apenas o autor contra a sentença fundamentada na insuficiência de provas, haveria *reformatio in peius* caso o tribunal mantivesse a improcedência, porém fundamentando sua decisão na ausência do direito.[341] Embora o exemplo alerte para a importância da motivação, não se trata de *reformatio in peius* proibida, conforme demonstraremos. O direito ao ajuizamento de nova demanda não significa situação mais ou menos vantajosa, quando comparada ao que o autor dispunha quando ingressou em juízo. A ausência de julgamento do mérito não possui qualquer significado pela perspectiva da tutela jurisdicional.

Os exemplos analisados reforçam a insuficiência da vinculação do juiz ao pedido das partes como fundamento do proibitivo.[342] Caso a vinculação do tribunal ao conteúdo concreto do pedido do recorrente fosse considerada o fundamento da existência do instituto em exame, restariam desprotegidas algumas situações concretas, como as mencionadas anteriormente, dentre muitas outras. A proibição da *reformatio in peius* representa limite adicional à liberdade decisória do juízo *ad quem*.

Ademais, quando a verificação do âmbito de abrangência da proibição da *reformatio in peius* a partir do pedido formulado pelo recorrente se torne dificultosa, o julgador deve buscar solucionar o problema identificando a pretensão subjacente à impugnação.[343] A despeito de que não possa ser considerado o único fundamento da proibição da reforma para pior, o princípio dispositivo representa um forte limitador do âmbito decisório do juízo recursal, contribuindo sobremaneira para a definição da área de aplicação do proibitivo.

Embora a vinculação do tribunal ao pedido do recorrente, combinada com a descoberta da pretensão subjacente ao interesse recursal, elucide o alcance da proibição da *reformatio in peius* na maior parte dos casos, definindo seu âmbito de abrangência, não conduz à aceitação satisfatória do princípio dispositivo em sentido material (ou princípio da demanda) como fundamento teórico do insti-

---

[341] BARBOSA MOREIRA, José Carlos. *Comentários ao Código de Processo Civil*. 14. ed. Rio de Janeiro: Forense, 2008. v. 5, p. 434. NERY JUNIOR, Nelson. *Teoria geral dos recursos*. 6. ed. São Paulo: Revista dos Tribunais, 2004. p. 184.

[342] KAPSA, Bernhard-Michael. *Das Verbot der reformatio in peius im Zivilprozess*. Berlin: Duncker e Humblot, 1976. p. 50-57. KUHLMANN, Axel. *Das Verbot der reformatio in peius im Zivilprozessrecht*. Berlin: Duncker Humblot, 2010. p. 55.

[343] Quanto a esse caráter auxiliar, não discordamos da doutrina de Herbert Fenn. Ver: FENN, Herbert. Die Auschlussberufung im Zivilprozess und im Verfahren der freiwilligen Gerichtsbarkeit. In: *Schriften zum deutschen und europäischen Zivil*. Bielefeld: Handels- und Prozessrecht, 1961. v. 12. p. 228 *et seq.*

tuto em estudo.[344] Entendimento em contrário deixaria o recorrente desprotegido em inúmeras situações, nas quais a vinculação do juízo *ad quem* ao conteúdo concreto do pedido não baste para impedir a retirada ou redução da posição subjetiva de vantagem que o recorrente haveria conquistado com a decisão impugnada, caso não houvesse interposto seu próprio recurso (*Besitzstand*).

Conclui-se, assim, que a disposição concreta das partes sobre o objeto do recurso e, portanto, o princípio dispositivo, falham como fundamento teórico da proibição da *reformatio in peius*, deixando a descoberto abundantes situações merecedoras de proteção.

Entretanto, isso não descarta a utilidade do questionamento acerca da razão pela qual o juízo recursal deveria submeter-se ao poder de disposição das partes, ou seja, às suas pretensões, para a elucidação do fundamento do proibitivo.[345]

A autonomia da vontade e a imparcialidade representam importantes valores constitucionais dos quais decorre a aplicação do princípio dispositivo ao processo civil. Esses valores também integram a base teórica do proibitivo, porém não a esgotam. A proibição da *reformatio in peius* expressa, principalmente, o valor segurança jurídica, permitindo a realização do direito fundamental à proteção da confiança no ambiente processual.

A questão em exame, a nosso ver, não pode ser reduzida ao princípio dispositivo ou ao seu desdobramento no âmbito recursal (efeito devolutivo), ou mesmo à imparcialidade judicial, pedra de toque para definirmos o próprio conceito de jurisdição. O problema somente se resolve à luz do valor da segurança jurídica, previsto em diversos dispositivos constitucionais, que encontra expressão máxima no instituto da coisa julgada e concretiza-se também em numerosas normas contidas no Código de Processo Civil brasileiro, além de servir de postulado normativo ou metodológico para aplicação das demais regras e princípios processuais.[346]

2.11. Os direitos fundamentais e a proibição da *reformatio in peius*

Como demonstrado anteriormente, a proibição da *reformatio in peius* não pode ser deduzida de forma satisfatória diretamente do princípio dispositivo

---

[344] A falibilidade da tentativa de extrair-se do conteúdo (concreto) do pedido do recurso a proibição da *reformatio in peius* é muito bem demonstrada na tese de Bernhard-Michael Kapsa. Esse suposto fundamento teórico do proibitivo não equaciona todos os casos existentes no âmbito do processo civil (Ver: KAPSA, Bernhard-Michael. *Das Verbot der reformatio in peius im Zivilprozess*. Berlin: Duncker e Humblot, 1976. p. 150-157). Da mesma forma: KUHLMANN, Axel. *Das Verbot der reformatio in peius im Zivilprozessrecht*. Berlin: Duncker Humblot, 2010. p. 53-56.

[345] O desafio é lançado por Axel Kuhlman, o qual, à semelhança de Bernhard-Michael Kapsa, nega a suficiência da vinculação do juízo recursal ao pedido como fundamento teórico do proibitivo (Ver: KUHLMANN, Axel. *Das Verbot der reformatio in peius im Zivilprozessrecht*. Berlin: Duncker Humblot, 2010. p. 55).

[346] Segundo Humberto Ávila, o valor segurança jurídica consistiria em uma metanorma, colocando-se como regra hermenêutica para orientar a aplicação das regras e princípios (Ver: ÁVILA, Humberto. *Teoria dos princípios:* da definição à aplicação dos princípios jurídicos. 12. ed. ampl. São Paulo: Malheiros, 2011. p. 133-134).

em sentido material, razão pela qual ele não poderia ser considerado como o fundamento teórico do instituto em exame.

Resta indagarmos se o proibitivo poderia ser extraído direta ou indiretamente dos direitos fundamentais elencados no próprio texto da Constituição Federal, além do modo de sua influência na definição do âmbito de abrangência da proibição da *reformatio in peius*.

Acerca do papel dos direitos fundamentais na conformação do processo civil, assim discorre Carlos Alberto Alvaro de Oliveira:

> [...] reconhece-se hodiernamente aos direitos fundamentais, sem maiores objeções, a natureza de "máximas processuais", direta ou indiretamente determinadoras da conformação do processo, contendo ao mesmo tempo imediata força imperativa. Desta sorte, a Constituição passa a influenciar de forma direta a posição jurídico-material dos indivíduos perante os tribunais, garantido posições jurídicas subjetivas, assumindo natureza de direitos de defesa perante os poderes públicos com dimensão objetivo-institucional, funcionando como princípios jurídico-objetivos para a conformação dos tribunais e do processo judicial. Sublinhe-se a riqueza oferecida pelo ordenamento constitucional brasileiro no concernente às máximas processuais, a evidenciar a visão essencialmente comprometida do constituinte de 1988 com a garantia dos direitos processuais do cidadão e sua preocupação em evitar, ou pelo menos minimizar, o autoritarismo dentro do processo.[347]

Ainda que aceitássemos o posicionamento doutrinário dominante segundo o qual a vedação da reforma para pior decorre do princípio dispositivo; a vedação, em última análise, deixar-se-ia conduzir até a Constituição Federal. Tomando-se como verdadeira a premissa estabelecida pela doutrina reinante, o proibitivo poderia ser extraído, indiretamente, do próprio texto constitucional, uma vez que o princípio dispositivo lá se encontra implícito.

Todavia, o consenso existente em torno do princípio dispositivo como fundamento teórico da proibição da *reformatio in peius* evitou que a doutrina buscasse extraí-la dos direitos fundamentais elencados no próprio texto constitucional. Esse desinteresse no estudo do tema acentua-se por tratar-se de instituto que remonta ao Direito Romano.

Destaque-se o caráter peculiar da atividade desempenhada pelo magistrado frente aos direitos fundamentais, pois ao mesmo tempo em que deve tutelar as lesões causadas por atos de outros Poderes (Executivo e Legislativo), como membro do Poder Judiciário também exerce parcela do poder estatal, podendo ele próprio violar tais normais em suas decisões. A dupla função desempenhada pelo magistrado no que tange aos direitos fundamentais possui especial relevo para o tema em estudo. Sobretudo na análise de eventuais lesões aos direitos fundamentais perpetradas no exercício da jurisdição, devem-se distinguir aquelas decorrentes da atividade do juiz na condução do processo judicial daquelas resultantes do próprio conteúdo da prestação jurisdicional.[348]

---

[347] Ver: ALVARO DE OLIVEIRA, Carlos Alberto. *Do formalismo no processo civil:* proposta de um formalismo--valorativo. 3. ed. São Paulo: Saraiva, 2009. p. 100-101.

[348] "A concepção dos direitos fundamentais como normas objetivas supremas do ordenamento jurídico tem importância capital, não só teórica, para as tarefas do Estado. Daí decorre que qualquer poder do Estado tem uma obrigação (negativa) de se abster de ingerências no âmbito protegido pelos direitos fundamentais, como também uma obrigação (positiva) de levar a cabo tudo que sirva para a realização dos direitos fundamentais, inclusive quando não diga respeito a uma pretensão subjetiva dos cidadãos" (ver: ALVARO DE

Ao colocarem em marcha o processo pelo ajuizamento de uma demanda, as partes deparam-se com a figura do juiz, como autoridade investida em parcela do poder estatal. Nessa situação, os direitos fundamentais (processuais) vinculam diretamente o julgador no que diz respeito à condução do processo, possibilitando que se obtenha como resultado a outorga da tutela jurisdicional adequada.

A proibição da reforma para pior consiste em fenômeno processual que pressupõe o plano do direito material apenas como um *prius* lógico.[349] Excepcionam-se aqueles casos nos quais a eficácia (indireta) dos direitos fundamentais das partes exige a tutela direta pelo juiz, como no caso da fixação *ex officio* de alimentos. Com exceção desses raros casos, os direitos fundamentais das partes relacionados ao objeto do processo não possuem grande relevância no que diz respeito à proibição da *reformatio in peius*. Trata-se, apenas, de definir se o juízo recursal poderia modificar o resultado da sentença em desfavor do recorrente sem o pedido da parte contrária. Nessa tarefa, a importância dos direitos fundamentais não está, em regra, nas relações jurídicas existentes entre as partes, mas sim naquela existente entre as partes e o juízo. O relevante é indagarmos se a reforma para pior viola algum direito fundamental que o

---

OLIVEIRA, Carlos Alberto. *Teoria e prática da tutela jurisdicional.* Rio de Janeiro: Forense, 2009. p. 84). Aqui também se apresenta oportuna a lição de José Joaquim Gomes Canotilho: "Por vezes, alguma doutrina continua a assinalar uma menor vinculação ao direito e certos actos ou relações como são as relações especiais de poder, os actos de jurisdição e os actos do governo. ... (1) os 'actos de jurisdição', ou não se consideram actos do poder público 'stricto sensu', ou então diz-se que a protecção jurídica é protecção através do juiz mas não contra o juiz; a garantia da proteção jurídica impõe o contrário: a protecção também é contra o juiz e actos do poder judicial, sendo absurdo que os juízes, detentores de poderes públicos e vinculados aos direitos fundamentais, pudessem ficar impunes 'ad infinitum' no caso de violação de direitos fundamentais..." (ver: CANOTILHO, José Joaquim Gomes. *Direito constitucional.* 6. ed. Coimbra: Almedina, 2003. p. 388).

[349] O plano do Direito Substancial representaria um *prius* lógico em relação ao Direito Processual (FAZZALARI, Elio. *I processi nell'ordinamento italiano.* Padova: Cedam, 1973, p. 138). Significa dizer que a ação, como instrumento de realização de direitos, pressupõe sempre o Direito Material, mas não necessariamente como realidade, e sim como mera afirmação em juízo, enquadrável dentro do esquema normativo (FAZZALARI, Elio. *Note in tema di diritto e processo.* Milano: Giuffrè, 1953. p. 136.). Por tal razão, equivocam-se aqueles que pretendem dissociar completamente o direito material do direito processual. Porém, não se pode descurar das relações necessárias do processo civil com o "direito material em estado de alegação, que forma o seu conteúdo" (COHEN-KOPLIN, Klaus. Considerações críticas sobre o conceito de 'parte' na doutrina processual civil. *Revista da Faculdade de Direito Ritter dos Reis,* Canoas, v. 6, 2003. p. 284.). O caráter instrumental do processo demonstra sua finalidade para, além da pacificação social e da tutela dos direitos subjetivos, também realizar o direito material (ALVARO DE OLIVEIRA, Carlos Alberto. *Teoria e prática da tutela jurisdicional.* Rio de Janeiro: Forense, 2008. p. 92-93). Assim, conclui-se que a existência do Direito Material é apenas pressuposto lógico do processo, pois a pretensão é deduzida em juízo *in status assertionis.* Nesse sentido, analisando amplamente as relações entre os planos processual e material, ver: TUCCI, José Rogério Cruz e. *A causa petendi no processo civil.* 2. ed. São Paulo: Revista dos Tribunais, 2001. p. 131. Ocorre que o objeto do processo, sobre o qual se dará toda atividade jurisdicional, corresponde à pretensão deduzida pelo autor em juízo, e não necessariamente àquela preexistente, anterior ao processo. A doutrina processual civil atual rejeita a ideia de mérito como sendo "a lide preexistente entre os sujeitos", concretizada no Código de Processo Civil de 1973, que se utilizou da linguagem adotada por Carnelutti. O objeto do processo sobre o qual recairá o julgamento de mérito consiste na pretensão deduzida pelas partes, e não naquela que efetivamente exista no plano do direito material. Acerca do assunto, relevante a lição de Cândido Rangel Dinamarco: "Antes do processo há uma pretensão insatisfeita e o processo se instaura e realiza precisamente em virtude dessa insatisfação e com o fito de eliminá-la. *Durante o processo* tem-se uma pretensão deduzida, que constitui o objeto das atenções do juiz e das atividades de todos os sujeitos processuais" (ver: DINAMARCO, Candido Rangel. *Capítulos da sentença.* 3. ed. São Paulo: Malheiros. 2008. p. 53).

recorrente possua em relação ao juízo recursal. Caso a resposta seja afirmativa, conclui-se que a decisão do juízo recursal que agrave a situação do recorrente, quando inexista recurso (principal ou adesivo) da parte adversa, viola o próprio texto constitucional. O mesmo poderia ocorrer caso o legislador processual estabelecesse a possibilidade irrestrita da *reformatio in peius*.

Nessas circunstâncias, a previsão legal de exceções à proibição da *reformatio in peius* somente se justificaria diante da necessidade de proteção aos demais valores contidos na própria Constituição Federal. Ainda assim, ao aplicar essas exceções, o julgador deveria, considerando as circunstâncias do caso concreto, ponderar os valores constitucionais em conflito. Pertinente a respeito do assunto a doutrina de Marcelo Lima Guerra, que assim discorre:

> [...] às vezes o próprio legislador tenta resolver a colisão entre direitos fundamentais, seja criando um determinado instituto jurídico, seja estabelecendo limites especiais ao uso de algum instituto etc. Contudo, não se pode jamais perder de vista que os direitos fundamentais só colidem entre si no momento de serem concretizados, ainda que as situações conflitivas de tal concretização possam ser hipotetizadas, antecipadamente.[350]

A imposição do proibitivo em decorrência de direitos fundamentais deve ser contextualizada com a formatação do processo, o mesmo valendo para as exceções. Aliás, como destaca Jaqueline Mielke Silva, o próprio conceito de coisa julgada deve ser redimensionado nas demandas que tutelam direitos fundamentais.[351]

Contudo, se a proibição da *reformatio in peius* pudesse ser extraída de algum(uns) dos direitos fundamentais elencados na própria Constituição Federal, tanto o juiz quanto o legislador processual a ele(s) estariam diretamente vinculados, haja vista a aplicabilidade imediata das normas dessa natureza (art. 5º, § 1º, CF).[352] Em consequência disso, o legislador possuiria âmbito de atuação restrito para criar exceções ao proibitivo.

2.12. A proibição da *reformatio in peius* como decorrência do direito fundamental à proteção da confiança

O direito fundamental à segurança jurídica, que embasa numerosos dispositivos contidos na Constituição Federal, constitui elemento essencial e uma

---

[350] Ver: GUERRA, Marcelo Lima. *Direitos fundamentais e a proteção do credor na execução civil*. São Paulo: Revista dos Tribunais, 2003. p. 96.

[351] Isso demonstra, ao menos no plano lógico, a influência do objeto do processo na estruturação interna do iter procedimental. Os direitos fundamentais processuais, obviamente, também devem se conformar à tutela dos direitos fundamentais materiais. Todavia, Jaqueline Mielke Silva faz a seguinte ressalva: "É certo que a proteção aos direitos fundamentais é de vital importância no âmbito de qualquer sistema jurídico. Em contrapartida, o valor segurança também é relevante. Muitos dos defensores da tese da flexibilização da coisa julgada utilizam a proteção dos direitos fundamentais como "bandeira", mas acabam flexibilizando o instituto também em outras circunstâncias onde não estão em jogo tais categorias de direitos" (ver: SILVA, Jaqueline Mielke. O direito processual civil contemporâneo e a necessidade de (re) dimensionar o instituto da coisa julgada. Revista do Ministério Público do Rio Grande do Sul, v. 74, p. 169-182, 2013).

[352] Acerca da aplicabilidade imediata dos direitos fundamentais processuais, ver: GUERRA, Marcelo Lima. *Direitos fundamentais e a proteção do credor na execução civil*. São Paulo: Revista dos Tribunais, 2003. p. 86-89.

das principais funções do Estado de Direito.[353] Não significa, contudo, imutabilidade, pois seu objetivo é assegurar cognoscibilidade, previsibilidade e calculabilidade ao ordenamento jurídico.[354] Não se trata de petrificação, mas sim de estabilidade, permitindo que a mudança (evolução) ocorra com consistência e constância.[355] Também no processo civil o direito fundamental à segurança jurídica possui caráter dinâmico, conduzindo à ideia de movimento, pois, conforme salienta Carlos Alberto Alvaro de Oliveira, deve "estar a serviço de um objetivo mediato de permitir a efetividade do direito fundamental a um processo equânime".[356] A polissemia do princípio da segurança jurídica é tão ampla que comporta no seu bojo até mesmo interesses conflitantes entre si. Assim, por exemplo, a realização do direito objetivo (interesse coletivo) pode ceder diante da necessidade de proteção às situações individuais. No ambiente processual, a segurança jurídica, decorrente da multiplicidade de instâncias recursais, pode ceder diante da exigência de efetividade. A ausência de efetividade processual certamente comprometeria a segurança jurídica, comprovando seu dinamismo.[357]

Trabalhando o conteúdo do princípio da segurança jurídica, em sua tese de doutoramento, pela ótica comparativa do sistema tributário nacional com o seu equivalente alemão, Humberto Ávila afirma que tal princípio visa a estabelecer o "dever de buscar um ideal de estabilidade, confiabilidade, previsibilidade e mensurabilidade na atuação do Poder Público".[358]

O princípio da segurança jurídica, em sua dimensão subjetiva, desdobra-se no direito fundamental à proteção da confiança legítima, servindo como

---

[353] Danilo Knijnik ressalta que a segurança seria essencial a própria ideia de direito: "O expediente técnico de que se valem as sociedades para a garantia de sua existência enquanto tal e de sua ordem é o direito, no qual se incrusta a ideia de segurança, havendo, exatamente por isso, quem a qualifique como o seu objetivo ou fundamento mais essencial" (ver: KNIJNIK, Danilo. Princípio da segurança jurídica no Direito Administrativo e Constitucional. *Revista do Ministério Público*, Porto Alegre, n. 35, p. 205-251, 1995. p. 207).

[354] A respeito do princípio da segurança jurídica, ver: ÁVILA, Humberto. *Segurança jurídica*: entre permanência, mudança e realização no direito tributário. 2. ed. São Paulo: Malheiros, 2012.

[355] Ver: ARAÚJO, Valter Shuenquener de. *O princípio da proteção da confiança*: uma nova forma de tutela do cidadão diante do estado. Niteroi: Impetus, 2009. p. 58.

[356] "Observo, em primeiro lugar, que a mudança de paradigma decorrente da passagem do normativismo legalista para o direito fundamental principiológico afeta igualmente a segurança jurídica, que deixa de ser estática, na medida em que passa a conviver com um direito muito mais flexível e menos rígido. De tal forma, hoje a segurança jurídica de uma norma deve ser medida pela estabilidade de sua finalidade, abrangida em caso de necessidade por seu próprio movimento. Não mais se busca o absoluto da segurança jurídica, mas a segurança jurídica afetada de um coeficiente, de uma garantia de realidade. Nessa nova perspectiva, a própria segurança jurídica induz a mudança, o movimento, visto que deve estar a serviço de um objetivo mediato de permitir a efetividade do direito fundamental a um processo equânime. Em suma, a segurança já não é vista com os olhos do Estado liberal, em que tendia a prevalecer como valor, porque não serve mais aos fins sociais a que o Estado se destina. Dentro dessas coordenadas, o aplicador deve estar atento às peculiaridades do caso, pois, às vezes, mesmo atendido o formalismo estabelecido pelo sistema, em face das circunstâncias da espécie, o processo pode se apresentar injusto ou conduzir a um resultado injusto" (ver: ALVARO DE OLIVEIRA, Carlos Alberto. Os direitos fundamentais à efetividade e à segurança em perspectiva dinâmica. *Revista Magister de Direito Civil e Processual Civil*, v. 4, n. 21, nov./dez. 2007).

[357] O direito fundamental à segurança jurídica deve "estar a serviço de um objetivo mediato de permitir a efetividade do direito fundamental a um processo equânime" (ver: ALVARO DE OLIVEIRA, Carlos Alberto. Os direitos fundamentais à efetividade e à segurança em perspectiva dinâmica. *Revista Magister de Direito Civil e Processual Civil*, v. 4, n. 21, nov./dez. 2007).

[358] ÁVILA, Humberto. *Sistema constitucional tributário*. São Paulo: Saraiva, 2004. p. 295.

instrumento de defesa dos interesses individuais daqueles que, embora não protegidos pelo direito adquirido ou pelo ato jurídico perfeito, tenham pautado seu agir pela confiança na validade de um ato do poder público, posteriormente alterado.[359] O princípio da proteção da confiança corresponde à expectativa individual de segurança em face dos atos emanados do poder público. A presunção de estabilidade de determinadas ações estatais (legislação, atos da administração pública e atuação jurisdicional) cria expectativa merecedora de proteção. Isso permite que os indivíduos pautem suas próprias ações nessas práticas, evitando surpresas que comprometeriam a segurança jurídica, elemento integrante do núcleo essencial do Estado de Direito.[360] A confiabilidade e a calculabilidade, essenciais à vida social harmônica dos homens, exigem certa estabilidade dos atos emanados do poder público, obtida mediante a presunção de legalidade e de constitucionalidade destes, além da capacidade estatal para a sua imposição. Isso corresponde ao que José Joaquim Gomes Canotilho denomina de estabilidade ou eficácia *ex post* da segurança jurídica,[361] inerente aos atos estatais em geral. Trata-se, portanto, de um direito fundamental com eficácia vertical (relações Estado *vs.* cidadão),[362] instrumental à necessidade subjetiva de segurança jurídica nos casos concretos. Além disso,

---

[359] O princípio da proteção da confiança é assim conceituado por Humberto Ávila: "O chamado princípio da proteção da confiança serve de instrumento de defesa de interesses individuais nos casos em que o particular, não sendo protegido pelo direito adquirido ou pelo ato jurídico perfeito, em qualquer âmbito, inclusive no tributário, exerce a sua liberdade, em maior ou menor medida, confiando na validade (ou na aparência de validade) de um conhecido ato normativo geral ou individual e, posteriormente, tem a sua confiança frustrada pela descontinuidade da sua vigência ou dos seus efeitos, quer por simples mudança, quer por revogação ou anulação, quer, ainda, por declaração da sua invalidade" (ver: ÁVILA, Humberto. *Segurança jurídica*: entre permanência, mudança e realização no direito tributário. 2. ed. São Paulo: Malheiros, 2012. p. 366). Almiro do Couto e Silva, ao discorrer acerca dos princípios da segurança jurídica e da proteção da confiança no Direito Público brasileiro, considera-os "... elementos conservadores inseridos na ordem jurídica, destinados à manutenção do *status quo* e a evitar que as pessoas sejam surpreendidas por modificações no direito positivo ou na conduta do Estado, mesmo quando manifestadas em atos ilegais, que possam ferir os interesses dos administrados ou frustrar-lhes as expectativas". Ver: COUTO E SILVA, Almiro do. O princípio da segurança jurídica (proteção à confiança) no Direito Público brasileiro e o direito da Administração Pública de anular seus próprios atos administrativos: o prazo decadencial do art. 54 da Lei de Processo Administrativo da União (Lei no 9.784/99). *Revista de Direito Administrativo*, Rio de Janeiro, v. 237, p. 275-276, jul./set. 2004.

[360] Ao analisar a jurisprudência do Tribunal Constitucional Federal alemão (*Bundesverfassungsgericht*), Konrad Hesse destaca a conexão essencial do Estado de Direito com o mandamento de proteção da confiança, o princípio da proporcionalidade e o direito a um "processo justo". Como desdobramentos do Estado Constitucional, essas normas também possuiriam hierarquia constitucional. Ver: HESSE, Konrad. *Elementos de direito constitucional da República Federal da Alemanha*. Tradução de Luiz Afonso Heck. Porto Alegre: Fabris. 1998. p. 158-159. Ademais, conforme Judith Martins-Costa, a confiança representaria fator essencial à realização da justiça material: "A confiança dos cidadãos é constituinte do Estado de Direito, que é, fundamentalmente, estado de confiança. Seria mesmo impensável uma ordem jurídica na qual não se confie ou que não viabilize, por meio de seus órgãos estatais, o indispensável estado de confiança. A confiança é, pois, fator essencial à realização da justiça material, mister maior do Estado de Direito" (MARTINS-COSTA. Judith. Almiro do Couto e Silva e a Ressignificação do Princípio da Segurança Jurídica na Relação entre o Estado e os Cidadãos. In: ÁVILA, Humberto (Org.). *Fundamentos do Estado de Direito*: estudos em homenagem ao Professor Almiro do Couto e Silva. São Paulo: Malheiros, 2005).

[361] "[...] uma vez adotadas, na forma e procedimento legalmente exigidos, as decisões estaduais não devem poder ser arbitrariamente modificadas, sendo apenas razoável a alteração das mesmas quando ocorram pressupostos materiais particularmente relevantes" (ver: CANOTILHO, José Joaquim Gomes. *Direito constitucional*. 6. ed. Coimbra: Almedina, 2003. p. 380).

[362] Ver: ÁVILA, Humberto. *Segurança jurídica*: entre permanência, mudança e realização no direito tributário. 2. ed. São Paulo: Malheiros, 2012. p. 372.

a proteção à expectativa legítima do indivíduo repercute na preservação da segurança jurídica da coletividade que com ele se relaciona ou pode relacionar-se. Mantém-se, dessa forma, a estabilidade do emaranhado de teias das relações jurídicas, econômicas e sociais daqueles que se relacionam com alguém que razoavelmente se presuma detentor de uma determinada posição jurídica, em virtude da atuação do poder público, sobretudo em situações consolidadas pelo tempo.[363]

O direito fundamental à proteção da confiança, desde a sua gênese, costuma ser associado ao agir da *administração pública*, raramente ocorrendo referência à expectativa legítima decorrente dos atos judiciais. Embora a doutrina invoque a proteção frente aos atos do poder público (*gênero*), inexiste razão para excluírem-se os atos praticados pelo juiz no exercício da jurisdição. O gênero *atos do poder público* também compreende aqueles praticados pelo juiz (*espécie*), representante estatal, que deve sujeitar sua própria atividade à observância dessa dimensão subjetiva do direito fundamental à segurança jurídica.

Nos tempos recentes, tem-se afirmado a necessidade de proteção da confiança relativamente ao agir pautado pelos entendimentos consolidados na jurisprudência.[364] À semelhança do que ocorre com a atividade legiferante, protege-se a confiança legítima do indivíduo em face das mudanças abruptas e inesperadas da jurisprudência. Todavia, deve-se ir além. A confiança legítima também merece ser tutelada no ambiente interno do processo, no qual essa aplicação subjetivada do direito fundamental à segurança jurídica limita a liberdade decisória do juízo recursal. Ademais, a aplicação do direito fundamental à proteção da confiança contribui para a realização de um "processo justo",[365] protegendo os litigantes contra as surpresas decorrentes da atuação inesperada do magistrado. Como bem observado por Humberto Àvila, "os direitos fundamentais, na sua eficácia de defesa relativamente a intervenções estatais, também repelem a surpresa no âmbito dos procedimentos, sejam eles administrativos ou judiciais".[366]

---

[363] Tratamos da correlação entre segurança individual e coletiva em nossa dissertação de mestrado, apresentada na Faculdade de Direito da Universidade Federal do Rio Grande do Sul (ver TONIOLO, Ernesto José. *A prescrição intercorrente na execução fiscal*. 2. ed. Rio de Janeiro: Lumen Juris, 2010. p. 82 *et seq.*). O fator temporal pode ser um importante critério identificador da confiança legítima (ver: CABRAL, Antonio do Passo. *Nulidades no processo moderno*: contraditório, proteção da confiança e validade 'prima facie' dos atos processuais. 2. ed. Rio de Janeiro: Forense, 2010. p. 322).

[364] Ver: ARAÚJO, Valter Shuenquener de. *O princípio da proteção da confiança*: uma nova forma de tutela do cidadão diante do estado. Niteroi: Impetus, 2009. p. 173-205; MARINONI, Luiz Guilherme. O Princípio da segurança dos atos jurisdicionais. In: MITIDIERO, Daniel; RIZZO, Guilherme Amaral (Coord.). *Processo civil*: estudos em homenagem ao Professor Doutor Carlos Alberto Alvaro de Oliveira. São Paulo: Atlas, 2012. p. 309-340.

[365] Adotamos aqui o conceito de processo justo como aquele que atenta aos direitos fundamentais processuais, equivalendo ao conceito de "giusto processo", do modo como formulado por Nicola Picardi. Ver: PICARDI, Nicola. *Manuale del processo civile*. 3. ed. Milano: Giuffrè, 2013. p. 234-238.

[366] Ver: ÁVILA, Humberto. *Segurança jurídica*: entre permanência, mudança e realização no direito tributário. 2. ed. São Paulo: Malheiros, 2012. p. 371. "Já passou do tempo de os processualistas admitirem que, se em todas as demais funções do Estado há mecanismos para a proteção do indivíduo contra as alterações imprevisíveis de padrões de conduta estatal estável, não pode o Estado-juiz permanecer imune a essa proteção. Também ao processo os reclamos da segurança e estabilidade exigem a manutenção de padrões de conduta" (ver: CABRAL, Antonio do Passo. *Nulidades no processo moderno*: contraditório, proteção da confiança e vali-

Todavia o princípio da proteção da confiança não se resume a uma dimensão individual e concreta do princípio da segurança jurídica, embasando-se também em outros direitos fundamentais individuais. Assim, por exemplo, a realização dos direitos fundamentais referentes à liberdade exige a proteção da confiança legítima do indivíduo frente aos atos do poder público.[367] O exercício da autonomia da vontade poderia sofrer embaraços em um processo marcado pela ausência de previsibilidade e de confiança na atuação do magistrado. Na seara processual, o princípio da proteção da confiança possui como meta principal, em caráter complementar aos demais direitos fundamentais, a proteção das expectativas legítimas do jurisdicionado contra atos praticados pelo juiz na condução e no julgamento do processo.[368] Os tribunais, como órgãos do poder público, também se vinculam diretamente aos direitos fundamentais no desenvolvimento da atividade jurisdicional (eficácia vertical dos direitos fundamentais).[369]

Conclui-se, portanto, que o direito fundamental à proteção da confiança também se aplica às relações entre o juiz e as partes no ambiente interno do processo, merecendo ser protegido. Porém, à semelhança do que ocorre com as demais normas dessa natureza, a proteção da confiança pode ceder quando confrontada com outros valores ou interesses prevalentes. O conflito deve ser equacionado com a aplicação do postulado da proporcionalidade, sempre levando em consideração as peculiaridades do caso concreto.[370]

A proteção da confiança, de um modo geral, pode ser invocada sempre que preenchidos três requisitos: (a) deve existir uma base suficiente, à qual a confiança dos indivíduos possa conectar-se; (b) a confiança deve ser manifestada, demonstrando-se a expectativa na manutenção da situação existente; (c) a proteção à confiança deve ser ponderada com eventual interesse público conflitante.

A expectativa na manutenção das decisões judiciais, que se presumem válidas e corretas para a formatação do sistema recursal, criam para o recorrente a expectativa de que ele não poderia ser prejudicado no julgamento do próprio recurso.

A formatação do processo civil brasileiro orienta-se pelo princípio dispositivo em sentido próprio (ou material), concretizando, assim, a expressão

---

dade 'prima facie' dos atos processuais. 2. ed. Rio de Janeiro: Forense, 2010. p. 305). Na doutrina germânica, a polêmica em torno da aplicação da proteção da confiança no âmbito do processo civil é suscitada, principalmente, por Gottfried Baumgärtel, em artigo publicado em 1973 (BAUMGÄRTEL, Gottfried. Treu und Glauben im Zivilprozess. *Zeitschrift für Zivilprozess*, n. 86, 1973. p. 353 *et seq.*).

[367] Nesse sentido: ÁVILA, Humberto. *Segurança jurídica*: entre permanência, mudança e realização no direito tributário. 2. ed. São Paulo: Malheiros, 2012. p. 625. Ademais, deve ser ressaltada a tendência atual de compreender a segurança jurídica como valor informativo do princípio da legalidade, superando a ideia do antagonismo. A proteção da confiança seria um dos princípios implícitos do Estado de Direito (ver: MAURER, Hartmut. *Allgemeines Verwaltungsrecht*. 14. ed. München: C. H. Bck, 2002. pep. 291-292).

[368] Ver: ARAÚJO, Valter Shuenquener de. *O princípio da proteção da confiança*: uma nova forma de tutela do cidadão diante do estado. Niteroi: Impetus, 2009. p. 239.

[369] Nesse sentido: CANOTILHO, José Joaquim Gomes. *Direito constitucional*. 6. ed. Coimbra: Almedina, 2003. p. 586-587.

[370] A respeito do assunto, ver: GUERRA, Marcelo Lima. *Direitos fundamentais e a proteção do credor na execução civil*. São Paulo: Revista dos Tribunais, 2003. p. 96 *et seq.*

processual da autonomia da vontade e o dever de imparcialidade do juiz.[371] Cabe ao autor decidir se e em que termos ajuizará determinada demanda, definindo por meio do seu pedido o objeto do processo, além de traçar os limites nos quais deverá ocorrer a cognição judicial acerca dos fatos principais (causas de pedir). Em que pese a infindável polêmica em torno da definição dos objetivos da jurisdição e do processo civil, o interesse das partes na tutela do caso concreto coloca-se já de início como condição da ação. A existência de um sistema recursal baseado, precipuamente, na iniciativa e no interesse do recorrente[372] desperta neste a expectativa de que não poderia ser prejudicado pelo julgamento do seu próprio recurso. A inexistência de norma que atribua ao juízo recursal a competência para atuar de ofício fora dos limites do objeto da impugnação e a possibilidade de que a preclusão estabilize mesmo as questões conhecíveis de ofício reforçam esse sentimento.[373] A possibilidade de uma *reformatio in peius*, especialmente quando não prevista de forma expressa no direito positivo, frustra essa expectativa e surpreende o recorrente, trazendo prejuízo sistêmico ao processo civil, pelo ponto de vista da economia processual e da efetividade. Todavia, resta questionarmos se isso também macularia o direito fundamental à segurança jurídica.

A inquestionável surpresa do recorrente com a *reformatio in peius* sugere fortemente a violação ao direito fundamental à proteção da confiança, hoje amplamente incorporado pela doutrina brasileira e na presente jurisprudência do Supremo Tribunal Federal e do Superior Tribunal de Justiça.[374] A elucidação do questionamento pode esclarecer a fundamentação teórica do proibitivo, além de colaborar com a delimitação de seu âmbito de aplicação, principalmente nos casos mais complexos, analisados anteriormente.

A existência de um sistema recursal, baseado precipuamente na iniciativa e no interesse do recorrente,[375] desperta no mesmo a expectativa de não ser prejudicado no julgamento do seu próprio recurso, sentimento reforçado pela inexistência de norma que atribua ao juízo recursal a competência para atuar

---

[371] Ver: ALVARO DE OLIVEIRA, Carlos Alberto. *Teoria e prática da tutela jurisdicional*. Rio de Janeiro: Forense, 2008. p. 111-112; PONTES DE MIRANDA, Francisco Cavalcanti. *Comentários ao Código de Processo Civil*. Rio de Janeiro: Forense, 1973. v. 1, p. 67.

[372] Se o recurso nunca deixa de servir ao interesse do recorrente, conclui Axel Kuhlmann, daí não poderia advir qualquer prejuízo. KUHLMANN, Axel. *Das Verbot der reformatio in peius im Zivilprozessrecht*. Berlin: Duncker Humblot, 2010. p. 87.

[373] Como ressalta Antonio do Passo Cabral, há grande confusão em unir cognoscibilidade de ofício e preclusão. Não se podem misturar três conceitos: cognoscibilidade de ofício, que significa que o conhecimento da matéria independe de provocação da parte; cognoscibilidade a qualquer tempo, que significa não haver preclusões temporais; e possibilidade de reexame, que significa a possibilidade de reabrir cognição sobre a matéria, ligada às preclusões consumativas (CABRAL, Antonio do Passo. *Nulidades no processo moderno*: contraditório, proteção da confiança e validade 'prima facie' dos atos processuais. 2. ed. Rio de Janeiro: Forense, 2010. p 338).

[374] Embora o direito à segurança jurídica no processo não tenha sido expressamente mencionado pela Constituição Federal brasileira, ele representa um dos fundamentos sobre os quais se assenta nosso Estado Constitucional. SARLET, Ingo Wolfgang; MARINONI, Luiz Gilherme; MITIDIERO, Daniel. *Curso de direito constitucional*. São Paulo: Revista dos Tribunais, 2012. p. 673.

[375] A inércia do Judiciário em corrigir as sentenças incorretas não decorre do seu desinteresse pelo resultado da prestação jurisdicional, mas da necessidade de preservar a imparcialidade. Nesse sentido, ver: KUHLMANN, Axel. *Das Verbot der reformatio in peius im Zivilprozessrecht*. Berlin: Duncker Humblot, 2010. p. 94.

de ofício, ultrapassando o objeto da impugnação. A possibilidade de uma *reformatio in peius*, especialmente quando não prevista expressamente no direito positivo, frustra essa expectativa, surpreendendo o recorrente. Quanto a isso não resta dúvida.

Na ausência de impugnação da parte contrária, o recorrente pressupõe sejam preservadas as posições jurídicas de vantagem que haveria conquistado, caso não houvesse recorrido da decisão (*Besitzstand*). Isso se baseia, ao menos, em duas razões: (a) a decisão judicial, como ato do poder público, presume-se correta e estável; (b) a aplicação do princípio dispositivo em sentido material ao sistema recursal, concretizado na vinculação do tribunal ao pedido da apelação (art. 1.013, *caput*, NCPC – art. 515, *caput*, CPC/73) e na exigência de interesse como requisito para o conhecimento da impugnação, faz presumir que o pior resultado possível seria a manutenção da decisão impugnada.

O afastamento da presunção da vigência da proibição da *reformatio in peius* dependeria de norma expressamente prevista pelo legislador, atribuindo, de forma clara e inequívoca ao juízo recursal, esse poder. Como analisamos anteriormente, a busca ilimitada da verdade (realização do direito objetivo) ou a necessidade de proteção à parte adversa não justificam a promoção de um julgamento em desfavor do recorrente. Nosso sistema recursal restou formatado, precipuamente, na interposição de recursos baseados no interesse (egoístico) das partes, alcançando, com isso, também, a uniformização dos julgados, o controle das decisões judiciais e o aperfeiçoamento do direito objetivo.

A proibição da *reformatio in peius* também se evidencia da vinculação da prestação jurisdicional aos pedidos das partes (*princípio dispositivo* em sentido material ou *princípio da demanda*). Isso se reflete, indiretamente, em diversas previsões legais que atribuem às partes poderes para influenciar no desenvolvimento do processo.[376] O livre exercício das faculdades processuais pelas partes também pode resultar, no âmbito do processo civil, em decisões que se afastam do plano do direito material, ou da chamada "verdade real".[377]

---

[376] A disponibilidade do objeto do processo pelas partes, observado pelo ponto de vista da disponibilidade do próprio direito material, não significa, contudo, vedação aos poderes instrutórios do juiz, que pode determinar de ofício a produção de provas quanto aos fatos já deduzidos no processo e aos secundários. Assim, tais poderes não excepcionam o princípio dispositivo. Nesse sentido, vale verificar a lição de Sérgio Luís Wetzel de Mattos (ver: MATTOS, Sérgio Luís Wetzel de. *Da iniciativa probatória do juiz no processo civil*. Rio de Janeiro: Forense, 2001). Segundo Luis Alberto Reichelt, "a participação ativa do julgador no desenvolvimento da atividade de investigação processual é legítima na medida em que não acarretar a subtração dos poderes da parte no que se refere à *liberdade de pleitear ou não a tutela jurisdicional e à liberdade de delimitar qual será a situação em torno da qual o debate será estabelecido*" (REICHELT, Luis Alberto. *A prova no direito processual Civil*. Porto Alegre: Livraria do Advogado, 2009, p. 331).

[377] Ver: KUHLMANN, Axel. *Das Verbot der reformatio in peius im Zivilprozessrecht*. Berlin: Duncker Humblot, 2010. p. 39; STÜRNER, Michael. *Die Anfechtung von Zivilurteile. Eine funktionelle Untersuchung der Rechtsmittel im deutschen und englischen Recht*. München: C. H. Beck, 2002.p. 34. No direito probatório, há muito se discute a respeito das relações entre as provas e a verdade, como se verifica da contraposição da concepção demonstrativa à persuasiva, centrando-se no questionamento a respeito da autonomia do mundo fenomênico. A respeito do assunto, Danilo Knijnik propõe a necessária conciliação entre as duas correntes: "A partir dessa compreensão, pode-se conciliar as vantagens de ambos os modelos: a) do modelo persuasivo, há de se tomar a prudência, a modéstia, a consciência da chance de erro; b) do modelo demonstrativo, há de ficar-se com o objetivo de, sempre que possível, obter-se uma reconstrução fática próxima do mundo fenomênico. Da articulação dessas duas correntes filosóficas, poder-se-á concluir que, entre verdade e prova, não existe

Imagine-se a situação na qual o réu deixe de contestar a demanda, dando causa à ocorrência dos efeitos materiais da revelia,[378] ou reconheça o pedido formulado pelo autor. Nesses casos, as normas contidas no Código de Processo Civil obrigam o juiz a tomar como verdadeiros fatos que não correspondam ao efetivamente ocorrido, distanciando a sentença da "verdade real". Esse exemplo comprova que o processo civil não busca, a qualquer custo, alcançar a verdade absoluta, vocacionando-se à tutela dos interesses das partes. O juiz deve decidir adequadamente a demanda, nos termos em que foi proposta, levando em consideração os fatos trazidos aos autos pelas partes e os limites traçados pelos pedidos.[379] Todavia, dentro dos limites estabelecidos pelas normas constitucionais e pela legislação, o processo civil também almeja estabelecer a verdade dos fatos e a exata aplicação do direito ao caso concreto.

A inquestionável surpresa causada ao recorrente com a *reformatio in peius* sugere fortemente a violação ao direito fundamental à proteção da confiança, hoje incorporado pela doutrina brasileira e pela jurisprudência do Supremo Tribunal Federal e do Superior Tribunal de Justiça.

Resta indagarmos se, e em que casos, o agravamento na situação do recorrente promovido pela atuação oficiosa do juízo *ad quem* pode comprometer o direito fundamental à proteção da confiança.

2.13. A proibição da *reformatio in peius* como exigência do princípio da economia processual – Papel sistêmico do proibitivo

Como destacamos anteriormente, o inconformismo com as decisões desfavoráveis, atavicamente arraigado à psique, ganha reforço quando consideramos a falibilidade humana. Podemos afirmar que, em um primeiro momento, os recursos servem à legítima defesa dos interesses da parte prejudicada, a quem se busca assegurar uma decisão judicial justa e livre de erros na aplicação do direito.[380] O impugnante presume que as falhas apontadas nas razões

---

um vínculo ontológico, de forma que o sistema deve orientar-se ao atingimento desse fim". Ver: KNIJNIK, Danilo. *A prova nos juízos cível, penal e tributário*. Rio de Janeiro: Forense, 2007. p. 14-15. Também ver: REICHELT, Luis Alberto. *A prova no direito processual Civil*. Porto Alegre: Livraria do Advogado, 2009. p. 62-70; PICARDI, Nicola. *Manuale del processo civile*. 3. ed. Milano: Giuffrè, 2013. p. 235.

[378] A respeito da revelia, consultar: GIANESINI, Rita. *Da revelia no processo civil brasileiro*. São Paulo: Revista dos Tribunais, 1977.

[379] Ver: STÜRNER, Michael. *Die Anfechtung von Zivilurteile. Eine funktionelle Untersuchung der Rechtsmittel im deutschen und englischen Recht.* München: C. H. Beck, 2002. p. 34. No mesmo sentido, tratando do *Verhandlungsmaxime* e do *Dispositionsmaxime* quanto aos limites decisórios e cognitivos do juízo no processo civil, ver: WYNESS MILLAR, Robert. Formative principles of civil procedure. In: ENGELMAN, Arthur. *A history of continental civil procedure.* New York: Augustus M. Kelly, 1969. p. 9-10.

[380] Luiz Carlos de Azevedo afirma em sua dissertação de mestrado, apresentada na Faculdade de Direito da Universidade de São Paulo, que a índole do homem seria *"incapaz de se submeter a imposições que, de alguma forma, lhe tragam prejuízos ou gravames".* Daí decorreria a tendência humana inata de não se conformar com decisões judiciais, que remonta à antiguidade. Prossegue: "ainda que não se revestissem tais impulsos das características exigidas ao processo atual, visto como, em última análise, acabava sendo dirigido ao próprio órgão prolator da primeira decisão, correspondiam a uma condição natural do agir humano, incapaz de se conformar com um único julgamento" (AZEVEDO, Luiz Carlos de. *Origem e introdução da apelação no direito lusitano.* São Paulo: Fundação Instituto de Ensino para Osasco, 1976. p. 26-27).

recursais, ao serem corrigidas pelo juízo *ad quem*, resultem em melhora na sua situação.[381] Aqui o interesse estatal se vale do interesse do recorrente para perseguir outros fins, também de enorme relevância à jurisdição e ao Estado de Direito.[382]

Nesse aspecto, existe forte correlação entre a ação e o recurso. Assim como o ordenamento jurídico assegura aos indivíduos o direito de ação para que defendam seus interesses, também cria o sistema recursal, permitindo aos jurisdicionados que se defendam de eventual prejuízo decorrente da decisão judicial (ato de poder emanado do representante estatal).[383]

Um sistema de revisão das decisões judiciais, baseado na impugnação voluntária das partes, presta contribuição significativa à economia processual. O legislador poderia optar pela revisão de ofício das sentenças por um tribunal, independentemente de requerimento do interessado. Contudo, substituindo-se esse critério aleatório pela impugnação baseada na iniciativa das partes prejudicadas, amplia-se, em tese, proporcionalmente, o número de decisões de primeiro grau, defeituosas, que seriam apreciadas pelo tribunal. Comparadas à escolha aleatória, a seleção racional das decisões a serem revisadas pelo juízo superior, ainda quando orientadas pelo interesse pessoal dos litigantes, mostra-se muito mais vantajosa ao aperfeiçoamento, à uniformização e ao controle da prestação jurisdicional.[384] Essa única vantagem já justificaria a aplicação do princípio dispositivo ao âmbito recursal, mesmo desconsiderando as demais funções desempenhas pelos recursos no âmbito do processo civil.[385]

---

[381] Ver: ROSENBERG, Leo; SCHWAB, Karl Heinz; GOTTWALD, Peter. *Zivilprozessrecht*. 17. ed. München: C. H. Beck München, 2010. p. 770, § 133, 20.

[382] Ver: ROSENBERG, Leo; SCHWAB, Karl Heinz; GOTTWALD, Peter. *Zivilprozessrecht*. 17. ed. München: C. H. Beck München, 2010. p. 770, § 133, 20. A confluência de interesses e a veiculação do interesse público pelo desejo das partes de obterem uma decisão mais favorável ganha especial relevo no caso dos recursos especial e extraordinário. Acerca do assunto, com enfoque no recurso especial, mas em lição perfeitamente adaptável aos recursos em geral, ver: KNIJNIK, Danilo. *O recurso especial e a revisão da questão de fato pelo Superior Tribunal de Justiça*. Rio de Janeiro: Forense, 2005. p. 95. A respeito da articulação entre interesse público e interesse privado no recurso extraordinário, ver: MARINONI, Luiz Guilherme. MITIDEIRO, Daniel. Repercussão geral no recurso extraordinário – São Paulo: Editora Revista dos Tribunais, 2007, p 18. Todavia, se o recurso nunca deixa de servir ao interesse do recorrente, daí não poderia advir qualquer prejuízo (ver: KUHLMANN, Axel. *Das Verbot der reformatio in peius im Zivilprozessrecht*. Berlin: Duncker Humblot, 2010. p. 87).

[383] Ver: LIMA, Alcides de Mendonça. *Introdução aos recursos cíveis*. 2. ed. São Paulo: Revista dos Tribunais, 1976. p. 128-129.

[384] Acerca da utilização do interesse da parte sucumbente como instrumento de identificação de decisões que contenham falhas, assim discorre Peter Gilles: "Die beschwerte Partei nämlich ist es, die den meisten Anlass und erfahrungsgemäss auch das grösste Bedürfnis hat, gegen den belastenden Spruch initiativ zu werden, und auch den meisten Antrieb, als beste Verfechterin eigner wie allgemeiner Interessen an einer möglichst richtigen Entscheidung die Unrichtigkeit des Spruchs mittels entsprechender Anfechtungsgründe aufdecken zu helfen (ver: GILLES, Peter: Anschliessung, Beschwer, Verbot der Reformatio in peius und Parteidispositionen über die Sache in höherer Instranz. ZZP, n. 91, 1978. p. 143-144).

[385] Nesse sentido, KUHLMANN, Axel. *Das Verbot der reformatio in peius im Zivilprozessrecht*. Berlin: Duncker Humblot, 2010. p. 56. Não seria possível submeter indistintamente todas as decisões judiciais a uma instância revisora, uma vez que isso inviabilizaria o funcionamento dos tribunais, retardando a prestação jurisdicional, consequentemente, ofendendo o direito fundamental à duração razoável do processo (art. 5º, LXXVIII, CF). O estabelecimento de um sistema recursal pautado pelo princípio dispositivo auxilia na busca do ponto de equilíbrio entre a necessidade de controlar e aperfeiçoar a prestação jurisdicional e a necessidade de duração razoável do processo (REDENTI, Enrico. *Diritto processuale civile*. Milano: Giufrè, 1957. v. 2, p. 308). Em última análise, trata-se de harmonizar os valores constitucionais da segurança jurídica e da

As principais finalidades e valores perseguidos pelos recursos (a tutela ao interesse do recorrente, a uniformização da jurisprudência, o aperfeiçoamento do direito, o controle das decisões judiciais etc.) realizam-se de forma articulada. Daí ser, no mínimo, altamente questionável a existência de um escopo ou valor prevalente perseguido pelo recurso.[386] O interesse "egoístico" das partes coloca à disposição da coletividade e do Estado "os olhos atentos" do recorrente.

A função pacificadora do processo também exige maior eficiência na administração da justiça, que somente pode ser alcançada com a adequada relação de proporcionalidade entre os meios disponíveis e o fim a ser alcançado.[387] As finalidades de uniformização jurisprudencial e o aperfeiçoamento do direito são otimizados por meio da interposição de recursos pelos próprios litigantes, baseados no seu interesse e servindo, assim, à economia processual. Embora o legislador possa, em tese, optar pela revisão de ofício das decisões por um tribunal, incumbir representantes estatais dessa tarefa seletiva mostrar-se-ia inviável diante das limitações dos recursos materiais disponíveis e do alto custo que isso traria aos contribuintes. A eficácia na identificação das falhas e erros judiciais provavelmente seria inferior, quando comparada àquela decorrente dos recursos baseados no interesse egoístico das partes. Ademais, disso poderia resultar indesejada interferência do Estado sobre a atividade jurisdicional.

A função pacificadora do processo também exige maior eficiência na administração da justiça, que somente pode ser alcançada com a adequada relação de proporcionalidade entre os meios disponíveis e os fins a serem alcançados.[388] As finalidades de unificação dos julgados e de controle dos erros das decisões judiciais são alcançadas com mais eficiência e menor "custo" em um sistema recursal baseado precipuamente na iniciativa e no interesse das partes.

Ademais, a tentativa de legitimar a possibilidade da *reformatio in peius* ou de mitigar sua proibição no julgamento dos recursos especial e extraordinário, com base na prevalência do interesse geral, caso acolhida, resultaria justamente em efeito inverso. Causar-se-ia temor às partes, que deixariam de interpor tais recursos, especialmente quando a complexidade da questão ou as dissonâncias exegéticas provocassem incerteza quanto ao resultado do julgamento, esvaziando, na prática, boa parte do papel dos tribunais superiores. É exatamente o enfrentamento das questões jurídicas complexas e dissonantes que possibilita aos tribunais superiores e ao Supremo Tribunal Federal exercerem a atividade de aperfeiçoamento e unificação do ordenamento jurídico (direito

---

efetividade, em constante tensão, tema muito caro ao estudo do formalismo-valorativo. Acerca do assunto, ver: ALVARO DE OLIVEIRA, Carlos Alberto. *Do formalismo no processo civil*: proposta de um formalismo-valorativo. 3. ed. São Paulo: Saraiva, 2009.

[386] Acerca do assunto, com enfoque no recurso especial, mas em lição perfeitamente adaptável aos recursos em geral, ver: KNIJNIK, Danilo. *O recurso especial e a revisão da questão de fato pelo Superior Tribunal de Justiça*. Rio de Janeiro: Forense, 2005. p. 95.

[387] ALVARO DE OLIVEIRA, Carlos Alberto. *Do formalismo no processo civil*: proposta de um formalismo-valorativo. 3. ed. São Paulo: Saraiva, 2009. p. 83. A respeito do assunto, ver, também: COMOGLIO, Luigi Paolo. Premesse ad uno studio sul principio di economia processuale. *Rivista Trimestrale di Diritto e Procedura Civile*, v. 32, n. 2, jun. 1978. p. 608 *et seq*.

[388] ALVARO DE OLIVEIRA, Carlos Alberto. *Do formalismo no processo civil*: proposta de um formalismo-valorativo. 3. ed. São Paulo: Saraiva, 2009. p. 83.

objetivo). Na prática, a mitigação da *reformatio in peius* no julgamento dos recursos especial e extraordinário atentaria contra as próprias razões levantadas nesse intento, resultando em efeito reverso do pretendido. O próprio Estado beneficia-se com a interposição de recursos baseados no interesse das partes, pois somente assim se viabiliza a unificação e o aperfeiçoamento do direito objetivo.[389]

Como a parte deseja, justamente, a melhora na sua situação quando interpõe o recurso, naturalmente se apresenta a preocupação dos ordenamentos jurídicos com a possibilidade de o novo julgamento agravar a situação do próprio impugnante. A ausência do proibitivo permitiria a existência de surpresas processuais, causando aos litigantes indesejado temor que, também, acabaria por frustrar as funções de controle, uniformização dos julgados e aperfeiçoamento técnico da atividade jurisdicional desempenhada pelos recursos em geral. Portanto, a proibição da *reformatio in peius* não protege apenas o recorrente, representando elemento sistêmico essencial ao processo civil e relacionando-se, inclusive, à própria noção de Estado Democrático de Direito.[390]

A simples escolha pelas partes das sentenças a serem reapreciadas representa inarredável vantagem sob o ponto de vista da **economia processual**. A possibilidade da *reformatio in peius* bastaria para gerar nos litigantes, parcialmente vitoriosos no primeiro grau de jurisdição, temor suficiente a desincentivar a interposição de apelações. Mesmo abstraindo-se a função desempenhada pelos recursos em relação ao direito fundamental à tutela jurisdicional "justa" e adequada, ainda assim a possibilidade de uma reforma para pior colocaria em risco a vantagem sistêmica à economia processual.

Portanto, a proteção dos recorrentes contra a reforma para pior também desempenha papel sistêmico no processo civil, realizando economia processual. Logo, essa norma principial constitui fundamento teórico adicional ao proibitivo. A proibição da *reformatio in peius* não se limita a proteger o recorrente, constituindo elemento essencial às demais funções desempenhadas pelos recursos, sobretudo à uniformização dos julgados, ao desenvolvimento do direito e à pacificação social.[391]

---

[389] STÜRNER, Michael. *Die Anfechtung von Zivilurteile. Eine funktionelle Untersuchung der Rechtsmittel im deutschen und englischen Recht*. München: C. H. Beck, 2002. p. 43-44.

[390] Nesse sentido, assim discorrem Sérgio Gilberto Porto e Daniel Ustárroz: "Tendo em vista que a finalidade do recurso é melhorar a situação da parte sucumbente, natural que o direito se preocupe com a possibilidade de o próprio recorrente ter a sua situação agravada com o novo julgamento. Este risco poderia até mesmo fazer com que o cidadão deixasse de recorrer das decisões, o que prejudicaria o controle da atividade jurisdicional e a realização do livre acesso à justiça". Ver: PORTO, Sérgio Gilberto; USTÁRROZ, Daniel. *Manual dos recursos cíveis*. 2. ed. Porto Alegre: Livraria do Advogado, 2008. p. 69. Em sentido semelhante, ver: CARDONA FERREIRA, Jaime Octávio. *Guia de recursos em processo civil*. 4. ed. Coimbra: Coimbra, 2007. p. 101. Walter Egger também destaca a ligação da proibição da *reformatio in peius* com a necessidade de eliminar o medo do recorrente (ver: EGGER, Walter. *Die reformatio in peius im Zivilprozessrecht*. Zürich: Hans Schellemberg, Winterthur, 1985. p. 143).

[391] A "pacificação social", em um Estado Constitucional, não se resume à solução definitiva do litígio. Também importam o procedimento e o resultado do processo, que devem ser justos, criando o máximo possível de confiança nos litigantes e na sociedade, quanto à correção da decisão. Nisso os recursos desempenham papel relevantíssimo.

3. A aplicação da proibição da *reformatio in peius* no sistema recursal do processo civil brasileiro

3.1. A fixação do alcance da proibição da *reformatio in peius* pela legislação

A proibição da *reformatio in peius* no processo civil, atualmente, vigora na quase totalidade dos sistemas romano-germânicos,[392] expressamente positivada ou extraída de outras previsões legais e/ou constitucionais. Por outro lado, o âmbito de abrangência do proibitivo continua suscitando grandes discussões na doutrina, além de problemas e questionamentos decorrentes de sua aplicação na prática dos tribunais.

Inicialmente, devemos indagar acerca do papel desempenhado pelo legislador infraconstitucional no estabelecimento do âmbito de abrangência e das exceções ao proibitivo.

Para alguns doutrinadores, como se pode verificar de Bernhard-Michael Kapsa e Michael Stürner, a *reformatio in peius* não decorre necessariamente do princípio dispositivo ou até mesmo de algum outro valor mais elevado,

---

[392] A Inglaterra, onde o direito é fortemente influenciado pelo liberalismo, pautando-se o processo civil pela primazia das partes e pela repressão ao ativismo judicial, o Tribunal de Apelação (*Court of Appeal*) não está necessariamente vinculado às alegações do recorrente, tampouco circunscrito ao seu pedido, o que, em tese, poderia autorizar a *reformatio in peius*. Isso ocorre porque a total vinculação do juízo recursal ao pedido não possui vigência ante a ord. 59, regra 10 (4) RSC, assim redigida: "The powers of the Court of Appeal under the foregoing provisions may be exercised notwithstanding that no notice of appeal or respondent's notice has been given in respect of any particular part of the decision of the court below or by any particular party to the proceedings in that court, or that any ground for allowing the appeal or for affirming or varying the decision of that court is not specified in such notice; and the Court of Appeal may make any order, on such terms as the court thinks just, to ensure the determination on the merits of the real question in controversy between the parties;" Já as *Civil Procedural Rules* (CPR) não possuem regra similar, mas preveem a possibilidade de o tribunal recursal intimar o recorrente para que emende a sua apelação (regra 52.10(4) CPR), podendo, em tese, ultrapassar o pedido originário do recurso. Embora o regramento seja omisso com relação ao princípio da vinculação ao pedido, o processo civil inglês orienta-se, marcadamente, pelo princípio da primazia das partes (*adversary system*) sem qualquer responsabilidade do juiz sobre seu andamento. Por essa razão, a desvinculação do juízo do pedido se apresentaria como um corpo estranho ao sistema. Na prática dos tribunais ingleses, tanto a ord. 59, regra 10 (4) RSC como a regra 52.10(4) CPR foram raríssimas vezes aplicadas, o que leva a crer que a *reformatio in peius*, figura caricata da desvinculação do juiz ao pedido, não se harmoniza com o sistema inglês. A questão é analisada com profundidade por Michael Stürner, em estudo comparativo entre o sistema recursal inglês e o alemão. Ver: STÜRNER, Michael. *Die Anfechtung von Zivilurteile. Eine funktionelle Untersuchung der Rechtsmittel im deutschen und englischen Recht*. München: C. H. Beck, 2002. p. 194-195.

tratando-se de mera opção político-jurídica do legislador infraconstitucional. Em razão disso, o alcance do proibitivo resumir-se-ia às prescrições infraconstitucionais, atribuindo-se ampla liberdade ao legislador para estabelecer exceções.

Segundo Bernhard-Michael Kapsa, não seria possível a definição conceitual generalista prévia do conteúdo da proibição da *reformatio in peius*, de forma a compreenderem-se todas as posições jurídicas de vantagem protegidas contra a *reformatio in peius*. Tudo dependeria da configuração que o legislador deu ao sistema recursal e da previsão expressa da regra impeditiva da reforma para pior. Assim, o legislador estaria livre para decidir sobre a vigência do proibitivo e definir o seu âmbito de alcance. Poderia, portanto, atribuir ampla liberdade de julgamento ao tribunal, proibindo, em algumas poucas hipóteses, que agravasse a situação do recorrente, ou mesmo, como geralmente ocorre, permitir a *reformatio in peius* apenas em casos excepcionais, fundados na necessidade de preservação do interesse público.[393] Diante da omissão legislativa no regramento do assunto, o proibitivo ainda poderia ser deduzido do próprio sistema recursal.[394]

Michael Stürner, após destacar a vigência da máxima da vinculação do juiz ao pedido das partes no processo civil tedesco, como decorrência do escopo processual de imposição dos direitos subjetivos, afirma que o legislador estaria livre para estabelecer o alcance da proibição da *reformatio in peius*.

> Isso (a proibição da *reformatio in peius*) não resulta necessariamente da vigência do princípio dispositivo ou do "adversary principle". É verdade que o juiz está vinculado aos pedidos das partes, não devendo pronunciar-se além do que lhe foi demandado. O poder de disposição das partes não atinge, contudo, todos os níveis do direito: a disposição sobre as normas protetivas é estranha ao ZPO; na amplitude do pedido, o juiz deve analisar, independentemente de alegação das partes, a situação jurídica. Ocorrendo situação na qual o capítulo defeituoso da decisão não seja impugnado, então se poderia permitir que o juízo recursal também pudesse modificá-lo, com fundamento na ponderação da "justiça" (equidade). A decisão por uma proibição geral da *reformatio in peius* é, pois, uma questão puramente de política-jurídica.[395]

---

[393] KAPSA, Bernhard-Michael. *Das Verbot der reformatio in peius im Zivilprozess*. Berlin: Duncker e Humblot, 1976. p. 108. No mesmo sentido: STÜRNER, Michael. *Die Anfechtung von Zivilurteile. Eine funktionelle Untersuchung der Rechtsmittel im deutschen und englischen Recht*. München: C. H. Beck, 2002. p. 165-168. No direito brasileiro essa total flexibilidade não foi defendida, pois se arraigou o entendimento segundo o qual a proibição da *reformatio in peius* decorreria do princípio dispositivo, limitando, por óbvio, a atuação do legislador infraconstitucional. Bernhard-Michael Kapsa, em seu célebre estudo acerca da proibição da *reformatio in peius*, rejeita a ideia de que ela resultaria do princípio dispositivo, concluindo, após haver discorrido amplamente acerca do assunto, da seguinte forma: "A proibição da *reformatio in peius* não resulta nem do princípio dispositivo, nem de outros institutos ou normas jurídicas (*Rechtssatz*) processuais ou extraprocessuais, porém depende unicamente das prescrições legais, ou seja, da formatação legal dos respectivos remédios jurídicos" (ver: KAPSA, Bernhard-Michael. *Das Verbot der reformatio in peius im Zivilprozess*. Berlin: Duncker e Humblot, 1976. p. 169). Essa conclusão, contudo, parece-nos equivocada, por dissociar completamente a proibição da *reformatio in peius* dos direitos fundamentais ou princípios de processo civil contidos no próprio texto constitucional, atribuindo total e excessiva liberdade ao legislador processual no regramento do assunto.

[394] Também Michael Stürner, para quem o legislador, ponderando a necessidade de assegurar a "justiça" (equidade), poderia autorizar que o juízo recursal reformasse em desfavor do apelante capítulo da sentença não impugnado (ver: STÜRNER, Michael. *Die Anfechtung von Zivilurteile. Eine funktionelle Untersuchung der Rechtsmittel im deutschen und englischen Recht*. München: C. H. Beck, 2002. p. 195).

[395] STÜRNER, Michael. *Die Anfechtung von Zivilurteile. Eine funktionelle Untersuchung der Rechtsmittel im deutschen und englischen Recht*. München: C. H. Beck, 2002. p. 195-195.

Já para o suíço Walter Egger, a proibição da *reformatio in peius* poderia ser deduzida do princípio dispositivo (em sentido material ou princípio da demanda), nos ordenamentos processuais civis que nele se baseiem, desde que não haja previsão legal em sentido contrário. Na ausência de regramento legal, pressupor-se-ia a vigência do proibitivo, nada impedindo, contudo, que o legislador processual criasse exceções ou restringisse seu âmbito de abrangência, desde que isso não implicasse demasiado comprometimento do princípio da *autonomia da vontade*. Ao compararmos distintos ordenamentos processuais civis, nos quais igualmente reina o princípio dispositivo, concluímos que, embora em todos vigore a proibição da *reformatio in peius*, o legislador acaba configurando o seu alcance de diferentes formas. A atribuição de poderes ao juízo recursal para promover a reforma para pior, em certas situações, não significaria necessariamente a negação do princípio dispositivo em sentido material, tratando-se de mera limitação no seu âmbito de abrangência. Destaque-se que o processualista suíço compreende como a função primordial do processo civil a aplicação das normas jurídicas ao caso concreto, em especial as de direito privado, no qual reina o princípio da *autonomia da vontade*. Por essa razão, a atividade do legislador processual na restrição do âmbito de abrangência do proibitivo não seria ilimitada, vedando-se restrições excessivas ao princípio da *autonomia da vontade*. Isso o leva a concluir que a "proibição da *reformatio in peius* emana, em última análise, do 'direito fundamental ao livre desenvolvimento da personalidade'" (*Grundrecht der freien Entfaltung der Persönlichkeit*).[396]

Conclusões como a de Bernhard-Michael Kapsa e Michael Stürner, que situam a definição da abrangência do proibitivo apenas na seara da discricionariedade do legislador infraconstitucional, partem da premissa de que a proibição da *reformatio in peius* não se encontraria lastreada por valores constitucionais. Contudo, a posição sustentada na obra de Kapsa, influência que transcende as fronteiras do processo civil alemão, não nos parece correta. Caso o instituto possa decorrer de algum princípio constitucional de processo civil, em especial daqueles elencados entre os direitos fundamentais, a exemplo da proteção da confiança, não se pode conceber a definição do seu âmbito de abrangência como mera decisão de política legislativa. O posicionamento de Walter Egger avança ao demonstrar que o legislador processual não estaria totalmente livre para criar exceções à proibição da *reformatio in peius*, pois disso poderia resultar restrição excessiva à *autonomia da vontade* e, assim, ao *direito fundamental ao livre desenvolvimento da personalidade*.

A positivação de um grande número de exceções ao proibitivo aproxima-se perigosamente do sistema do *beneficium commune*, representando ruptura dogmática total com a concepção atual do processo civil.[397] Uma alteração dessa magnitude no sistema recursal comprometeria os valores da segurança jurídica e da efetividade.

---

[396] Ver: EGGER, Walter. *Die reformatio in peius im Zivilprozessrecht*. Zürich: Hans Schellemberg, Winterthur, 1985. p. 48-49 e p. 143-144.

[397] Ver: KUHLMANN, Axel. *Das Verbot der reformatio in peius im Zivilprozessrecht*. Berlin: Duncker Humblot, 2010. p. 95.

Os princípios e valores constitucionais, relacionados à proibição da *reformatio in peius,* limitam e condicionam a atividade do legislador na criação de exceções, que somente se legitimam quando imprescindíveis à proteção de outros valores e interesses da mesma hierarquia (constitucional). Nesses casos, deve ser sempre observado o postulado da proporcionalidade. Embora as previsões legais que autorizem a *reformatio in peius* retirem a base sobre a qual poderia apoiar-se a confiança do recorrente, acabam por restringir, de certo modo, a dimensão objetiva dos direitos fundamentais à efetividade processual e à autonomia da vontade. Além disso, a proteção conferida à coisa julgada, ao direito adquirido e ao ato jurídico perfeito (art. 5º, XXXVI, Constituição Federal) representam exigência altamente densificada de estabilidade dos atos jurídicos em geral, condição essencial à segurança jurídica da coletividade e à pacificação social.[398] A dimensão objetiva do direito fundamental à segurança jurídica e a função pacificadora da jurisdição colocam a exigência de estabilização dos pronunciamentos judiciais,[399] que deve ser satisfeita pelo legislador infraconstitucional. A preclusão (em sentido amplo) das decisões judiciais irrecorridas não se limita a realizar o valor efetividade no processo, mas também atende à segurança jurídica manifestada pela necessidade de estabilização amplamente exigida pelo art. 5º, XXXVI, da Constituição Federal.[400] Danilo Knijnik destaca que também causam insegurança "a ampla revogabilidade dos atos dos poderes públicos, um sem número de instâncias administrativas e jurisdicionais, a alterabilidade das situações criadas pelo tempo e a permanência de um estado potencial de conduta em detrimento da definitivação".[401]

O afastamento da norma geral da proibição da *reformatio in peius* e a reaproximação com o sistema do *beneficum commune* também reduziria a calculabilidade, aspecto essencial à segurança jurídica. A ruptura legislativa nesse sentido, embora tornasse previsível a possibilidade da *reformatio in peius,* afastando o princípio da proteção da confiança, traria grande insegurança ao recorrente, que não poderia calcular as consequências do seu ato, limitando a impugnação de sentenças defeituosas.

Além disso, haveria prejuízo à identificação das decisões judiciais defeituosas reapreciadas, inibindo a função seletiva dos recursos. A seleção racional das decisões a serem revisadas pelo juízo superior, ainda quando orientadas pelo interesse pessoal dos litigantes, mostra-se muito mais vantajosa ao

---

[398] Como salienta Sérgio Luís Wetzel de Mattos, a intangibilidade da coisa julgada – expressão constitucional positiva do princípio da segurança jurídica – constitui elemento essencial do Estado de Direito e, também, do direito fundamental ao devido processo legal (ver: MATTOS, Sérgio Luís Wetzel de. *Devido processo legal e proteção de direitos.* Porto Alegre: Livraria do Advogado, 2009. p. 244-245).

[399] Ver: MARINONI, Luiz Guilherme. O Princípio da segurança dos atos jurisdicionais. In: MITIDIERO, Daniel; RIZZO, Guilherme Amaral (Coord.). *Processo civil:* estudos em homenagem ao Professor Doutor Carlos Alberto Alvaro de Oliveira. São Paulo: Atlas, 2012. p. 309-340.

[400] Como ressalta Ada Pellegrini Grinover, o fenômeno da preclusão corresponde à própria essência do processo (ver: GRINOVER, Ada Pellegrini; FERNANDES, Antônio Scarance; GOMES FILHO, Antonio Magalhães. *As nulidades no processo penal.* 7. ed. São Paulo: Revista dos Tribunais, 2001. p. 34).

[401] Ver: KNIJNIK, Danilo. Princípio da segurança jurídica no Direito Administrativo e Constitucional. *Revista do Ministério Público,* Porto Alegre, n. 35, p. 205-251, 1995. p. 207.

aperfeiçoamento, à uniformização e ao controle da prestação jurisdicional.[402] Note-se que a vigência da proibição da *reformatio in peius* também atende à dimensão objetiva do direito fundamental à segurança jurídica.

Isso não significa negar a relevância do papel desempenhado pelo legislador infraconstitucional na definição do alcance da proibição, porém afirmar a existência de balizas e diretrizes para o desenvolvimento dessa atividade. Ademais, quanto aos institutos de processo civil que expressam valores densificantes dos direitos fundamentais, impõe-se ao legislador construir normas abstratas que realizem, na máxima medida possível, o conjunto desses mandamentos, os quais, muitas vezes, se imbricam.[403] O Estado Constitucional exige que o juiz aplique as normas que digam respeito à competência do juízo recursal e à proibição da *reformatio in peius* em conformidade com os direitos fundamentais, eventualmente afastando a incidência de algum dispositivo infraconstitucional.[404]

Tais questões somente podem ser elucidadas a partir da descoberta das balizas estabelecidas nas normas constitucionais e nos institutos de processo civil que orientam e limitam a atividade do legislador. Perquiridos e ponderados esses fatores, impõe-se o delineamento da extensão do raio de abrangência da proibição da *reformatio in peius,* identificando-se possíveis exceções.

Também a doutrina vem evoluindo ao longo do tempo, embora velhas e novas divergências continuem ensejando grandes controvérsias, razão pela qual se compreende como limitada a liberdade do legislador infraconstitucional para erigir (ou não) o proibitivo, bem como para definir seu âmbito de abrangência. Inadmissível conceber-se, sobretudo em um modelo de Estado

---

[402] Ver: GILLES, Peter: Anschliessung, Beschwer, Verbot der Reformatio in peius und Parteidispositionen über die Sache in höherer Instranz. *ZZP*, n. 91, 1978. p. 143-144; KUHLMANN, Axel. *Das Verbot der reformatio in peius im Zivilprozessrecht.* Berlin: Duncker Humblot, 2010. p. 56; REDENTI, Enrico. *Diritto processuale civile.* Milano: Giufrè, 1957. v. 2, p. 308. Tomando emprestadas as palavras de Eduardo Scarparo, ressaltamos que "as partes são os melhores juízes de seus interesses" (ver: SCARPARO, Eduardo. *As invalidades processuais civis na perspectiva do formalismo-valorativo.* Porto Alegre: Livraria do Advogado, 2013. p. 189).

[403] Ver: ALVARO DE OLIVEIRA, Carlos Alberto. *Do formalismo no processo civil:* proposta de um formalismo-valorativo. 3. ed. São Paulo: Saraiva, 2009. p. 100-102; ALVARO DE OLIVEIRA, Carlos Alberto. *Teoria e prática da tutela jurisdicional.* Rio de Janeiro: Forense, 2008, pp. 124-135; BONAVIDES, Paulo. *Curso de direito constitucional.* 10. ed. São Paulo: Malheiros, 2000. p. 250; GUERRA, Marcelo Lima. *Direitos fundamentais e a proteção do credor na execução civil.* São Paulo: Revista dos Tribunais, 2003. p. 84-86.

[404] Entretanto, apenas em situações excepcionais o magistrado afastará a incidência de regra expressa no direito positivo, daí advindo especial dever de fundamentar tecnicamente sua decisão, sob pena de corromper o princípio do Estado de Direito, passando o magistrado a assumir arbitrariamente a função de legislador. Não estamos pregando, aqui, a ausência de importância do papel do legislador na definição do conteúdo e do âmbito de abrangência do proibitivo, ainda que se entenda pela extração deste diretamente do princípio dispositivo ou da proteção à confiança, ambos compreendidos no texto constitucional entre os direitos fundamentais. A vulgarização do afastamento da aplicação da lei, supostamente em razão da incidência de princípios constitucionais expressos por conceitos jurídicos indeterminados, deve ser rechaçada, pois representa o puro arbítrio e o rompimento com o Estado Democrático de Direito. Para a construção da norma no caso concreto, o ponto de partida deve sempre ser o regramento específico previsto na legislação, a ser afastado apenas em situações excepcionais, com o emprego de técnicas hermenêuticas adequadas. Acerca do papel da lei na realização dos direitos fundamentais constitucionalizados, ver: TROCKER, Nicolò. *Processo civile e constituizione.* Milano: Giuffrè, 1974. p. 140-141. No mesmo sentido, ver: ALVARO DE OLIVEIRA, Carlos Alberto. Os direitos fundamentais à efetividade e à segurança em perspectiva dinâmica. *Revista Magister de Direito Civil e Processual Civil,* v. 4, n. 21, nov./dez. 2007; ÁVILA, Humberto. *Teoria dos princípios:* da definição à aplicação dos princípios jurídicos. 12. ed. ampl. São Paulo: Malheiros, 2011. p. 127.

Constitucional,[405] a proibição da *reformatio in peius* como fruto exclusivo de decisões político-legislativas, dissociadas dos valores constitucionais que informam o processo civil. Isso não significa eliminar o papel do legislador no tratamento do assunto, mas sim conjugá-lo aos princípios estruturantes do processo civil, em especial àqueles aplicáveis ao sistema recursal. A descoberta do âmbito de alcance da proibição da *reformatio in peius* deve considerar as peculiaridades das diversas configurações dos ordenamentos jurídicos, conforme a formatação decorrente das normas constitucionais e infraconstitucionais vigentes.

O postulado da proporcionalidade exige a harmonização desses interesses e valores conflitantes, em especial no que diz respeito aos direitos fundamentais envolvidos. Atendendo às necessidades da política judiciária, o legislador pode criar exceções que ampliem o poder decisório do juízo recursal, permitindo a reforma em desfavor do recorrente em casos pontuais, porém não da forma defendida por Bernhard-Michael Kapsa e Michael Stürner. Essas exceções devem ser suficientemente claras, permitindo às partes vislumbrarem a possibilidade de prejuízos decorrentes da interposição do próprio recurso, atendendo às exigências da previsibilidade e calculabilidade, essenciais à segurança jurídica no processo. Quanto mais o ordenamento jurídico reforça o arquétipo do recurso como remédio baseado na iniciativa e no interesse da parte, tanto mais claras e inequívocas devem ser as prescrições legais que possibilitam o rompimento dessa relação de causalidade. Existindo previsão legal clara e inequívoca de exceções ao proibitivo, o recorrente deve contar com a possibilidade de prejuízo, inexistindo base sobre a qual possa estear-se a confiança na estabilidade da posição jurídica de vantagem obtida com a decisão recorrida. Isso não quer dizer que tais previsões sejam condizentes com a dimensão objetiva dos direitos fundamentais à segurança jurídica e à efetividade no processo, mas apenas que não haverá surpresa a ofender o princípio da proteção da confiança.

O direito processual civil brasileiro não estabelece regra explícita proibindo a *reformatio in peius*. Tampouco define ou restringe expressamente a abrangência da proteção conferida pelo proibitivo. Na ausência de regramento legal, a identificação do conteúdo decisório, que não poderia ser modificado pelo juízo *ad quem* em desfavor do recorrente, desafia o intérprete. Por esse motivo, a apuração dos fundamentos teóricos do instituto decorre antes de exigências práticas do que de mera "curiosidade" acadêmica, pois a amplitude da proteção conferida pelo proibitivo exige a associação desses fundamentos ao sistema processual como um todo.[406]

O processo civil brasileiro orienta-se pelo princípio dispositivo em sentido próprio, decorrência da autonomia da vontade e o dever de imparcialidade

---

[405] A respeito do Estado Constitucional brasileiro, ver: MITIDIEIRO, Daniel *Processo civil e Estado Constitucional*. Porto Alegre: Livraria do Advogado, 2007.

[406] A necessidade de associar os fundamentos teóricos da proibição da *reformatio in peius* às demais normas e institutos estruturantes do processo civil, para o delineamento do alcance da proteção conferida ao recorrente, é muito enfatizada, dentre outros, nas teses de Bernhard-Michael Kapsa e, posteriormente, por Axel Kuhlmann. Ver: KAPSA, Bernhard-Michael. *Das Verbot der reformatio in peius im Zivilprozess*. Berlin: Duncker e Humblot, 1976. p. 108-117; KUHLMANN, Axel. *Das Verbot der reformatio in peius im Zivilprozessrecht*. Berlin: Duncker Humblot, 2010. p. 97-98.

judicial. Nosso sistema recursal, restou estruturado, precipuamente, na interposição de recursos baseados no interesse (egoístico) das partes, exigindo a iniciativa e o interesse do recorrente, sugerindo-lhe, assim, a impossibilidade de ser prejudicado pelo julgamento da própria inconformidade. O afastamento da presunção da vigência da proibição da *reformatio in peius* dependeria de expressa previsão legal, atribuindo ao juízo recursal esse poder. Conclui-se que o princípio da proteção da confiança, hoje incorporado pela doutrina brasileira e pela jurisprudência do Supremo Tribunal Federal e do Superior Tribunal de Justiça, aplicável ao processo civil, impõe a proibição da *reformatio in peius*.

Na atual configuração do nosso Código de Processo Civil, presumem-se protegidas contra a *reformatio in peius* todas as posições jurídicas de vantagem que o recorrente teria obtido caso não houvesse interposto sua inconformidade. As limitações decorrentes da exigência de interesse recursal, do efeito devolutivo dos recursos, e das normas de preclusão (em sentido amplo) são apenas o ponto de partida para a delimitação do âmbito de incidência do proibitivo. A alteração da esfera jurídica do recorrente, em seu prejuízo, pode decorrer de qualquer conteúdo decisório que contenha eficácia ou produza efeitos significativos nesse sentido. Todavia, a exigência de otimização dos direitos fundamentais não permite que a proteção conferida pela proibição da *reformatio in peius* seja limitada por tais figuras processuais.

De qualquer modo, não se pode pretender que a proibição da *reformatio in peius* assegure ao recorrente proteção incondicional de toda e qualquer posição jurídica de vantagem (*Besitzstand*), hipoteticamente consolidável na ausência de impugnação. Tal como ocorre com os demais princípios do processo civil, em situações excepcionais, o proibitivo pode ceder quando a legislação coloque em destaque interesses com ele conflitantes, a exemplo da necessidade de tutelar o interesse público ou o interesse da parte contrária.[407] Conforme salienta Eduard Bötticher, a posição jurídica de vantagem conquistada pelo recorrente, aparentemente digna de proteção, poderá ser afastada quando perca sustentação em seus fundamentos.[408]

Assim, no ordenamento jurídico brasileiro, a norma geral de proibição da *reformatio in peius* somente poderia ser afastada pelo legislador em situações excepcionais. Na ausência de previsão legal clara e inequívoca, atribuindo ao

---

[407] Essa necessidade de ponderação também é defendida por Bernhard-Michael Kapsa, embora considere tratar-se de princípio infraconstitucional e, por isso, plasmável pelo legislador segundo critérios de conveniência político-jurídica. Na sua concepção, havendo previsão legal quanto ao assunto, não existiria nenhuma necessidade de lançar-se mão de tais mecanismos exegéticos. "Andererseits kann der Schutz des Anfechtenden aber nicht absolut gesehen werden und stets unbedingten Vorzug beanspruchen. Wie jedes andere Verfahrensprinzip muss auch das Verbot der reformatio in peius zurücktreten, wenn und soweit das Gesetz den entgegenstehenden Interessen, d. h. den Belangen des Gegners oder der Allgemeinheit, ausnahmsweise eine höheren bedeutung zuerkennt als dem Schutzinteresse des Rechtsmittelklägers. Die anschliessende Frage isto also, unter welchen Umständen es die gesetzliche Frage ist also, unter welchen Umständen es die gesetzliche Wertung erlaubt, das Verbot der reformatio in peius hintanzustellen; in diesem Fall bestände zwar dem äusseren Anschein nach ebenfalls ein Besitzstand, er würde jedoch letztlich auf einer "unhaltbaren Grundlage" beruhen". Ver: KAPSA, Bernhard-Michael. *Das Verbot der reformatio in peius im Zivilprozess.* Berlin: Duncker e Humblot, 1976. p. 117).

[408] BÖTTICHER, Eduard. Reformatio in peius und Prozessurteil. *ZZP*, n. 65, p. 464-468, 1952.

juízo recursal competência para agir de ofício em prejuízo do recorrente, a reforma para pior ofenderia o direito fundamental à proteção da confiança.

3.2. A natureza do direito demandado e a sua relação com a abrangência da proteção conferida pelo proibitivo

Como o objeto do processo civil trata em geral de direito disponível, devemos analisar se o poder de disposição existente no plano do direito material relaciona-se com os limites da proibição da *reformatio in peius*. Cumpre questionarmos se a indisponibilidade do direito material, deduzido em juízo, pode autorizar que, em alguns casos, ocorra agravamento na situação do recorrente, em decorrência da atuação *ex officio* do juízo recursal, pautado, eventualmente, pela primazia do interesse material protegido, a exemplo do direito de família, no qual se permite a fixação de alimentos provisórios ou provisionais independentemente de pedido da parte (art. 7º, Lei nº 8.560/1992).[409] Como ressalta Wolfgang Grunsky, as exceções previstas em lei ao princípio dispositivo decorrem do interesse público. Todavia, não se pode presumir a existência de exceção sempre que o interesse público predomine, a exemplo do que ocorre como o processo penal.[410]

Como os planos do direito material e do direito processual são independentes, não se poderia buscar na própria relação jurídica material – no seu atributo disponibilidade – a validade da proibição da *reformatio in peius*. A aferição da "piora" não resulta diretamente da existência de prejuízo efetivamente existente no plano do direito material,[411] mas sim da deterioração hipotética da "posição jurídica" de vantagem que o recorrente haveria conquistado caso não houvesse impugnado a decisão (*Besitzstand*), compreendendo os prejuízos do ponto de vista prático.[412]

---

[409] Conforme assevera Carlos Alberto Alvaro de Oliveira, "às vezes, no caso concreto, os valores que informam o princípio dispositivo em sentido material são ultrapassados por outros de maior relevância" (ver: ALVARO DE OLIVEIRA, Carlos Alberto. *Teoria e prática da tutela jurisdicional*. Rio de Janeiro: Forense, 2008. p. 114).

[410] Todavia, a natureza indisponível do direito deduzido em juízo, embora não afaste a incidência do princípio dispositivo, impede, por exemplo, que as partes transijam em juízo (ver: GRUNSKY, Wolfgang; BAUR, Fritz. *Zivilprozessrecht*. 12. ed. München: Luchterhand, 2006. p. 24). No mesmo sentido, coloca-se a relevante lição de Giovanni Tesoriere, segundo a qual, ainda quando possua como objeto direito indisponível, o processo, em razão disso, não deixa de "ser disponível", pois o exercício da jurisdição sempre se condiciona ao exercício da ação. Assim, embora as partes não possuam poder de disposição sobre a relação jurídica de direito material deduzida em juízo, podem expressar sua vontade no não prosseguimento da demanda (ver: TESORIERE, Giovanni. *Contributo allo studio delle preclusioni nel processo civile*. Padova: Cedam, 1983. p. 154-155).

[411] Muito menos ainda decorre da comparação qualitativa entre a decisão atacada e aquela proferida pelo juízo recursal, como ocorrida à época do emprego da expressão por Ulpiano. Nesse sentido: EGGER, Walter. *Die reformatio in peius im Zivilprozessrecht*. Zürich: Hans Schellemberg, Winterthur, 1985. p. 6; KLAMARIS, Nikolaos. *Das Rechtsmittel der Anschlussberufung*. Tübingen: J.C.B. Mohr, 1975. p. 112; RICCI, Hans-Peter. *Reformatio in peius und Anschliessung an das Rechtsmittel im Zivilprozess*: unter vergleichweiser Heranziehung des Strafprozesses und des Steuerjustizverfahrens. Zürich: Winterthur, 1955. p. 10 *et seq*.

[412] KUHLMANN, Axel. *Das Verbot der reformatio in peius im Zivilprozessrecht*. Berlin: Duncker Humblot, 2010. p. 49.

Isso não significa dizer que as consequências do novo pronunciamento jurisdicional no plano do direito material não possuam qualquer relevância para a apuração da *reformatio in peius* ou, ainda, que a disponibilidade do direito material se dissocie totalmente do proibitivo. A atividade jurisdicional pressupõe a existência e a atuação em concreto das normas materiais. Todavia, o plano do Direito Substancial representaria um *prius* lógico em relação ao Direito Processual.[413] O processo, como instrumento de realização de direitos, pressupõe sempre o direito material, mas não necessariamente como realidade, e sim como mera afirmação em juízo, enquadrável dentro do esquema normativo.

Acerca do assunto, assim preleciona Elio Fazzalari:

In altri termini la intera situazione sostanziale preesistente, mentre constituisce in limine, allo stato di mera affermazione, pressuposto per lo svolgimento del processo, rappresenta, alla fine, ma allo stato di realtà effettiva (rectius: accertata), pressuposto della sentenza di accoglimento: cioè legittima il giudice a emanare il provvedimento e le parti a riceverne gli effetti.[414]

Por tal razão, equivocam-se aqueles que pretendem dissociar completamente o direito material do direito processual. Como bem salienta Klaus Cohen-Koplin em sua crítica a respeito do conceito de parte na doutrina processual civil, não se pode descurar das relações necessárias do processo civil com o "direito material em estado de alegação, que forma o seu conteúdo".[415] O caráter instrumental do processo demonstra a sua finalidade para, além da pacificação social e tutela dos direitos subjetivos, também realizar o direito material.[416] De fato, a existência do direito material é apenas pressuposto lógico do processo, pois a pretensão é deduzida em juízo *in status assertionis*.[417]

Nesse sentido, a deterioração na posição jurídica de vantagem do recorrente, no que interessa à proibição da *reformatio in peius*, deverá levar em consideração o direito material deduzido em juízo *in status assertionis*.

Todavia, disso não se deduz a possibilidade de o juízo recursal atuar de ofício examinando capítulos da decisão não impugnados, pelo simples fato de tratarem de direitos indisponíveis. O caráter público da matéria do objeto do processo, portanto, não influencia diretamente os limites dos poderes decisórios do juízo *ad quem,* de modo a legitimar uma *reformatio in peius*. A violação de direito indisponível não permite que o juiz inicie o processo de ofício, sendo necessária a iniciativa das partes ou do Ministério Público, aplicando-se, nesse aspecto, o princípio dispositivo em sentido material (ou princípio da demanda).

---

[413] FAZZALARI, Elio. *I processi nell'ordinamento italiano*. Padova: Cedam, 1973.p. 138.

[414] FAZZALARI, Elio. *Note in tema di diritto e processo*. Milano: Giuffrè, 1953. p. 136.

[415] COHEN-KOPLIN, Klaus. Considerações críticas sobre o conceito de 'parte' na doutrina processual civil. *Revista da Faculdade de Direito Ritter dos Reis,* Canoas, v. 6, 2003. p. 284.

[416] Nesse sentido discorre Carlos Alberto Alvaro de Oliveira: "Além disso, a mais evidente prova da relação entre ambos os campos consiste na natureza instrumental do direito processual, chamado a intervir ao se verificar alguma crise, efetiva ou virtual, no plano do direito material, inclusive em caráter preventivo e até abstrato. E assim é porque uma das finalidades precípuas (além da pacificação) consiste na efetiva realização do direito material, de modo a se alcançar a necessária justiça do caso concreto." Ver: ALVARO DE OLIVEIRA, Carlos Alberto. *Teoria e prática da tutela jurisdicional*. Rio de Janeiro: Forense, 2008. p. 92-93.

[417] Nesse sentido, analisando amplamente as relações entre os planos processual e material, ver: TUCCI, José Rogério Cruz e. *A causa petendi no processo civil*. 2. ed. São Paulo: Revista dos Tribunais, 2001. p. 131.

Embora as partes não possuam poder de disposição sobre a relação jurídica de direito material deduzida em juízo, podem expressar sua vontade no não prosseguimento da demanda.[418] Como ressalta Piero Calamandrei, não se pode confundir "iniciativa pública" com "iniciativa oficial".[419] Embora a natureza indisponível do direito material deduzido em juízo possa influenciar o ambiente interno do processo,[420] essa característica não se mostra suficiente para afastar a proibição da *reformatio in peius*.

Em consequência disso, a natureza da relação jurídica de direito material objeto do processo não se relaciona com a base teórica da proibição da *reformatio in peius*, tampouco influencia diretamente no seu âmbito de abrangência. A atividade jurisdicional no processo civil destina-se a decidir a demanda proposta da maneira mais adequada possível, porém levando em consideração os fatos trazidos aos autos pelas partes e os limites traçados pelos pedidos.[421]

3.3. Os limites traçados pelo efeito devolutivo dos recursos

Destacamos anteriormente a insuficiência do princípio dispositivo para embasar teoricamente ou definir o alcance da proibição da *reformatio in peius*. Igualmente, as normas da recorribilidade parcial (art. 1.014, NCPC – art. 505, CPC/73), da vinculação do tribunal ao pedido do recorrente (art. 1.013 e art. art. 515, *caput*, CPC) e do efeito substitutivo limitado ao objeto da impugnação (art. 512, CPC), mesmo quando associadas à exigência de interesse recursal (art. 996, NCPC; art. 499, CPC/73) permitem identificarmos apenas em parte os limites decisórios do juízo *ad quem*.

Assim, espera-se que de uma apelação parcial somente possa resultar uma reforma também parcial. Também se presume que o novo julgamento não poderia prejudicar o apelante em razão da exigência de interesse recursal.[422] Esse

---

[418] Nesse sentido, ver: TESORIERE, Giovanni. *Contributo allo studio delle preclusioni nel processo civile*. Padova: Cedam, 1983. p. 154-155.

[419] "Si noti, per esattezza di terminologia, che questa contrapposizione tra Il sistema della iniziativa ufficiale e Il sistema della iniziativa di parte non coincide perfettamente con quella che si protrebbe basare sulla differenza tra iniziativa pubblica e iniziativa privata. Vi possono essere infatti certi tipi di processo in cui, mentre l'organo giudiziario non può procedere di própria iniziativa, Il potere di proporre la domanda e di stimolare cosi l'attività dell'organo giudiziario è affidato, anzichè al privato, a un apposito organo dello Stato (pubblico ministero), il quale agisce come parte pubblica. In un siffatto sistema l'iniziativa è pubblica (in quanto parte de un organo pubblico) ma non è ufficiale, in quanto se questa parte pubblica non si muove, il giudice non può procedere ex officio" (CALAMANDREI, Piero. *Istituzioni di diritto processuale civile*: secondo Il nuovo Codice, Parte Prima. Padova: CEDAM, 1943. p. 183).

[420] A respeito da limitação ao princípio dispositivo em decorrência da natureza do direito material deduzido em juízo, ver: HABSCHEID, Walther J. *Schweizerisches Zivilprozess und Gerichtsorganisationsrecht. Ein Lehrbuch seiner Grundlagen*. 2. ed. Basel und Frankfurt am Main: Helbing und Lichtenhahn, 1990, pp. 310-311; GRUNSKY, Wolfgang; BAUR, Fritz. *Zivilprozessrecht*. 12. ed. München: Luchterhand, 2006. p. 24; BARBIERI, Maurício Lindenmeyer. Implicações do princípio dispositivo nos poderes instrutórios do juiz. In: ALVARO DE OLIVEIRA, Carlos Alberto et al. *Prova cível*. Rio de Janeiro: Forense, 1999.

[421] Ver: STÜRNER, Michael. *Die Anfechtung von Zivilurteile. Eine funktionelle Untersuchung der Rechtsmittel im deutschen und englischen Recht*. München: C. H. Beck, 2002. p. 34.

[422] Nesse sentido: ARAÚJO CINTRA, Antônio Carlos de. *Sobre os limites objetivos da apelação cível*. São Paulo: s/ed., 1986, p. 67-68;

é o primeiro parâmetro para definirmos a liberdade decisória do juízo recursal e, também, a base sobre a qual se funda expectativa do recorrente na manutenção das vantagens já obtidas com a decisão impugnada.

Nossa tese centra-se nos limites adicionais à liberdade decisória do juízo *ad quem* impostos pela proibição da *reformatio in peius*, sobretudo compreendida como decorrência do direito fundamental à proteção da confiança (fundamento constitucional). A própria articulação das dimensões do efeito devolutivo (extensão e profundidade) e a sua eventual associação ao denominado efeito translativo demandam a incidência do instituto em exame.

Da mesma forma, a interpretação do pedido "concreto" do recurso, essencial à delimitação da abrangência do efeito devolutivo do recurso (*tantum devolutum quantum appellatum*; art. 1.013, *caput*, NCPC; art. 515, *caput*, CPC/73), além de assentar-se sobre terreno pantanoso, não elimina todas as incertezas. O juiz deve, no caso concreto, analisar com cautela as circunstâncias envolvidas, pois a piora na posição jurídica do recorrente – compreendida como a desvantagem prática resultante da perda de alguma posição de vantagem material ou processual – também pode decorrer do acolhimento total de seu próprio pedido.[423] Relembre-se do exemplo no qual o apelante postulava a substituição do índice de correção monetária aplicado pela sentença por outro erroneamente considerado mais benéfico.[424]

A associação do requisito de admissibilidade interesse recursal com a vinculação do tribunal ao pedido do apelante (art. 1.013, *caput*, NCPC; art. 515, *caput*, CPC/73) igualmente não nos parece suficiente para afastar a prevalência do interesse público na extinção integral da demanda. Caso apenas o autor apele da sentença que julgou parcialmente procedente a demanda, questiona-se se o tribunal, verificando a ausência das condições da ação, ou pressupostos processuais, poderia/deveria extinguir integralmente o processo. Indaga-se: o conhecimento de ofício dessas matérias de ordem pública permite a desconstituição do capítulo da sentença favorável ao apelante, contra o qual não tenha se insurgido a parte contrária? Como as partes não podem dispor dos pressupostos processuais e das condições da ação, o vínculo do tribunal ao pedido do apelante não elucida, por si só, a questão, ainda que se logre descobrir a "intenção concreta" do recorrente. Muitos são os posicionamentos doutrinários e jurisprudenciais no sentido de que o conhecimento *ex officio* das condições da ação e dos pressupostos processuais se baseia no interesse público, possuindo prevalência sobre o interesse do recorrente na manutenção do capítulo decisório favorável (ou menos desfavorável!), o que poderia autorizar a proibição

---

[423] Quanto ao assunto, relevante a análise feita por Carlos Eduardo Stefen Elias: "(...) a avaliação do prejuízo ocasionado pela decisão da apelação deve ser sempre realizada de acordo como às circunstâncias específicas de cada caso. O prejuízo não se configura com a mera afirmação do litigante, pela sua *impressão* ou pelo seu sentimento. É necessário que, no cotejo entre o interesse do recorrente e o que lhe foi concedido pelo órgão jurisdicional, seja verificado que a decisão do recurso colocou a parte recorrente em situação menos favorecida do que a de que ele gozava antes da interposição do recurso. A situação de desfavorecimento pode tanto envolver o Direto Material quanto o direito meramente processual". Ver: STEFEN ELIAS, Carlos Eduardo. *Apelação:* os limites objetivos do efeito devolutivo. São Paulo: Atlas, 2010, p. 75.

[424] Ver: LIMA JÚNIOR, Dárcio Franco. *Limites Objetivos da Apelação Civil*. Dissertação de Mestrado apresentada na Universidade Federal do Rio Grande do Sul. Porto Alegre, 2011, p. 148.

da *reformatio in peius*. Isso também é sustentado na Itália e, principalmente, na Alemanha, onde o *Bundesgerichtshof* possui incontáveis decisões nesse sentido.[425] Conforme a célebre afirmação de Adolf Wach, "a vontade das partes não possui mais poder nas instâncias superiores do que possuía nas inferiores" (no original: *der Wille der Parteien vermöge in der höheren Instantz nicht mehr als in der unteren*).[426] O princípio dispositivo em sentido próprio (ou material), do qual decorre a regra da vinculação do juízo ao pedido, cede diante da indisponibilidade de certas questões processuais. Daí a relevância da afirmação de Adolf Wach.

Da mesma forma, o novo Código de Processo Civil, assim como ocorria com o diploma processual de 1973, desvincula o juiz do pedido formulado pelas partes em outros dispositivos, a exemplo da fixação de honorários advocatícios (art. 85, NCPC – art. 20, CPC/73), dos juros legais (art. 322, § 1°, NCPC – art. 293, CPC/73), da correção monetária (art. 322, § 1°, NCPC), das prestações sucessivas (art. 323, NCPC; art. 290, CPC/73), dentre outros. A vinculação do tribunal ao pedido da parte (art. 1.013, *caput*, NCPC – art. 515, *caput*, CPC/73) silencia quanto à possibilidade de que essas verbas sejam fixadas ou alteradas de ofício pelo juízo recursal, em desfavor do apelante. O autor não requer na petição inicial sua própria condenação em honorários de sucumbência, para a hipótese de desacolhimento da demanda. Tampouco seu interesse diz ou poderia dizer respeito a isso, muito embora deva contar com essa possibilidade, decorrente de previsão legal clara e inequívoca. O legislador omite-se quanto à possibilidade e aos limites da aplicação *ex officio* dessa norma no julgamento da apelação. Também a fixação de alimentos provisórios ou provisionais, independentemente de pedido da parte (art. 7°, Lei n° 8.560/1992), traz o questionamento acerca da possibilidade de alteração do valor dos alimentos prestados, sem pedido da parte interessada ou do Ministério Público, em desfavor do recorrente.

Embora a devolutividade do recurso limite o âmbito decisório e faça presumir a vigência de uma norma geral de proibição da *reformatio in peius*, o desafio lançado pelas questões acima mencionadas demonstra a insuficiência do pedido da apelação, mesmo quando associado ao interesse, para demarcar as situações nas quais o juízo recursal possa atuar de ofício em desfavor do recorrente. A base constitucional da proteção da confiança impede que o proibitivo seja confundido com os limites decisórios traçados diretamente pelo pedido recursal (ou com o efeito devolutivo).

---

[425] A jurisprudência, do mesmo modo como a doutrina, sempre foi muito dividida no tratamento do assunto. Ver: BÖTTICHER, Eduard. *Reformatio in peius und Prozessurteil, in ZZP* 65 (1952), p. 468; KAPSA, Bernhard-Michael. *Das Verbot der reformatio in peius im Zivilprozess*. Berlin: Duncker & Humblot, 1976, pp. 110-117. ROSENBERG, Leo; SCHWAB, Karl Heinz; GOTTWALD, Peter. *Zivilprozessrecht*, 17. ed. München: Verlag C. H. Beck München, 2010, pp. 811-812, § 139, 11; THOMAS/PUTZO. *Zivilprozessordnung (ZPO). Kommentar*, 32. ed., München: Verlag C.H. Beck München, 2011, § 528, pp. 743-744; ZÖLLER, Richard e outros. *Zivilprozessordnung*, 28. ed., Köln: Verlag Dr. Otto Schmidt, 2010, p. 1373 § 528, 33.

[426] WACH, Adolf: *Die reformatio in peius bei Eidesurtheilen*, in GruchB 31 (1893), p. 465 *et seq*. Apud: Kapsa, p. 115.

3.4. A delimitação do alcance da proibição da *reformatio in peius* a partir do direito fundamental à proteção da confiança

Estabelecidos os fundamentos teóricos da proibição da *reformatio in peius*, impõe-se o delineamento da abrangência da proteção por ela conferida ao recorrente. Trata-se de identificar os conteúdos decisórios dos quais possa decorrer uma posição jurídica de vantagem assegurada ao recorrente pela proibição da *reformatio in peius*.

A proibição da *reformatio in peius* decorre, principalmente, da necessidade de assegurar-se ao recorrente o direito fundamental de proteção da confiança, colocado como dimensão subjetiva da segurança jurídica. A estruturação do processo civil e do sistema recursal sugere a impossibilidade da *reformatio in peius*. A vinculação do juízo recursal ao pedido, a exigência de interesse para recorrer, a necessidade de estabilizar as decisões não impugnadas (preclusão em sentido amplo), dentre outras previsões legais, contribuem indiretamente para a existência e a fixação do âmbito de abrangência do proibitivo. A confiança na impossibilidade de uma *reformatio in peius* assenta-se, principalmente, sobre essas bases, somente podendo ser afastada por expressa disposição legal ou pela existência de valor conflitante de maior prevalência, que justifique o sacrifício deste direito fundamental. Todavia, assim como o juiz não pode iniciar o processo de ofício para reparar lesão a direito indisponível ou fundamental, também não pode o tribunal reformar capítulo irrecorrido do julgado com base nesse pretexto, sob pena de comprometer sua imparcialidade. De qualquer modo, a positivação do assunto não dispensa a análise do caso concreto.[427]

Na ausência de previsão legal em sentido contrário, o recorrente presume a impossibilidade de ser prejudicado pelo julgamento do próprio recurso. As metanormas da segurança jurídica e da efetividade exigem a inserção das regras de preclusão (sentido amplo) no processo civil.[428] Baseando-se o sistema recursal predominantemente no interesse e na iniciativa das partes, o recorrente possui razões suficientes para supor estáveis todas aquelas "vantagens" que haveria obtido com a decisão recorrida, caso não houvesse interposto seu próprio recurso.

Devem ser asseguradas ao recorrente todas as *posições jurídicas de vantagem* que teria obtido com a decisão impugnada sem a interposição do próprio recurso. Como *posição jurídica de vantagem*, compreendemos tudo aquilo que o

---

[427] A respeito da necessidade de ponderarem-se os direitos fundamentais em conflito no caso concreto, ver: GUERRA, Marcelo Lima. *Direitos fundamentais e a proteção do credor na execução civil*. São Paulo: Revista dos Tribunais, 2003. p. 96.

[428] A respeito da preclusão, ver: NEVES, Daniel Amorim Assumpção. *Preclusões para o juiz*: preclusão pro iudicato e preclusão judicial no processo civil. São Paulo: Método, 2004; RUBIN, Fernando. *A preclusão na dinâmica do processo civil*. Porto Alegre: Livraria do Advogado, 2010. p. 133 *et seq.*; TESORIERE, Giovanni. *Contributo allo studio delle preclusioni nel processo civile*. Padova: Cedam, 1983; TUCCI, Rogério Lauria. Juiz natural, competência recursal, preclusão pro iudicato, violação de literal disposição de lei e ação rescisória. *Revista dos Tribunais*, São Paulo, v. 94, n. 838, ago. 2005.

recorrente poderia exigir de uma autoridade administrativa,[429] dos tribunais ou de um terceiro, pouco importando a sua natureza (material ou processual), ou seja, tudo aquilo que caracteriza o interesse na obtenção da tutela jurisdicional. Isso também compreende aquelas posições subjetivas de menor desvantagem. Ao agir de ofício, majorando a condenação do réu no julgamento da apelação por ele próprio interposta, o tribunal coloca-o em posição jurídica de maior desvantagem, comparativamente ao que ocorreria se não impugnasse a sentença. O apelante será surpreendido por essa inquestionável reforma para pior.

A alteração da esfera jurídica do recorrente, em seu prejuízo, pode decorrer de qualquer conteúdo decisório que contenha eficácia ou produza efeitos significativos nesse sentido. As limitações decorrentes da exigência de interesse recursal, do efeito devolutivo dos recursos, e das normas de preclusão (em sentido amplo) são apenas o ponto de partida para delimitação do âmbito de incidência do proibitivo. Entretanto, a exigência de otimização dos direitos fundamentais não permite que proteção conferida pela proibição da *reformatio in peius* seja limitada por tais figuras processuais.

Todavia, nem toda posição jurídica que assegure vantagem prática obtida pelo recorrente com a decisão atacada estaria protegida pela proibição da *reformatio in peius*. Importa definirmos quais posições jurídicas de vantagem seriam outorgadas pela sentença ao recorrente, quando não houvesse a interposição de recurso, encerrando-se a relação jurídica processual. Ao imaginarmos as vantagens asseguradas ao recorrente pela ausência de recurso, e o encerramento do processo (no caso da sentença), identificamos as posições jurídicas albergadas sob o pálio protetivo da proibição de reforma para pior. É exatamente isso que a atual formatação do sistema recursal sugere ao recorrente, ou seja, que do julgamento da sua própria inconformidade não possa decorrer qualquer restrição à sua própria esfera jurídica. A isso corresponde uma confiança geral a ser protegida, pouco importando a classificação ou o enquadramento das vantagens obtidas pelo recorrente nas figuras existentes no processo civil. Também se apresentaria relevante perquirirmos, igualmente de forma ficcional, acerca das situações e circunstâncias nas quais essas vantagens consolidadas vinculam o juízo recursal.[430]

3.5. A insignificância da desvantagem resultante do novo julgamento

Somente são protegidas contra a *reformatio in peius* aquelas posições jurídicas de vantagem que possuam significado mínimo pela perspectiva da tutela

---

[429] A inaplicabilidade da proibição da *reformatio in peius* ao processo administrativo também corresponde ao entendimento consolidado na doutrina a na jurisprudência dos tribunais superiores. Isso ocorre em razão do poder de autotutela da administração pública, que deve anular os atos eivados de ilegalidade. Ao contrário do que ocorre no processo civil, existindo ou não recurso, a administração pública possui o dever de anular seus próprios atos, quando eivados de ilegalidade. Trata-se de decorrência do poder de autotutela da administração pública. Nesse sentido, ver: RMS 21981/RJ, Rel. Ministra Eliana Calmon, Superior Tribunal de Justiça, 2ª Turma, julgado em 22.06.2010, DJe 05.08.2010.

[430] KAPSA, Bernhard-Michael. *Das Verbot der reformatio in peius im Zivilprozess*. Berlin: Duncker e Humblot, 1976. p. 117.

jurisdicional dispensada. A própria aplicação do princípio da proteção da confiança exige a existência de prejuízo considerável para o particular. Segundo Valter Shuenquener de Araújo, inexistindo "qualquer espécie de prejuízo considerável para o particular, será difícil defender a plena adoção do princípio da proteção da confiança em seu favor".[431] Limitar a liberdade decisória do juízo recursal para proteger o recorrente de desvantagens irrisórias significaria negar os demais valores e escopos da jurisdição e do processo civil, em especial no que diz respeito à realização do direito objetivo, à pacificação social e à coerência dos julgados (uniformidade).

Do mesmo modo, o juízo *ad quem* não estaria impedido de substituir a decisão recorrida por outra de resultado prático equivalente, quando isso se mostrasse necessário à realização dos demais valores e finalidades do processo, sem acarretar prejuízo prático relevante ao recorrente.[432] Assim, por exemplo, no agravo de instrumento interposto pelo exequente contra decisão que negou a ampliação da penhora, não vislumbramos óbice a que o tribunal, negando provimento ao recurso, determine a substituição do bem penhorado por outro de similar liquidez, como medida necessária a assegurar o princípio da menor onerosidade da execução.

3.6. A divisão da decisão recorrida em capítulos e a proibição da *reformatio in peius*

A divisão das sentenças e das decisões interlocutórias em capítulos gerou grandes controvérsias conceituais no direito italiano, remanescendo alguns resquícios ainda hoje dessa dissonância.

Entretanto, emprega-se a técnica da divisão da sentença em capítulos para solucionar inúmeros problemas práticos. Além de contribuir para definição dos limites objetivos da coisa julgada, a segmentação do *decisum* em capítulos presta relevante auxílio na demarcação do objeto recorrível, bem como no delineamento da extensão do efeito devolutivo dos recursos parciais (art. 1.002, NCPC – art. 505 do CPC/73). Também as decisões interlocutórias podem ser segmentadas em capítulos, conforme já vinha compreendendo a doutrina e a jurisprudência na vigência do Código de 1973, entendimento reforçado no novo diploma processual pela redação do art. 1.002 (NCPC), que substitui a palavra "sentença" por "decisão" ("a *decisão* pode ser impugnada no todo ou em parte").[433] O novo Código de Processo Civil emprega expressamente a expressão "capítulo" quando trata do efeito devolutivo da apelação e dos recur-

---

[431] ARAÚJO, Valter Shuenquener de. *O princípio da proteção da confiança:* uma nova forma de tutela do cidadão diante do Estado. Niteroi: Impetus, 2009. p. 103.

[432] Segundo Bernhard-Michael Kapsa, a possibilidade de um prejuízo insignificante não justificaria limitar a liberdade decisória do juízo recursal (ver: KAPSA, Bernhard-Michael. *Das Verbot der reformatio in peius im Zivilprozess.* Berlin: Duncker e Humblot, 1976. p. 132).

[433] A segmentação da decisão em capítulos não possuiria o mesmo nível de relevância prática caso houvesse permanecido no processo civil pátrio o sistema do *beneficium commune* do apelo, no qual a cognição do juízo *ad quem* coincidia com o objeto do processo.

A proibição da *reformatio in peius* no processo civil

147

sos extraordinário e especial (art. 1.013, §1º, e art. 1034, parágrafo único, do NCPC).

No direito processual civil brasileiro, à semelhança do que ocorre na Itália, a doutrina concebe a segmentação em capítulos exclusivamente no que tange ao *decisum*, não ocorrendo o mesmo com os fundamentos da decisão. A ideia defendida por Francesco Carnelutti,[434] segundo a qual os capítulos da sentença corresponderiam à solução das questões de fato e de direito, deduzidas no processo pelas partes ou conhecidas de ofício pelo juiz para a "solução da lide", foi, ao longo do tempo, amplamente rechaçada. Piero Calamandrei já apontava para a impossibilidade de considerarmos todas as decisões de fato e de direito acertadas pelo juiz para erigir as premissas do seu silogismo como capítulos da sentença.[435] Nem todas as questões resolvidas pelo juiz no processo – em decisão interlocutória ou em sentença – constituem capítulo decisório. Como bem destaca Antonio Carlos de Araújo Cintra, muitas questões apreciadas consistem em "simples motivação integrante da cadeia lógica de formação do juízo elaborado pelo magistrado". Igualmente, careceriam de autonomia, além de não produzirem, isoladamente, qualquer gravame às partes, razão pela qual são irrecorríveis.[436] Do mesmo modo, Candido Rangel Dinamarco, após situar o tema no âmbito da teoria da sentença, afastando-o da teoria geral dos recursos, afirma que a "técnica da divisão em capítulos restringe-se ao decisório, não aos fundamentos da sentença".[437] Não se pode negar, contudo, que a segmentação apresente maior utilidade e aplicação no âmbito do sistema recursal, em especial para definição da recorribilidade e do efeito devolutivo da impugnação.

---

[434] CARNELUTTI, Francesco. *Sistema di diritto processuale civile*. Padova: Cedam, 1939. v. 2. p. 320.

[435] Confira: "Secondo me in tanto si ha um 'capo', in quanto si abbia quello che, com felice fraseologia chiovendiana, si può chiamare l'accertamento di uma singola concreta volontà di legge, cioè um atto giurisdizionale completo e tale da poter constituire da sè solo, anche separato dagli altri capi, il contenuto di uma sentenza. Non dunque possano considerarsi come altrettanti capi della sentenza tutte le decisioni di singolo questioni di diritto o di fato che il giudice abbia dovuto risolvere per preparare le premesse del suo silogismo; ma solo quelle decisioni colle quali il giudice trae delle premesse le ultime conclusioni, idonee e destinate ad acquistare forza di giudicato" (ver: CALAMANDREI, Piero. Apuntti sulla "reformatio in peius. In: *Studi sul processo civile*. Padova: CEDAN, 1934. v. 3, p. 46-47). Embora a crítica levantada contra a concepção de Carnelutti esteja correta, equivoca-se Calamandrei ao condicionar a existência de capítulo autônomo da sentença à sua aptidão para adquirir força de coisa julgada. Isso elimina do conceito de capítulo, por exemplo, a decisão que declara a parcial carência de ação, pois essa questão não seria apta a gerar coisa julgada material.

[436] ARAÚJO CINTRA, Antônio Carlos de. *Sobre os limites objetivos da apelação cível*. São Paulo: [s.n.], 1986. p. 43-44. Isso não quer dizer que a alteração da motivação pelo juízo *ad quem* não possa resultar em ofensa à proibição da *reformatio in peius*. A segmentação do julgado em capítulos contribui para a identificação da extensão do efeito devolutivo dos recursos. A *proibição da reformatio in peius*, contudo, constitui limite adicional à liberdade decisória do juízo *ad quem*, colocada a serviço principalmente do direito fundamental à proteção da confiança no processo. Quando a alteração da fundamentação da decisão causar prejuízos práticos ao recorrente, pode haver quebra da confiança legítima do recorrido.

[437] Pertinente a crítica levantada por Candido Rangel Dinamarco aos posicionamentos doutrinários que compreendem a divisão dos capítulos decisórios exclusivamente pela ótica recursal. O tema também possui relevante utilidade prática para a definição do objeto do processo e dos limites traçados para a sentença em razão do princípio da congruência, dentre outras situações. De qualquer forma, todas as conclusões do autor acentuam o caráter de utilidade prática da identificação e definição dos capítulos das sentenças (DINAMARCO, Candido Rangel. *Capítulos da sentença*. 3. ed. São Paulo: Malheiros. 2008. p. 31-32).

No que diz respeito ao estudo da proibição da *reformatio in peius*, a segmentação da decisão recorrida em capítulos, embora útil à definição da extensão do efeito devolutivo do recurso e ao alcance do proibitivo, deve ser compreendida como mera técnica. A proibição da *reformatio in peius* representa limite adicional à liberdade decisória do juízo *ad quem*, colocada a serviço, principalmente, do direito fundamental à proteção da confiança no processo. Quando a alteração da fundamentação da decisão causar prejuízos práticos ao recorrente, pode haver quebra dessa confiança legítima, violando o direito fundamental à segurança jurídica.

Assim, a determinação dos capítulos impugnados auxilia a demarcar o âmbito de abrangência do proibitivo, pois permite identificarmos com mais clareza as posições jurídicas de vantagem, embora, não necessariamente, esgote o assunto. Viola o proibitivo qualquer subtração ilegítima de posição jurídica de vantagem (*Besitzstand*) que seria conquistada pelo recorrente caso não houvesse interposto sua inconformidade. Isso também pode ocorrer quando a alteração da fundamentação do julgado possua efeitos práticos mais desvantajosos ao recorrente. Portanto, a violação da proibição *da reformatio in peius* – limite adicional à liberdade decisória do juízo *ad quem* – somente pode ser verificada no caso concreto, à luz dos valores constitucionais envolvidos. As controvérsias doutrinárias a respeito do conceito de *capítulo da sentença* (ou capítulo decisório) não alteram o âmbito de abrangência do proibitivo.

Para auxiliar no estudo da proibição da *reformatio in peius*, adotamos a doutrina de Liebman,[438] que concebe o capítulo da sentença como a decisão sobre um *objeto autônomo do processo*, no que diz respeito ao mérito ou à admissibilidade do julgamento. Trata-se, portanto, de *unidade elementar autônoma*, significando que cada unidade representa a expressão de uma *deliberação específica*, distinta das demais, exigindo a verificação de pressupostos próprios. Entretanto, como salienta Cândido Rangel Dinamarco, a distinção é meramente funcional, pois a autonomia não significa, nessa dimensão, independência, uma vez que nem todos os **capítulos autônomos** poderiam constituir o objeto de outro processo.[439] Esse conceito é amplamente aceito pela doutrina processual civil pátria, analisado com profundidade também na obra de Antonio Carlos de Araújo Cintra, com enfoque nos limites objetivos da apelação civil.[440]

Metodologicamente, sem a pretensão de vislumbrarmos o esgotamento das discussões a respeito do objeto do processo e dos capítulos decisórios, compreendemos que a segmentação das decisões deve considerar o *decisum*, embora a abrangência da proibição da *reformatio in peius* não se deixe limitar por isso. Para o proibitivo, pouco importa a localização da posição jurídica de vantagem na decisão impugnada. Como analisamos anteriormente, a alteração pelo juízo recursal da fundamentação do ato decisório também pode resultar em violação ao proibitivo, mesmo não se enquadrando no conceito de *unidade elementar autônoma*.

---

[438] LIEBMAN, Eurico Tullio. Parte o "capo" di sentenza". *Rivista di Diritto Processuale*, 1964. p. 56.

[439] DINAMARCO, Candido Rangel. *Capítulos da sentença*. 3. ed. São Paulo: Malheiros. 2008. p. 34.

[440] ARAÚJO CINTRA, Antônio Carlos de. *Sobre os limites objetivos da apelação cível*. São Paulo: [s.n.], 1986.

Uma sentença dificilmente seria constituída por um único capítulo, ao contrário do que ocorre com a maioria das decisões interlocutórias. Além do objeto principal, haveria, no mínimo, a necessidade de decidir-se acerca dos honorários advocatícios e das custas processuais.[441]

Também, as decisões interlocutórias podem ser constituídas por mais de um capítulo, embora, em geral, sejam simples (um único capítulo), a exemplo daquela que declara a presença dos pressupostos processuais e, no mesmo ato, indefere a produção de prova pericial. Disso resulta a existência de agravos parciais (agora expressamente positivados no art. 1.015 do NCPC), trazendo à baila o questionamento acerca da proibição da *reformatio in peius*. Recorrendo o interessado apenas do indeferimento da prova pericial, poderia o juízo *ad quem* declarar a inexistência das condições da ação (ou dos pressupostos processuais), extinguindo o processo? No caso do recurso interposto exclusivamente contra a rejeição da preliminar de ausência das condições da ação, poderia o juízo *ad quem* reformar o capítulo atinente à produção da prova?

A resposta a essas indagações exige a articulação dos fundamentos teóricos da proibição da *reformatio in peius* com os valores e interesses que pautam o processo civil e o sistema recursal.

Concluímos, portanto, que a técnica da divisão das decisões judiciais (sentença ou interlocutórias) em capítulos presta grande auxílio na mensuração das posições jurídicas de vantagem tuteláveis pela proibição da *reformatio in peius*.

Nessa tarefa instrumental à delimitação do âmbito de abrangência do proibitivo, qualificamos como "capítulo" todo comando decisório que possa ser individualizado, dizendo respeito ou não ao mérito.[442]

3.7. A identificação das posições jurídicas de vantagem (*Besitzstand*) protegidas pela proibição da *reformatio in peius*

Na ausência de regramento legal acerca do âmbito da abrangência da proibição da *reformatio in peius*, o alcance da proteção conferida ao recorrente é compreendido por meio da análise dos direitos fundamentais sobre os quais se funda o proibitivo, além das demais normas e institutos do processo civil, em especial aquelas atinentes ao sistema recursal, aos poderes do juiz, à preclusão e à exigência de estabilização dos julgados contida no art. 5º, XXXVI, da Constituição Federal.

Como bem assevera José Carlos Barbosa Moreira, a efetividade na prestação da tutela jurisdicional pressupõe um processo civil dotado de "instrumentos de tutela adequados, na medida do possível, a todos os direitos e posições

---

[441] DINAMARCO, Candido Rangel. *Capítulos da sentença*. 3. ed. São Paulo: Malheiros. 2008. p. 35.

[442] A segmentação da sentença em capítulos que correspondem aos comandos (*statuizione*) decisórios individualizáveis também corresponde ao pensamento de Elio Fazzalari (*Il giudizio civile di cassazione*. Milano: Giuffrè, 1960. p. 145-146). No mesmo sentido, posicionam-se os processualistas em nosso país, como explanamos.

jurídicas de vantagem contempladas no ordenamento".[443] A proteção conferida pela proibição da *reformatio in peius* deveria abranger as mais variadas posições jurídicas de vantagem, que seriam incorporadas à esfera jurídica do recorrente, caso se mantivesse inerte. A proteção conferida deve ser a mais abrangente possível, assegurando, assim, o máximo de segurança jurídica e efetividade processual. Também as **decisões interlocutórias, puramente processuais**, que outorguem às partes posição jurídica de vantagem no ambiente interno do processo, podem identificar padrões a serem protegidos pelo proibitivo. Os valores da efetividade e da segurança jurídica também exigem a estabilização de certas posições outorgadas ao longo do desenvolvimento do processo.

Em regra, apura-se a existência da *reformatio in peius* cotejando-se a decisão impugnada com o resultado do julgamento do recurso, sob o ponto de vista das situações de vantagem (materiais ou processuais) que seriam conquistadas pelas partes, caso não houvessem estas interposto recurso. Após realizado o cotejo entre as posições de vantagem, já "conquistadas" pelo insurgente na decisão recorrida, e aquelas estabelecidas na nova decisão, afirma-se que a *reformatio in peius* possa ser *quantitativa* como *qualitativa*.

O **agravamento** *quantitativo*, critério mais utilizado na prática, ocorre quando o juízo recursal aumenta a condenação já suportada pelo recorrente ou lhe retira alguma vantagem (material ou processual), anteriormente concedida com a decisão do juízo *a quo* que, inexistindo recurso, incorporar-se-ia à sua esfera jurídica. Já o **agravamento** *qualitativo* ocorre quando o pronunciamento do juízo *ad quem* modifica o teor da decisão impugnada, colocando o recorrente em situação mais desfavorável do ponto de vista prático.[444]

A diferenciação é assim definida e exemplificada por José Carlos Barbosa Moreira:

> É *qualitativa* a diferença quando se substitui a providência jurisdicional por outra, de teor diverso, praticamente menos vantajosa ainda para o recorrente. Exemplo: (a) Tício, condenado ao pagamento de multa por suposta infração do contrato celebrado com Caio, recorre, sozinho, sustentando a inexistência da infração, e o órgão *ad quem* decreta a resolução do contrato. É *quantitativa* a diferença quando se onera o recorrente com um *plus*, ou se lhe retira tudo ou algo do que lhe concedera o órgão *a quo*. Exemplos: (b) Tício recorre, sozinho, contra a decisão que decretara a resolução do contrato, e o órgão *ad quem* condena-o, mais, a pagar a Caio perdas e danos; (c) Tício, condenado ao pagamento de "x", recorre sozinho, e o órgão *ad quem* condena-o a pagar

---

[443] A proteção dispensada pela proibição da *reformatio in peius* pode abranger todas aquelas posições jurídicas de vantagem tuteláveis pela jurisdição civil, por meio de um processo efetivo. Para José Carlos Barbosa Moreira, o processo como instrumento efetivo deve dispor de "instrumentos de tutela adequados, na medida do possível, a todos os direitos e posições jurídicas de vantagem contempladas no ordenamento; tais instrumentos devem ser praticamente utilizáveis, sejam quais forem os titulares das posições jurídicas de vantagem, ainda quando indeterminados ou indetermináveis os seus sujeitos; há que se assegurar condições capazes de permitir uma exata e completa reconstituição dos fatos relevantes, de modo a permitir que o convencimento do juiz corresponda, tanto quanto possível, à verdade; o processo deve ser capaz de assegurar a quem tem uma posição jurídica de vantagem, na medida do possível, tudo aquilo, e precisamente aquilo, a que faz jus, assegurando-lhe o pleno gozo da específica utilidade a que tem direito; cumpre assegurar que tal resultado seja alcançado com o mínimo dispêndio de tempo e energias" (BARBOSA MOREIRA, José Carlos. Notas sobre o Problema da Efetividade do Processo. In: *Temas de direito processual*. São Paulo: Saraiva, 1984. p. 27-28).

[444] BARIONI, Rodrigo. *Efeito devolutivo da apelação cível*. São Paulo: Revista dos Tribunais, 2007. p. 54-55.

$x + y$; (d) Caio, que em primeira instância obtivera apenas x, recorre sozinho, para pleitear y, e o órgão *ad quem* nega-lhe tanto y quanto x.[445]

Em se tratando da proibição da *reformatio in peius*, a discussão a respeito da deterioração *qualitativa* na situação do recorrente representa boa parte das questões mais complexas que se apresentam na prática dos nossos tribunais e na doutrina, em especial por relacionar-se à alteração dos fundamentos da decisão ou às eficácias da sentença.

Devem ser asseguradas ao recorrente as posições jurídicas de vantagem que a formatação do sistema recursal faça presumir estivessem incorporadas à sua esfera jurídica, na ausência de impugnação pela parte adversa. Essas **posições jurídicas de vantagem são bem representadas pela expressão *Besitzstand***, amplamente utilizada no direito germânico para o estudo do alcance da proteção conferida ao recorrente.[446] Embora a tradução de *Besitzstand* para a língua portuguesa corresponda literalmente a "estado de posse/propriedade", a ideia pode ser melhor traduzida por "posição" ou "situação" jurídica de vantagem, que seria consolidada em favor do recorrente, caso não houvesse impugnado a decisão prolatada. Ou seja, compreende todas aquelas vantagens que, não impugnadas pela parte adversa, o recorrente teria conquistado sem a interposição do seu próprio recurso.

A identificação das posições jurídicas de vantagem (*Besitzstandes*) conquistadas pelas partes com a decisão (ir)recorrida, que seriam potencialmente estabilizadas em favor do recorrente, em face da inércia dos demais legitimados, representa o primeiro passo para definirmos o âmbito de abrangência da proteção conferida pelo proibitivo.

No questionamento acerca da abrangência da proibição da *reformatio in peius*, devemos considerar o que o recorrente teria obtido sem a sua impugnação. Isso significa, inicialmente, que apenas os recorrentes que tenham conquistado direitos ou posições jurídicas de vantagem com a decisão atacada podem ser protegidos pelo proibitivo.[447]

A tutela jurisdicional expressada pela sentença de mérito pode outorgar às partes múltiplas posições jurídicas das quais decorra maior ou menor benefício (vantagem), compreendendo, com isso, todo o conteúdo eficacial da sentença. Essa concepção é especialmente importante à proteção do recorrente contra a *reformatio in peius* qualitativa.

Também as **decisões interlocutórias, mesmo quando não possuam significado fora do ambiente processual**, podem conferir aos litigantes maior ou menor vantagem, no sentido de influenciar o resultado do processo. O processo civil, embora destinado à tutela jurisdicional dos direitos (à tutela da crise

---

[445] BARBOSA MOREIRA, José Carlos. *Comentários ao Código de Processo Civil*. 14. ed. Rio de Janeiro: Forense, 2008. v. 5, p. 433.

[446] Aponta-se que a expressão *Besitzstand* teria sido empregada pela primeira vez com esse significado e para esse propósito específico, em 1952, por Eduard Bötticher (ver: BÖTTICHER, Eduard. Reformatio in peius und Prozessurteil. *ZZP*, n. 65, p. 464-468, 1952).

[447] Nesse sentido, ver: KAPSA, Bernhard-Michael. *Das Verbot der reformatio in peius im Zivilprozess*. Berlin: Duncker e Humblot, 1976. p. 169-170.

sofrida pelo direito material), possui exigências internas próprias, que regram a participação e a atividade das pessoas (juiz e partes) no seu ambiente interno. A sentença não pode ser concebida como um ato isolado do juiz, devendo considerar toda a cadeia dos atos processuais que a antecederam. A produção de determinada prova pode ser essencial para que a parte, demonstrado o seu direito, aumente as chances de sagrar-se vitoriosa na demanda. Nesse sentido, as decisões interlocutórias também podem outorgar às partes posições jurídicas de vantagem, dignas de serem tuteladas no ambiente interno do processo.

Quando sobre as decisões interlocutórias se opere a preclusão, o recorrente possui a justa expectativa de que estejam estabilizadas a seu favor no ambiente processual. A decisão do tribunal que, julgado agravo de instrumento interposto por uma das partes, frustre essa confiança, atenta, em tese, contra a proibição da *reformatio in peius*.

Como ressalta Michele Taruffo, existem apenas verdades relativas, dentro e fora do processo.[448] Assim, a intangibilidade da descoberta da verdade absoluta ressalta a importância da noção de *justiça procedimental*, no qual a "justiça" da prestação jurisdicional se justifica processualmente, assegurando-se o devido processo legal, com respeito à correta aplicação das regras procedimentais, e o pleno exercício do contraditório, proporcionando aos litigantes condições para a argumentação prática racional.[449] Conforme a lição de Nicolas Picardi, como o juiz não opera em um quadro de certeza, mas tão somente do provável e do razoável, a justiça que administra também seria relativa. Daí afirmar que o único parâmetro "per commisurare la 'giustizia' della sua decisione è representato dal fatto che egli giunge alla decisione solo all'esito di um determinato procedimento: fino a ieri, um "processo"; oggi, um 'giusto processo'".[450] Isso demonstra a importância de limitar a liberdade decisória do juízo recursal também no julgamento de recursos interpostos contra as decisões interlocutórias. As posições jurídicas que atribuam vantagem às partes no desenvolvimento do processo não podem ser subtraídas ao recorrente pela atuação oficiosa do juízo

---

[448] TARUFFO, Michele. *La prova dei fatti giuridici:* nozioni generali. Milano: Giuffrè, 1992. p. 8 *et seq.* Consultar, também: KNIJNIK, Danilo. *A prova nos juízos cível, penal e tributário.* Rio de Janeiro: Forense, 2007. p. 14.

[449] Nesse sentido, dentre outros: PICARDI, Nicola. Il principio del contraddittorio. *Rivista di Diritto Processuale*, v. 52, p. 678; ZANETI JÚNIOR, Hermes. *Processo constitucional:* o modelo constitucional do processo civil brasileiro. Rio de Janeiro: Lumen Juris, 2007. p. 114-116. Conforme destaca Daniel Mitidiero, o "Estado Constitucional revela sua juridicidade no processo", exigindo que as decisões do juiz sejam necessariamente justas e "dimensionadas na perspectiva dos diretos fundamentais" (ver: MITIDIERO, Daniel. *Colaboração no processo civil:* pressupostos sociais, lógicos e éticos. São Paulo: Revista dos Tribunais, 2009. p. 76). Acerca do assunto, consultar também: MARINONI, Luiz Guilherme. *Teoria geral do processo.* São Paulo: Revista dos Tribunais, 2006. p. 455 *et seq.* Acerca da justiça procedimental nos sistemas do *common law*, ver: RAWLS, John. *A Theory of Justice.* Cambridge, Massachusetts: The Belknap, 1999. p. 173.

[450] "Ad uma prima approssimazione, l'espressione 'giusto processo' (o l'equivalente 'processo equo') è sembrata non correta, in quanto la 'giustizia' dovrebbe constituire più la qualità del risultato, la sentenza, che la caratteristica dello strumento adoperato per ottenerlo, il processo. Il singolo meccanismo processuale, in sé considerato, non sarebe né giusto né ingiusto, ma solo legitimo o ilegítimo; efficace o inefficace. Tuttavia, nel nostro mondo, come non vi è una 'giustizia' oggettiva ed assoluta. Il giudice non opera in un quadro di certezze, ma sollo nell'ambito del probabile e dell ragionevole: la 'giustizia' che egli soministra è anch'essa una giustizia relativa. Unico parametro per commisurare la 'giustizia' della sua decisione è representato dal fatto che egli giunge alla decisione solo all'esito di um determinato procedimento: fino a ieri, um 'processo'; oggi, um 'giusto processo'". Ver: PICARDI, Nicola. *Manuale del processo civile.* 3. ed. Milano: Giuffrè, 2013. p. 235.

ad quem. A proibição da *reformatio in peius* visa assegurar ao recorrente (inclusive ao agravante) tudo aquilo que teria obtido sem a impugnação do julgado. A confiança do agravante na estabilização da decisão interlocutória preclusa também deve ser protegida da *reformatio in peius*.

A identificação dos capítulos vantajosos ao recorrente que não tenham sido devolvidos ao exame do juízo *ad quem* pela impugnação da parte contrária permite identificarmos a maior parte das posições jurídicas de vantagem protegidas contra a *reformatio in peius*. Cada capítulo favorável ao recorrente – não devolvido ao tribunal por recurso da parte contrária, do Ministério Público, do terceiro interessado ou, ainda, em decorrência do reexame necessário – representa uma posição de vantagem estabilizada (*Besitzstand*), incorporada à sua esfera jurídica, compreendida no âmbito de alcance da proibição da *reformatio in peius*.

A técnica da segmentação das decisões em capítulos leva em conta apenas o *decisum*, não abrangendo, por exemplo, a motivação.[451] Entretanto, a proteção conferida pelo proibitivo não se limita à preservação dos capítulos favoráveis não devolvidos ao juízo *ad quem*. O embasamento da proibição da *reformatio in peius* no princípio da segurança jurídica impõe a preservação de qualquer posição de vantagem que teria sido incorporada à esfera jurídica do recorrente, caso não houvesse interposto sua inconformidade. Isso não se limita aos capítulos aptos à formação de coisa julgada material. A proteção se estende às demais espécies de posições jurídicas que outorguem vantagem prática ao recorrente, compreendendo, inclusive, aquelas que possam ser impostas no ambiente interno do processo ou decorram da fundamentação.[452]

O primeiro padrão para determinar o alcance da proibição da *reformatio in peius* consiste em identificar o conteúdo decisório apto a integrar a coisa julgada material,[453] ou seja, a maior ou menor extensão da *auctoritas rei*

---

[451] É justamente no dispositivo das decisões que se estabelecem os comandos que podem afetar as esferas jurídicas dos litigantes. Disso decorre o entendimento geral pela ausência de interesse em recorrer-se da motivação da decisão. Até mesmo os recursos marcados pela forte presença do interesse público no aperfeiçoamento técnico do direito e na uniformidade da prestação jurisdicional dispensam o exame de erros na motivação que não afetem a parte dispositiva do julgado. Elio Fazzalari aborda o tema ao tratar do juízo de cassação no direito italiano (ver: FAZZALARI, Elio. *Il guiudizio civille di cassazione*. Milano: Dott. A. Giuffrè Editore, 1960. p. 72-73). Consulte-se, também, a esse respeito, as formulações de Peter Gilles (ver: GILLES, Peter: Anschliessung, Beschwer, Verbot der Reformatio in peius und Parteidispositionen über die Sache in höherer Instranz. *ZZP*, n. 91, 1978. p. 145-146).

[452] "Der Schutz des Verbots erstreckt sich also von vornherein nur auf solche Vorteile, die dem Rechtsmittelkläger ohne die Urteilsanfechtung 'sicher' gewesen wäre, weil sie ausserhalb dieses Verfahrens hätten beachtet werden müssen. Dabei ist ohne Belang, für welche stelle und unter welchen Umständen diese Verbindlichkeit eingetreten wäre" (ver: KAPSA, Bernhard-Michael. *Das Verbot der reformatio in peius im Zivilprozess*. Berlin: Duncker e Humblot, 1976. p. 117). Tradução nossa: Portanto, em princípio, a proteção decorrente do proibitivo alcança apenas aquelas vantagens que seriam asseguradas ao recorrente sem a interposição da inconformidade. Para tanto, é irrelevante indagar de que forma e sob quais circunstâncias isso teria ocorrido.

[453] A respeito do assunto, Peter Gilles enfatiza a "sucumbência" (*Beschwer*) como requisito de admissibilidade dos recursos e como limitador da competência julgadora do juízo recursal decorre exclusivamente do resultado da decisão, pouco importando para isso a motivação decisória. Em razão do alto custo do aparato jurisdicional, não se justificaria admitir recurso fundado apenas no desejo de uma das partes em alterar a motivação da decisão recorrida, de forma a obter uma motivação mais favorável. Sind hingegen nur – ggf. Auch rechtskraftsfähigen – Gründe der Angefochtenen Entscheidung einer obsiegenden Partei in irgendeiner Weise nachteilig und gegenüber einer anderen moglichen Entscheidungsbegründung in aller Regel nicht

iudicatae.[454] Entretanto, a isso também devemos acrescentar a eficácia vinculante interna do processo, a exemplo das preclusões, inclusive de questões processuais, mesmo quando tenham sido versadas em decisões interlocutórias.

As **preclusões** podem conceder aos litigantes importantes posições jurídicas de vantagem no ambiente interno do processo, influenciando no seu resultado final.[455] A sentença não pode ser compreendida como ato isolado, decorrente da atividade intelectiva do juiz em um único e derradeiro momento, desvinculada de toda a cadeia de atos praticados ao longo do processo.[456] A própria realização dos direitos fundamentais exige a estruturação interna do processo, tendo como espinha dorsal o formalismo processual e sendo orientada pelos valores da segurança jurídica e da efetividade, positivados como direitos fundamentais. A noção de *justiça procedimental*, essencial ao Estado Constitucional, exige a vinculação da sentença aos demais atos processuais que a antecedem.[457] Afastar a incidência da proibição da *reformatio in peius* dos **agravos interpostos contra as decisões interlocutórias** seria negar essa realidade, esvaziando o significado dos direitos fundamentais processuais. A sentença é, portanto, fruto de um complexo procedimento que a precede.

Ademais, excepcionalmente, as consequências práticas decorrentes **da motivação das decisões podem identificar um padrão a ser protegido**.[458] A *reformatio in peius* decorrente da mudança de fundamentação da decisão pelo órgão *ad quem*, como assevera José Carlos Barbosa Moreira, "só poderia conceber-se,

---

aus, eine für die ingangsetzung des teuren Rechtsmittelapparats hinreichend Beschwer zu bejahen. Nur zum Zwecke einer anderen, besseren oder auch irgendwie günstigeren (rechtskraftfähigen) Entscheidungsbegründung also gibt es normalerweise kein Rechtsmittel (ver: GILLES, Peter: Anschliessung, Beschwer, Verbot der Reformatio in peius und Parteidispositionen über die Sache in höherer Instranz. ZZP, n. 91, 1978. p. 146). Deve-se ter presente que a concepção de Peter Gilles quanto à natureza dos recursos difere da doutrina majoritária, segundo a qual o recurso seria um prolongamento do processo (condicionado ao preenchimento de certos requisitos). Peter Gilles concebe o recurso como ação constitutiva (*Gestaltungsklage*), definindo seu objeto (recursal) como expressão do desejo de anulação (*Aufhebung*) de uma determinada decisão judicial (ver: GILLES, Peter. *Rechtsmittel im Zivilprozess; Berufung, Revision und Beschwerde im Vergleich mit der Wiederaufnahme des Verfahrens, dem Einspruch und der Wiedereinsetzung in den vorigen Stand*. Frankfurt an Main: Athenaum, 1972. p. 34-49).

[454] BARBOSA MOREIRA, José Carlos. *Reformatio in peius*. In: *Direito processual civil*: ensaios e pareceres. Rio de Janeiro: Borsoi, 1971b.

[455] Segundo Antonio do Passo Cabral, "as posições jurídicas dos sujeitos do processo são separadas de acordo com variados critérios, mas de maneira geral dividem-se em três grandes grupos: as posições de vantagem, desvantagem, e as situações neutras" (CABRAL, Antonio do Passo. *Nulidades no processo moderno*: contraditório, proteção da confiança e validade 'prima facie' dos atos processuais. 2. ed. Rio de Janeiro: Forense, 2010. p. 159).

[456] Acerca do assunto, ver: CABRAL, Antonio do Passo. *Coisa julgada dinâmica*: limites objetivos e temporais. Entre continuidade, mudança e transição de posições processuais estáveis. Rio de Janeiro: [s.n.], 2011. p. 294.

[457] Segundo Daniel Mitidiero, o "Estado Constitucional revela sua juridicidade no processo, mas já aí no quando das decisões do juiz, que devem ser necessariamente justas e dimensionadas na perspectiva dos direitos fundamentais (processuais e materiais)" (ver: MITIDIERO, Daniel. *Colaboração no processo civil*: pressupostos sociais, lógicos e éticos. São Paulo: Revista dos Tribunais, 2009. p. 76).

[458] Nesse sentido: KAPSA, Bernhard-Michael. *Das Verbot der reformatio in peius im Zivilprozess*. Berlin: Duncker e Humblot, 1976. p. 117 *et seq*. KUHLMANN, Axel. *Das Verbot der reformatio in peius im Zivilprozessrecht*. Berlin: Duncker Humblot, 2010. p. 98-107. De forma semelhante, ver também BÖTTICHER, Eduard. Reformatio in peius und Prozessurteil. *ZZP*, n. 65, p. 464-468, 1952.

por exceção, se a lei atribuísse consequências relevantes, sob o prisma prático, à opção entre diferentes razões de decidir".[459]

Nota-se, portanto, que a segmentação das decisões em capítulos com a identificação das unidades aptas a integrarem a coisa julgada material identifica quase sempre o objeto da proteção conferida pela proibição da *reformatio in peius*, mas não esgota o assunto.

A **mudança no enquadramento jurídico do caso concreto** pelo juízo recursal também pode gerar consequências práticas prejudiciais ao recorrente. Imagine-se a hipótese na qual a sentença julgue parcialmente procedente a demanda para condenar o réu "B" e o réu "C" a indenizar o autor, enquadrando a responsabilidade pela **dívida como solidária** (art. 275, CC).[460] Caso a apelação seja interposta exclusivamente pelo autor, pleiteando a condenação dos réus na totalidade do pedido, a decisão do tribunal que, embora mantendo a sentença, afaste a responsabilidade solidária, subtrai ao recorrente importante posição jurídica de vantagem que teria obtido com o trânsito em julgado da sentença. Há evidente *reformatio in peius*, caracterizada pela redução da possibilidade de satisfazer o crédito em sua totalidade sobre o patrimônio de qualquer um dos réus. A limitação da responsabilidade dos condenados reduz o potencial de efetividade da tutela executória, pois a prática dos nossos tribunais demonstra o número de execuções frustradas em razão da insuficiência dos bens do devedor. A posição jurídica de vantagem do apelante, representada pela condenação solidária dos réus, merece ser tutelada pela proibição da *reformatio in peius*, evitando lesão ao direito fundamental da proteção da confiança. O atual modelo de processo civil, marcado pelo princípio dispositivo e pelo interesse das partes, sugere ao apelante a impossibilidade de ser prejudicado pelo julgamento do próprio recurso. Essa pressuposição somente poderia ser afastada pela previsão legal explícita e inequívoca.

Questiona-se se a *reformatio in peius* poderia decorrer do julgamento do agravo retido interposto e reiterado pelo apelante (durante a vigência do CPC/73). Imagine-se ação indenizatória na qual o autor houvesse interposto agravo retido contra o indeferimento de prova, alegando cerceamento de defesa e, posteriormente, houvesse apelando da sentença de parcial procedência, com o objetivo de buscar a reparação integral dos danos sofridos.

O art. 523 do Código de Processo Civil de 1973 determina que o agravante requererá que o tribunal conheça do agravo retido, "preliminarmente, por ocasião do julgamento da apelação". Surge o questionamento sobre se o tribunal, entendendo assistir razão ao agravante quanto ao indeferimento da prova, deve anular o processo, mesmo quando entenda que a apelação por ele interposta estaria em condições de ser provida. Assim, ao invés do provimento da apelação, o recorrente obteria a anulação do processo.

---

[459] Ver: BARBOSA MOREIRA, José Carlos. *Reformatio in peius*. In: *Direito processual civil*: ensaios e pareceres. Rio de Janeiro: Borsoi, 1971b. p. 149.

[460] Art. 275. O credor tem direito a exigir e receber de um ou de alguns dos devedores, parcial ou totalmente, a dívida comum; se o pagamento tiver sido parcial, todos os demais devedores continuam obrigados solidariamente pelo resto.

O provimento do agravo retido que prejudique o próprio apelante importa em óbvia *reformatio in peius*, pois a alteração da decisão interlocutória a seu pedido encontra-se baseada no interesse de influenciar no resultado do processo, porém sempre no sentido de obter tutela jurisdicional mais favorável. A previsão de que o agravo retido seja apreciado previamente à apelação decorre da forma de organização do processo civil, porém não pode dissociar-se dos valores que pautam o formalismo processual. O disposto no art. 523 do Código de Processo Civil de 1973 deve ser interpretado em conjunto com o sistema recursal, sobretudo com o auxílio das metanormas da efetividade e da segurança jurídica. Em situações nas quais se evidencie assistir razão ao apelante, o tribunal deveria negar provimento ao agravo. Solução em sentido contrário comprometeria a segurança jurídica, pois a estruturação do sistema recursal no processo civil desperta nos recorrentes a expectativa de não serem prejudicados por suas próprias impugnações. Além disso, a anulação do processo traria grandes prejuízos à efetividade.[461]

Ademais, deve sempre ser considerada a vocação do processo civil à tutela dos direitos e interesses das partes. Disso decorre a necessidade de verificar a existência do interesse processual ao longo da demanda. Também a exigência do interesse recursal, embora não sirva para fundamentar a proibição da *reformatio in peius*, deve ser utilizada como ferramenta exegética.

3.8. As Questões polêmicas na aplicação da proibição da *reformatio in peius*

Conforme analisamos anteriormente, a proibição da *reformatio in peius* no sistema recursal do processo civil coloca-se como exigência do direito fundamental à proteção da confiança, podendo ceder em situações excepcionais. Estabelecidas as linhas gerais do alcance da tutela dispensada ao recorrente, que pode abranger as variadas vantagens processuais ou materiais, releva abordarmos as principais questões polêmicas que envolvem a aplicação do proibitivo. Não pretendemos esgotar as polêmicas existentes na doutrina e, menos ainda, solucionar os infindáveis problemas que afloram diariamente na prática dos nossos tribunais, mas demonstrar a adequação das premissas e conclusões adotadas pela nossa tese. Algumas das situações descritas foram anteriormente mencionadas, porém para demonstrar a insuficiência da fundamentação teórica proposta pela doutrina tradicional.

---

[461] Os posicionamentos doutrinários, com base em diferentes razões, vêm afastando a interpretação literal do art. 523 do CPC/73, resguardando-se os valores da efetividade e da segurança jurídica contra restrições desnecessárias e indevidas. Ver: FERREIRA FILHO, Manoel Caetano. *Comentários ao Código de Processo Civil: do processo de conhecimento, arts. 496 a 565*. São Paulo: Revista dos Tribunais, 2001, v. 8, p. 215; NERY JUNIOR, Nelson; NERY, Rosa Maria Barreto Borriello de Andrade. *Código de Processo Civil comentado e legislação extravagante*. 10. ed. São Paulo: Revista dos Tribunais, 2007. p. 881; VARGAS, Jorge de Oliveira; SOUZA, Adam Prudenciano de. A possibilidade do provimento do agravo retido importar uma reformatio in pejus em perspectiva. *Revista de Processo*, São Paulo, n. 172, p. 256-263, 2009.

3.8.1. A proibição da "reformatio in peius" e o correto dimensionamento dos limites decisórios do juízo recursal no conhecimento de ofício das questões de "ordem pública"

As previsões legais do conhecimento *ex officio* de certas questões devem ser interpretadas com cautela, impondo-se a harmonização dos direitos fundamentais envolvidos, seja na criação de uma norma abstrata, seja em sua aplicação ao caso concreto.[462] Nesse mister, a aplicação do postulado da proporcionalidade presta essencial contribuição hermenêutica, sobretudo no que diz respeito à ponderação dos interesses e valores em (aparente) conflito (proteção ao recorrente *vs.* interesse público; proteção ao recorrente *vs.* proteção ao recorrido; interesse público *vs.* "interesse público"). Não se trata de vulgarizar o afastamento das regras que fixam os limites decisórios do juízo *ad quem*. Isso violaria a segurança jurídica, pois as regras possuem eficácia de trincheira na proteção dos direitos fundamentais, somente devendo ser afastadas em hipóteses excepcionais, mediante decisão devidamente motivada.[463]

A positivação de exceções à proibição da *reformatio in peius*, aparentemente justificáveis quando observadas enquanto normas abstratas, podem restringir excessivamente os direitos fundamentais à segurança jurídica e à efetividade processual, ofendendo ao postulado da proporcionalidade. Sobretudo, devem ser claras e inequívocas, possibilitando às partes previsibilidade e calculabilidade na prática dos atos processuais.[464]

No processo civil brasileiro, à semelhança do que ocorre em outros ordenamentos jurídicos, os limites do julgamento pelo juízo recursal são, em regra, traçados pela impugnação da decisão recorrida, excetuando-se as previsões

---

[462] Pertinente ao assunto, a doutrina de Marcelo Lima Guerra, assim discorre: "[...] às vezes o próprio legislador tenta resolver a colisão entre direitos fundamentais, seja criando um determinado instituto jurídico, seja estabelecendo limites especiais ao uso de algum instituto etc. Contudo, não se pode jamais perder de vista que os direitos fundamentais só colidem entre si no momento de serem concretizados, ainda que as situações conflitivas de tal concretização possam ser hipotetizadas, antecipadamente" (ver: GUERRA, Marcelo Lima. *Direitos fundamentais e a proteção do credor na execução civil*. São Paulo: Revista dos Tribunais, 2003. p. 96).

[463] Nesse sentido a abalizada doutrina de Humberto Ávila: "[...] e as regras têm eficácia de trincheira, pois, embora geralmente superáveis, só o são por razões extraordinárias e mediante um ônus de fundamentação maior. Essa diferente eficácia leva a uma resistência maior das regras para a sua superação. E essa resistência conduz à necessidade de uma fundamentação mais restritiva para permitir a superação das regras. Ver: ÁVILA, Humberto. *Teoria dos princípios*: da definição à aplicação dos princípios jurídicos. 12. ed. ampl. São Paulo: Malheiros, 2011. p. 127. No mesmo sentido, ver: ALVARO DE OLIVEIRA, Carlos Alberto. Os direitos fundamentais à efetividade e à segurança em perspectiva dinâmica. *Revista Magister de Direito Civil e Processual Civil*, v. 4, n. 21, nov./dez. 2007.

[464] A interferência das exceções ao proibitivo na existência de um *"Besitzstand"* é, a nosso ver, desnecessária e equivocadamente trazida por Eduard Bötticher na conclusão de seu artigo, ao tratar da complexa situação na qual o juízo recursal, existindo um único recurso interposto contra a sentença parcialmente procedente, entendendo carecer à demanda requisito essencial para o julgamento de mérito, não se limita a negar provimento ao apelo interposto, extinguindo integralmente o processo sem julgamento de mérito, inclusive no que diz respeito ao capítulo não impugnado. Essa conclusão restringe excessivamente o proibitivo, comprometendo o direito fundamental à segurança jurídica do recorrente e àquela decorrente da necessidade de estabilização dos atos processuais, implicitamente compreendida no art. 5º, XXXVI, da Constituição Federal. Ademais, disso não decorre qualquer vantagem justificável para a preservação de outro valor ou norma prevalente (ver: BÖTTICHER, Eduard. Reformatio in peius und Prozessurteil. ZZP, n. 65, p. 464-468, 1952). O equívoco é comumente encontrado na prática dos tribunais brasileiros.

legais nas quais se permita a atuação oficiosa do órgão julgador. No Brasil, por exemplo, o juízo recursal, uma vez provocado, pode, mesmo na ausência de impugnação da parte interessada ou de análise prévia pelo juízo de primeiro grau, apreciar *ex officio* questões de "ordem pública",[465] uma vez que estas, por expressa previsão legal, devem ser conhecidas de ofício em "qualquer tempo ou grau de jurisdição" (art. 267, § 3°, CPC/73). Assim, de acordo com a lei processual brasileira, o juízo poderá apreciar de ofício, mesmo em sede recursal, os pressupostos de constituição e de desenvolvimento válido e regular do processo, a perempção, a litispendência, a coisa julgada, além das condições da ação, prescrição, decadência etc. Igualmente, ocorre nos casos de incompetência absoluta (art. 64, § 1°, NCPC – art. 113, CPC/73).

O novo Código de Processo Civil repete a regra do conhecimento de ofício das questões de ordem pública em qualquer tempo ou grau de jurisdição (art. 267, § 3°, CPC/73), porém acrescenta, ao final do dispositivo, a expressão "enquanto não ocorrer o trânsito em julgado" (art. 485, § 3°, NCPC). A inovação relaciona-se às amplas hipóteses de decisões (interlocutórias) de julgamento antecipado parcial do mérito, previstas na Lei n° 13.105/2015, abrindo a possibilidade da execução (*lato sensu*) definitiva do julgamento desses pedidos. Contudo, inexiste previsão expressa de que essa limitação também se aplique aos capítulos não impugnados da sentença. Já em relação à incompetência absoluta, o art. 64, § 1°, do novo Código de Processo Civil, não menciona qualquer limitação ao momento do trânsito em julgado.

Ainda que o art. 1.013, § 1°, do novo Código de Processo Civil, tenha limitado a profundidade do efeito devolutivo da apelação às questões referentes ao capítulo impugnado, não afasta expressamente a possibilidade de que uma *reformatio in peius* possa ocorrer diante da incidência do disposto no art. 485, § 3°, e no art. 64, § 1°, do NCPC.

Já no plano do direito material, atendendo às exigências do interesse público, a lei qualifica determinados atos ou negócios jurídicos como nulos (arts. 166 e 167 do Código Civil), determinando seu pronunciamento de ofício pelo juiz (art. 168, parágrafo único, Código Civil).[466] Do mesmo modo, o art. 51 do

---

[465] Segundo Cândido Rangel Dinamarco, "são de ordem pública todas as normas (processuais ou substanciais) referentes a relações que transcendam a esfera de interesses dos sujeitos privados, disciplinando relações que os envolvam, mas fazendo-o com atenção ao interesse da sociedade como um todo, ou ao interesse público" (ver: DINAMARCO, Cândido Rangel. *Instituições de direito processual civil.* 5. ed. São Paulo: Malheiros, 2005. v. 1. p. 87). O conceito de "questão de ordem pública", todavia, é extremamente controvertido.

[466] Art. 166. É nulo o negócio jurídico quando: I – celebrado por pessoa absolutamente incapaz; II – for ilícito, impossível ou indeterminável o seu objeto; III – o motivo determinante, comum a ambas as partes, for ilícito; IV – não revestir a forma prescrita em lei; V – for preterida alguma solenidade que a lei considere essencial para a sua validade; VI – tiver por objetivo fraudar lei imperativa; VII – a lei taxativamente o declarar nulo, ou proibir-lhe a prática, sem cominar sanção. Art. 168. As nulidades dos artigos antecedentes podem ser alegadas por qualquer interessado, ou pelo Ministério Público, quando lhe couber intervir. Parágrafo único. As nulidades devem ser pronunciadas pelo juiz, quando conhecer do negócio jurídico ou dos seus efeitos e as encontrar provadas, não lhe sendo permitido supri-las, ainda que a requerimento das partes. Comentando a previsão contida no art. 146, parágrafo único, do Código Civil de 1916, assim discorre Pontes de Miranda: "se a lei fala de nulidade, a visibilidade do vício e a sua gravidade concorreram, de 'iure condendo', para que se concebesse a sanção como de nulidade, e não como anulabilidade. O que alega a nulidade está diante de suporte fático que entrou no mundo jurídico, mas profundamente comprometido. Por isso mesmo, o juiz,

Código de Defesa do Consumidor elenca cláusulas contratuais lesivas ao consumidor, qualificando-as como "nulas de pleno direito".[467] Essas prescrições repercutem no plano do direito processual, suscitando o questionamento acerca da possibilidade de legitimarem uma *reformatio in peius* no caso concreto.[468]

A atuação oficiosa de outra instância decisória, salvo no caso do reexame necessário (art. 496, NCPC – art. 475, CPC/73), depende da existência de recurso de uma das partes, do terceiro interessado ou do Ministério Público (art. 996, NCPC; art. 499, CPC/73), pois o processo civil brasileiro não contempla a revisão geral dos atos judiciais.

Entretanto, a positivação nas normas de processo civil do conhecimento de ofício de certas matérias, como exceções ao princípio da vinculação do juízo ao pedido, não elucida, por si só, quais capítulos da decisão recorrida podem ser afetados. O interesse recursal também não oferece solução ao problema, pois decorre, a nosso ver, da legislação infraconstitucional, podendo ser superado pela normatização existente no mesmo nível. Ademais, em se tratando das nulidades dos negócios jurídicos, certamente o autor de uma demanda também não possui interesse processual em que sejam pronunciadas em seu desfavor, porém isso não impede que o juiz as conheça de ofício com base no art. 168, *parágrafo único*, do Código Civil.

Ainda, isso diz respeito diretamente à indagação sobre se a declaração *ex officio* pelo juízo *ad quem* da ausência de condições da ação afeta unicamente o capítulo impugnado, ou se também atingiria os capítulos favoráveis ao recorrente, contra os quais não se tenha insurgido a parte contrária. O problema não restou solucionado de forma inequívoca pelo novo Código de Processo Civil. Nesse caso, se a decisão terminativa afetar o capítulo não impugnado da sentença, favorável ao recorrente, haverá evidente reforma para pior. Existirá *reformatio in peius* quando o juízo *ad quem,* julgando o recurso do próprio impugnante, coloque-o em posição jurídica de menor vantagem (prática), do que haveria conquistado caso se mantivesse inerte. Isso ocorre quando a anulação do processo ou a extinção sem resolução do mérito afeta capítulo favorável ao recorrente, que possuía aptidão para gerar, a seu favor, coisa julgada material. Outra questão consiste em saber se essa *reformatio in peius* é proibida ou não. Não há como confundir a *reformatio in peius* com a *proibição* da *reformatio in peius*. O proibitivo, assim como qualquer outra norma de semelhante natureza, mesmo quando atrelada à realização de valores constitucionais, não possui

---

encontrando fatos que a provem, tem o dever de decretar a nulidade do ato jurídico". Ver: PONTES DE MIRANDA, Francisco Cavalcanti. *Tratado de direito privado.* 3. ed. Rio de Janeiro: Borsoi, 1970. v. 4, p. 42.

[467] A previsão contida no art. 51 do CDC, segundo abalizada doutrina, refletir-se-ia à esfera processual, possibilitando a declaração de ofício da nulidade de cláusula contratual abusiva. Nesse sentido, dentre outros, ver: MARQUES, Cláudia Lima. *Contratos no Código de Defesa do Consumidor:* o novo regime das relações contratuais. 5. ed. São Paulo: Revista dos Tribunais, 2005. p. 905-909. MIRAGEM, Bruno. *Direito do consumidor:* fundamentos do direito do consumidor; direito material e processual do consumidor; proteção administrativa do consumidor; direito penal do consumidor. São Paulo: Revista dos Tribunais, 2008. p. 221-222.

[468] Todavia, não temos, aqui, a pretensão de tratar da complexa questão da nulidade dos atos e negócios jurídicos, porém apenas daquilo que possa contribuir com a elucidação do âmbito de abrangência da proibição da *reformatio in peius.*

caráter absoluto, podendo ser excepcionado pelo legislador ou, em hipóteses excepcionais, pelo juiz no caso concreto.

Embora o legislador tenha positivado o conhecimento *ex officio* de certas questões, com referência expressa à sua aplicação na instância recursal, não estabeleceu se isso seria limitado ao objeto do recurso ou se poderia afetar todo o objeto do processo, inclusive os capítulos não impugnados, favoráveis ao recorrente. Imagine-se ação indenizatória de ato ilícito na qual a sentença condene o réu a reparar os danos materiais sofridos pelo autor, mas desacolha o pedido de danos morais. Configurada a parcial procedência da demanda, ambas as partes possuem interesse em recorrer. Se, contudo, somente o autor apela, insurgindo-se contra a improcedência do pedido de danos morais, o exame do capítulo atinente aos danos materiais não será devolvido ao conhecimento do tribunal. Caso o autor não houvesse interposto apelação, dando seguimento ao processo, o capítulo da sentença que lhe foi favorável transitaria em julgado, incorporando-se ao seu patrimônio jurídico.

A extensão dos efeitos da declaração de ausência de pressupostos processuais ou condições da ação aos capítulos não impugnados, segundo o nosso entendimento, violaria o direito fundamental do recorrente à estabilidade e à segurança das relações jurídicas, além de restringir desnecessariamente o princípio dispositivo em sentido material.

A possibilidade de que o juízo recursal, conhecendo de ofício certas questões, possa reformar os capítulos não impugnados do *decisum*, prejudicando o recorrente, sempre dividiu a doutrina e a jurisprudência em nosso país.

Segundo Nelson Nery Junior, o exame pelo tribunal das questões de ordem pública ocorreria "em nome do princípio inquisitório", não se relacionando ao efeito devolutivo do recurso, que seria "decorrência do princípio dispositivo". Sustenta de forma bastante ampla a inexistência de "reforma para pior 'proibida' se o tribunal, a despeito de só haver um recurso interposto, decidir contra o recorrente em razão do exame de uma das matérias de ordem pública".[469] Isso resultaria da incidência do denominado *efeito translativo*, que escapa ao poder de disposição das partes, em razão da natureza dos interesses protegidos. A necessidade de coerência no julgamento da demanda também é invocada para fundamentar a transferência plena do objeto do processo no que diz respeito à apreciação das questões de ordem pública.[470] Não se trata de posicionamento isolado, podendo-se invocar também o abalizado entendimento

---

[469] "Da mesma maneira, como as questões de ordem pública podem ser examinadas em qualquer tempo e em qualquer grau de jurisdição (CPC, 267, § 3º), devendo, inclusive, ser pronunciadas 'ex officio' pelo juiz ou tribunal, seu exame independe de alegação da parte ou interessado. Esse exame das questões de ordem pública ocorre em nome do princípio inquisitório e nada tem a ver com o efeito devolutivo do recurso, que é decorrência do princípio dispositivo. Assim, não haverá reforma para pior 'proibida' se o tribunal, a despeito de só haver um recurso interposto, decidir contra o recorrente em razão do exame de uma das matérias de ordem pública" (ver: NERY JUNIOR, Nelson. *Teoria geral dos recursos*. 6. ed. São Paulo: Revista dos Tribunais, 2004. p. 183-184). Sua posição, contudo, embora minoritária, não é isolada na doutrina processual civil pátria. Dentre outros, ver: STEFEN ELIAS, Carlos Eduardo. *Apelação: os limites objetivos do efeito devolutivo*. São Paulo: Atlas, 2010. p. 76-77; SOUZA, Bernardo Pimentel. *Introdução aos recursos cíveis e à ação rescisória*. 9. ed. São Paulo: Saraiva, 2013. p. 90-91.

[470] BARIONI, Rodrigo. *Efeito devolutivo da apelação civil*. São Paulo: Revista dos Tribunais, 2007. p. 109-111.

de Teresa Arruda Alvim Wambier.[471] Araken de Assis posiciona-se no mesmo sentido, porém com fundamento na impossibilidade – afirmada na atual jurisprudência do Superior Tribunal de Justiça – de os capítulos independentes transitarem separadamente em julgado.[472] Do mesmo modo, existe farta jurisprudência autorizando o juízo *ad quem* a extinguir integralmente o processo no julgamento do recurso parcial.

Em sentido contrário, posicionam-se numerosas vozes na jurisprudência[473] e na doutrina do processo civil pátrio, a exemplo de José Carlos Barbosa Moreira, Antônio Carlos de Araújo Cintra e Candido Rangel Dinamarco.[474]

A celeuma não se limita ao processo civil brasileiro. Também na Alemanha, a possibilidade de extinção integral da demanda, no julgamento da apelação interposta pelo autor contra a sentença de parcial procedência, suscita grande discussão doutrinária, além de significativa oscilação nos posicionamentos jurisprudenciais.

Para Nikolaos Klamaris, julgada parcialmente procedente a demanda, recorrendo apenas o autor, o juízo recursal poderia extinguir integralmente o processo sem julgamento de mérito afetando, inclusive, os capítulos não recorridos. Contudo, o autor já mencionava (em 1975) o crescente número de posicionamentos em sentido contrário.[475] Segundo Eduard Bötticher, não haveria óbice a que o tribunal de apelação promovesse a *reformatio in peius*, pois a sentença de mérito estaria assentada em base insustentável. A posição jurídica de vantagem obtida pelo recorrente com a sentença impugnada seria apenas aparente.[476]

---

[471] WAMBIER, Teresa Arruda Alvim. *Omissão judicial e embargos de declaração*. São Paulo: Revista dos Tribunais, 2005. p. 72-74.

[472] Ver: ASSIS, Araken de. *Manual dos recursos*. 3. ed. São Paulo: Revista dos Tribunais, 2011. p. 113.

[473] "PROCESSO CIVIL. SENTENÇA. DIVISÃO EM CAPÍTULOS. POSSIBILIDADE. IMPUGNAÇÃO PARCIAL. PRINCÍPIO *TANTUM DEVOLUTUM QUANTUM APELLATUM*. TRÂNSITO EM JULGADO DOS DEMAIS CAPÍTULOS, NÃO IMPUGNADOS. NULIDADE. JULGAMENTO *EXTRA PETITA*. FUNDAMENTOS AUTÔNOMOS E INDEPENDENTES. ANULAÇÃO PARCIAL. DOUTRINA. RECURSO PROVIDO. I – A sentença pode ser dividida em capítulos distintos e estanques, na medida em que, a cada parte do pedido inicial, atribui-se um capítulo correspondente na decisão. II – Limitado o recurso contra parte da sentença, não pode o tribunal adentrar no exame das questões que não foram objeto de impugnação, sob pena de violação do princípio *tantum devolutum quantum appellatum*. III – No caso, a sentença foi dividida em capítulos, e para cada um foi adotada fundamentação específica, autônoma e independente. Assim, a nulidade da sentença, por julgamento *extra petita*, deve ser apenas parcial, limitada à parte contaminada, mormente porque tal vício não guarda, e nem interfere, na rejeição das demais postulações, que não foram objeto de recurso pela parte interessada (a autora desistiu de seu recurso). IV – Outra seria a situação, a meu ver, se a sentença tivesse adotado fundamento único, para todos os pedidos. Nesse caso, o vício teria o condão de contaminar o ato como um todo" (REsp 203132/SP, Rel. Ministro SÁLVIO DE FIGUEIREDO TEIXEIRA, QUARTA TURMA, julgado em 25/03/2003, DJ 28/04/2003, p. 202); "Ação de reintegração de posse. Extinção do processo de ofício. *Reformatio in pejus*. Art. 515 do Código de Processo Civil. Antecipação do VRG em contrato de arrendamento mercantil. 1. Tratando o recurso de apelação apenas do tema dos honorários de advogado, viola o art. 515, *caput*, do Código de Processo Civil a decisão que extinguir o processo sem julgamento de mérito, matéria que sequer foi suscitada ou discutida nos autos. 2. Recurso especial conhecido e provido" (REsp. 685817/PR, Rel. Ministro CARLOS ALBERTO MENEZES DIREITO, TERCEIRA TURMA, julgado em 16/11/2006, DJ 19/03/2007, p. 323).

[474] Na doutrina, dentre outros, ver: BARBOSA MOREIRA, José Carlos. Correlação entre o pedido e a sentença. *Revista de Processo*, v. 21, n. 83, jul./set. 1996. p. 214-215; ARAÚJO CINTRA, Antônio Carlos de. *Sobre os limites objetivos da apelação cível*. São Paulo: [s.n.], 1986. p. 104-105; DINAMARCO, Candido Rangel. *Capítulos da sentença*. 3. ed. São Paulo: Malheiros. 2008. p. 113 *et seq.*

[475] KLAMARIS, Nikolaos. *Das Rechtsmittel der Anschlussberufung*. Tübingen: J.C.B. Mohr, 1975. p. 122-124.

[476] BÖTTICHER, Eduard. Reformatio in peius und Prozessurteil. *ZZP*, n. 65, p. 464-468, 1952.

Já o Tribunal Federal Alemão (*Bundesgerichtshof*), em recentes decisões, vem condicionando a extinção integral sem resolução de mérito à ausência de requisito que não possa ser superado e, concomitantemente, viole norma jurídica de peso prevalente.[477] As razões para a manutenção do capítulo não impugnado, baseadas no interesse do recorrente e também no interesse público, são ponderadas com aquelas que embasam a necessidade de extinção do processo sem resolução do mérito. Trata-se de evidente progresso na otimização dos valores constitucionais envolvidos. A expectativa legítima do recorrente na manutenção do capítulo favorável da sentença de mérito decorre da presunção de estabilidade dos atos judiciais (reforçada pela ausência de impugnação da parte adversa), da vinculação do tribunal ao pedido e da exigência de interesse como requisito para o conhecimento e julgamento do recurso. Ao contrário do sustentado por Eduard Böttticher, também merecem ser protegidas aquelas posições jurídicas de vantagem decorrentes da sentença baseada em erro, ainda que grave. A confiança do jurisdicionado nos atos do juiz, mesmo quando fundada em mera aparência, merece ser protegida. Ressalte-se a ausência de garantia de que a decisão do tribunal de apelação seja mais correta, ou mais justa, do que aquela pronunciada pelo juízo recorrido.[478]

Os posicionamentos no sentido de que a declaração da ausência das condições da ação ou pressupostos processuais pelo juízo recursal deva afetar todo objeto do processo fundamentam-se na natureza dessas questões, baseadas no interesse público, que escapam ao poder de disposição das partes.[479] Na defesa desse entendimento, argumenta-se, principalmente, que a máxima da vinculação ao pedido (*Grundsatz der Antragsbindung*) diria respeito exclusivamente ao poder de disposição das partes sobre o direito material, não se aplicando às questões processuais.[480] A prevalência do interesse geral na observação dos

---

[477] BGH (NJW 86, 1494). A respeito da divergência jurisprudencial, ver: ZÖLLER, Richard et. ali. *Zivilprozessordnung*, 28ª ed., Köln: Verlag Dr. Otto Schmidt, 2010, p. 1373 § 528, 33. ROSENBERG, Leo; SCHWAB, Karl Heinz; GOTTWALD, Peter. *Zivilprozessrecht*. 17. ed. München: C. H. Beck München, 2010. p. 811-812, § 139, 11.

[478] Nesse sentido, ver: KUHLMANN, Axel. *Das Verbot der reformatio in peius im Zivilprozessrecht*. Berlin: Duncker Humblot, 2010. p. 28; EGGER, Walter. *Die reformatio in peius im Zivilprozessrecht*. Zürich: Hans Schellemberg, Winterthur, 1985. p. 108. A *reformatio in peius* somente poderia legitimar-se na necessidade de proteção do recorrido se houvesse garantia da superioridade qualitativa da decisão do juízo recursal, quando comparada à decisão recorrida, o que não se verifica na prática (ver: RICCI, Hans-Peter. *Reformatio in peius und Anschliessung an das Rechtsmittel im Zivilprozess*: unter vergleichweiser Heranziehung des Strafprozesses und des Steuerjustizverfahrens. Zürich: Winterthur, 1955. p. 107-108). Ademais, destaca Michael Stürner, essa garantia não existiria ainda que fossem criadas infinitas instâncias recursais (ver: STÜRNER, Michael. *Die Anfechtung von Zivilurteile. Eine funktionelle Untersuchung der Rechtsmittel im deutschen und englischen Recht*. München: C. H. Beck, 2002. p. 38).

[479] Na doutrina processual civil brasileira, costuma-se afirmar, em defesa desse posicionamento, que certas questões escapariam ao poder de disposição do recorrente, razão pela qual não estariam compreendidas no efeito devolutivo do recurso. O conhecimento dessas matérias decorreria do poder atribuído diretamente pela lei processual ao *juízo ad quem*. Nesse sentido: BAPTISTA DA SILVA, Ovídio A. *Curso de processo civil*. 7. ed. Rio de Janeiro: Forense, 2005. v. 1, p.414; NERY JUNIOR, Nelson. *Teoria geral dos recursos*. 6. ed. São Paulo: Revista dos Tribunais, 2004. p. 183-184. Também: BARIONI, Rodrigo. *Efeito devolutivo da apelação civil*. São Paulo: Revista dos Tribunais, 2007. p. 109-111; STEFEN ELIAS, Carlos Eduardo. *Apelação:* os limites objetivos do efeito devolutivo. São Paulo: Atlas, 2010. p. 76-77.

[480] Nesse sentido, SCHWAB, Karl Heinz. *Anmerkung zu dem Urteilen des BGH vom 23.11.1960*. In ZZP 74 (1961), p. 215 *et seq.*

pressupostos para o julgamento de mérito ofereceria essa solução, exigindo a atuação de ofício do juiz.

Embora o legislador possa condicionar a apreciação do mérito da demanda ao preenchimento de certos requisitos e pressupostos processuais,[481] baseados no interesse público ou em razões de ordem prática, permitindo seu conhecimento de ofício em qualquer tempo ou grau de jurisdição, isso não autoriza o juízo *ad quem* a estender os efeitos da declaração da ausência do preenchimento de tais pressupostos aos capítulos favoráveis ao recorrente, que não tenham sido impugnados. Igualmente, exige-se a iniciativa da parte para o ajuizamento da ação rescisória, mesmo em relação aos vícios mais graves, a exemplo da "prevaricação, concussão ou corrupção do juiz" (art. 966, I, NCPC – art. 485, I, CPC/73). Aqui o interesse geral parece ceder frente à necessidade de proteção da expectativa do recorrente na manutenção da posição jurídica de vantagem conquistada no capítulo irrecorrido do *decisum* e à preservação da imparcialidade judicial. Trata-se de exigência do direito fundamental à segurança jurídica, sobretudo em sua dimensão subjetiva (proteção da confiança), preservada pela incidência da proibição da *reformatio in peius*.[482]

Bernhard-Michael Kapsa, em seu clássico estudo a respeito da proibição da *reformatio in peius*, posiciona-se no sentido da impossibilidade de extinção do processo sem resolução do mérito quando somente o autor houver recorrido da sentença de parcial procedência. A competência atribuída pela lei ao juízo recursal para aplicar as normas processuais *ex officio*, inclusive quanto à verificação do preenchimento dos requisitos processuais obrigatórios, não conduziria à permissão de piora na posição jurídica de vantagem conquistada pelo recorrente. O legislador não teria pretendido atribuir a essas prescrições processuais importância suficiente a dispensar o pedido das partes para a correção de erros da sentença. Esse pensamento deve ser compreendido no conjunto da obra do processualista alemão, baseado no amplo poder conferido ao legislador infraconstitucional para definir a liberdade decisória do juízo *ad quem*. O sistema recursal do processo civil baseia-se, precipuamente, na iniciativa e no interesse das partes,[483] que traçam os limites da cognição do novo juízo.[484]

---

[481] A doutrina contemporânea costuma situar os pressupostos processuais como condições para a concessão da tutela jurisdicional do direito, afastando-se da concepção clássica de que seriam requisitos de existência e validade do processo. Acerca do assunto, por todos, ver: ALVARO DE OLIVEIRA, Carlos Alberto; MITIDIERO, Daniel. *Curso de processo civil*. São Paulo: Atlas, 2010. v. 1, p. 100-106.

[482] No mesmo sentido, com foco no direito processual suíço, posiciona-se a tese de Walter Egger a respeito da *reformatio in peius*: "Dieser Vorrang des zwingenden Prozessrechts kann jedoch für die Dispositionen gegenüber dem ergangenen Urteil nicht mehr gelten, da hier das Interesse des alleinigen Rechtsmittelkläger auf Wahrung seines Besitzstandes und das Gebot der Rechtssicherheit in der Regel schwerer wiegen" (ver: EGGER, Walter. *Die reformatio in peius im Zivilprozessrecht*. Zürich: Hans Schellemberg, Winterthur, 1985. p. 102).

[483] Leonardo Greco destaca que o interesse das partes seria "a causa eficiente da jurisdição e também a sua causa final" (ver: GRECO, Leonardo. Publicismo e privatismo no processo civil. *Revista de Processo,* São Paulo, v. 33, n. 164, p. 29-56, out. 2008. p.42).

[484] Acerca do assunto, assim discorre Bernhard-Michael Kapsa: "Aus diesen Erwägungen sowie aus der Unmöglichkeit, nachteilige Verfahrensenentscheidungen des Rechtsmittelgerichts allein mit einer von Amts wegen bestehenden Kompetenz des Gerichts zu rechtfertigen, folgt aber, weiterhin, dass verfahrensrechtliche Vorschriften einschliesslich der zwingenden Prozessvoraussetzungen grundsätzlich nicht zu einer Beeinträchtigung des Besitzstandes führen dürfen. Das öffentliche Interesse an ihrer Beachtung reicht für dessen

A questão é muito bem apanhada por José Carlos Barbosa Moreira, que afasta o argumento da necessidade imperativa de coerência lógica do julgado, muitas vezes invocado para justificar a *reformatio in peius* na situação analisada.

> Não se pode mexer naquilo que não foi objeto do recurso, ainda que isso conduza a situações de contradição lógica. Se não houve recurso contra uma parte da sentença, mas verificou-se que faltava um requisito de validade do processo (por exemplo: o Ministério Público não foi chamado a intervir quando o caso era de obrigatória intervenção), nem por isso se está autorizado a anular a parte da sentença da qual não houve recurso.[485]

O interesse recursal não soluciona por si só a questão, pois decorre, a nosso ver, da legislação infraconstitucional, podendo ser superado pela normatização existente no mesmo nível. Ademais, em se tratando das nulidades dos negócios jurídicos, certamente o autor de uma demanda também não possui interesse processual em que sejam pronunciadas em seu desfavor, porém isso não impede que o juiz as conheça de ofício com base no art. 168, parágrafo único, do Código Civil.

Ademais, embora o interesse recursal não ofereça diretamente solução ao problema, não podemos descartar completamente a sua contribuição, ao menos indireta, pois o requisito de admissibilidade é exigido em todas as espécies recursais, inclusive nos recursos especial e extraordinário, gerando forte expectativa na impossibilidade de agravar na situação da parte insurgente. Ele somente se fará presente quando o novo julgamento possa proporcionar à parte insurgente situação prática mais favorável do que aquela obtida com a decisão impugnada.[486] Conforme adverte Peter Gilles, mesmo que as decisões sofram de graves vícios que se evidenciem de simples leitura, ainda assim exige-se que sua impugnação seja promovida pela parte interessada.[487] Do mesmo modo, a ação rescisória, baseada em grave vício da decisão transitada em julgado, exige a iniciativa da parte. Embora o sistema recursal também sirva ao interesse público (uniformização da jurisprudência, aperfeiçoamento técnico da prestação jurisdicional etc.), as espécies impugnatórias destinam-se à tutela dos interesses das partes inconformadas. Não fosse assim, dispensar-se-ia a demonstração do interesse recursal, ao menos para a apreciação dos recursos especial e extraordinário, ou no caso da existência de flagrante e grave erro do julgado. A possibilidade da nova decisão agravar a situação do recorrente contraria essa sistemática estabelecida pela lei processual, surpreendendo os litigantes.

Beseitigung nicht aus, weil der Besitzstand des Rechtsmittelklägers hier auf einer sicheren Grundlage beruht. Der Gesetzgeber hat der Einhaltung dieser Vorschriften nicht so viel Bedeutung beigemessen, dass er dafür eine Berichtigung des Urteils ohne Parteiantrag vorgesehen hätte. Da infolgedessen im Rechtsmittelverfahren eine Überprüfung insoweit allein durch die Einlegung des Rechtsmittels seitens des Rechtsmittelklägers ermöglicht wird, ist hier dessen Schutzinteresse der Vorrang zu geben (ver: KAPSA, Bernhard-Michael. *Das Verbot der reformatio in peius im Zivilprozess.* Berlin: Duncker e Humblot, 1976. p. 131-132).

[485] Ver: BARBOSA MOREIRA, José Carlos. Correlação entre o pedido e a sentença. *Revista de Processo,* v. 21, n. 83, jul./set. 1996. p. 214-215.

[486] Ver: BARBOSA MOREIRA, José Carlos. *Comentários ao Código de Processo Civil.* 14. ed. Rio de Janeiro: Forense, 2008. v. 5, p. 299; BARBOSA MOREIRA, José Carlos *O novo processo civil brasileiro.* 26. ed. Rio de Janeiro: Forense, 2008. p. 116.

[487] GILLES, Peter: Anschliessung, Beschwer, Verbot der Reformatio in peius und Parteidispositionen über die Sache in höherer Instanz. *ZZP,* n. 91, 1978. p. 147.

No caso em exame, os direitos fundamentais à segurança e à estabilidade das relações jurídicas, além da necessidade de preservar a imparcialidade judicial, prevalecem, em geral, sobre o interesse público que embasa o dever do controle *ex officio* do preenchimento dos pressupostos processuais. Assim como o juiz de primeiro grau somente pode examinar tais questões nos limites da tutela pretendida pelo autor, também o tribunal deve pronunciar-se de ofício apenas nos limites do objeto do recurso (*ne procedat iudex ex officio*).[488]

Portanto, o conhecimento de ofício de matérias de ordem pública, a exemplo das condições da ação e pressupostos processuais, deve respeitar os limites do objeto do recurso, traçados pelo pedido impugnatório. A decisão do tribunal que surpreende o recorrente, retirando-lhe posição jurídica de vantagem não impugnada pela parte contrária ou por outro legitimado (art. 996, NCPC; art. 499, CPC/73), restringe demasiadamente o direito fundamental à segurança jurídica, em especial no seu desdobramento no princípio da proteção da confiança, exigindo a incidência da proibição da *reformatio in peius*. Diante dessa necessidade, dificilmente prevaleceria o interesse geral no controle dos pressupostos para o julgamento de mérito da demanda. A definição dos limites do proibitivo exige esforço hermenêutico que, como nas demais normas dessa natureza, deve pautar-se pela observância e harmonização dos valores e direitos fundamentais processuais envolvidos. Desse modo, não nos parece adequado que os efeitos da declaração da ausência de condições da ação (ou pressupostos processuais) pelo tribunal possam afetar também os capítulos não impugnados da sentença, em desfavor do recorrente. Trata-se de questão de sopesamento dos valores e interesses conflitantes. Todavia, a favor da manutenção do capítulo irrecorrido não milita apenas o interesse do apelante, mas, além disso, o interesse público na realização da segurança jurídica, fundamento maior da proibição da *reformatio in peius*. Em situação análoga, Fredie Didier Júnior destaca que o interesse público na proteção da boa-fé processual (proibição do *venire contra factum proprium*) pode prevalecer mesmo quando confrontado com o interesse público do qual decorrem as regras de conhecimento *ex officio* das invalidades processuais graves, a exemplo da incompetência absoluta.[489] O próprio Supremo Tribunal Federal decidiu, no julgamento do recurso extraordinário nº 433.512, que a regra da competência absoluta da Justiça Federal (art. 109, I, CF) poderia ser excepcionada, diante da necessidade de assegurar o direito fundamental à duração razoável do processo (art. 5º, LXXVIII, CF).[490] Essa conclusão, obviamente, não possui caráter absoluto.

---

[488] Nesse sentido: EGGER, Walter. *Die reformatio in peius im Zivilprozessrecht*. Zürich: Hans Schellemberg, Winterthur, 1985. p. 102-103.

[489] DIDIER JÚNIOR, Fredie. *Curso de direito processual civil*. 12. ed. Salvador: Juspodivm, 2010. v. 1, p. 283-285. Em sentido contrário, para Galeno Lacerda, as nulidades absolutas não seriam afetadas pela preclusão por se basearem em normas imperativas. Essa compreensão não parece hoje a mais adequada (LACERDA, Galeno. *Despacho saneador*. 3. ed. Porto Alegre: [s.n.], 1990. p. 187).

[490] "RECURSO EXTRAORDINÁRIO. AÇÃO DE USUCAPIÃO. ILHA COSTEIRA. ALEGAÇÃO DE AUSÊNCIA DE INTERESSE DA UNIÃO. DESCONSTITUIÇÃO DE DECISÃO PROFERIDA PELA JUSTIÇA FEDERAL. REGRAS DE COMPETÊNCIA. ART. 109, I, DA CONSTITUIÇÃO DO BRASIL. EFETIVA ENTREGA DA PRESTAÇÃO JURISDICIONAL. GARANTIA CONSTITUCIONAL À RAZOÁVEL DURAÇÃO DO PROCESSO. ART. 5º, LXXVIII, DA CONSTITUIÇÃO DO BRASIL. INTERPRETAÇÃO DA CONSTITUIÇÃO. SITUAÇÃO PECULIAR A CONFIGURAR EXCEÇÃO. EXCEÇÃO CAPTURADA PELO ORDE-

O caso concreto pode sugerir conflito entre direitos fundamentais, problema equacionável à luz do postulado da proporcionalidade.[491]

Após haver discorrido sobre vícios que poderiam ensejar o ajuizamento de ação rescisória, Araken de Assis recomenda que, nas questões de ordem pública, adote-se "um meio-termo, a despeito de eventual contradição entre os fundamentos da decisão". Traz como exemplo a situação na qual o autor interpõe apelação contra a sentença que, rejeitando a prescrição, acolha parcialmente o pedido. Nesse caso, o tribunal poderia reconhecer *ex officio* a prescrição para negar o pedido formulado pelo autor/apelante sem, contudo, afetar o capítulo não impugnado (favorável ao recorrente).[492] Trata-se de conclusão correta, pois o interesse público que embasa o acolhimento de ofício da prescrição diferencia-se daquele existente no dever de apreciação *ex officio* das condições da ação e pressupostos processuais. A impossibilidade do ajuizamento de ação rescisória, baseada na prescrição comprova essa diferença de intensidade no interesse público. A jurisprudência do Superior Tribunal de Justiça também demonstra essa diferenciação: por um lado, a ausência de condições da ação deve ser conhecida de ofício pelo juízo de apelação, mesmo quando expressamente decididas no primeiro grau;[493] por outro lado, afirma-se a preclusão

---

NAMENTO JURÍDICO. TRANSGRESSÃO DO DIREITO. 1. A interpretação da Constituição não é para ser procedida à margem da realidade, sem que se a compreenda como elemento da norma resultante da interpretação. A práxis social é, nesse sentido, elemento da norma, de modo que interpretações corretas são incompatíveis com teorizações nutridas em idealismo que não a tome, a práxis, como seu fundamento. *Ao interpretá-la, a Constituição, o intérprete há de tomar como objeto de compreensão também a realidade em cujo contexto dá-se a interpretação, no momento histórico em que ela se dá. 2. Em recente pronunciamento, no julgamento do HC n. 94.916 [Sessão de 30.9.08], esta Corte afirmou que situações de exceção não ficam à margem do ordenamento, sendo por este capturadas, de modo que a preservação dos princípios impõe, seguidas vezes, a transgressão das regras. 3. No presente caso, as regras de competência (art. 109, I, da Constituição do Brasil), cuja última razão se encontra na distribuição do exercício da Jurisdição, segundo quais critérios, aos órgãos do Poder Judiciário, não podem prevalecer quarenta e três anos após a propositura da ação. Assim há de ser em virtude da efetiva entrega da prestação jurisdicional, que já se deu, e à luz da garantia constitucional à razoável duração do processo (art. 5°, LXXVIII, da Constituição do Brasil).* Observe-se que a lide foi duas vezes – uma na Justiça Estadual, outra na Justiça Federal – resolvida, em sentenças de mérito, pela procedência da ação. Recurso extraordinário a que se nega provimento" (RE 433512, Relator(a): Min. EROS GRAU, Segunda Turma, julgado em 26/05/2009, DJe-148 DIVULG 06-08-2009 PUBLIC 07-08-2009 EMENT VOL-02368-06 PP-01258).

[491] A respeito da utilização do postulado da proporcionalidade na colisão entre direitos fundamentais, com ênfase no direito processual civil, ver: GUERRA, Marcelo Lima. *Direitos fundamentais e a proteção do credor na execução civil*. São Paulo: Revista dos Tribunais, 2003. p. 86-97. Ver: GUERRA, Marcelo Lima. A proporcionalidade em sentido estrito e a "fórmula do peso" de Robert Alexy: insignificância e algumas implicações. *Revista de Processo*, São Paulo, v. 31, n. 141, p. 53-71, nov. 2006.

[492] Ver: ASSIS, Araken de. *Manual dos recursos*. 3. ed. São Paulo: Revista dos Tribunais, 2011. p. 114.

[493] "PROCESSUAL CIVIL. AÇÃO ANULATÓRIA DE DÉBITO FISCAL. CONDIÇÕES DA AÇÃO. MATÉRIA DE ORDEM PÚBLICA. DESPACHO SANEADOR. PRECLUSÃO. INOCORRÊNCIA. 1. A jurisprudência do STJ firmou orientação no sentido de que "Nas instâncias ordinárias, não há preclusão em matéria de condições da ação e pressupostos processuais enquanto a causa estiver em curso, ainda que haja expressa decisão a respeito, podendo o Judiciário apreciá-la mesmo de ofício (arts. 267, § 3°, e 301, § 4°, CPC)" (REsp n° 285.402/RS, 4ª T., Min. Sálvio de Figueiredo Teixeira, DJ de 07.05.2001). 2. Recurso especial provido" (REsp n° 847.390/SP, Rel. Ministro Teori Albino Zavascki, Primeira Turma, julgado em 06/03/2007, DJ 22/03/2007, p. 302). "PROCESSUAL CIVIL E ADMINISTRATIVO. VIOLAÇÃO AOS ARTS. 458 E 535 DO CPC. AUSÊNCIA. MANDADO DE SEGURANÇA. DECADÊNCIA. DECISÃO ANTERIOR NÃO IMPUGNADA. PRECLUSÃO. 1. Sobre a aludida afronta ao art. 535, incs. I e II, do CPC, nota-se que houve manifestação expressa da corte de origem acerca da alegação de decadência formulada pela Fazenda Pública, bem como sobre a aplicação do art. 18 da Lei n° 1.533/51. 2. Quanto à aventada ofensa ao art. 301, § 4°, do CPC, bem como ao art. 18 da Lei n° 1.533/51, em razão do entendimento segundo o qual houve a preclusão em

da decisão interlocutória que verse sobre a prescrição ou sobre a decadência, quando não impugnada pelo interessado, impedindo o juízo recursal de reexaminar *ex officio* a questão.[494]

O conhecimento de ofício da prescrição, comparada à ausência de condições da ação ou de pressupostos processuais, parece justificar ainda menos a possibilidade de o juízo *ad quem* subtrair ao recorrente posição jurídica de vantagem. A previsão do conhecimento de ofício da prescrição decorre da necessidade de estabilização das relações jurídicas, em benefício da coletividade. Por sua vez, a existência de capítulo da sentença não impugnado, na atual conformação do processo civil, também desperta na coletividade a expectativa na permanência da decisão judicial contra a qual não tenha se insurgido a parte interessada. O interesse público na estabilização das relações jurídicas – que embasa a previsão legal do ofício da prescrição – encontra resistência no próprio interesse da coletividade na estabilização das decisões judiciais. Como os processos, via de regra, não tramitam em segredo de justiça, qualquer leigo poderia consultar o teor da decisão judicial, parcialmente favorável ao apelante, nos sítios oficiais dos tribunais, gerando expectativa ponderável com aquela decorrente da presunção de inexistência das dívidas não exigidas com o transcurso de longo lapso temporal. No entanto, ainda que o resultado dessa equação pudesse pender em favor do conhecimento de *ex officio* da prescrição, incidiria a proibição da *reformatio in peius* em decorrência do dever de proteção da confiança do recorrente na manutenção do capítulo favorável da sentença.

As chances de excepcionar-se a proibição da *reformatio in peius* aumentam quando a questão, além de conhecível de ofício em virtude de previsão legal, decorra de exigência de outros valores ou normas constitucionais. Essas razões para o afastamento do proibitivo potencializam-se quando conjugadas com o enfraquecimento da base sobre a qual se assenta a confiança do recorrente na manutenção da posição jurídica de vantagem. Julgando a apelação interposta pelo autor contra a sentença de parcial procedência da demanda, o tribunal poderia deparar-se com a existência de coisa julgada material, surgindo a dúvida a respeito da possibilidade de extinguir integralmente o processo. O inte-

---

relação à matéria de decadência, não merece prosperar a arguição do recorrente. De fato, esta Corte pacificou-se no sentido de que, decidida a questão relativa à decadência quando do saneamento da causa, a ausência de impugnação recursal pela parte sucumbente acarreta a preclusão, não podendo assim a matéria ser renovada e examinada no recurso de apelação. Precedentes. 3. Recurso especial parcialmente conhecido e, nessa parte, não provido" (REsp nº 1256371/MS, Rel. Ministro Mauro Campbell Marques, Segunda Turma, julgado em 16/08/2011, DJe 24/08/2011).

[494] "PROCESSUAL CIVIL E ADMINISTRATIVO. VIOLAÇÃO AOS ARTS. 458 E 535 DO CPC. AUSÊNCIA. MANDADO DE SEGURANÇA. DECADÊNCIA. DECISÃO ANTERIOR NÃO IMPUGNADA. PRECLUSÃO. 1. Sobre a aludida afronta ao art. 535, incs. I e II, do CPC, nota-se que houve manifestação expressa da corte de origem acerca da alegação de decadência formulada pela Fazenda Pública, bem como sobre a aplicação do art. 18 da Lei nº 1.533/51. 2. Quanto à aventada ofensa ao art. 301, § 4º, do CPC, bem como ao art. 18 da Lei nº 1.533/51, em razão do entendimento segundo o qual houve a preclusão em relação à matéria de decadência, não merece prosperar a arguição do recorrente. De fato, esta Corte pacificou-se no sentido de que, decidida a questão relativa à decadência quando do saneamento da causa, a ausência de impugnação recursal pela parte sucumbente acarreta a preclusão, não podendo assim a matéria ser renovada e examinada no recurso de apelação. Precedentes. 3. Recurso especial parcialmente conhecido e, nessa parte, não provido" (REsp nº 1256371/MS, Rel. Ministro Mauro Campbell Marques, Segunda Turma, julgado em 16/08/2011, DJe 24/08/2011).

resse público no conhecimento de ofício da coisa julgada deve ser ponderado com a questionável confiança do autor na manutenção do capítulo decisório favorável, porém rejeitado definitivamente em outra demanda na qual tenha figurado como autor. Nesse confronto, a proibição da *reformatio in peius* dificilmente se sustentaria à luz do postulado da proporcionalidade.[495] O caso descrito diferencia-se dos entendimentos que vislumbram na existência de erro grave justificativa para excepcionar o proibitivo. A existência de coisa julgada material afasta qualquer expectativa legítima do recorrente na manutenção da posição jurídica de vantagem obtida com a sentença.

Ademais, a nosso ver, no que diz respeito ao âmbito de abrangência da proibição da *reformatio in peius*, a previsão contida no art. 168, parágrafo único, do Código Civil não se diferencia dos limites ao conhecimento de ofício de deficiências nas condições da ação e pressupostos processuais. Os capítulos não impugnados da sentença, que atribuem ao recorrente posição jurídica de vantagem, estariam imunes ao conhecimento de ofício dessas questões.

Mesmo nos recursos especial e extraordinário, que possuem requisitos de admissibilidade restritos, nos quais se acentua o interesse público na uniformização dos julgados e no aperfeiçoamento da interpretação do direito objetivo, uma vez ultrapassados os requisitos de admissibilidade, a possibilidade do conhecimento *ex officio* de questões não levantadas na impugnação restringe-se aos capítulos do dispositivo decisório impugnados.[496] Como posição jurídica que integra o direito de ação,[497] o recurso submete-se ao poder de disposição

---

[495] Todavia, saliente-se que o equacionamento do conflito de valores atinentes às normas de processo civil deve sempre levar em consideração as peculiaridades do caso concreto, como bem ressalta a lição de Marcelo Lima Guerra (Ver: GUERRA, Marcelo Lima. *Direitos fundamentais e a proteção do credor na execução civil*. São Paulo: Revista dos Tribunais, 2003. p. 96 *et seq*).

[496] Em se tratando de recurso especial e extraordinário, superado o juízo de admissibilidade, o efeito devolutivo é amplo, cumprindo aos respectivos tribunais julgar a causa, aplicando o direito à espécie (Art. 257, RISTJ; Súmula 456, STF). Todavia, o denominado *efeito translativo* não pode prejudicar o único recorrente com a extinção integral do processo, subtraindo-lhe uma posição de vantagem já conquistada com a decisão recorrida não impugnada pela parte contrária (*Besitzstand*). Verificada a ausência das condições da ação ou dos pressupostos processuais, que não tenham sido objeto dos recursos "extraordinários", o tribunal não fica impedido de pronunciar-se sobre eles. Porém, disso não pode resultar a anulação do processo ou a extinção sem julgamento de mérito em desfavor do recorrente. A solução correta seria negar provimento ao recurso, à semelhança do que, aliás, ocorre com os recursos ordinários. Analisando a necessidade da sucumbência como requisito recursal e limitador da atividade do juízo *ad quem*, Peter Gilles enfatiza que, na ausência de sucumbência, a impugnação não deve ser recebida por inadmissível, mesmo quando os defeitos da sentença sejam visíveis e gritantes "Ist der Rechtsmittelkläger nicht beschwert, muss das Rechtsmittel als unzulässig verworfen werden, und dies selbst in Fällen, in denen das angefochtene Urteil offensichtlich unrichtig oder eklatant fehlerhaft" (GILLES, Peter: Anschliessung, Beschwer, Verbot der Reformatio in peius und Parteidispositionen über die Sache in höherer Instranz. *ZZP*, n. 91, 1978. p. 147). O entendimento consolidado na Súmula nº 456 do STF diz respeito à profundidade do efeito devolutivo, mas não autoriza a revisão de objeto processual em relação ao qual sequer existiria interesse em recorrer. A súmula 456 do STF não afasta a *proibição da reformatio in peius*, nem autoriza a superação do requisito interesse recursal. Em sentido contrário, Hans-Peter Ricci defende a legitimidade da *reformatio in peius* para evitar resutados contraditórios absurdos, ou que ofendam a confiança ou a boa-fé (ver: RICCI, Hans-Peter. *Reformatio in peius und Anschliessung an das Rechtsmittel im Zivilprozess*: unter vergleichweiser Heranziehung des Strafprozesses und des Steuerjustizverfahrens. Zürich: Winterthur, 1955. p. 107).

[497] Em sentido contrário, compreendendo o recurso como ação constitutiva, ver: GILLES, Peter: Anschliessung, Beschwer, Verbot der Reformatio in peius und Parteidispositionen über die Sache in höherer Instranz. *ZZP*, n. 91, 1978. p. 128-176.

das partes e à exigência de interesse recursal, no que diz respeito à definição dos capítulos decisórios devolvidos ao juízo *ad quem*. Todavia, respeitados esses limites, a cognição do novo julgamento não se limita às alegações do recorrente ou do recorrido. Tampouco o juízo recursal atua como mero revisor dos erros da sentença, possuindo ampla liberdade de cognição sobre o objeto do recurso (= capítulos impugnados),[498] o que nem sempre coincide exatamente com as questões examinadas na sentença. Respeitadas as preclusões, aplicam-se ao juízo *ad quem* as mesmas regras direcionadas ao juízo de primeiro grau, para que decida dentro dos limites traçados pelo objeto do recurso.[499] Essa conclusão é expressamente consagrada no texto do novo Código de Processo Civil ao definir que o efeito devolutivo da apelação, do recurso extraordinário e do recurso especial estaria limitado aos capítulos recorridos (art. 1.013, §1°, NCPC; art. 1034, parágrafo único, do NCPC).

3.8.2. Os (erroneamente) denominados "pedidos implícitos" e o âmbito de abrangência da proibição da "reformatio in peius"

O art. 322 do novo Código de Processo Civil estabelece que se compreendem no principal os juros legais, a correção monetária e as verbas de sucumbência, inclusive os honorários advocatícios. O dispositivo repete as previsões contidas no antigo diploma processual (arts. 20, 290 e 293, do CPC/73), erroneamente denominados de "pedidos implícitos".[500]

---

[498] "La cognizione del secondo giudice cade aparentemente, o imediatamente, sulla sentenza del primo giudice, per dirla giusta o ingiusta in fato o in diritto; ma in realtà essa cade sul rapporto deciso, sul quale il secondo giudice è chiamato a statuire ex novo, in base al vecchio e al nuovo materiale" (Ver: CHIOVENDA, Giuseppe. *Principii di diritto processuale civile*. 3. ed. Roma: [s.n.], 1913. p. 976).

[499] Nesse sentido, interpretando o disposto no art. 384 do Código de Processo Civil italiano, no âmbito do juízo de cassação, Elio Fazzalari afirma incumbir ao recorrente a definição de quais capítulos do dispositivo decisório seriam examinados pelo juízo *ad quem*. Todavia, respeitados esses limites, não caberia ao recorrente limitar a cognição do tribunal (FAZZALARI, Elio. *Il giudizio civile di cassazione*. Milano: Giuffrè, 1960. p. 131). Os poderes de cognição do juízo recursal devem, contudo, respeitar as peculiaridades das espécies de impugnação, que podem limitá-los, a exemplo da "impossibilidade" de análise de questão de fato no julgamento dos Recursos Extraordinário e Especial. Como bem salientado na tese de doutoramento de Danilo Knijnik, essa limitação não se confunde ou se estende às normas de direito probatório, que podem ser objeto dessas espécies recursais, como ocorre com o enquadramento jurídico inadequado dos fatos. Ademais, o processualista também alerta para as dificuldades decorrentes da apreciação das questões mistas, nas quais fato e direito são de difícil dissociação, matéria de grande complexidade, que nossa pesquisa não possui a pretensão de enfrentar (KNIJNIK, Danilo. *O recurso especial e a revisão da questão de fato pelo Superior Tribunal de Justiça*. Rio de Janeiro: Forense, 2005).

[500] A respeito do assunto, oportuna a lição de Cândido Rangel Dinamarco: "Conceitualmente, não há lugar para a existência de pedidos implícitos. Simplesmente, a lei e o sistema dispensam o pedido em algumas hipóteses, investindo o juiz do poder de pronunciar-se sobre juros, correção monetária, astreintes, etc. ainda quando não hajam sido pedidos pelo demandante. Mais que exceções à regra da interpretação estrita, são ressalvas à proibição de conceder tutela extrapolante ao pedido feito (arts. 128 e 460). Todas elas contam com bom apoio legitimador da tendência universal a deformalizar o processo e da consciência da necessidade de promover a efetividade da tutela jurisdicional e do acesso à justiça (particularmente as exceções relacionadas com as obrigações de fazer ou de não fazer); mas falar em pedido implícito é valer-se arbitrariamente de uma desnecessária ficção legal, porque basta reconhecer que todos esses são casos em que o pedido é dispensado, não havendo por que fingir que ele haja sido deduzido" (DINAMARCO, Cândido Rangel. *Instituições de direito processual civil*. 5. ed. São Paulo: Malheiros, v. 2, p. 138).

O princípio dispositivo em sentido próprio, embasado no dever de imparcialidade judicial e na expressão processual do direito fundamental à autonomia da vontade, exige que a prestação jurisdicional se atenha aos exatos limites da tutela postulada (nem mais, nem menos).[501] Disso decorreria o imperativo da interpretação "restritiva" do pedido (art. 293, CPC/73), visão considerada ultrapassada pela doutrina processual civil, daí resultando a redação do art. 323, § 1°, do novo Código de Processo Civil ("a interpretação do pedido considerará o conjunto da postulação e observará o princípio da boa-fé"). O juiz deve interpretar o pedido sempre com o auxílio das metanormas da efetividade e da segurança jurídica.[502] A interpretação do pedido de acordo com o conjunto da postulação assegura efetividade, enquanto a boa-fé relaciona-se fortemente à segurança jurídica. A restrição interpretativa deve ser suficiente para preservar a imparcialidade judicial (valor segurança), mas, ao mesmo tempo, permitir extrair o máximo possível de efetividade da tutela jurisdicional a ser prestada.[503] Todavia, o próprio legislador prevê exceções ao *princípio da congruência*, nas quais o juiz não se encontra atrelado ao pedido.

Citando o exemplo centrado no direito de família, no qual se permite a fixação de alimentos provisórios ou provisionais independentemente de pedido da parte (art. 7°, Lei n° 8.560/1992), Carlos Alberto Alvaro de Oliveira afirma que "às vezes, no caso concreto, os valores que informam o princípio dispositivo em sentido material são ultrapassados por outros de maior relevância". O mesmo ocorre no caso dos honorários advocatícios (art. 85, NCPC –art. 20, CPC/73), dos juros legais (art. 322, § 1°, NCPC – art. 293, CPC73), da correção monetária, das prestações periódicas (art. 322, § 1°, NCPC –art. 290, CPC/73) e com a fixação das *astreintes*. Após mencionar tais exemplos, prossegue afirmando que "na sua concepção atual, o princípio dispositivo não abrange os atos próprios da técnica processual, internos ao processo, a exemplo da direção do processo pelo juiz" (art. 139, NCPC – art. 125, do CPC73), e o "desenvolvimento do processo por impulso oficial" (art. 2°, NCPC – art. 262, 2ª parte, CPC/73).[504]

---

[501] CALMON DE PASSOS, J. J. *Comentários ao Código de Processo Civil*. 37. ed. Rio de Janeiro: Forense, 1992. v. 3.

[502] "... o nome da forma de tutela requerida pelo autor mostra-se secundário; muito mais importante é o fato motivador do direito de agir e o que realmente pretende a parte, para além do invólucro exterior da pretensão processual exercida" (ver: ALVARO DE OLIVEIRA, Carlos Alberto. *Teoria e prática da tutela jurisdicional*. Rio de Janeiro: Forense, 2008, p. 143). Especificamente tratando da interpretação do pedido no recurso de apelação Araken de Assis adverte que "é preciso vista larga e flexível ao analisar o pedido concretamente formulado na apelação. É comum o uso promíscuo ou impreciso dos verbos "anular" e "reformar", o que não pode impedir o julgamento na forma preconizada, sob pena de invalidade" (ASSIS, Araken de. *Manual dos recursos*. 3. ed. São Paulo: Revista dos Tribunais, 2011. p. 440). Também, acerca da interpretação do pedido, ver: CARVALHO, Milton Paulo. *Do pedido no processo civil*. Porto Alegre: Fabris, 1992.

[503] Segundo Humberto Ávila, o valor segurança jurídica consistiria em uma metanorma, colocando-se como regra hermenêutica para orientar a aplicação das regras e princípios. (Ver: ÁVILA, Humberto. *Teoria dos princípios*: da definição à aplicação dos princípios jurídicos. 12. ed. ampl. São Paulo: Malheiros, 2011. p. 133-134). A respeito das normas jurídicas fundamentais como princípios de processo civil e o dever de otimização, ver GUERRA, Marcelo Lima. *Direitos fundamentais e a proteção do credor na execução civil*. São Paulo: Revista dos Tribunais, 2003. p. 84-86.

[504] Ver: ALVARO DE OLIVEIRA, Carlos Alberto. *Teoria e prática da tutela jurisdicional*. Rio de Janeiro: Forense, 2008, p. 114.

Já a exceção criada pela legislação consumerista aproxima-se daquela contida no art. 7º da Lei nº 8.560/1992, no qual a vinculação do juiz ao pedido cede em razão da prevalência de outros interesses de maior densidade (dignidade humana e proteção do consumidor). Diferencia-se da fixação dos juros, da correção monetária e das parcelas vincendas nas obrigações periódicas, pois estas decorrem muito mais de razões de conveniência, ou mesmo de eventual economia processual, enquanto aquelas exibem dramático conflito de valores, solucionados aprioristicamente pelo legislador. Essa diferenciação deve ser considerada em qualquer estudo a respeito dos limites objetivos do efeito devolutivo da apelação, ou na identificação de ofensa à proibição da *reformatio in peius*.

Grande parte das controvérsias em torno dos limites da proibição da *reformatio in peius* decorre da possibilidade de o juízo *ad quem* aplicar essas normas em desfavor do "único" recorrente. O legislador processual excepciona a máxima da vinculação ao pedido, mas silencia quanto à possibilidade de que isso ocorra também nas instâncias recursais.

As respostas a tais indagações não podem considerar apenas a acessoriedade dos capítulos não impugnados. Tampouco são respondidas pela natureza indisponível do interesse tutelado pela norma. As posições de vantagem que estariam incorporadas à esfera jurídica do recorrente na ausência de impugnação merecem ser preservadas, evidenciando-se a necessidade de proteção da confiança e a presunção de estabilidade dos atos processuais. A proibição da *reformatio in peius* cuida exatamente disso, representando limite adicional à liberdade decisória do juízo *ad quem*.[505] O denominado "efeito translativo" da apelação (ou a "profundidade" do efeito devolutivo) é dimensionado nos limites do pedido impugnatório, que, por sua vez, é limitado também pela exigência de interesse recursal.

Importante ressaltarmos, novamente, que a proibição da reforma para pior não confere ao recorrente proteção absoluta, podendo ser excepcionalmente afastada no caso concreto. Resta questionarmos se o recorrente deveria contar com a possibilidade de o juízo recursal atuar de ofício promovendo agravamento na sua situação, em virtude da incidência dessas normas. A resposta afirmativa a essa indagação afastaria a incidência da proibição *reformatio in peius*. Em se compreendendo que, nesses casos específicos, o ordenamento processual sugere ao recorrente a possiblidade de agravamento na sua situação, não haveria expectativa ou confiança a ser protegida, retirando-se o principal fundamento teórico do proibitivo. No entanto, mesmo diante da presença de confiança a ser protegida, a proibição da *reformatio in peius* poderia ceder frete a outro valor prevalente, a exemplo do que sugere a fixação de alimentos provisórios ou provisionais (art. 7º, Lei nº 8.560/1992).

As exceções ao princípio da congruência, que dispensam o pedido da parte para a fixação dos juros legais, da correção monetária, a inclusão das

---

[505] A proibição da *reformatio in peius* não decorreria do efeito devolutivo, mas limitaria o efeito devolutivo. Nesse sentido, ver: KUHLMANN, Axel. *Das Verbot der reformatio in peius im Zivilprozessrecht*. Berlin: Duncker Humblot, 2010. p. 163.

parcelas vincendas nas obrigações periódicas ou a fixação de honorários advocatícios não parecem oferecer risco significativo à imparcialidade judicial, embora excepcionem o princípio da autonomia da vontade. Tampouco divisamos conflito dramático de valores, como ocorre no caso da fixação dos alimentos provisórios ou provisionais (art. 7º, Lei nº 8.560/1992). Isso não significa, contudo, ausência de violação ao direito fundamental à segurança jurídica, quando tais verbas sejam fixadas ou alteradas pela atuação de ofício do tribunal, em desfavor do recorrente.

A correção monetária nada mais é do que a recomposição econômica do próprio objeto principal, enquanto os juros legais, que podem ser moratórios ou compensatórios, consistem em acréscimo determinado pelo direito positivo.

Questionável, entretanto, se o tribunal, diante da omissão da sentença, poderia fixar essas verbas acessórias, sem que ocorra a impugnação de outro legitimado (art. 996, NCPC; art. 499, CPC/73), ou se poderia revisar de ofício, em desfavor do recorrente, o índice de correção monetária, o percentual dos juros legais ou, ainda, o termo inicial do cálculo dessas parcelas. Que disso resultaria em uma *reformatio in peius* não se discute, pois o recorrente sofrerá evidente ônus financeiro em decorrência da atuação de ofício juízo do *ad quem* no julgamento da própria inconformidade.[506] As denominadas verbas acessórias, principalmente os juros legais, com o transcurso de longo lapso temporal, podem significar montante que se aproxime ou, muitas vezes, ultrapasse o valor do principal.

No caso da ausência de fixação dos juros legais, a jurisprudência consolidada dos tribunais superiores vem se inclinando pela possibilidade da fixação de juros moratórios (e com maior razão da correção monetária) na fase de liquidação da sentença, conforme se verifica da súmula 254 do Supremo Tribunal Federal (Incluem-se os juros moratórios na liquidação, embora omisso o pedido inicial ou a condenação).

A questão é complexa. Na defesa da possibilidade de fixação ou alteração de ofício dos juros legais, da correção monetária, das parcelas vincendas

---

[506] O termo inicial da contagem do prazo prescricional também não pode ser alterado em desfavor do recorrente, conforme já decidiu o Superior Tribunal de Justiça: "AÇÃO RESCISÓRIA. PRAZO PRESCRICIONAL. IPI. CRÉDITO-PRÊMIO. *REFORMATIO IN PEJUS*. OCORRÊNCIA... 3. Na ação originária, buscou-se o reconhecimento do direito ao ressarcimento de créditos oriundos do incentivo fiscal denominado crédito--prêmio de IPI, referentes às operações de exportação realizadas no período de 01.04.81 a 30.04.85 (fl. 59). 4. A sentença de piso afastou a prejudicial da prescrição, suscitada pelo ente fazendário, afirmando inexistir "qualquer parcela atingida pela prescrição" (fl. 149). Não houve insurgência de ambas as partes quanto ao ponto, que restou mantido pela Corte de origem. 5. A Primeira Turma deste Superior Tribunal de Justiça, ao julgar o recurso especial interposto pela autora – no qual discutiu, unicamente, os critérios de correção do incentivo fiscal e os honorários advocatícios – enfrentou também a questão do prazo prescricional, modificando o *dies a quo* do prazo interruptivo da prescrição. 6. Afronta o princípio que veda a *reformatio in pejus* o aresto que altera o termo inicial de contagem do prazo prescricional, reformando, para pior, a situação do único recorrente. Doutrina e jurisprudência. 7. Reconhecendo-se, em *judicium rescindens*, a ocorrência de *reformatio in pejus*, deve ser desconstituído o julgado rescindindo tão-somente para retirar a referência ao prazo prescricional para fruição do benefício fiscal do crédito-prêmio de IPI, prevalecendo, neste ponto, a sentença de piso, tornando-se despiciendo o enfrentamento dos demais argumentos suscitado na inicial. 8. Ação rescisória procedente" (AR no 1328/DF, Rel. Ministro Castro Meira, Primeira Seção, julgado em 25/08/2010, DJe 01/10/2010).

nas obrigações periódicas e dos honorários advocatícios, colocam-se dois argumentos fundamentais:

(a) o legislador atribui ao juízo poderes para fixar essas verbas de ofício, dispensando o pedido das partes, razão pela qual fugiriam ao poder de disposição dos recorrentes;

(b) constituem capítulos acessórios, dependentes do objeto principal, daí presumir-se que o recurso interposto quanto ao objeto principal devolva ao conhecimento do juízo recursal o capítulo dependente.

Compreendemos que a fixação da correção monetária de ofício pelo juízo *ad quem*, mesmo em desfavor do recorrente, decorre de exigência do direito fundamental à efetividade da tutela jurisdicional. A correção monetária não passa de recomposição do poder aquisitivo da pretensão econômica deduzida no início do processo, "não constituindo um *plus* que se acrescenta ao crédito, mas um *minus* que se evita".[507] A prestação jurisdicional não seria efetiva se permitisse que o tempo reduzisse o significado econômico da tutela pretendida, sobretudo em países de longa tradição inflacionária como o Brasil. Além disso, não se justificaria, a nosso ver, a expetativa do apelante (réu) em obter benefício econômico em decorrência da passagem do tempo, ainda mais quando ele próprio tenha dado causa ao prolongamento do processo. A segurança jurídica, nesse caso, não estará em contradição com a efetividade, mas sim a seu serviço, revelando caráter fluido e dinâmico, como bem demonstra a doutrina de Carlos Alberto Alvaro de Oliveira.[508] Aqui não há expectativa legítima merecedora de proteção, afastando-se a incidência da proibição da *reformatio in peius*.

Já a fixação dos juros legais de ofício pelo tribunal em desfavor do recorrente não nos parece possuir dimensão valorativa idêntica à correção monetária. Os juros são um acréscimo, um ganho de capital,[509] ainda que a lei estabeleça sua fixação de ofício como forma de recompensar o credor, punir o devedor e/ou impedir enriquecimento ilícito. A previsão da fixação dos juros legais independentemente do pedido (art. 322, § 1º, NCPC; art. 293, CPC/73), excepciona, verdadeiramente, o princípio dispositivo, não decorrendo, segundo nosso juízo, da necessidade de realização do direito fundamental à efetivi-

---

[507] A questão foi bem apanhada pelo Superior Tribunal de Justiça, no julgamento do REsp. nº 1.112.524/DF, no qual assim constou do voto do Ministro Luiz Fux: "A correção monetária plena é mecanismo mediante o qual se empreende a recomposição da efetiva desvalorização da moeda, com o escopo de se preservar o poder aquisitivo original, sendo certo que independe de pedido expresso da parte interessada, não constituindo um *plus* que se acrescenta ao crédito, mas um *minus* que se evita". Acerca da natureza da correção monetária, ver: CAMARGO, Ricardo Antônio Lucas. *Novo dicionário de direito econômico*. Porto Alegre: Fabris, 2010. p. 143.

[508] Conforme a lição do professor, já mencionada anteriormente, o direito fundamental à segurança jurídica deve "estar a serviço de um objetivo mediato de permitir a efetividade do direito fundamental a um processo equânime" (ver: ALVARO DE OLIVEIRA, Carlos Alberto. Os direitos fundamentais à efetividade e à segurança em perspectiva dinâmica. *Revista Magister de Direito Civil e Processual Civil*, v. 4, n. 21, nov./dez. 2007).

[509] Ricardo Antônio Lucas Camargo assim define os juros: "[...] tradicionalmente tratados pelo pensamento jurídico assente como frutos civis do capital, são os acréscimos a este em função da passagem do tempo pelas mais variadas razões" (ver: CAMARGO, Ricardo Antônio Lucas. *Novo dicionário de direito econômico*. Porto Alegre: Fabris, 2010. p. 286).

dade do processo. Tanto é assim que o § 308, I, da Ordenança de Processo Civil da Alemanha (ZPO) expressamente veda ao juiz a fixação dos juros, quando não postulado expressamente pelo autor. A questão situa-se na seara da política legislativa. Entretanto, o Código de Processo Civil não possui previsão expressa de que os juros possam ser fixados ou, ainda pior, alterados de ofício "em qualquer grau de jurisdição", ao contrário do que ocorre com os pressupostos processuais (art. 64, § 1º, e art. 485, § 3º, NCPC – art. 113, e art. 267, § 3º, CPC/73). Se nem mesmo nestes últimos casos o juízo recursal poderia prejudicar o recorrente, não existe razão para crermos que isso possa decorrer de uma interpretação ampliada da exceção que prevê a possibilidade de fixação dos juros legais de ofício pelo juiz (art. 322, §1º, NCPC – art. 293, CPC/73).

A atuação de ofício pelo tribunal na fixação dos juros legais em desfavor do recorrente, mesmo diante da omissão da sentença, não nos parece justificável, quando ponderados os valores e interesses que apontam nesse sentido, com aqueles decorrentes da exigência de segurança jurídica em que se embasa a proibição da *reformatio in peius*. Os art. 1.013, §1º, e o art. 1034, parágrafo único, do novo Código de Processo Civil, limitam o efeito devolutivo dos recursos aos capítulos impugnados, porém não realizam a distinção entre capítulos principais e acessórios. Daí concluirmos que a Lei nº 13.105/2015 não oferece solução a esse problema.

Fixados na sentença os índices e os termos *a quo* da correção monetária e dos juros legais, maior expectativa terá o recorrente na impossibilidade de o juízo *ad quem* agravar sua situação, modificando de ofício capítulo irrecorrido do julgado, ainda que possuam natureza acessória. O direito fundamental à segurança jurídica impõe a incidência da proibição da *reformatio in peius*, impedindo que o recorrente seja surpreendido pela alteração dos critérios de cálculo dessas verbas acessórias.

O mesmo raciocínio é aplicável à revisão dos critérios utilizados para a fixação de honorários na sentença, sem que a parte interessada tenha interposto recurso nesse sentido. Todavia, se a sentença foi omissa neste aspecto, o tribunal poderá fixá-los de ofício em prejuízo do recorrente.[510] A condenação ao custo do processo decorre do *princípio da sucumbência*, devendo ser fixado de ofício (fixado, mas não revisado!). Ademais, os honorários de sucumbência possuem dimensão valorativa distinta dos juros legais, pois, além de represen-

---

[510] "PROCESSO CIVIL. EMBARGOS À EXECUÇÃO. REJEIÇÃO LIMINAR. APELAÇÃO. CITAÇÃO DO RÉU. INTERVENÇÃO NO PROCESSO. APRESENTAÇÃO DE CONTRARRAZÕES. HONORÁRIOS DE ADVOGADO. CABIMENTO. APELAÇÃO. EFEITO TRANSLATIVO. *REFORMATIO IN PEIUS*. INOCORRÊNCIA. PRECEDENTES. DOUTRINA. RECURSO DESACOLHIDO. I – São cabíveis honorários advocatícios quando o réu, indeferida a inicial e citado para a causa, comparece e apresenta contrarrazões, vindo a ser desprovida a apelação. II – A condenação em honorários é imposição prevista em lei, pelo que o juiz, ainda que não haja pedido expresso (enunciado nº 256 da súmula/STF), deve incluir mencionada parcela na decisão. III – Diante do efeito translativo da apelação, as questões acessórias, que poderiam ser resolvidas de ofício pelo juiz de primeiro grau, como é o caso dos honorários advocatícios, também estão sujeitas à apreciação por parte do tribunal *ad quem*, independentemente de provocação. IV – O processo não haverá de resultar em dano para quem tenha razão, segundo a clássica lição de Chiovenda" (REsp 402.280/SP, Rel. Ministro SÁLVIO DE FIGUEIREDO TEIXEIRA, QUARTA TURMA, julgado em 28/05/2002, DJ 02/09/2002, p. 197).

tarem imposição legal, decorrem da necessidade de remunerar o trabalho do advogado.

Omissa a sentença quanto à fixação dos honorários advocatícios decorrentes da sucumbência, ao prolongar o processo, o recorrente deve contar com a possibilidade de que o trabalho do advogado da parte vencedora seja remunerado às suas expensas. Não há, portanto, expectativa legítima a ser protegida, inexistindo ofensa à proibição da *reformatio in peius*.

Todavia, uma vez fixados os honorários ou os critérios de cálculo dos juros legais, o tribunal está impedido de atuar de ofício, revisando tais capítulos da sentença em desfavor do recorrente, sem que ocorra a impugnação (principal ou adesiva) da parte interessada ou de outro legitimado (art. 996, NCPC; art. 499, CPC/73). Trata-se de típica posição jurídica de vantagem que estaria incorporada ao patrimônio do recorrente na ausência de impugnação do interessado.[511] A suposta necessidade de readequar tais verbas aos "critérios legais" não justifica a atuação oficiosa do tribunal. Solução em sentido contrário atentaria contra a segurança jurídica, enquadrando-se no âmbito de abrangência da proibição da *reformatio in peius*.

Finalmente, cumpre ressaltarmos que o provimento de recurso interposto contra o capítulo principal poderá afetar os capítulos dependentes ou acessórios, mesmo na ausência de pedido expresso nesse sentido. Impugnado o capítulo principal, presumem impugnados os capítulos acessórios ou dependentes, na medida da dependência e do pretendido no recurso.

Oportuna a lição de Antonio Carlos de Araújo Cintra ao destacar que, na ausência de pedido explícito do apelante, a presunção de impugnação dos capítulos dependentes restringe-se ao vínculo essencial da dependência:

> Isto posto, pode-se concluir que apelação total é aquela através da qual se impugnam todos os capítulos da sentença e apelação parcial é aquela por meio da qual se impugna um ou se impugnam alguns dos capítulos da sentença, observando-se, no entanto, que a apelação que impugnar capítulo independente impugna, necessariamente, os capítulos dele dependentes, *na medida da dependência*, ainda que o faça de modo implícito. (*grifamos*).[512]

Todavia, quando o tribunal modifica os capítulos acessórios da sentença em benefício do recorrente, embora disso possa resultar ofensa à regra do *tantum devolutum quantum appellatum*, não há como falar em *reformatio in peius*. Resta indagarmos se isso comprometeria a segurança jurídica do recorrido, frustrando a expectativa na estabilização dos capítulos acessórios não impugnados expressamente.

Imagine-se situação na qual se postule a condenação do réu a indenizar $ 100, sendo proferida sentença de parcial procedência da demanda, condenando o réu em $ 60, acrescidos de juros legais no percentual de 6% a.a. e correção

---

[511] Na doutrina brasileira, a questão é bem apanhada por Flávio Cheim Jorge: "Existindo a fixação na sentença, o tribunal não poderá, sem provocação, modificá-la, pois aquele direito já faz parte do patrimônio individual da parte, somente podendo ser alterada mediante sua vontade" (CHEIM JORGE, Flávio. *Teoria geral dos recursos cíveis*. 4. ed. São Paulo: Revista dos Tribunais, 2009. p. 224).

[512] ARAÚJO CINTRA, Antônio Carlos de. *Sobre os limites objetivos da apelação cível*. São Paulo: [s.n.], 1986. p. 51.

monetária, contados a partir da data X. Caso o autor apele, postulando a majoração da condenação para 100, omitindo-se quanto às verbas acessórias mencionadas, o réu deve contar com a possibilidade de que, majorado o valor da condenação, a base de cálculo dos juros e da correção monetária se modifique. Como ressalta Bernardo Pimentel Souza, "se o tribunal der provimento (ainda que parcial) ao recurso apelatório quanto ao principal, tal julgamento interfere na questão acessória: *accessorium sequitur suum principale*".[513] Todavia, a alteração dos critérios para aplicação dos juros ou da correção (percentual de juros, índice de correção, termo inicial da contagem) em favor do recorrente exige pedido expresso nesse sentido. A presunção de impugnação deve ser restrita ao vínculo essencial de dependência (*na medida da dependência*). Ademais, a impugnação expressa dos critérios de cálculo das parcelas acessórias permite ao apelado exercer o direito fundamental ao contraditório.[514] Em isso não ocorrendo, cria-se no apelado a expectativa de que essa posição jurídica de vantagem (ou de menor desvantagem!) tenha se incorporado ao seu patrimônio. Decisão em sentido contrário, além de violar a regra da vinculação do juízo de apelação ao pedido (art. 1.013, NCPC; art. 515 CPC/73) – e o princípio dispositivo, princípio da congruência etc. – comprometeria o direito fundamental à segurança jurídica do recorrido. A denominada *reformatio in melius*, não atenta apenas contra o efeito devolutivo do recurso, o princípio dispositivo em sentido material e os seus correlatos, mas ofende, principalmente, a dimensão subjetiva do princípio da segurança jurídica, aspecto, em geral, ignorado pela doutrina. Ademais, a atuação oficiosa nesse sentido não oferece ganho significativo na realização dos valores ou interesses em conflito.

3.8.3. O julgamento da apelação interposta contra a sentença que extinguiu o processo sem julgamento de mérito (art. 1.013, § 3º, I, NCPC; art. 515, § 3º, CPC/73)

Ausentes as condições da ação ou os pressupostos processuais, será prolatada sentença meramente terminativa ("sentença processual"), sem a apreciação do mérito, possibilitando ao autor ajuizar nova demanda. Já a sentença de improcedência possui eficácia declaratória negativa,[515] formando coisa julgada material, contrária ao autor, impedindo o ajuizamento de nova demanda. Em razão disso, a sentença terminativa, sob o ponto de vista prático, apresenta-se menos desvantajosa ao autor quando comparada àquela de improcedência.

---

[513] SOUZA, Bernardo Pimentel. *Introdução aos recursos cíveis e à ação rescisória*, 9. ed. São Paulo: Saraiva, 2013. p. 300.

[514] Acerca da relação do princípio do contraditório com a proibição da *reformatio in peius,* ver: LIMA, Alcides de Mendonça. *Introdução aos recursos cíveis*. 2. ed. São Paulo: Revista dos Tribunais, 1976. p. 345. No mesmo sentido, ver: EGGER, Walter. *Die reformatio in peius im Zivilprozessrecht*. Zürich: Hans Schellemberg, Winterthur, 1985. p. 39.

[515] Ver: ALVARO DE OLIVEIRA, Carlos Alberto. *Teoria e prática da tutela jurisdicional*. Rio de Janeiro: Forense, 2008, p. 108; DINAMARCO, Candido Rangel. *Capítulos da Sentença*. 3. ed., São Paulo: Malheiros. 2008. p. 56; MAFFINI, Rafael Da Cás. Direito e processo. In: ALVARO DE OLIVEIRA, Carlos Alberto (Org.). *Eficácia e coisa julgada*. Rio de Janeiro: Forense, 2006. p. 19-22.

Diante das sentenças terminativas, o autor pode escolher entre dois caminhos, caso ainda pretenda obter um julgamento de mérito: interpor apelação ou ajuizar uma nova demanda. Nesta última hipótese, presentes os requisitos para apreciação do mérito, pode ser prolatada sentença de improcedência, formando coisa julgada material contra o autor, como ocorre com qualquer demanda. É muito mais comum, contudo, que o autor interponha apelação contra a sentença terminativa, afirmando a presença dos requisitos para o julgamento de mérito. Caso o tribunal acolha a argumentação do apelante, dando provimento ao recurso, o processo é normalmente devolvido ao primeiro grau para o julgamento do mérito, podendo resultar em sentença de improcedência.

Eventualmente, o próprio tribunal pode apreciar o mérito da causa com base no princípio da *economia processual,* ou em decorrência de previsão legal, desde que disso não resulte prejuízo aos direitos fundamentais processuais dos litigantes (principalmente ao contraditório, à ampla defesa e ao devido processo legal). Tome-se o exemplo da previsão contida no art. 515, § 3º, do Código de Processo Civil de 1973, e no art. 1.013, § 3º, I, do novo Código de Processo Civil, composição harmônica entre os valores da efetividade e da segurança jurídica dos litigantes.[516] Quando ocorra julgamento de mérito desfavorável ao apelante, questiona-se se não haveria ofensa à proibição da *reformatio in peius.*

A resposta nos parece negativa. Tampouco compreendemos que o legislador brasileiro tenha criado exceção à proibição da *reformatio in peius.*

A apelação interposta contra a sentença terminativa, além de expressar o descontentamento do recorrente com a ausência de juízo de valor acerca do seu pedido, externa o desejo na apreciação do mérito da demanda. O apelante não pode esperar exclusivamente a possibilidade de procedência da ação ou a manutenção da sentença terminativa, assim como não podia confiar que o juiz de primeiro grau apreciasse o mérito exclusivamente a seu favor, devendo sempre contar com o risco de ver consumida a faculdade de ajuizar uma nova demanda.[517] Diante da sentença terminativa, o autor deve decidir se ainda pretende o pronunciamento a respeito do mérito. Caso opte por interpor apelação, não pode esperar que o julgamento ocorra somente a seu favor. Inexiste base

---

[516] Segundo Eduardo Cambi, "a inclusão do § 3º, ao art. 515 do CPC partiu da premissa de que a morosidade é um dos maiores fatores de deslegitimação do mecanismo do processo e uma das causas mais graves que impedem o acesso à ordem jurídica justa, já que a justiça tardia constitui fonte de descrédito da população no Poder Judiciário, em razão das angústias, sofrimentos psicológicos e econômicos que provoca" (ver: CAMBI, Eduardo. Mudando os rumos da apelação: comentário sobre a inclusão, pela Lei 10.352/2001, do § 3º ao art. 515 do CPC. In: NERY JÚNIOR, Nelson; WAMBIER, Teresa Arruda Alvim (Coords.). *Aspectos polêmicos e atuais dos recursos e de outros meios de impugnação às decisões judiciais.* São Paulo: Revista dos Tribunais, 2002. p.179-180). Para Giuseppe Chiovenda, a possibilidade do julgamento do mérito diretamente pelo tribunal demonstra o conflito entre o princípio da economia processual e o princípio do duplo grau de jurisdição (ver: CHIOVENDA, Giuseppe. *Principii di diritto processuale civile.* 3. ed. Roma: [s.n.], 1913. p. 979-980).

[517] Nesse sentido, dentre outros, ver: BÖTTICHER, Eduard. Reformatio in peius und Prozessurteil. *ZZP,* n. 65, p. 464-468, 1952; JAUERNIG, Othmar; LENT, Friedrich. *Direito processual civil.* 25. ed. totalmente refundida, da obra criada por Friedrich Lent. Tradução de F. Silveira Ramos. Coimbra: Almedina, 2002. p. 396. KAPSA, Bernhard-Michael. *Das Verbot der reformatio in peius im Zivilprozess.* Berlin: Duncker e Humblot, 1976. p. 120-124 e p. 169; "Wer gegen eine Prozessanweisung mit Rechtsmittel vorgeht, will eine Sachentscheidung; er muss daher in Kauf nehmen, dass dies zu seinen Lasten ausgeht" (ver: ZÖLLER, Richard et al. *Zivilprozessordnung.* 28. ed. Köln: Dr. Otto Schmidt, 2010. p. 1373).

sobre a qual se justifique a confiança do apelante na impossibilidade do tribunal julgar improcedente a demanda.

A questão foi muito bem apanhada por Eduard Bötticher, em artigo publicado em 1952 (*Reformatio in peius und Prozessurteil*), ao afirmar que a mera possibilidade de ajuizar nova demanda não representa em si a conquista de uma posição jurídica de vantagem (*Besitzstand*), processual ou material, digna de proteção. Se autor nada conquista com a sentença meramente terminativa, então não possui nenhuma posição jurídica de vantagem a ser preservada.[518] Como destaca Carlos Alberto Alvaro de Oliveira, "a sentença que extingue o processo sem julgamento de mérito não confere proteção nem tutela ao patrimônio jurídico".[519] Tampouco permite alcançar-se a pacificação ou a realização do ordenamento jurídico. O significado da expressão "posição jurídica de vantagem" (*Besitzstand*), protegida contra a *reformatio in peius*, não pode divorciar-se dos valores e interesses perseguidos pela jurisdição e pelo processo civil. Com a sentença meramente terminativa, nenhuma tutela jurisdicional é prestada a qualquer das partes, nenhum direito é declarado.

Também não nos parece que a supressão de instância possa importar em ofensa à proibição da *reformatio in peius*.[520] Como destaca Bernhard-Michael Kapsa, a proibição da *reformatio in peius* contém uma garantia de proteção jurídica, não uma regra de competência, que assegure o julgamento do mérito em determinado juízo.[521] Portanto, é irrelevante distinguir se a faculdade de ajuizar nova demanda foi consumida com o julgamento de mérito realizado pelo próprio tribunal ou pelo juízo de primeiro grau.

Também se apresenta fundamental à compreensão do problema a lição de Candido Rangel Dinamarco, a afirmar que "o julgamento de *meritis* que o tribunal fizer nessa oportunidade será o mesmo que faria se houvesse mandado o processo de volta ao primeiro grau, lá ele recebesse sentença, o autor apelasse contra esta e ele, tribunal, afinal voltasse a julgar o mérito".[522]

A substituição da sentença terminativa por uma decisão de mérito desfavorável ao apelante não ofende a proibição da *reformatio in peius*. Essa conclusão

---

[518] Ver: BÖTTICHER, Eduard. Reformatio in peius und Prozessurteil. *ZZP*, n. 65, p. 464-468, 1952. No mesmo sentido: KAPSA, Bernhard-Michael. *Das Verbot der reformatio in peius im Zivilprozess*. Berlin: Duncker e Humblot, 1976. p. 169.

[519] Ver: ALVARO DE OLIVEIRA, Carlos Alberto. *Teoria e prática da tutela jurisdicional*. Rio de Janeiro: Forense, 2008, p. 108.

[520] Já para Giuseppe Chiovenda, isso importaria em ofensa ao princípio do duplo grau de jurisdição (ver: CHIOVENDA, Giuseppe. *Principii di diritto processuale civile*. 3. ed. Roma: [s.n.], 1913. p. 981).

[521] "Das Verbot der reformatio in peius enthält jedoch eine Rechtsschutzgarantie, nicht eine Kompetenzregelung" KAPSA, Bernhard-Michael. *Das Verbot der reformatio in peius im Zivilprozess*. Berlin: Duncker e Humblot, 1976. p. 123. Em sentido contrário se posiciona Axel Kuhlmann, compreendendo haver *reformatio in peius* quando o mérito é apreciado diretamente pelo segundo grau de jurisdição. Sustenta que, ao contrário da compreensão geral, o autor possuiria prejuízo pela supressão de instância, resultando em uma *reformation in peius* (Ver: KUHLMANN, Axel. *Das Verbot der reformatio in peius im Zivilprozessrecht*. Berlin: Duncker Humblot, 2010. p. 181). Conforme aduzimos anteriormente, a simples possibilidade de ajuizar uma nova demanda, ou de ver o mérito julgado por duas instâncias não identifica uma posição jurídica de vantagem protegida pelo proibitivo.

[522] Ver: DINAMARCO, Candido Rangel. *Nova era do processo civil*. 2. ed. rev., atual. e aum. São Paulo: Malheiros, 2007. p. 180.

independe de encontrarmos o fundamento do proibitivo no princípio da proteção da confiança, no princípio dispositivo em sentido material, na vinculação do juízo ao pedido (prevista em lei), na "coisa julgada progressiva" etc.

Não ocorre violação ao princípio dispositivo em sentido material, pois o próprio apelante pretende a substituição da sentença terminativa por uma decisão de mérito, inexistindo razão para pressupor que isso ocorra exclusivamente a seu favor. Segundo Araken de Assis, o autor formulou pedido de julgamento de mérito, que poderia ensejar juízo de procedência ou de improcedência, não podendo o apelante esperar "que o tribunal se encontre adstrito a acolher inexoravelmente o pedido".[523] Também resta preservado o valor protegido pelos institutos da preclusão e da coisa julgada, pois a sentença meramente terminativa não possui qualquer conteúdo passível de integrar a coisa julgada material.

Assim, caso o tribunal aprecie o mérito da demanda que não esteja madura para julgamento haverá ofensa à regra processual (art. 1.013, § 3º, NCPC – art. 515, § 3º, CPC/73), ao direito fundamental à ampla defesa, ao contraditório, ao devido processo legal,[524] ao duplo grau de jurisdição etc., mas não propriamente à proibição da *reformatio in peius*.

3.8.4. A substituição da sentença de mérito pela extinção sem resolução de mérito

Cumpre questionarmos se a proibição da *reformatio in peius* impediria, e em que medida, a substituição da sentença de mérito por aquela meramente terminativa. A resposta a essa indagação também deve considerar que a proteção conferida pelo proibitivo abarca as posições jurídicas de vantagem que o recorrente teria conquistado caso não houvesse interposto seu próprio recurso.

Assim, por exemplo, interpondo o autor apelação contra a sentença que julgou parcialmente procedente ação indenizatória (pedido = $100; sentença = $60), omitindo-se o réu condenado, haveria evidente *reformatio in peius* se o tribunal decidisse extinguir o processo sem resolução de mérito. Caso o autor não houvesse interposto apelação, formar-se-ia coisa julgada material em relação aos capítulos condenatórios contra os quais não tenha se insurgido o réu ($60). Ao extinguir integralmente o processo sem resolução do mérito, o juízo *ad quem* retira do apelante posição jurídica de vantagem, que teria conquistado caso se mantivesse inerte, atentando contra proibição da *reformatio in peius*,

---

[523] Ver: ASSIS, Araken de. *Manual dos recursos*. 3. ed. São Paulo: Revista dos Tribunais, 2011. p. 112.

[524] Portanto, é correta a lição de José Roberto dos Santos: "Em síntese, a extensão do efeito devolutivo foi ampliada pelo § 3º do art. 515, devendo o tribunal aplicar de ofício a regra. O apelante não pode, sem razão plausível, simplesmente impedir a incidência do dispositivo. Se presentes os requisitos legais, os autos não retornarão mais à origem. Se ele, ciente da nova sistemática, quiser limitar o âmbito da devolutividade a apenas parte da pretensão deduzida em 1º grau, deverá fazê-lo expressamente (ver: BEDAQUE, José Roberto dos Santos. Apelação: questões sobre admissibilidade e efeitos. In: *Aspectos polêmicos e atuais dos recursos cíveis* (Coord. Nelson Nery Junior e Teresa Arruda Alvim Wambier). São Paulo: Ed. Revista dos Tribunais, 2010, p. 454). Acerca do devido processo legal e seu papel na proteção dos direitos, ver: MATTOS, Sérgio Luís Wetzel de. *Devido processo legal e proteção de direitos*. Porto Alegre: Livraria do Advogado, 2009.

conforme demonstramos anteriormente.[525] A possibilidade do ajuizamento de nova demanda não elimina o prejuízo sofrido pelo apelante. Todavia, nada impede que o tribunal de apelação substitua o capítulo decisório de improcedência por uma decisão terminativa, desde que isso não afete os capítulos favoráveis ao autor (apelante), contra os quais não tenha se insurgido o réu (apelado). Nesse caso, a substituição do capítulo sentencial de rejeição parcial do pedido (mérito) por decisão terminativa (sem mérito) apresenta-se mais vantajosa ao autor, que poderá, em tese, ajuizar nova demanda.[526]

Em outro exemplo, o réu, condenado a indenizar a totalidade do valor postulado na petição inicial, apele da sentença (pedido = 100; sentença = 100), postulando a improcedência da demanda. Nesse caso, o tribunal poderia extinguir o processo sem resolução do mérito, pois isso não comprometeria qualquer posição jurídica de vantagem do apelante. A posição jurídica de desvantagem existente na sentença condenatória teria sido eliminada, embora o apelante não houvesse alcançado exatamente aquilo que pretendia – a improcedência –, pois o autor poderia demandá-lo novamente.

3.8.5. A alteração em grau recursal da motivação das decisões judiciais

A existência de *reforma para pior* deve sempre considerar as consequências práticas da decisão na esfera jurídica do recorrente, que possuam significado (qualitativo ou quantitativo) pela ótica da tutela jurisdicional. Somente possuem relevância para a identificação dos padrões a serem protegidos pelo proibitivo os conteúdos decisórios que possuam significado nesse sentido. Assim, em regra, não ofenderia o proibitivo a simples modificação dos fundamentos da decisão recorrida pelo julgador *ad quem*, desde que mantivesse intacto o alcance da parte dispositiva do julgado.[527]

Embora a lei processual civil brasileira limite a coisa julgada ao dispositivo da sentença, atribuindo à fundamentação função – no máximo – interpretativa,[528] sobram exemplos coletados no cotidiano dos nossos tribunais, nos quais

---

[525] Nesse sentido, ver: KUHLMANN, Axel. *Das Verbot der reformatio in peius im Zivilprozessrecht*. Berlin: Duncker Humblot, 2010. p. 162. A eficácia de uma sentença de mérito é, obviamente, distinta daquela existente na sentença terminativa. A substituição da sentença de mérito (parcialmente) favorável ao apelante por uma decisão terminativa causa nítido prejuízo prático. O primeiro padrão para definir o alcance da proibição da *reformatio in peius* será sempre a comparação entre os conteúdos decisórios aptos a determinarem a extensão da coisa julgada material.

[526] Ver: KAPSA, Bernhard-Michael. *Das Verbot der reformatio in peius im Zivilprozess*. Berlin: Duncker e Humblot, 1976. p. 147; KUHLMANN, Axel. *Das Verbot der reformatio in peius im Zivilprozessrecht*. Berlin: Duncker Humblot, 2010. p. 163.

[527] Segundo José Carlos Barbosa Moreira, "não há *reformatio in peius* quando a decisão em grau de recursos não é *praticamente* mais desfavorável ao recorrente do que a decisão impugnada. No confronto, *em regra*, só importa a conclusão. Suponhamos que para o pedido se houvessem invocado dois fundamentos, e que a sentença o tivesse julgado procedente por *um só* dos fundamentos; ao julgar o recurso interposto pelo réu, o órgão *ad quem* confirma a decisão, acolhendo também o outro fundamento, ou *apenas* este: não se verifica piora na situação prática do recorrente" (BARBOSA MOREIRA, José Carlos. *Comentários ao Código de Processo Civil*. 14. ed. Rio de Janeiro: Forense, 2008. v. 5, p. 434).

[528] Todavia, relevante a advertência de Ada Pellegrini Grinover: "Muito embora seja certo, conforme amplamente demonstrado, que a regra do direito brasileiro, em consonância com a autorizada doutrina, é no

a fundamentação adotada possui efeitos práticos. Também no direito comparado, eventualmente, a mudança na motivação das decisões pode refletir-se na esfera jurídica das partes e de terceiros, alterando situações subjetivas de vantagem protegidas pelo Direito.[529] Em se tratando da proibição da *reformatio in peius*, a discussão a respeito da deterioração *qualitativa*[530] na situação do recorrente representa boa parte das questões mais complexas que se apresentam na prática dos nossos tribunais e na doutrina, em especial, por relacionar-se à alteração dos fundamentos da decisão ou às eficácias da sentença.

Ao contrário da impugnação autônoma (ação rescisória, ação anulatória etc.), na qual a causa de pedir possui força vinculativa, o recurso, por representar um prolongamento do direito de ação (e não nova ação) dentro do mesmo processo,[531] vincula o juízo *ad quem* exclusivamente quanto ao pedido formulado, porém não quanto às razões recursais. Portanto, conforme previsão legal expressa, o tribunal pode manter a sentença com base em outros fundamentos, desde que submetidos ao contraditório (art. 1.013, §§ 1º e 2º, NCPC – art. 515, §§ 1º e 2º, CPC/73).[532]

Nesse caso, devemos considerar a possibilidade de que o agravamento da situação do recorrente advenha não da desobediência dos limites traçados no pedido impugnatório, porém da mudança na fundamentação da decisão. Haverá reforma para pior *qualitativa* quando a alteração dos fundamentos decisórios modifique os efeitos práticos da tutela jurisdicional prestada, em desfavor

---

sentido de que apenas o dispositivo da sentença passe em julgado, e não assim os motivos, certo é que esse último tem relevante papel ao se determinar a real extensão dos efeitos da sentença e respectiva imutabilidade". (GRINOVER, Ada Pellegrini. Considerações sobre os limites objetivos e a eficácia preclusiva da coisa julgada. *Direito Civil e Processual Civil*, v; 3, n. 16, p. 22-29, mar./abr. 2002. p. 22-29).

[529] Aludimos, principalmente, à adesão, total ou parcial, à teoria dos motivos determinantes. Exemplificamos: (a) com os casos especiais de prejudicialidade (*Sonderfalljudikatur*), acolhidos pela jurisprudência austríaca do *Oberste Gerichtshof* (OGH); (b) com a afirmação da vinculatividade das questões prévias decididas pela jurisprudência do Tribunal Constitucional espanhol; (c) com a tendência da Corte de Cassação italiana de interpretar "em causas cíveis e tributárias, não apenas restrito ao âmbito do *petitum*, mas alcançando todo o *arco lógico* da decisão, inclusive no que tange aos pontos de fato" (ver: CABRAL, Antonio do Passo. *Coisa julgada dinâmica*: limites objetivos e temporais. Entre continuidade, mudança e transição de posições processuais estáveis. Rio de Janeiro: [s.n.], 2011. p. 365-375).

[530] Relembre-se a lição de José Carlos Barbosa Moreira: "É *qualitativa* a diferença quando se substitui a providência jurisdicional por outra, de teor diverso, praticamente menos vantajosa ainda para o recorrente" (ver: BARBOSA MOREIRA, José Carlos. *Comentários ao Código de Processo Civil*. 14. ed. Rio de Janeiro: Forense, 2008. v. 5, p. 433).

[531] Peter Gilles concebe a apelação como uma ação constitutiva processual (*prozessuale Gestaltungsklage*), dotada de objeto próprio determinado pela expressão do desejo de anulação (*Aufhebung*) de uma determinada decisão judicial (ver: GILLES, Peter. *Rechtsmittel im Zivilprozess; Berufung, Revision und Beschwerde im Vergleich mit der Wiederaufnahme des Verfahrens, dem Einspruch und der Wiedereinsetzung in den vorigen Stand*. Frankfurt an Main: Athenaum, 1972. p. 34-49). Essa posição, contudo, é amplamente rejeitada pela doutrina germânica, à semelhança do que ocorre no processo civil brasileiro. Conforme analisaremos em tópico específico, hoje predomina na doutrina a concepção de recurso como um prolongamento (voluntário) do direito de ação, sendo refutada a tentativa de lhe atribuir o caráter de ação constitutiva autônoma, como defende Peter Gilles.

[532] Consoante o ensinamento de Carlos Alberto Alvaro de Oliveira, as matérias conhecíveis de ofício pelo juiz devem sempre ser submetidas ao contraditório prévio entre as partes, de forma a atender-se ao direito fundamental estatuído no art. 5º, inciso LV, da Constituição da República Federativa do Brasil (Ver: ALVARO DE OLIVEIRA, Carlos Alberto. O juiz e o princípio do contraditório. *Revista de Processo*, São Paulo, n. 71, jul./set. 1993. p. 31-38). Não poderia deixar de ser assim com os recursos, em decorrência da profundidade do efeito devolutivo da apelação, regrado pelos §§ 1º e 2º, do CPC.

do recorrente. Tome-se o exemplo fornecido por José Carlos Barbosa Moreira, no qual o réu, condenado ao pagamento de multa por infração contratual apele da sentença, sustentando a inexistência da infração, e o tribunal decrete a resolução do contrato.[533] Nesse caso, poderá ocorrer evidente agravamento na situação prática do recorrente.

Um exemplo muito invocado pelos processualistas alemães e suíços ocorre quando a sentença que julgue improcedente ação de cobrança, em razão do acolhimento de exceção (imprópria ou material) de compensação oposta pelo réu na própria contestação. Nessa situação, o crédito do autor da ação de cobrança frente ao réu foi afirmado, porém restou consumido pela compensação. Embora a demanda tenha sido julgada improcedente, disso resultou certa vantagem ao autor, pois a compensação também haveria consumido a sua dívida frente ao demandado. Caso o tribunal negue provimento à apelação interposta exclusivamente pelo autor, mantendo a sentença com fundamento na inexistência do crédito demandado, existirá evidente *reformatio in peius*. O crédito do réu frente ao autor já não seria mais consumido pela compensação, facultando-lhe, posteriormente, postular tutela jurisdicional voltada à sua satisfação. Esse evidente agravamento de ordem prática na situação do recorrente não poderia ser evitado se a proibição da *reformatio in peius* decorre exclusivamente da vinculação do juízo recursal ao conteúdo concreto do pedido do apelante.[534] Esse evidente agravamento de ordem prática, na situação do recorrente, decorre da modificação dos fundamentos decisórios.

Diversa seria a situação na qual, em ação de cobrança julgada parcialmente procedente, apenas o autor apele, postulando a quantia remanescente. Nesse caso, o tribunal pode negar provimento ao seu recurso, com base no direito à compensação suscitado pelo réu e desacolhido pela sentença. Todavia, a compensação somente poderá atingir o capítulo apelado e não a totalidade do crédito declarado pela sentença, contra o qual o réu não tenha interposto apelação.

Porém, a doutrina processual civil pátria costuma trazer como exemplo de *reformatio in peius*, decorrente da modificação dos fundamentos do julgado, as previsões contidas na Lei da Ação Popular (Lei nº 4.717, art. 18) e na Lei da Ação Civil Pública (Lei nº 7.347, art. 16), nas quais o julgamento de improcedência por insuficiência de provas não impede o ajuizamento de nova

---

[533] BARBOSA MOREIRA, José Carlos. *Comentários ao Código de Processo Civil*. 14. ed. Rio de Janeiro: Forense, 2008. v. 5, p. 433.

[534] Na doutrina tedesca, existe consenso no sentido de que, quando acolhida pelo juízo *a quo* a exceção de compensação, julgando improcedente a demanda, a modificação da fundamentação da sentença pode infringir a proibição da *reformatio in peius*. Quando houver apelação exclusivamente do autor, o tribunal não poderá manter a sentença modificando sua fundamentação de improcedente pelo acolhimento da compensação para improcedente em razão da inexistência do crédito demandado. Ver: NERY JUNIOR, Nelson. *Teoria geral dos recursos*. 6. ed. São Paulo: Revista dos Tribunais, 2004. p. 185; KAPSA, Bernhard-Michael. *Das Verbot der reformatio in peius im Zivilprozess*. Berlin: Duncker e Humblot, 1976. p. 53-54 e p. 157-158; ROSENBERG, Leo; SCHWAB, Karl Heinz; GOTTWALD, Peter. *Zivilprozessrecht*. 17. ed. München: C. H. Beck München, 2010. p. 569, § 103, 34. Assim também ocorre no direito suíço, o qual compreende que a compensação, mesmo quando não tenha sido tratada no dispositivo da sentença, mas apenas na fundamentação, também integra a coisa julgada (ver: HABSCHEID, Walther J. *Schweizerisches Zivilprozess und Gerichtsorganisationsrecht:* Ein Lehrbuch seiner Grundlagen. 2. ed. Basel und Frankfurt am Main: Helbing und Lichtenhahn, 1990. p. 284).

demanda. Interpondo o autor apelação contra a sentença de improcedência fundamentada na insuficiência de provas, haveria reforma para pior quando o tribunal, negando provimento ao apelo, fundamentasse o julgamento na ausência de direito. A modificação dos fundamentos da improcedência, nesse caso, traz consequências práticas, pois no julgamento da apelação (ausência de direito) vedar-se-ia a propositura de nova demanda. Assim, apelando apenas o autor contra a sentença fundamentada na insuficiência de provas, costuma-se a afirmar que haveria *reformatio in peius* caso o tribunal mantivesse a improcedência, mas modificasse a fundamentação do julgado, baseando-a na ausência do direito.[535]Segundo José Carlos Barbosa Moreira, "para as decisões suscetíveis de fazer coisa julgada material, o critério é o que resulta da maior ou menor extensão coberta pela *auctoritas rei iudicatae*".[536]

Não concordamos com esse posicionamento, pois a mera possibilidade de ajuizar nova demanda não representa em si a conquista de uma posição jurídica de vantagem processual ou material digna de proteção.[537] Também não ocorre violação ao princípio dispositivo em sentido material, pois o próprio apelante pretende a substituição da sentença que julgou improcedente a ação civil pública (ou popular) por insuficiência de provas, inexistindo razão para pressupor que isso ocorra exclusivamente a seu favor. Logo, quase tudo aquilo que dissemos a respeito do julgamento da apelação interposta contra a sentença que extinguiu o processo sem julgamento de mérito (art. 1.013, § 3°, I, NCPC – art. 515, § 3°, CPC/73) pode ser utilizado contra a existência de *reformatio in peius* decorrente da modificação dos fundamentos da sentença, diante das previsões contidas na Lei da Ação Popular (Lei n° 4.717, art. 18) e na Lei da Ação Civil Pública (Lei n° 7.347, art. 16).

Ademais, verifica-se uma tendência em diversos países no sentido de atribuir, em certas situações, eficácia extraprocessual a todo o arco lógico decisório, ressaltando-se a importância dos motivos determinantes.[538] Já passou da hora de superarmos a antiga concepção segundo a qual os fundamentos decisórios possuiriam – no máximo – importância interpretativa. Como destaca Adroaldo Furtado Fabrício, existe uma "correlação necessária e indissolúvel entre os motivos e o *decisum*, da mesma natureza da existente entre a *causa petendi* e o pedido".[539] Poderá ocorrer *reformatio in peius* quando a alteração

---

[535] BARBOSA MOREIRA, José Carlos. *Comentários ao Código de Processo Civil*. 14. ed. Rio de Janeiro: Forense, 2008. v. 5, p. 434. NERY JUNIOR, Nelson. *Teoria geral dos recursos*. 6. ed. São Paulo: Revista dos Tribunais, 2004. p. 184.

[536] BARBOSA MOREIRA, José Carlos. *Comentários ao Código de Processo Civil*. 14. ed. Rio de Janeiro: Forense, 2008. v. 5, p. 433.

[537] Ver: BÖTTICHER, Eduard. Reformatio in peius und Prozessurteil. *ZZP*, n. 65, p. 464-468, 1952. No mesmo sentido: KAPSA, Bernhard-Michael. *Das Verbot der reformatio in peius im Zivilprozess*. Berlin: Duncker e Humblot, 1976. p. 169.

[538] Ver: CABRAL, Antonio do Passo. *Coisa julgada dinâmica:* limites objetivos e temporais. Entre continuidade, mudança e transição de posições processuais estáveis. Rio de Janeiro: [s.n.], 2011. p. 365-375.

[539] Prossegue: "Assim, a motivação não apenas serve, eventualmente, a esclarecer a conclusão insuficientemente clara, como também, em conjunto com o relatório, à própria definição da lide decidida. A *causa petendi*, indispensável a essa definição, não é usualmente referida na conclusão, mas mencionada no relatório e discutida na fundamentação". Ver: FABRÍCIO, Adroaldo Furtado. *Ação declaratória incidental*. 4. ed. São Paulo: Saraiva, 2009. p. 63-64.

da fundamentação resulte em prejuízo qualitativo ao recorrente, no que diz respeito à eficácia do julgado. Todavia, para que ocorra ofensa ao proibitivo, devemos considerar a dimensão do seu significado prático, além do grau da expectativa que o direito processual civil gera no recorrente. A proibição da *reformatio in peius* aplica-se somente quando as posições jurídicas de vantagem conquistadas pelo recorrente possuam significado mínimo pela perspectiva da tutela jurisdicional dispensada. Limitar a liberdade decisória do juízo recursal para proteger o recorrente de desvantagens irrisórias significaria negar os demais valores e escopos da jurisdição e do processo civil, em especial no que diz respeito à realização do direito objetivo, à pacificação social e à coerência dos julgados (uniformidade).[540] Ademais, devem ser consideradas as disposições contidas nos §§ 1º e 2º do art. 1.013 do novo Código de Processo Civil (§§ 1º e 2º do art. 515 do CPC/73), que sugerem a possibilidade do juízo recursal manter a sentença com base em outros fundamentos, desde que respeitados os limites da "matéria impugnada". A base sobre a qual se assenta a confiança do recorrente na impossibilidade da *reformatio in peius*, no que diz respeito à adoção de outros fundamentos decisórios, parece-nos menos sólida quando comparada à impossibilidade do tribunal reformar capítulos não recorridos, que possuíam aptidão para identificar os limites da coisa julgada material. A relevância nas implicações práticas da alteração dos fundamentos decisórios possui especial importância para identificarmos eventual ofensa ao proibitivo. Quanto mais prejudiquem o recorrente, tanto mais a coerência do sistema processual civil impõe a impossibilidade da *reformatio in peius*. Nosso modelo de processo civil, marcado pelo princípio dispositivo e pela exigência de interesse (processual e recursal) reforça o arquétipo do "recurso" como remédio voltado ao benefício daquele que o utiliza. As disposições contidas nos §§ 1º e 2º do art.1.013 do novo Código de Processo Civil (§§ 1º e 2º do art. 515 do CPC/73) devem ser interpretadas com cautela quando a adoção de outros fundamentos decisórios pelo juízo *ad quem* possua potencial para acarretar mudança significativa na eficácia ou nos efeitos da tutela jurisdicional prestada. A proibição da *reformatio in peius* possui relevante significado axiológico, realizando, em especial, o valor segurança jurídica, além de prestar significativa contribuição à economia processual e, portanto, à efetividade do processo. Os valores e as finalidades da jurisdição e do processo civil devem ser ponderados para solucionar os casos concretos.

Trazemos o exemplo da apelação interposta pelo autor contra a sentença que julgou improcedente ação de cobrança com base na ocorrência da prescrição. Nesse caso, poderia o tribunal manter a sentença com fundamento na inexistência do crédito, afastando a prescrição? Considerando-se que a causa esteja madura para julgamento, e abstraindo-se toda a discussão a respeito da prescrição como "preliminar de mérito", questiona-se se haveria ofensa à proibição da *reformatio in peius*. No direito civil brasileiro, o acolhimento da prescrição extingue a pretensão (art. 189, Código Civil) e não o próprio crédito, que

---

[540] Segundo Bernhard-Michael Kapsa, a possibilidade de um prejuízo insignificante não justificaria limitar a liberdade decisória do juízo recursal (ver: KAPSA, Bernhard-Michael. *Das Verbot der reformatio in peius im Zivilprozess*. Berlin: Duncker e Humblot, 1976. p. 132).

continua existindo, embora prescrito e, portanto, inexigível.[541] Em razão disso, o adimplemento voluntário da dívida prescrita não origina o direito à repetição do indébito. Assim, quando o tribunal mantém a sentença, porém com base na inexistência do crédito, o apelante perderá a "vantagem" de receber voluntariamente o crédito prescrito, sem ter que devolvê-lo ao devedor "arrependido" do pagamento.[542] Todavia, a importância prática dessa vantagem é mínima, pois o pagamento da dívida declarada prescrita por decisão judicial, seguido do arrependimento do devedor e do ajuizamento de ação de repetição de indébito parece existir apenas na teoria. Ademais, as disposições contidas nos dispositivos que tratam do efeito devolutivo da apelação (art. 1.013, §§ 1º e 2º, do NCPC – art. 515, §§ 1º e 2º, do CPC/73) sugerem ao apelante a possibilidade de que isso pudesse ocorrer. O prejuízo insignificante e os dispositivos legais mencionados apontam no sentido da ausência de ofensa à proibição da *reformatio in peius*. Diversamente ocorreria quando a mudança da fundamentação acarretasse mudança qualitativa relevante na tutela jurisdicional prestada, colocando em risco a segurança jurídica.

3.8.6. A "reformatio in peius" nos recursos especial e extraordinário

As transformações do processo civil moderno apontam para a transcendência da mera função de tutela aos interesses individuais (e privados), ganhando especial relevo a tarefa desempenhada na realização do direito material e na pacificação social (com justiça).[543] Essa nova concepção resgata as

---

[541] O Código Civil de 2002 estabelece, no art. 189, o conceito de prescrição como extinção da pretensão: "violado o direito, nasce para o titular uma pretensão, a qual se extingue, pela prescrição, nos prazos a que aludem os arts. 205 e 206 do CC". Em relação a esse conceito de prescrição contido no novo Código Civil, Humberto Theodoro Júnior observa: "A prescrição faz extinguir o direito de uma pessoa exigir de outra uma prestação (ação ou omissão), ou seja, provoca a extinção da pretensão, quando não exercida no prazo definido em lei" (THEODORO JÚNIOR, Humberto. Distinção científica entre prescrição e decadência: um tributo à obra de Agnelo Amorim Filho. *Revista dos Tribunais*, São Paulo, n. 836, p. 57, jun. 2005).

[542] Em obra que se tornou célebre na Europa, ao realizar estudo inédito em direito comparado no que diz respeito à prescrição, Reinhard Zimmermann (ZIMMERMANN, Reinhard. *Comparative foundations of a European Law of set-off and prescription*. Cambridge: Cambridge University, 2002. p. 71-73) assevera que, nos ordenamentos que concebem a prescrição como direito material, pode-se-lhe atribuir o efeito forte (*strong effect*) ou fraco (*weak effect*). No primeiro, o próprio direito de crédito deixa de existir, enquanto no segundo se garante ao devedor o mero direito de se recusar a cumprir a obrigação. Adotando-se a posição da prescrição como extinção do próprio crédito (*strong effect*) – como o fez o art. 156 do CTN ("Art. 156. Extinguem o crédito tributário: ... V – a prescrição e a decadência".) –, se o devedor paga, pagou sem embasamento legal, pois o crédito já não mais existia – possui, portanto, direito à repetição de indébito. Nesse caso, os efeitos da prescrição aproximar-se-iam muito do instituto da decadência existente no Direito brasileiro. Já com a adoção do efeito fraco (*weak effect*) – a exemplo do Código Civil brasileiro –, como se trata de defesa do devedor, se ele pagou, procedeu segundo a lei, satisfazendo o crédito ainda existente, razão pela qual não possui o direito de repetir (Ver: ZIMMERMANN, Reinhard. *Comparative foundations of a European Law of set-off and prescription*. Cambridge: Cambridge University, 2002. p. 72-73).

[543] Nesse sentido discorre Carlos Alberto Alvaro de Oliveira: "Além disso, a mais evidente prova da relação entre ambos os campos consiste na natureza instrumental do direito processual, chamado a intervir ao se verificar alguma crise, efetiva ou virtual, no plano do direito material, inclusive em caráter preventivo e até abstrato. E assim é porque uma das finalidades precípuas (além da pacificação) consiste na efetiva realização do direito material, de modo a se alcançar a necessária justiça do caso concreto." Ver: ALVARO DE OLIVEIRA, Carlos Alberto. *Teoria e prática da tutela jurisdicional*. Rio de Janeiro: Forense, 2008. p. 92-93. Segundo Candido Rangel Dinamarco, "até mesmo o velho tema do objeto do processo reconquista dignidade a partir

relações do processo civil com o direito material, deixadas em segundo plano pela abordagem excessivamente privatista e liberal do fenômeno processual, outrora reduzido exclusivamente à tutela dos direitos subjetivos das partes.[544]

Além de servirem ao interesse particular dos litigantes na obtenção de uma decisão judicial mais favorável, os recursos também exercem a importante função de limitar os poderes do juiz, por meio do controle de suas decisões pelos tribunais. Por essa razão, podemos afirmar que qualquer recurso transcende a esfera do interesse das partes, prestando valioso auxílio na realização do Estado de Direito, ao colaborar com a limitação e com o controle da atividade judicial, além de contribuir para uniformização dos julgados e para o aperfeiçoamento do direito objetivo.

A concepção moderna de que a função do processo civil não se limita apenas à tutela dos interesses subjetivos dos litigantes se acentua ao contemplarmos os recursos especial e extraordinário. Costuma-se afirmar que essas espécies recursais não foram criadas para a tutela dos direitos individuais das partes no caso concreto, mas sim para o aperfeiçoamento do direito e para a uniformização das interpretações, permitindo a unicidade (do ordenamento jurídico) e uma maior segurança jurídica.[545] A realização satisfatória desses resultados demanda a existência dos recursos especial e extraordinário, que

---

das novas perspectivas que se abrem na metodologia moderna da ciência processual, centrada na ideia de um processo de resultados" (ver: DINAMARCO, Candido Rangel. *Capítulos da sentença*. 3. ed. São Paulo: Malheiros. 2008. p. 34).

[544] Quanto ao resgate do vínculo com o direito material, assim discorre Danilo Knijnik: "[...] o processo moderno experimenta um novo modelo metodológico, no qual recupera o vínculo com o direito material, ao mesmo tempo em que são evidenciados os limites do conceito moderno de prova; nesse estágio, também, reconhece-se ao processo uma função transcendente ao interesse individual e privado, ganhando valor o precedente judiciário no contexto das fontes de direito". Ver: KNIJNIK, Danilo. *O recurso especial e a revisão da questão de fato pelo Superior Tribunal de Justiça*. Rio de Janeiro: Forense, 2005. p. 268. Todavia, como bem acentua Carlos Alberto Alvaro de Oliveira, "além de outras finalidades atingidas com o exercício da jurisdição (realização do direito objetivo e pacificação social), o processo também satisfaz o direito subjetivo", aspecto geralmente desprezado ou minimizado por grande parte da doutrina processual civil brasileira. Incorrem em erro inverso aqueles que consideram a tutela aos direitos subjetivos como a única finalidade do processo, situando a pacificação e a realização do direito objetivo como subprodutos da atividade jurisdicional (ver: ALVARO DE OLIVEIRA, Carlos Alberto. *Teoria e prática da tutela jurisdicional*. Rio de Janeiro: Forense, 2008. p. 95). Destacando o papel central e indispensável da tutela aos direitos subjetivos como função do processo civil, ver: STÜRNER, Rolf. Verfahrensgrundsätze des Zivilprozesses und Verfassung. In: *Festschrift für Gottfried Baumgärtel (hrsg. von Prüting, Hanns)*. Berlin: Köln, 1990. p. 545 *et seq.*

[545] Como destacam Luiz Guilherme Marinoni e Daniel Mitidiero, "a simples intenção de obter a boa justiça no caso concreto no interesse das partes não justificaria a abertura de uma terceira via com o Recurso Extraordinário. O que fundamentaria a existência do Recurso Extraordinário seria o interesse na preservação da unidade do Direito" (MARINONI, Luiz Guilherme; MITIDIERO, Daniel. *Repercussão geral no recurso extraordinário*. São Paulo: Revista dos Tribunais, 2007. p. 18). Acerca do papel desempenhado pelos tribunais superiores, assim discorrem Friedrich Lent e Othmar Jauernig: "O significado da política do direito dos recursos consiste, antes de mais, na garantia reforçada da justeza da decisão. A admissão dos recursos exerce sobre os tribunais inferiores uma pressão salutar para que fundamentem cuidadosamente as decisões. Servem sobretudo à segurança duma jurisprudência unitária, quando os processos terminam no tribunal superior ou poucos atingem os tribunais superiores, enquanto a jurisprudência dos tribunais inferiores tende a permanecer no seu grande número difusa e dispersa. O necessário desenvolvimento da ordem jurídica só é possível pela jurisprudência dos tribunais superiores, cujas decisões são publicadas e dotadas de uma especial autoridade "natural". Por isso, a utilização dos recursos não serve apenas o interesse da parte concreta, mas antes da jurisprudência no seu todo, especialmente expressa na revista" (JAUERNIG, Othmar; LENT, Friedrich. *Direito processual civil*. 25. ed. totalmente refundida, da obra criada por Friedrich Lent. Tradução de F. Silveira Ramos. Coimbra: Almedina, 2002. p. 361-362).

permitem a uniformização da exegese da legislação e do próprio texto constitucional, como função exercida por um único tribunal (aqui dois, mas com competências distintas). Divergências significativas na jurisprudência poderiam abalar a confiança dos jurisdicionados no ordenamento jurídico como um todo, gerando consequências nefastas.[546] Ademais, a necessidade de preservar a unidade do ordenamento jurídico, por meio da uniformização e do controle da interpretação e aplicação da legislação federal e da Constituição sempre foi uma preocupação dos estados organizados sob a forma federativa.[547]

Seguindo a tendência mundial de "filtrar" os recursos remetidos às cortes constitucionais, em decorrência de imperativos de ordem prática voltados à realização do valor efetividade processual, a Emenda Constitucional n° 45/2004 introduziu, no art. 102 da Constituição Federal, um parágrafo terceiro, estabelecendo que "no recurso extraordinário o recorrente deverá demonstrar a repercussão geral das questões constitucionais discutidas no caso, nos termos da lei, a fim de que o Tribunal examine a admissão do recurso, somente podendo recusá-lo pela manifestação de dois terços de seus membros". O legislador brasileiro vem empreendendo uma série de reformas em nosso ordenamento jurídico, em nível constitucional e infraconstitucional, modificando profundamente a sistemática de acesso aos tribunais superiores e ao Supremo Tribunal Federal. Destacamos o fenômeno crescente da "objetivação do recurso extraordinário", expressão hoje empregada na linguagem do próprio Supremo Tribunal Federal. Na legislação, a objetivação do recurso extraordinário exprime-se, principalmente, pelas seguintes inovações: (a) exigência da repercussão geral como requisito de admissibilidade (art. 102, § 3°, CF); (b) julgamento da repercussão geral e dos recursos extraordinários repetitivos por amostragem; (c) a utilização dos precedentes gerados para o julgamento de demandas ajuizadas por terceiros; (d) possibilidade de edição da súmula de jurisprudência com efeito vinculante (art. 103-A da Constituição Federal; (e) utilização da jurisprudência do plenário do Supremo Tribunal Federal como parâmetro para dispensar a exigência do reexame necessário e para o julgamento monocrático de recursos ordinários; (f) dispensa da reserva de plenário na declaração de inconstitucionalidade. Por sua vez, a jurisprudência do Supremo Tribunal Federal há muito demonstra a mudança na concepção do recurso extraordinário, mesmo antes das inovações legislativas. Como exemplos, poderíamos citar, dentre muitos outros: (a) a dispensa de requisitos de admissibilidade do recurso

---

[546] Tratando do assunto, quanto ao recurso de revista no direito alemão ver: ROSENBERG, Leo; SCHWAB, Karl Heinz; GOTTWALD, Peter. *Zivilprozessrecht.* 17. ed. München: C. H. Beck München, 2010. p. 819-821, § 141; ZÖLLER, Richard et al. *Zivilprozessordnung.* 28. ed. Köln: Dr. Otto Schmidt, 2010. § 543, 4b. Deve-se destacar também, que a crescente importância da jurisprudência como fonte de direito coloca ainda mais relevo na importância de que a função jus-unificadora seja desempenhada pelos tribunais superiores de forma adequada. Acerca do assunto, relevante a leitura da obra de Danilo Knijnik (ver: KNIJNIK, Danilo. *O recurso especial e a revisão da questão de fato pelo Superior Tribunal de Justiça.* Rio de Janeiro: Forense, 2005).

[547] Nesse sentido, segundo José Carlos Barbosa Moreira "a estreita relação entre os sinais típicos do recurso extraordinário, tal como se institui no País, e as da nossa estrutura político-jurídica. Na foi por acaso que o importamos, após a proclamação da República, do direito norte-americano; nem é por acaso que a correspondência mais exata, na matéria, sempre se estabeleceu com outros Estados também não unitários" (BARBOSA MOREIRA, José Carlos. *Comentários ao Código de Processo Civil.* 14. ed. Rio de Janeiro: Forense, 2008. v. 5, p. 583 -584).

extraordinário, sob o fundamento de empregar efetividade à ordem constitucional e às decisões do Supremo Tribunal Federal (v.g. AI n° 375.001, rel. Min. Ellen Gracie Northfleet); (b) a possibilidade de julgamento do recurso extraordinário com base em fundamento constitucional diverso daquele enfrentado na decisão recorrida, à semelhança das ações de controle de concentrado de constitucionalidade, que possuem causa de pedir aberta (v.g. RE n° 298.694, rel. Min. Sepúlveda Pertence, DJ 23.4.2003); (c) possibilidade de modulação dos efeitos da decisão em recurso extraordinário, com a aplicação analógica da legislação referente ao controle concentrado da constitucionalidade; (d) a atribuição da eficácia *erga omnes* à decisão proferida no julgamento do RE n° 197.917/SP/2004 (fixação do número de vereadores em cada município); (e) admissão da figura do *amicus curiae* em sede de controle incidental da constitucionalidade, ocorrida muito antes da alteração do Código de Processo Civil de 1973 (RE n° 416. 827, rel. Min. Gilmar Mendes).

Atente-se, em especial, à tarefa desempenhada pelo recurso extraordinário no sentido de assegurar a eficácia dos direitos fundamentais, realizando o Estado Constitucional por meio do acesso dos comuns ao Supremo Tribunal Federal.[548] A corte suprema, também no julgamento dos recursos extraordinários, define, aperfeiçoa e desenvolve, por meio da autoridade de sua jurisprudência, o próprio conteúdo dos direitos fundamentais e dos princípios previstos no texto da Constituição, desempenhando atividade essencial ao Estado Constitucional.[549]

Assim, objetivação do recurso extraordinário permite a coesão do ordenamento jurídico e preserva a força normativa da Constituição. Todavia, questiona-se, então, se dessas finalidades precípuas, que se distanciam da mera tutela ao interesse do recorrente, poderia resultar a mitigação ou o afastamento da proibição da *reformatio in peius* no julgamento dessa espécie impugnatória.

---

[548] Relevante a lição trazida por Luís Afonso Heck a respeito da importância do papel desempenhado na Alemanha pelo recurso constitucional (*Verfassungsbeschwerde*) no desenvolvimento de uma das principais funções do Tribunal Constitucional Federal, que consiste justamente em afastar lesões a direitos fundamentais dos indivíduos, em cada caso concreto, atribuindo verdadeiro caráter popular à Corte: "Ao Tribunal Constitucional Federal é muito importante não ser guarda da Constituição unicamente no sentido de uma avença entre órgãos constitucionais sobre a divergência de opiniões ou entre (a relação) Federação-estados, mas contribuir decisivamente para que os direitos fundamentais, como parte essencial da Constituição, sejam protegidos contra cada prejuízo causado por ações do Poder Estatal. Essa opinião revela, assim pode se dizer, o Tribunal Constitucional Federal como popular, não sendo, então, apenas uma instituição para o Estado" (HECK, Luis Afonso. *O Tribunal Constitucional Federal e o desenvolvimento dos princípios constitucionais.* Porto Alegre: Fabris, 1995. p. 140).

[549] Dissertando acerca do recurso constitucional alemão (*Verfassungsbeschwerde*) e do papel do Tribunal Constitucional Federal, assim discorre Luis Afonso Heck: "Uma perquirição referente à Jurisdição Constitucional alemã revela que o recurso constitucional não é apenas um de seus elementos essenciais, mas, simultaneamente, a sua própria medula, que viabiliza os direitos fundamentais. A tarefa do tribunal constitucional federal centra-se na proteção dos direitos fundamentais, os quais tem no mencionado recurso a sua expressão jurídica. Por meio dele constituiu-se não somente um instrumento processual que possibilita a qualquer pessoa figurar como guarda da Lei Fundamental, formulou-se um instituto jurídico do qual dimana um efeito educador aos titulares do poder estatal, levando-os a agir dentro dos limites normativos. O recurso constitucional apresenta-se, assim, como coroamento da ideia de Estado de Direito" (HECK, Luis Afonso. O recurso constitucional na sistemática jurisdicional-constitucional alemã. *Revista de Informação Legislativa*, Brasília, n. 31, p. 115-133, 1994).

Segundo o nosso entendimento, a resposta deve ser negativa, pois ainda que criados e voltados precipuamente à persecução do interesse público, os recursos extraordinário e especial também exigem a presença de interesse recursal. O seu julgamento ocorre no terreno da atividade jurisdicional, embora os tribunais competentes, em especial a nossa corte constitucional, exerçam papel eminentemente político. Daí ser comum encontrar a afirmação de que não constituiriam um terceiro grau de jurisdição.

As funções jus-unificadoras, ou mesmo de realização do ordenamento jurídico (objetivo) e dos direitos fundamentais, mesmo quando consideradas como a própria razão da existência dos recursos especial e extraordinário, não dispensam o interesse dos recorrentes. Esses instrumentos impugnatórios também se inserem no ambiente processual, no qual vigora o princípio dispositivo em sentido material, em que os capítulos decisórios não impugnados se estabilizam (incidência da preclusão *lato sensu*). Daí a imprescindibilidade da iniciativa das partes na provocação dos tribunais superiores, além da necessidade do interesse recursal.[550] Isso também ocorre nos recursos especial e extraordinário, embora nestas espécies sejam mais acentuadas as funções de garantir a unicidade do ordenamento jurídico e, no caso do recurso extraordinário, dar efetividade aos direitos fundamentais e assegurar a força normativa da Constituição. A própria súmula n° 283 do Supremo Tribunal Federal condiciona o conhecimento do recurso extraordinário à demonstração da utilidade (para o recorrente), que decorreria do eventual provimento do recurso.[551]

Ainda que aceito o argumento da primazia do interesse público sobre o interesse do recorrente nos recursos especial e extraordinário, isso não justificaria o afastamento da proibição da *reformatio in peius*.[552]

---

[550] Assim como ocorre com os recursos ordinários, o âmbito de devolutividade do recurso extraordinário, em regra, também se restringe aos capítulos da decisão impugnados pelo recorrente que preencham os requisitos constitucionais para sua admissão. O julgamento não se limita, contudo, à correção lógica dos fundamentos do acórdão recorrido. Conforme bem salientado por Candido Rangel Dinamarco, "o fenômeno da devolução limitada aos capítulos recorridos pode acontecer tanto em apelação, quanto nos demais recursos, ressaltando-se ainda uma vez que a todos se aplica o disposto no art. 515, *caput,* do Código de Processo Civil. No tocante aos embargos infringentes, expressamente o art. 530 limita a devolução que eles são capazes de promover, ao estabelecer que "se o desacordo for parcial, os embargos serão restritos à matéria objeto da divergência" – ou seja, aos capítulos que, atendidos todos os requisitos postos na parte inicial desse mesmo dispositivo, comportem tal recurso. Em recurso extraordinário ou especial, a devolução será parcial e portanto restringir-se-á aos capítulos impugnados, ainda quando o acórdão contiver outros capítulos decisórios assentados em motivos suscetíveis de censura pela óptica da Constituição ou da lei" (ver: DINAMARCO, Candido Rangel. *Capítulos da sentença.* 3. ed. São Paulo: Malheiros. 2008. p. 107). A objetivação do recurso extraordinário vem modificando esse entendimento a passos largos, porém o Supremo Tribunal Federal afirma o respeito à proibição da *reformatio in peius.*

[551] Súmula n° 283: "É inadmissível o recurso extraordinário, quando a decisão recorrida assenta em mais de um fundamento suficiente e o recurso não abrange todos eles".

[552] Como destaca Leonardo Greco, "os tribunais superiores também exercem função jurisdicional, cuja natureza essencial é a de instrumento de tutela de situações subjetivas de vantagem protegidas pelo Direito" (GRECO, Leonardo. Publicismo e privatismo no processo civil. *Revista de Processo*, São Paulo, v. 33, n. 164, p. 29-56, out. 2008. p. 54). A chamada objetivação do recurso extraordinário, fenômeno mundial, irreversível, necessário e útil à efetividade processual em uma sociedade de demandas massificadas, não pode conduzir à redução do papel das cortes constitucionais na proteção dos indivíduos contra as violações específicas e concretas dos direitos fundamentais. O indivíduo não pode ser colocado em situação de insignificância frente ao Estado e à coletividade. Portanto, apresenta-se atual a advertência feita por Calmon de Passos em relação ao instituto da arguição de relevância e à excessiva utilização dos precedentes de forma abstrata no Brasil: "A

Compreendendo-se os recursos extraordinário e especial como instrumentos inseridos no ambiente processual, os interesses dos recorrentes não podem ser simplesmente desconsiderados em face de uma suposta primazia do interesse público. Parece-nos apropriada a solução proposta por Danilo Knijnik, ao afastar as teorias da preponderância ou da equivalência, apontando para a articulação e interdependência dos interesses, sem a primazia de uns sobre os outros:

> Se o vetor mais importante fosse a proteção do interesse individual, não haveria necessidade alguma de concentrar a matéria em um tribunal especializado, centralizando os julgamentos, nem haveria qualquer necessidade de proceder-se a uma rigorosa seleção de casos. Daí que não nos parece adequado aludir a uma mera equivalência, porque equivalentes são essas funções no âmbito dos recursos plenários; tampouco uma simples preponderância, porque, nesse caso, não estariam justificadas certas limitações ao atingimento da função jus-unitária. Trata-se, muito mais a nosso ver, de uma articulação: a função da cassação é tanto jus-unitária como resolutiva, mas os dois vetores devem articular-se, de modo que somente será legítima a sua atuação unificadora quando presente, de um lado, o interesse da parte, e o interesse da parte somente será levado na devida conta quando presente um relevante interesse jus-unitário ou nomofilácio, que justifique o funcionamento do Tribunal. Existe aí pois uma articulação.[553]

A tutela aos interesses do recorrente não pode ser vista como mero desdobramento das demais finalidades perseguidas pelos recursos não ordinários (ou recursos de direito). Também eles servem à justiça dos casos individuais, afirmação comprovada pela exigência de que o recorrente formule pedido de reforma da decisão impugnada e arque com o ônus dos custos decorrentes da interposição, bem como pela possibilidade de desistência e de renúncia ao direito postulado.[554] A existência de efeito substitutivo nos recursos especial e

---

lei, por natureza e por definição, é norma geral e abstrata. Ela alcança, necessariamente, a muitos e sua aplicação jamais pode configurar ofensa ou ameaça de ofensa a um só ou a poucos, salvo situações excepcionais e aberrantes A inexata aplicação da lei que se faz coisa julgada material e passa a constituir precedente influi muito mais do que se pode imaginar, pela força da inércia que o precedente traz em si mesmo, força esta que a cada dia que passa, com a precariedade da formação dos novos sabedores do Direito, mais poderosa se torna e mais ameaçadora. Na verdade, perquirir-se da relevância da questão para admitir-se o recurso é consequência da irrelevância do indivíduo as olhos do poder instituído. Considerar-se de pouca valia a lesão que se haja ilegitimidade infligida à honra, à vida, à liberdade ou ao patrimônio de alguém, ou a outros bens que lhe sejam necessários ou essenciais é desqualificar-se a pessoa humana. Não há injustiça irrelevante! Salvo quando o sentimento de Justiça deixou de ser exigência fundamental na sociedade política. E quando isso ocorre, foi o direito mesmo que deixou de ser importante para os homens. Ou quando nada para alguns homens – os poderosos" (ver: CALMON DE PASSOS, José Joaquim. *Da arguição de relevância no recurso extraordinário*. Revista Forense, Rio de Janeiro, v. 1, 2005. Edição comemorativa dos 100 anos. p. 593-594). Nesse sentido, José Carlos Barbosa Moreira: "Note-se que o supremo Tribunal Federal ou o Superior Tribunal de Justiça, em conhecendo o recurso, não se limita a censurar a decisão recorrida à luz da solução que dê à *quaestio iuris*, eventualmente cassando tal decisão e restituindo os autos ao órgão *a quo*, para novo julgamento. Fixada a tese jurídica a seu ver correta, o Tribunal aplica à espécie, isto é, julga 'a causa'" (ver: BARBOSA MOREIRA, José Carlos. *Comentários ao Código de Processo Civil*. 14. ed. Rio de Janeiro: Forense, 2008. v. 5, p. 604).

[553] Ver: KNIJNIK, Danilo. *O recurso especial e a revisão da questão de fato pelo Superior Tribunal de Justiça*. Rio de Janeiro: Forense, 2005.

[554] Todavia, as transformações da função dos recursos especial e extraordinário e a adoção da sistemática dos recursos repetitivos suscita grande polêmica quanto aos efeitos da desistência da impugnação representativa selecionada (art. 543-B, § 1º, e art. 543-C, § 1º, do Código de Processo Civil de 1973). No Superior Tribunal de Justiça, parece haver-se consolidado o entendimento no sentido da impossibilidade de desistência de recurso representativo, em especial quando já iniciado o julgamento, conforme podemos verificar da ementa do seguinte acórdão: PROCESSUAL CIVIL. EMBARGOS DE DECLARAÇÃO EM RECURSO ESPECIAL. INDEFERIMENTO DO PEDIDO DE DESISTÊNCIA EM RECURSO ESPECIAL REPRESENTATIVO

extraordinário reforça essa conclusão (art. 1.008, NCPC – art. 512, CPC/73).[555] Conforme bem salientado por Danilo Knijnik, ao analisar as funções do recurso especial, a articulação do interesse público com o interesse do recorrente não justifica estranhar-se a "atribuição ao particular de uma importante função pública, pois, afinal, a aplicação do direito, pela jurisdição, é uma função pública, e nem por isso o Estado pode promovê-la *ex officio*".[556] A exigência da repercussão geral e a objetivação do recurso extraordinário, atribuído maior liberdade decisória ao Supremo Tribunal Federal e a possibilidade de superação da ausência de requisitos de admissibilidade – dentre os quais o interesse recursal – realçada a defesa da ordem constitucional objetiva sobre os interesses subjetivos das partes na solução do caso concreto.[557] Contudo, isso não conduz ao afastamento da proibição da *reformatio in peius*. A exigência de repercussão geral modifica o balanceamento dessa relação dinâmica entre as finalidades

---

DE CONTROVÉRSIA (art. 543-C, § 1º, do CPC). AUSÊNCIA DE OMISSÃO OBSCURIDADE, CONTRADIÇÃO OU ERRO MATERIAL. EMBARGOS DE DECLARAÇÃO REJEITADOS. 1. No julgamento do recurso representativo da controvérsia foi indeferido o pedido de desistência do recurso especial ao fundamento de que: "[...] subsiste a prevalência do interesse da coletividade sobre o interesse individual do recorrente quando em julgamento de causas submetidas ao rito do art. 543-C, do CPC [...]. Precedente: QO no REsp. n. 1.063.343-RS, Corte Especial, Rel. Min. Nancy Andrighi, julgado em 17.12.2008. 2. Não havendo omissão, obscuridade, contradição ou erro material, merecem ser rejeitados os embargos declaratórios interpostos que têm o propósito infringente. 3. Embargos de declaração rejeitados (EDcl no REsp nº 1111148/SP, Rel. Ministro Mauro Campbell Marques, Primeira Seção, julgado em 12/05/2010, DJe 21/05/2010). No mesmo sentido, ver: REsp 1102473/RS, Rel. Ministra Maria Thereza de Assis Moura, Corte Especial, julgado em 16/05/2012, DJe 27/08/2012; REsp 1091044/PR, Rel. Ministra Nancy Andrighi, Terceira Turma, julgado em 17/11/2011, DJe 24/11/2011. Já no Supremo Tribunal Federal são numerosas as decisões monocráticas homologando a desistência de recursos extraordinários representativos – em atenção ao disposto no art. 501 do CPC e no art. 21, VIII, do RISTF – substituindo-os por outros recursos semelhantes (vg.: RE nº 567.948/RS, RE nº 561.158/MG, RE 578.801/RS). Consulte-se, também, o polêmico RE nº 630147, Relator: Min. Ayres Britto, Relator(a) p/ Acórdão: Min. Marco Aurélio, Tribunal Pleno, julgado em 29/09/2010, DJe-230 DIVULG 02-12-2011 PUBLIC 05-12-2011 EMENT VOL-02639-01 PP-00001. Compreendemos que a melhor solução decorre da distinção realizada por Fredie Didier Júnior e Leonardo José Carneiro da Cunha: "Quando se seleciona um dos recursos para julgamento, instaura-se um novo procedimento. Esse procedimento incidental é instaurado por provocação oficial e não se confunde com o procedimento principal recursal, instaurado por provocação do recorrente. Passa, então, a haver, ao lado do recurso, um procedimento específico para julgamento e fixação da tese que irá repercutir relativamente a vários outros casos repetitivos. [...] Em suma, a desistência não impede o julgamento, com a definição da tese a ser adotada pelo tribunal superior, mas tal julgamento não atinge o recorrente que desistiu, servindo, apenas, para estabelecer o entendimento do tribunal, a influenciar e repercutir nos autos recursos que ficam sobrestados" (DIDIER JÚNIOR, Fredie; CUNHA, Leonardo José Carneiro da. *Curso de direito processual civil*. 8. ed. Salvador: Juspodivm, 2010. v. 3, p. 321-322).

[555] O Supremo Tribunal Federal e o Superior Tribunal de Justiça, ao contrário do que ocorre em outros países, não funcionam como cortes de cassação, pois, uma vez conhecido o recurso, julgam a causa, aplicando o direito à espécie, respeitadas as preclusões. Já a possibilidade do conhecimento de ofício dos pressupostos processuais não pré-questionados, no julgamento dos recursos especial e extraordinários, vem gerando grandes discussões.

[556] Ver: KNIJNIK, Danilo. *O recurso especial e a revisão da questão de fato pelo Superior Tribunal de Justiça*. Rio de Janeiro: Forense, 2005, p. 95. Fernando Rubin, ao analisar a possibilidade de aplicação do disposto no art. 267, § 3º, do Código de Processo Civil pelo Supremo Tribunal Federal e pelo Superior Tribunal de Justiça, no julgamento dos recursos extraordinário e especial (desde que ultrapassada a fase de admissibilidade), também ressalta a impossibilidade de que isso ocorra em ofensa à proibição da *reformatio in peius* (ver: RUBIN, Fernando. *A preclusão na dinâmica do processo civil*. Porto Alegre: Livraria do Advogado, 2010).

[557] Segundo o Ministro Gilmar Mendes, o recurso extraordinário "deixa de ter caráter marcadamente subjetivo ou de defesa de interesses das partes, para assumir, de forma decisiva, a função de defesa da ordem constitucional objetiva. Trata-se de orientação que os modernos sistemas de Corte Constitucional vêm conferindo ao recurso constitucional (*Verfassungsbeschwerde*)" (Processo Administrativo n. 318.715/STF, decisão publicada no DJ de 17.12.2003).

recursais,[558] porém não exclui o interesse do recorrente no resultado da tutela jurisdicional prestada no julgamento do recurso extraordinário.

A contraposição entre a proibição da *reformatio in peius* e a necessidade de afirmação do posicionamento do Supremo Tribunal Federal nas questões constitucionais foi amplamente debatida no julgamento do recurso extraordinário nº 565.714. Tratava-se de demanda movida por servidores públicos do Estado de São Paulo, na qual pleiteavam a alteração da base de cálculo do adicional de periculosidade, julgada improcedente pelo Tribunal de Justiça, confirmando a sentença. O Supremo Tribunal Federal negou provimento ao recurso interposto, mantendo a decisão recorrida, porém com a adoção de outro fundamento. Declarou-se a inconstitucionalidade da utilização do salário mínimo como base de cálculo ou indexador de parcela remuneratória de servidor público, porém manteve-se o resultado prático favorável obtido pelos recorrentes na decisão impugnada. Cuidou-se de limitar os efeitos de declaração de inconstitucionalidade, em atenção à proibição da *reformatio in peius*.

Merece especial destaque a manifestação do Min. Marco Aurélio no julgamento do RE nº 565.714:

> Processo é, acima de tudo, liberdade. É saber o que pode ou não ocorrer na tramitação de uma causa perante o Judiciário. As normas são imperativas. Nós temos um sistema. Um sistema que precisa ser preservado. Não podemos potencializar a repercussão geral a ponto de afastar esse mesmo sistema. A atuação do Supremo é uma atuação pedagógica, é uma atuação observada pelos órgãos do Judiciário que estão em patamares diversos. Não posso conceber que o recorrente saia chamuscado.

Na ementa do acórdão, verificamos que o Supremo Tribunal Federal afirmou seu posicionamento a respeito da questão constitucional fixando o precedente para o assunto.[559] Todavia, na proclamação do resultado do julgado

---

[558] Analisando a transformação do papel das cortes superiores e das cortes supremas, Daniel Mitidiero destaca que seria imprescindível apenas "uma mudança no peso que deve se reconhecer às diferentes funções que podem ser exercidas por essas cortes. É claro que a tutela do direito em geral seria fatalmente incompleta se a tutela do direito em particular, isto é, diante das decisões judiciais individuais, acabasse expurgada das preocupações do Supremo Tribunal Federal e do Superior Tribunal de Justiça" (MITIDIERO, Daniel. *Cortes Superiores e Cortes Supremas. Do Controle à Interpretação, da Jurisprudência ao Precedente*. São Paulo: Revista dos Tribunais, 2013, p. 95).

[559] "CONSTITUCIONAL. ART. 7º, INC. IV, DA CONSTITUIÇÃO DA REPÚBLICA. NÃO RECEPÇÃO DO ART. 3º, § 1º, DA LEI COMPLEMENTAR PAULISTA N. 432/1985 PELA CONSTITUIÇÃO DE 1988. INCONSTITUCIONALIDADE DE VINCULAÇÃO DO ADICIONAL DE INSALUBRIDADE AO SALÁRIO MÍNIMO: PRECEDENTES. IMPOSSIBILIDADE DA MODIFICAÇÃO DA BASE DE CÁLCULO DO BENEFÍCIO POR DECISÃO JUDICIAL. RECURSO EXTRAORDINÁRIO AO QUAL SE NEGA PROVIMENTO. 1. O sentido da vedação constante da parte final do inc. IV do art. 7º da Constituição impede que o salário-mínimo possa ser aproveitado como fator de indexação; essa utilização tolheria eventual aumento do salário-mínimo pela cadeia de aumentos que ensejaria se admitida essa vinculação (RE nº 217.700, Ministro Moreira Alves). A norma constitucional tem o objetivo de impedir que aumento do salário-mínimo gere, indiretamente, peso maior do que aquele diretamente relacionado com o acréscimo. Essa circunstância pressionaria reajuste menor do salário-mínimo, o que significaria obstaculizar a implementação da política salarial prevista no art. 7º, inciso IV, da Constituição da República. O aproveitamento do salário-mínimo para formação da base de cálculo de qualquer parcela remuneratória ou com qualquer outro objetivo pecuniário (indenizações, pensões, etc.) esbarra na vinculação vedada pela Constituição do Brasil. Histórico e análise comparativa da jurisprudência do Supremo Tribunal Federal. Declaração de não recepção pela Constituição da República de 1988 do Art. 3º, § 1º, da Lei Complementar nº 432/1985 do Estado de São Paulo. 2. Inexistência de regra constitucional autorizativa de concessão de adicional de insalubridade a servidores públicos (art. 39, § 1º, inc. III) ou a policiais militares (art. 42, § 1º, c/c 142, § 3º, inc. X). 3. Inviabilidade de invoca-

ressalvou-se a manutenção da posição jurídica de vantagem do recorrente, fixando-se a "impossibilidade de que haja alteração da base de cálculo em razão dessa inconstitucionalidade".[560] Portanto, conclui-se que a objetivação do recurso extraordinário pode ser conciliada com a proibição da *reformatio in peius*, preservando a segurança jurídica do recorrente.

Ademais, a tentativa de legitimar a possibilidade da *reformatio in peius* ou de mitigar sua proibição no julgamento dos recursos especial e extraordinário, com base na prevalência do interesse geral, acaso acolhida, resultaria justamente em efeito inverso. Causar-se-ia temor às partes, que deixariam de interpor tais recursos, especialmente quando a complexidade da questão ou as dissonâncias exegéticas causassem incerteza quanto ao resultado do julgamento, esvaziando boa parte do papel dos tribunais superiores na prática.

Como destaca Jaime Octávio Cordona Ferreira, a proibição da *reformatio in peius* garantiria o próprio direito ao recurso, baseando-se em "um firme critério de segurança", pois poucos recorreriam se soubessem que poderiam ser condenados ainda mais, ou perder o pouco que já ganharam.[561]

É exatamente o enfrentamento das questões jurídicas complexas e dissonantes que possibilita aos tribunais superiores e ao Supremo Tribunal Federal exercerem a atividade de aperfeiçoamento e unificação do ordenamento jurídico (direito objetivo). Na prática, a mitigação da proibição da *reformatio in peius* no julgamento dos recursos especial e extraordinário atentaria contra as próprias razões levantadas na tentativa de excepcionar-se o proibitivo, resultando em efeito reverso do pretendido. O Estado possui interesse direto na interposição de recursos baseados no interesse das partes, pois somente assim se viabiliza a unificação e o aperfeiçoamento do direito objetivo.[562]

ção do art. 7º, inc. XXIII, da Constituição da República, pois mesmo se a legislação local determina a sua incidência aos servidores públicos, a expressão adicional de remuneração contida na norma constitucional há de ser interpretada como adicional remuneratório, a saber, aquele que desenvolve atividades penosas, insalubres ou perigosas tem direito a adicional, a compor a sua remuneração. Se a Constituição tivesse estabelecido remuneração do trabalhador como base de cálculo teria afirmado adicional sobre a remuneração, o que não fez. 4. Recurso extraordinário ao qual se nega provimento" (RE 565714, Relator(a): Min. CÁRMEN LÚCIA, Tribunal Pleno, julgado em 30/04/2008, REPERCUSSÃO GERAL – MÉRITO DJe-147 DIVULG 07-08-2008 PUBLIC 08-08-2008 REPUBLICAÇÃO: DJe-211 DIVULG 06-11-2008 PUBLIC 07-11-2008 EMENT VOL-02340-06 PP-01189 RTJ VOL-00210-02 PP-00884).

[560] "Decisão: O Tribunal, por unanimidade e nos termos do voto da relatora, negou provimento ao recurso extraordinário, declarando a não recepção, pela Constituição Federal, do § 1º e da expressão "salário mínimo", contida no *caput* do artigo 3º da Lei Complementar nº 432/1985, do Estado de São Paulo, fixando a impossibilidade de que haja alteração da base de cálculo em razão dessa inconstitucionalidade. Votou o Presidente, Ministro Gilmar Mendes. Ausentes, justificadamente, a Senhora Ministra Ellen Gracie e o Senhor Ministro Eros Grau. Falou, pelo recorrido, o Dr. Miguel Nagibe, Procurador do Estado, e, pela interessada, Confederação Nacional da Indústria, o Dr. Cássio Augusto Muniz Borges. Plenário, 30.04.2008.[30]".

[561] Ver: CARDONA FERREIRA, Jaime Octávio. *Guia de recursos em processo civil*. 4. ed. Coimbra: Coimbra, 2007. p. 101). Para Sérgio Gilberto Porto e Daniel Ustárroz, o risco da reforma para pior "poderia até mesmo fazer com que o cidadão deixasse de recorrer das decisões, o que prejudicaria o controle da atividade jurisdicional e a realização do livre acesso à justiça" (ver: PORTO, Sérgio Gilberto; USTÁRROZ, Daniel. *Manual dos recursos cíveis*. 2. ed. Porto Alegre: Livraria do Advogado, 2008. p. 69). Walter Egger também destaca a ligação da proibição da *reformatio in peius* com a necessidade de eliminar o medo do recorrente (ver: EGGER, Walter. *Die reformatio in peius im Zivilprozessrecht*. Zürich: Hans Schellemberg, Winterthur, 1985. p. 143).

[562] STÜRNER, Michael. *Die Anfechtung von Zivilurteile. Eine funktionelle Untersuchung der Rechtsmittel im deutschen und englischen Recht*. München: C. H. Beck, 2002. p. 43-44.

Mesmo quando superadas tais questões, daí não se poderia extrair a possibilidade da *reformatio in peius*, que, como vimos, também se fundamenta no dever de proteção à confiança, princípio inerente ao Estado de Direito. Ausente a previsão no direito positivo da possibilidade de que os recursos especial e extraordinário sejam julgados em desfavor dos recorrentes, inegável a incidência do proibitivo, sendo irrelevante o posicionamento doutrinário, que eventualmente se adote, acerca da primazia de funções em tais espécies impugnatórias. Também aqui o recorrente possui a justa expectativa de que as posições de vantagem já obtidas com decisão impugnada, em razão da inércia da parte adversa, restem consolidadas, não cogitando sua remoção pela autuação oficiosa do juízo. Analisando-se a situação de forma abstrata, concluímos que a proibição da *reformatio in peius* incide no âmbito dos recursos especial e extraordinário da mesma forma e com a mesma intensidade do que ocorre com os recursos ordinários. Não há nada no direito processual civil brasileiro positivado que permita supor a menor intensidade da aplicação do proibitivo no âmbito dos tribunais superiores ou do Supremo Tribunal Federal. Além disso, a previsão legal nesse sentido seria de constitucionalidade duvidosa, pois o temor das partes prejudicaria a realização das finalidades voltadas ao interesse geral dos recursos especial e extraordinário, estabelecidas no próprio texto constitucional.

Assim, nos recursos especial e extraordinário, o acento ou a prevalência das funções de uniformização jurisprudencial e aperfeiçoamento do direito objetivo reforçam a necessidade prática de proibir-se a *reformatio in peius*. Portanto, nesse âmbito, o proibitivo se aplica com tanto ou mais vigor do que nos recursos plenários.

3.8.7. A proibição da "reformatio in peius" no reexame necessário (art. 496, NCPC; art. 475, CPC/73)

A aplicação da proibição da *reformatio in peius* ao reexame necessário (art. 496, NCPC; art. 475, CPC/73) vem suscitando grande polêmica. A jurisprudência firmou o entendimento no sentido da aplicação do proibitivo ao julgamento do reexame necessário, como demonstra a súmula n° 45 do Superior Tribunal de Justiça (*No reexame necessário é defeso ao Tribunal agravar a condenação imposta à Fazenda Pública*).

Ressalvados raros posicionamentos em sentido contrário, o reexame necessário não se amolda ao conceito de recurso, pois lhe faltam várias características essenciais, em especial a voluntariedade. Do mesmo modo, parece uníssono que o efeito devolutivo seria mero desdobramento do princípio dispositivo no âmbito recursal.[563] Isso leva muitos doutrinadores a afirmarem que

---

[563] Acerca do assunto, assim discorre Flávio Cheim Jorge: "As consequências oriundas da incidência do princípio dispositivo para os recursos são extremamente amplas e importantes. No âmbito de uma teoria geral, é justamente o princípio dispositivo que faz com que incida o efeito devolutivo e todas as suas peculiaridades" [...] O recorrente é quem fixará com o seu recurso o âmbito de conhecimento da matéria. Recorrendo integralmente da decisão desfavorável, toda ela será levada à apreciação do órgão julgador, ao passo que, impugnando apenas parte, somente em relação a esta fração poderá ser prestada novamente a tutela jurisdicional. Os litigantes tem o poder de dispor do direito material em relação ao qual se prendeu o reco-

a proibição da *reformatio in peius* não se aplicaria ao reexame necessário, pois o incidente careceria de efeito devolutivo que estaria condicionado à existência de pedido.[564]

Acerca do assunto, assim discorre Nelson Nery Júnior:

> O juízo destinatário do recurso somente poderá julgar o que o recorrente tiver requerido nas suas razões de recurso, encerradas com o "pedido de uma nova decisão". É esse pedido de nova decisão que fixa os limites e o âmbito de devolutividade de todo e qualquer recurso (*tantum devolutum quantum appellatum*). Daí a razão pela qual o efeito devolutivo pressupõe sempre o ato de impugnação – a interposição do recurso –, não se podendo falar em efeito devolutivo na remessa necessária do CPC 475, mas sim de consequência análoga ao denominado efeito translativo [...] De consequência, não se pode falar em *reformatio in peius* na remessa necessária, porque a proibição da reforma para pior é decorrência da aplicação do princípio dispositivo, pois não se pode conceder vantagem ao recorrido se este nada pediu ao tribunal *ad quem*. Na remessa necessária não há pedido de ninguém, mas apenas a translação de toda matéria constante da sentença para o tribunal superior para que reexamine tudo o que foi decidido na instância inferior.[565]

Contudo, a nosso ver, trata-se de conclusão baseada em premissa duplamente equivocada. Ainda que a atuação do princípio dispositivo no sistema recursal do processo civil impusesse a proibição da *reformatio in peius,* isso não excluiria que, por outras razões, o tribunal fosse impedido de agravar a situação do Ente Público. Segundo Flávio Cheim Jorge,[566] admitir que a *reformatio in peius* ocorra no reexame necessário seria contrariar a própria essência da condição de eficácia do instituto voltado à proteção dos interesses dos Entes Públicos (art. 496, NCPC; art. 475, CPC/73).

Tudo dependerá da finalidade que se atribua à previsão legal do reexame necessário – ao que parece destinada à proteção dos Entes Públicos – e ao dimensionamento do assunto pelo prisma constitucional. A ocorrência de um agravamento da condenação da Fazenda no julgamento do reexame necessário, parece-nos indicar uma ruptura lógica entre a finalidade da previsão contida na regra processual (art. 496, NCPC; art. 475, CPC/73) e o resultado obtido. Todavia, isso não tem nenhuma relação com o instituto da proibição da *reformatio in peius* aplicável ao sistema recursal do processo civil. Aliás, a previsão legal dessa figura posterga a estabilização da decisão judicial.

Assim, embora os direitos fundamentais à proteção da confiança e à autonomia da vontade embasem a proibição da *reformatio in peius,* no julgamento dos recursos cíveis, não possuem qualquer relação com o reexame necessário. Na ausência de fundamento constitucional, o tribunal estaria impedido de *agravar a condenação imposta à Fazenda Pública* apenas em razão do disposto na regra processual que prevê a remessa necessária (art. 496, NCPC; art. 475, CPC/73).

---

nhecimento e a consequente prestação da tutela jurisdicional" (Ver: CHEIM JORGE, Flávio. *Teoria Geral dos Recursos Cíveis*, 4. ed. São Paulo, Revista dos Tribunais , 2009, p. 220).

[564] Nesse sentido, por todos, ver: NERY JUNIOR, Nelson. *Teoria Geral dos Recursos*, 6. ed. São Paulo: ed. Revista dos Tribunais, 2004, p. 429.

[565] NERY JUNIOR, Nelson. *Teoria Geral dos Recursos*, 6. ed. São Paulo: Revista dos Tribunais, 2004, p. 429.

[566] CHEIM JORGE, Flávio. *Teoria Geral dos Recursos Cíveis*, 4. ed. São Paulo: Revista dos Tribunais, 2009, p. 248-249.

Conclusão

Ao longo do tempo, a doutrina vem tentando compreender o significado e encontrar os fundamentos teóricos da proibição da *reformatio in peius* no processo civil, como pressuposto para determinar a sua vigência e delinear o alcance da proteção conferida ao recorrente.

Os primeiros esforços doutrinários associam a proibição da *reformatio in peius* ao dever de proteção da coisa julgada material. A evolução dessa ideia coloca o tema sob a perspectiva da coisa *julgada parcial* ou progressiva (*Teilrechtskraft/partielle Rechtskraft*), que poderia ser mensurada, comparando-se a abrangência da decisão impugnada com a abrangência do pedido formulado no recurso. A proibição da reforma para pior decorreria, assim, do dever de proteção à coisa julgada progressiva (*Gebot zur Wahrung der Teilrechtskraft*).

Essa concepção, todavia, não permite identificarmos todas as posições jurídicas de vantagem que mereceriam ser protegidas contra a atuação oficiosa do juízo *ad quem*, a exemplo de muitas decisões interlocutórias. Tampouco confere amparo contra a alteração dos fundamentos da sentença que, em situações excepcionais, possam produzir efeitos desfavoráveis ao apelante. A proibição da *reformatio in peius* confere às partes proteção mais ampla do que a dispensada pela proteção da coisa julgada (progressiva), realizando o direito fundamental à segurança jurídica no processo. Limitar esse amparo ao âmbito das apelações interpostas contra as sentenças de mérito significaria desconhecer a importância dos demais atos do processo, ignorando a importância do procedimento na obtenção de uma decisão final justa.

Também não podemos aceitar o consenso doutrinário, quase absoluto, de que a proibição da *reformatio in peius* encontraria seu fundamento teórico no princípio dispositivo em sentido próprio, em particular na máxima da vinculação do juízo ao pedido (*ne eat iudex ultra petita partium*). Embora esclareça o alcance da proibição da *reformatio in peius* na maior parte dos casos, a vinculação do tribunal ao pedido do recorrente não conduz à aceitação satisfatória do princípio dispositivo em sentido material como fundamento do instituto em exame. Deixar-se-ia o recorrente desprotegido em numerosas situações nas quais a vinculação do juízo *ad quem* ao conteúdo concreto do pedido não baste para impedir a reforma para pior. Ademais, o disposto no art. 515 do Código de Processo Civil 1973, que trata da extensão do efeito devolutivo da apelação, não traz referência expressa às matérias conhecíveis de ofício (*v.g.*: arts. 113 e 267, § 3º, do diploma processual). Tampouco a Lei nº 13.105/2015, ao limitar a profundidade do efeito devolutivo da apelação às questões referentes ao capítulo impugnado (art. 1.013, § 1º, NCPC), afasta expressamente a possibilidade de que uma *reformatio in peius* possa ocorrer diante das hipóteses descritas no art. 485, § 3º, e no art. 64, § 1º, do NCPC.

A proibição da *reformatio in peius* decorre, principalmente, da necessidade de assegurar-se ao recorrente o direito fundamental de proteção da confiança, dimensão subjetiva da segurança jurídica. A formatação do processo civil brasileiro orienta-se pelo princípio dispositivo em sentido próprio (ou material), expressão processual da autonomia da vontade e do dever de imparcialidade judicial. A existência de um sistema recursal, baseado precipuamente na iniciativa e no interesse do recorrente, desperta neste a expectativa de que não poderia ser prejudicado pelo julgamento do seu próprio recurso, sentimento reforçado pela inexistência de norma que expressamente atribua ao juízo recursal a competência para atuar fora dos limites do objeto da impugnação. A reforma para pior surpreende o recorrente e frustra essa expectativa, violando o direito fundamental à proteção da confiança. Na ausência de recurso da parte contrária, as posições jurídicas de vantagem, que estariam incorporadas à esfera jurídica do recorrente na ausência de impugnação, merecem ser preservadas, evidenciando-se a necessidade de proteção da confiança e a presunção de estabilidade dos atos processuais. A proibição da *reformatio in peius*, portanto, representa limite adicional à liberdade decisória do juízo *ad quem* que não se confunde com aquele decorrente do efeito devolutivo do recurso.

A alteração prejudicial da esfera jurídica do recorrente pode resultar de qualquer conteúdo decisório que contenha eficácia ou produza efeitos significativos nesse sentido. A exigência de interesse recursal, o efeito devolutivo limitado ao objeto da impugnação, e as normas de preclusão (em sentido amplo) são apenas o ponto de partida para delimitação do âmbito de incidência do proibitivo. Porém, o mandamento de otimização dos direitos fundamentais não permite que essas figuras processuais limitem a proteção conferida ao recorrente.

Quanto mais o ordenamento jurídico reforça o arquétipo do recurso como remédio baseado na iniciativa e no interesse da parte, tanto mais claras e inequívocas devem ser as prescrições legais que possibilitam o rompimento dessa relação de causalidade. A legislação processual deve permitir às partes vislumbrarem a possibilidade de prejuízos decorrentes da interposição do próprio recurso, atendendo às exigências da previsibilidade e da calculabilidade, essenciais à segurança jurídica.

Além disso, as normas constitucionais nas quais se fundamenta a proibição da *reformatio in peius* limitam e condicionam a atividade do legislador na criação de exceções, que somente se legitimam quando imprescindíveis à proteção de outros valores e interesses da mesma hierarquia (constitucional). A previsão contida no art. 5º, XXXVI, Constituição Federal, demonstra a necessidade de estabilizar os atos jurídicos em geral, possibilitando o máximo de segurança jurídica. A dimensão objetiva do direito fundamental à segurança jurídica e a função pacificadora da jurisdição colocam a exigência de estabilização dos pronunciamentos judiciais, que deve ser satisfeita pelo legislador infraconstitucional. Daí concluirmos que a reaproximação com o sistema do *beneficium commune*, além de representar violenta ruptura dogmática com a concepção atual do processo civil, seria de constitucionalidade duvidosa.

Referências

ALVARO DE OLIVEIRA, Carlos Alberto. Os direitos fundamentais à efetividade e à segurança em perspectiva dinâmica. *Revista Magister de Direito Civil e Processual Civil*, v. 4, n. 21, nov./dez. 2007.

——. *Do formalismo no processo civil:* proposta de um formalismo-valorativo. 3. ed. São Paulo: Saraiva, 2009.

——. A garantia do contraditório. *Revista Forense*, Rio de Janeiro, v. 346, abr./jun. 1999.

——. O juiz e o princípio do contraditório. *Revista de Processo*, São Paulo, n. 71, jul./set. 1993.

——. *Teoria e prática da tutela jurisdicional*. Rio de Janeiro: Forense, 2008.

ALVARO DE OLIVEIRA, Carlos Alberto; MITIDIERO, Daniel. *Curso de processo civil*. São Paulo: Atlas, 2010. v. 1.

——. *Curso de processo civil*. São Paulo: Atlas, 2012. v. 2.

ALVIM, Arruda. *Manual de direito processual civil*. São Paulo: Revista dos Tribunais, 1996.

APRIGLIANO, Ricardo de Carvalho. *A apelação e seus efeitos*. São Paulo: Atlas, 2003.

ARAGÃO, Paulo Cezar. *Recurso adesivo*. São Paulo: Saraiva, 1974.

ARAÚJO, Valter Shuenquener de. *O princípio da proteção da confiança:* uma nova forma de tutela do cidadão diante do Estado. Niteroi: Impetus, 2009.

ARAÚJO CINTRA, Antonio Carlos de. Sobre os embargos de declaração. *Revista dos Tribunais*, São Paulo, n. 595, p. 15.

——. *Sobre os limites objetivos da apelação cível*. São Paulo: [s.n.], 1986.

ASSIS, Araken de. Efeito devolutivo da apelação. *Revista Síntese de Direito Civil e Processual Civil*, v. 3, n. 13, data.

——. *Manual dos recursos*. 3. ed. São Paulo: Revista dos Tribunais, 2011.

ÁVILA, Humberto. *Segurança jurídica*: entre permanência, mudança e realização no direito tributário. 2. ed. São Paulo: Malheiros, 2012.

——. *Sistema constitucional tributário*. São Paulo: Saraiva, 2004.

——. *Teoria dos princípios:* da definição à aplicação dos princípios jurídicos. 12. ed. ampl. São Paulo: Malheiros, 2011.

AZEVEDO, Luiz Carlos de. *Origem e introdução da apelação no direito lusitano*. São Paulo: Fundação Instituto de Ensino para Osasco, 1976.

BAPTISTA DA SILVA, Ovídio A. *Curso de processo civil*. 7. ed. Rio de Janeiro: Forense, 2005. v. 3.

BARBIERI, Maurício Lindenmeyer. Implicações do princípio dispositivo nos poderes instrutórios do juiz. In: ALVARO DE OLIVEIRA, Carlos Alberto *et al. Prova cível*. Rio de Janeiro: Forense, 1999.

BARBOSA MOREIRA, José Carlos. *Ainda e sempre a coisa julgada:* direito processual civil (ensaios e pareceres), Rio de Janeiro: Borsoi, 1971a.

——. *Comentários ao Código de Processo Civil*. 14. ed. Rio de Janeiro: Forense, 2008. v. 5.

——. Correlação entre o pedido e a sentença. *Revista de Processo*, v. 21, n. 83, jul./set. 1996.

——. *O juízo de admissibilidade no sistema dos recursos civis*. Rio de Janeiro:[s.n.], 1968.

——. Notas sobre o Problema da Efetividade do Processo. In: *Temas de direito processual*. São Paulo: Saraiva, 1984.

——. *O novo processo civil brasileiro*. 26. ed. Rio de Janeiro: Forense, 2008.

——. *Reformatio in peius*. In: *Direito processual* civil: ensaios e pareceres. Rio de Janeiro: Borsoi, 1971b.

BARIONI, Rodrigo. *Efeito devolutivo da apelação cível*. São Paulo: Revista dos Tribunais, 2007.

BAUMGÄRTEL, Gottfried. Treu und Glauben im Zivilprozess. *Zeitschrift für Zivilprozess*, n. 86, 1973.

BEDAQUE, José Roberto dos Santos. Apelação: questões sobre admissibilidade e efeitos. *Revista da Procuradoria-Geral do Estado de São Paulo*, n. Especial, p. 107-148, jan./dez., 2003.

——. Apelação: questões sobre admissibilidade e efeitos. In: *Aspectos polêmicos e atuais dos recursos cíveis* (Coord. Nelson Nery Junior e Teresa Arruda Alvim Wambier). São Paulo: Revista dos Tribunais, 2010, p. 446-466.

——. *Poderes instrutórios do juiz*. 3. ed. São Paulo: Revista dos Tribunais, 2001.

BONAVIDES, Paulo. *Curso de direito constitucional*. 10. ed. São Paulo: Malheiros, 2000.

BONSIGNORI, Angelo. Critica dell'effetto devolutivo in senso generico e astrato. *Rivista Trimestrale di Diritto e Procedura Civile*, v. 26, 1972.

——. Effetto devolutivo, avocazione e translazione. *Rivista Trimestrale di Diritto e Procedura Civile*, 1970.

BÖTTICHER, Eduard. Reformatio in peius und Prozessurteil. *ZZP*, n. 65 p. 464-468, 1952.

BRANCO, Gerson Luiz Carlos. O duplo grau de Jurisdição e sua perspectiva constitucional. In: ALVARO DE OLIVEIRA, Carlos Alberto (Org.). *Processo e constituição*. Rio de Janeiro: Forense, 2004.

BÜLOW, Oskar. *La teoria de las excepciones procesales y los presupuestos procesales*. Tradução de Miguel Angel Rosas Lichtschein. Buenos Aires: Europa-America, 1964.

BUZAID, Alfredo. *Do agravo de petição*. São Paulo: [s.n.], 1945.

CABRAL, Antonio do Passo. *Coisa julgada dinâmica*: limites objetivos e temporais. Entre continuidade, mudança e transição de posições processuais estáveis. Rio de Janeiro: [s.n.], 2011.

——. *Nulidades no processo moderno*: contraditório, proteção da confiança e validade 'prima facie' dos atos processuais. 2. ed. Rio de Janeiro: Forense, 2010.

CALAMANDREI, Piero. Apuntti sulla "reformatio in peius. In: *Studi sul processo civile*. Padova: CEDAM, 1934. v. 3.

——. *Istituzioni di diritto processuale civile*: secondo Il nuovo Codice, Parte Prima. Padova: CEDAM, 1943.

——. La cassazione civile. In: *Opere guiuridiche*. Napoli: Morano, 1976. v. 8.

CALMON DE PASSOS, J. J. *Comentários ao Código de Processo Civil*. 37. ed. Rio de Janeiro: Forense, 1992. v. 3.

——. *Da arguição de relevância no recurso extraordinário*. Revista Forense, Rio de Janeiro, v. 1, 2005. Edição comemorativa dos 100 anos.

CAMARGO, Ricardo Antônio Lucas. *Novo dicionário de direito econômico*. Porto Alegre: Fabris, 2010.

CAMBI, Eduardo. Mudando os rumos da apelação: comentário sobre a inclusão, pela Lei 10.352/2001, do § 3º ao art. 515 do CPC. In: NERY JÚNIOR, Nelson; WAMBIER, Teresa Arruda Alvim (Coords.). *Aspectos polêmicos e atuais dos recursos e de outros meios de impugnação às decisões judiciais*. São Paulo: Revista dos Tribunais, 2002.

CANOTILHO, José Joaquim Gomes. *Direito constitucional*. 6. ed. Coimbra: Almedina, 2003.

CAPONI, Remo. In L'appello nel sistema delle impugnazione civili: note di comparazione anglo-tedesca. *Rivista di Diritto Processuale*, Milano, v. 64, n. 3, 2009.

CAPPELLETTI, Mauro. *La oralidad y las pruebas en el proceso civil*. Traduccion de Santiago Sentis Melendo. Buenos Aires: Europa-America, 1972.

——. Principio dispositivo e interrogatorio della parte. In: *Annali della Università di Macerata*. [s.l.]: [s.n.], 1959. v. 23.

——. *O processo civil no direito comparado*. Tradução de Hiltomar M. Oliveira. Belo Horizonte: Líder, 2001.

——. *La testimonianza della parte nel sistema dell'oralità*: contributo alla teoria della utilizzazione probatoria del sapere delle parti nel processo civile. Milano: Giuffrè, 1962. v. 1.

CARDONA FERREIRA, Jaime Octávio. *Guia de recursos em processo civil*. 4. ed. Coimbra: Coimbra, 2007.

CARNACINI, Tito. Tutela giurisdizionale e tecnica del processo. In: *Studi in onore di E. Redenti*. Milano: Guiuffrè, 1951. v. 2.

CARNELUTTI, Francesco. *Diritto e processo*. Napoli: Morano, 1958.

——. *Sistema di diritto processuale civile*. Padova: Cedam, 1939. v. 2.

——. Sulla reformatio in peius. *Rivista di Diritto Processuale Civile*, 1927.

CARVALHO, Milton Paulo. *Do pedido no processo civil*. Porto Alegre: Fabris, 1992.

CHEIM JORGE, Flávio. *Teoria geral dos recursos cíveis*. 4. ed. São Paulo: Revista dos Tribunais, 2009.

CHIOVENDA, Giuseppe. *Principii di diritto processuale civile*. 3. ed. Roma: [s.n.], 1913.

CHUNG, H. *Das Problem der reformatio in peius im Zivilprozess*. Diss. Jur, Köln, 1998.

COHEN-KOPLIN, Klaus. Considerações críticas sobre o conceito de 'parte' na doutrina processual civil. *Revista da Faculdade de Direito Ritter dos Reis*, Canoas, v. 6, 2003.

COMOGLIO, Luigi Paolo. Premesse ad uno studio sul principio di economia processuale. *Rivista Trimestrale di Diritto e Procedura Civile*, v. 32, n. 2, jun. 1978.

COSTA, Moacyr Lobo da; AZEVEDO, Luiz Carlos de. *Estudos de história do processo*: recursos. Osasco: FIEO, 1996.

COUTO E SILVA, Almiro do. O princípio da segurança jurídica (proteção à confiança) no Direito Público brasileiro e o direito da Administração Pública de anular seus próprios atos administrativos: o prazo decadencial do art. 54 da Lei de Processo Administrativo da União (Lei nọ 9.784/99). *Revista de Direito Administrativo*, Rio de Janeiro, v. 237, p. 275-276, jul./set. 2004.

COUTURE, Eduardo. *Fundamentos del derecho procesal civil*. Palma: Palma, 1973.

DALL'AGNOL JÚNIOR, Antonio Janyr. O princípio dispositivo no pensamento de Mauro Cappelletti. *AJURIS*, Porto Alegre, n. 46, p. 97-115, 1989.

DANOVI, Filippo. Notte sull'effeto sostitutivo dell'appelio. *Rivista di Diritto Processuale*, Milano, v. 64, n. 6, nov./dez. 2009.

DIDIER JÚNIOR, Fredie. *Curso de direito processual civil*. 12. ed. Salvador: Juspodivm, 2010. v. 1.

DIDIER JÚNIOR, Fredie; CUNHA, Leonardo José Carneiro da. *Curso de direito processual civil*, 8. ed. Salvador: Juspodivm, 2010. v. 3.

DINAMARCO, Cândido Rangel. *A instrumentalidade do processo*. 6. ed. São Paulo: Malheiros, 1998.

——. *Capítulos da sentença*. 3. ed. São Paulo: Malheiros. 2008.

——. *Execução civil*. 7. ed. São Paulo: Malheiros, 2000.

——. *Fundamentos do processo civil moderno*. 3. ed. rev. e atual. de Antônio Rulli Neto. São Paulo: Malheiros, 2000.

——. *Instituições de direito processual civil*. 5. ed. São Paulo: Malheiros, 2005. v. 1.

——. *Instituições de direito processual civil*. 5. ed. São Paulo: Malheiros, v. 2.

——. *Litisconsórcio*. São Paulo: Revista dos Tribunais, 1984.

——. *Nova era do processo civil*. 2. ed. rev., atual. e aum. São Paulo: Malheiros, 2007.

EGGER, Walter. *Die reformatio in peius im Zivilprozessrecht*. Zürich: Hans Schellemberg, Winterthur, 1985.

ENGELMANN, Arthur. The Germanic Procedure. In: ENGELMANN, Arthur et al. *A history of continental civil procedure*. Tradução de Robert Wyness Millar. Boston: Little, Brown, 1927.

FABRÍCIO, Adroaldo Furtado. *Ação declaratória incidental*. 4. ed. São Paulo: Saraiva, 2009.

FASCHING, Hans W. *Lehrbuch des österreichischen Zivilprozeßrechts*. 2.ed. Wien: Manz, 1990.

FAZZALARI, Elio. *Il giudizio civile di cassazione*. Milano: Giuffrè, 1960.

——. *I processi nell'ordinamento italiano*. Padova: Cedam, 1973.

——. *Note in tema di diritto e processo*. Milano: Giuffrè, 1953.

FENN, Herbert. Die Auschlussberufung im Zivilprozess und im Verfahren der freiwilligen Gerichtsbarkeit. In: *Schriften zum deutschen und europäischen Zivil*. Bielefeld: Handels-und Prozessrecht, 1961. v. 12.

FERREIRA FILHO, Manoel Caetano. *Comentários ao Código de Processo Civil:* do processo de conhecimento, arts. 496 a 565. São Paulo: Revista dos Tribunais, 2001. v. 8.

FLACH, Daisson. *A verossimilhança no processo civil*. São Paulo: Revista dos Tribunais, 2009.

FUX, Luiz. *Curso de Direito Processual Civil, Processo de Conhecimento*. v. 1. 4ª ed. Rio de Janeiro: Forenese, 2008.

GADAMER, Hans-Georg. *Verdade e método:* traços fundamentais de uma hermenêutica filosófica. 2. ed. Tradução de Flávio Paulo Meurer. Petrópolis: Vozes, 1997.

GIANESINI, Rita. *Da revelia no processo civil brasileiro*. São Paulo: Revista dos Tribunais, 1977.

GILLES, Peter. Anschliessung, Beschwer, Verbot der Reformatio in peius und Parteidispositionen über die Sache in höherer Instranz. *ZZP*, n. 91, 1978.

——. *Rechtsmittel im Zivilprozess; Berufung, Revision und Beschwerde im Vergleich mit der Wiederaufnahme des Verfahrens, dem Einspruch und der Wiedereinsetzung in den vorigen Stand*. Frankfurt an Main: Athenaum, 1972.

GÖNNER, Nikolaus Thaddäus von. *Handbuch des deutschen gemeinen Prozesses*. Erlangen, 1801. v. 1.

GRECO, Leonardo. Publicismo e privatismo no processo civil. *Revista de Processo*, São Paulo, v. 33, n. 164, p. 29-56, out. 2008.

GRECO, Leonardo. *Instituições de Processo Civil*. Processo de Conhecimento. 2. Ed. Rio de Janeiro: Forense, 2011, vol. I.

GRINOVER, Ada Pellegrini. Considerações sobre os limites objetivos e a eficácia preclusiva da coisa julgada. *Direito Civil e Processual Civil*, v; 3, n. 16, p. 22-29, mar./abr. 2002.

——. *O processo em sua unidade*. São Paulo: Saraiva, 1978.

GRINOVER, Ada Pellegrini; FERNANDES, Antônio Scarance; GOMES FILHO, Antonio Magalhães. *As nulidades no processo penal*. 7. ed. São Paulo: Revista dos Tribunais, 2001.

GRUNSKY, Wolfgang. Prozess-und Sachurteil – zu Bruno Rimmelspacher: "Zur Prüfung von Amts wegen in Zivilprozess". *ZZP*, n. 80, 1967.

——. Rechtskraft von Entscheidungsgründen und Beschwer. *ZZP*, n. 76, 1963.

GRUNSKY, Wolfgang; BAUR, Fritz. *Zivilprozessrecht*. 12. ed. Munique: Luchterhand, 2006.

GUERRA, Marcelo Lima. *Direitos fundamentais e a proteção do credor na execução civil*. São Paulo: Revista dos Tribunais, 2003.

——. A proporcionalidade em sentido estrito e a "fórmula do peso" de Robert Alexy: insignificância e algumas implicações. *Revista de Processo*, São Paulo, v. 31, n. 141, p. 53-71, nov. 2006.

GUIMARÃES, Luiz Machado. *Limites objetivos do recurso de apelação*. Rio de Janeiro: [s.n.], 1962.

HABSCHEID, Walter J. *Der Streitgegenstand im Zivilprozess und im Streitverfahren der freiwilligen Gerichtsbarkeit*. Bielefeld: Gieseking, 1956.

——. Richtermacht oder Parteifreiheit: Über Enwicklungstendenzen des modernen Zivilprozessesrechts. *ZZP*, n. 81, p. 175-196, 1968.

——. *Schweizerisches Zivilprozess und Gerichtsorganisationsrecht:* Ein Lehrbuch seiner Grundlagen. 2. ed. Basel und Frankfurt am Main: Helbing und Lichtenhahn, 1990.

HECK, Luis Afonso. O recurso constitucional na sistemática jurisdicional-constitucional alemã. *Revista de Informação Legislativa*, Brasília, n. 31, p. 115-133, 1994.

——. *O Tribunal Constitucional Federal e o desenvolvimento dos princípios constitucionais*. Porto Alegre: Fabris, 1995.

HESS, Burkhard; JAUERNIG, Othmar; LENT, Friedrich. *Zivilprozessrecht*. 30. ed. Munique: C. H. Beck München, 2011.

HESSE, Konrad. *Elementos de direito constitucional da República Federal da Alemanha*. Tradução de Luiz Afonso Heck. Porto Alegre: Fabris. 1998.

JAUERNIG, Othmar; LENT, Friedrich. *Direito processual civil*. Tradução de F. Silveira Ramos. 25. ed. totalmente refundida, da obra criada por Friedrich Lent. Coimbra: Almedina, 2002.

KAPSA, Bernhard-Michael. *Das Verbot der reformatio in peius im Zivilprozess*. Berlim: Duncker Humblot, 1976.

KASER, Max; HACKL, Karl. *Das römische Zivilprozessrecht*. 2. ed. Munique: Beck, 1996.

KEMMERICH, Clóvis. *O direito processual da idade média*. Porto Alegre: Fabris, 2006.

KLAMARIS, Nicolaos. Besprechung von Bernhard-Michael Kapsa: Das Verbot der reformatio in peius im Zivilprozess, Berlin 1976. *ZZP*, n. 91, 1978.

——. *Das Rechtsmittel der Anschlussberufung*. Tübingen: J.C.B. Mohr, 1975.

KLETTE, Dieter. Die rechtliche Behandlung von Verstössen gegen das Verbot "ne ultra petita." *ZZP*, n. 82, 1969.

KNIJNIK, Danilo. *A prova nos juízos cível, penal e tributário*. Rio de Janeiro: Forense, 2007.

——. Princípio da segurança jurídica no Direito Administrativo e Constitucional. *Revista do Ministério Público*, Porto Alegre, n. 35, p. 205-251, 1995.

——. *O recurso especial e a revisão da questão de fato pelo Superior Tribunal de Justiça*. Rio de Janeiro: Forense, 2005.

KUHLMANN, Axel. *Das Verbot der reformatio in peius im Zivilprozessrecht*. Berlim: Duncker e Humblot, 2010.

LACERDA, Galeno. *Despacho saneador*. 3. ed. Porto Alegre: [s.n.], 1990.

LIEBMAN, Enrico Tullio. Fondamento del principio dispositivo. *Rivista di Diritto. Processuale*, Padova, v. 15, 1960.

——. *Manual de direito processual civil*. Tradução de Cândido Rangel Dinamarco. Rio de Janeiro: Forense, 1984. v. 1.

——. *Manual de direito processual civil*. Tocantins: Intelectus, 2003. v. 3.

——. Parte o "capo" di sentenza". *Rivista di Diritto Processuale*, 1964.

LIMA, Alcides de Mendonça. *Introdução aos recursos cíveis*. 2. ed. São Paulo: Revista dos Tribunais, 1976.

LIMA JÚNIOR, Dárcio Franco. *Limites Objetivos da Apelação Civil*. Dissertação (Mestrado) – Faculdade de Direito, Universidade Federal do Rio Grande do Sul, Porto Alegre, 2011.

LOPES DE OLIVEIRA, Gleydson Kleber. *Apelação no direito processual civil*. São Paulo: Revista dos Tribunais, 2009.

MAFFINI, Rafael Da Cás. Direito e processo. In: ALVARO DE OLIVEIRA, Carlos Alberto (Org.). *Eficácia e coisa julgada*. Rio de Janeiro: Forense, 2006.

MARINONI, Luiz Guilherme. O Princípio da segurança dos atos jurisdicionais. In: MITIDIERO, Daniel; RIZZO, Guilherme Amaral (Coord.). *Processo civil:* estudos em homenagem ao Professor Doutor Carlos Alberto Alvaro de Oliveira. São Paulo: Atlas, 2012. p. 309-340.

——. *Técnica processual e tutela dos direitos*. São Paulo: Revista dos Tribunais, 2004.

——. *Teoria geral do processo*. São Paulo: Revista dos Tribunais, 2006.

MARINONI, Luiz Guilherme; MITIDIERO, Daniel. *Código de Processo Civil comentado*. São Paulo: Revista dos Tribunais, 2008.

——. *Repercussão geral no recurso extraordinário*. São Paulo: Revista dos Tribunais, 2007.

MARQUES, Cláudia Lima. *Contratos no Código de Defesa do Consumidor:* o novo regime das relações contratuais. 5. ed. São Paulo: Revista dos Tribunais, 2005.

MARTINS-COSTA. Judith. Almiro do Couto e Silva e a Re-significação do Princípio da Segurança Jurídica na Relação entre o Estado e os Cidadãos. In: ÁVILA, Humberto (Org.). *Fundamentos do Estado de Direito:* estudos em homenagem ao Professor Almiro do Couto e Silva. São Paulo: Malheiros, 2005.

MATTOS, Sérgio Luís Wetzel de. *Da iniciativa probatória do juiz no processo civil*. Rio de Janeiro: Forense, 2001.

——. *Devido processo legal e proteção de direitos*. Porto Alegre: Livraria do Advogado, 2009.

MAURER, Hartmut. *Allgemeines Verwaltungsrecht*. 14. ed. München: C. H. Bck, 2002.

MELISSINOS, Gerassimos. *Die Bindung des Gerichts an die Parteianträge:* nach § 308 I, ZPO. In: *Ne eat iudex ultra petita partium*. Berlim: Duncker e Humblot, 1981.

MENDES, Gilmar Ferreira et al. *Hermenêutica constitucional e direitos fundamentais*. Brasília: Brasília Jurídica, 2002.

MIRAGEM, Bruno. *Direito do consumidor:* fundamentos do direito do consumidor; direito material e processual do consumidor; proteção administrativa do consumidor; direito penal do consumidor. São Paulo: Revista dos Tribunais, 2008.

MITIDIERO, Daniel. *Colaboração no processo civil:* pressupostos sociais, lógicos e éticos. São Paulo: Revista dos Tribunais, 2009.

——. *Comentários ao Código de Processo Civil*. São Paulo: Memória Jurídica, 2006. v. 3.

——. *Cortes Superiores e Cortes Supremas. Do Controle à Interpretação, da Jurisprudência ao Precedente*. São Paulo: Revista dos Tribunais, 2013.

——. *Elementos para uma teoria contemporânea do processo civil brasileiro*. Porto Alegre: Livraria do Advogado, 2005.

——. *Processo civil e Estado Constitucional*. Porto Alegre: Livraria do Advogado, 2007.

MONIZ DE ARAGÃO, Egas. *Comentários ao Código de Processo Civil*. 2. ed. Rio de Janeiro: Forense, 1976. v. 1.

MONTESQUIEU, Charles de Secondat, Baron de la Brede et de. *De l'esprit des lois*. Paris: Garnier, 1949. v. 1.

MUSIEKAK, Hans-Joachim. Die Bindung des Gerichts an die Anträge der Parteien im Zivilprozess. In: *Festschrift für Karl Heinz Schwab*. Munique: [s.n.], 1990.

NERY JUNIOR, Nelson. *Teoria geral dos recursos*. 6. ed. São Paulo: Revista dos Tribunais, 2004.

NERY JUNIOR, Nelson; NERY, Rosa Maria Barreto Borriello de Andrade. *Código de Processo Civil comentado e legislação extravagante*. 10. ed. São Paulo: Revista dos Tribunais, 2007.

NEVES, Daniel Amorim Assumpção. *Preclusões para o juiz:* preclusão pro iudicato e preclusão judicial no processo civil. São Paulo: Método, 2004.

ORESTANO, Riccardo. Appello diritto romano. In: *Enciclopedia del diritto*. [Milano: Giufrè, 1947. v. 2.

——. *L'apello civile in diritto romano*. Torino: G. Giappichelli, 1966.

PEREIRA, Fernando Amâncio. *Manual dos recursos em processo civil*. 7. ed. Coimbra: Almedina, 2006.

PICARDI, Nicola. *Jurisdição e processo*. Rio de Janeiro: Forense, 2008.

——. *Manuale del processo civile*. 3. ed. Milano: Giuffrè, 2013.

——. Il principio del contraddittorio. *Rivista di Diritto Processuale*, v. 52.

PONTES DE MIRANDA, Francisco Cavalcanti. *Comentários ao Código de Processo Civil*. Rio de Janeiro: Forense, 1973. v. 1.

——. *Comentários ao Código de Processo Civil*. Rio de Janeiro: Forense, 1974.

——. *Tratado da ação rescisória das sentenças e de outras decisões*. Rio de Janeiro: Forense, 1976.

——. *Tratado de direito privado*. 3. ed. Rio de Janeiro: Borsoi, 1970. v. 4.

PORTO, Sérgio Gilberto; USTÁRROZ, Daniel. *Manual dos recursos cíveis*. 2. ed. Porto Alegre: Livraria do Advogado, 2008.

PROVINCIALI, Renzo *Delle impugnazioni in generale*. Nápoles: Morano, 1962.

RAWLS, John. *A Theory of Justice*. Cambridge, Massachusetts: The Belknap, 1999.

REDENTI, Enrico. *Diritto processuale civile*. Milano: Giufrè, 1957. v. 2.

REICHELT, Luis Alberto. *A prova no direito processual Civil*. Porto Alegre: Livraria do Advogado, 2009.

RIBAS, Antonio Joaquim. *Consolidação das leis disposições legislativas e regulamentares concernentes ao processo civil*. Rio de Janeiro: Typographia Nacional, 1878.

RICCI, Edoardo F. Il doppio grado di giurisdizione nel processo civile. *Rivista di Diritto. Processuale*, Padova, v. 33, data.

RICCI, Hans-Peter. *Reformatio in peius und Anschliessung an das Rechtsmittel im Zivilprozess:* unter vergleich-weiser Heranziehung des Strafprozesses und des Steuerjustizverfahrens. Zurique: Winterthur, 1955.

ROSENBERG, Leo; SCHWAB, Karl Heinz; GOTTWALD, Peter. *Zivilprozessrecht.* 17. ed. Munique: C. H. Beck München, 2010.

RUBIN, Fernando. *A preclusão na dinâmica do processo civil.* Porto Alegre: Livraria do Advogado, 2010.

SARLET, Ingo Wolfgang; MARINONI, Luiz Gilherme; MITIDIERO, Daniel. *Curso de direito constitucional.* São Paulo: Revista dos Tribunais, 2012.

SARMENTO, Daniel. *Direitos fundamentais e relações privadas.* Rio de Janeiro: Lumen Juris, 2004.

SATTA, Salvatore. *Diritto processuale civile.* 9. ed. Pádua: Cedam, 1981.

SCARPARO, Eduardo. *As invalidades processuais civis na perspectiva do formalismo-valorativo.* Porto Alegre: Livraria do Advogado, 2013.

SCHULTZENSTEIN, Max. Wesen und Grund der Unzulässigkeit einer Reformatio peius. *ZZP*, n. 31, 1903.

SCHWAB, Karl Heinz. Anmerkung zu dem Urteilen des BGH vom 23.11.1960. *ZZP*, n. 74, 1961.

SILVA, Jaqueline Mielke. O direito processual civil contemporâneo e a necessidade de (re) dimensionar o instituto da coisa julgada. *Revista do Ministério Público do Rio Grande do Sul*, v. 74, p. 169-182, 2013.

SOUZA, Bernardo Pimentel. *Introdução aos recursos cíveis e à ação rescisória,* 9. ed. São Paulo: Saraiva, 2013.

STEFEN ELIAS, Carlos Eduardo. *Apelação:* os limites objetivos do efeito devolutivo. São Paulo: Atlas, 2010.

STÜRNER, Michael. Die Anfechtung von Zivilurteile. In: *Eine funktionelle Untersuchung der Rechtsmittel im deutschen und englischen Recht.* Munique: C. H. Beck, 2002.

STÜRNER, Rolf. Verfahrensgrundsätze des Zivilprozesses und Verfassung. In: *Festschrift für Gottfried Baumgärtel (hrsg. von Prüting, Hanns).* Berlin: Köln, 1990.

TALAMINI, Eduardo. *Coisa julgada e sua revisão.* São Paulo: Revista dos Tribunais, 2005.

TARUFFO, Michele. *La prova dei fatti giuridici:* nozioni generali. Milano: Giuffrè, 1992.

TARZIA Giuseppe. Realtà e prospettive dell'appelo civile. *Rivista di Diritto. Processuale,* Padova, v. 33, DATA.

TESORIERE, Giovanni. *Contributo allo studio delle preclusioni nel processo civile.* Padova: Cedam, 1983.

THEODORO JÚNIOR, Humberto. Abuso de direito processual no ordenamento jurídico brasileiro. *Revista Forense,* v. 94, n. 334, out./dez. 1998.

——. *Comentários ao novo Código Civil.* Rio de Janeiro: Forense, 2003. v. 3, t. 2.

——. *Curso de direito processual civil.* 51. ed. Rio de Janeiro: Forense, 2010. v. 1.

——. Distinção científica entre prescrição e decadência: um tributo à obra de Agnelo Amorim Filho. *Revista dos Tribunais,* São Paulo, n. 836, p. 57, jun. 2005.

——. Princípios gerais do direito processual civil. *Revista de Processo,* São Paulo, v. 23.

THEODORO JÚNIOR, Humberto; NUNES, Dierle; BAHIA Alexandre. Litigiosidade em massa e repercus-são geral no recurso extraordinário. *Revista de Processo,* São Paulo, n. 177, p. 9-46, 2009.

THOMAS, Putzo. *Zivilprozessordnung (ZPO):* kommentar. 32. ed. Munique: C.H. Beck München, 2011.

TONIOLO, Ernesto José. *A prescrição intercorrente na execução fiscal.* 2. ed. Rio de Janeiro: Lumen Juris, 2010.

TROCKER, Nicolò. *Processo civile e constituizione.* Milano: Giuffrè, 1974.

TUCCI, José Rogério Cruz e. *A causa petendi no processo civil.* 2. ed. São Paulo: Revista dos Tribunais, 2001.

——. *Jurisdição e poder.* São Paulo: Saraiva, 1987.

TUCCI, José Rogério Cruz e; AZEVEDO, Luiz Carlos. *Lições de história do processo civil lusitano.* São Paulo: Revista dos Tribunais, 2009.

TUCCI, Rogério Lauria. Juiz natural, competência recursal, preclusão *pro iudicato,* violação de literal dispo-sição de lei e ação rescisória. *Revista dos Tribunais,* São Paulo, v. 94, n. 838, ago.2005.

ULPIANO. *Digesto.* Libro 49, Título 1°, De Appellationibus.

VARGAS, Jorge de Oliveira; SOUZA, Adam Prudenciano de. A possibilidade do provimento do agravo retido importar uma reformatio in pejus em perspectiva. *Revista de Processo,* São Paulo, n. 172, p. 256-263, 2009.

VELLANI, Mario. Appello (diritto processuale civile). In: *Enciclopedia del diritto.* Milano: Giuffrè, 1958. v. 2.

VENOSA, Silvio de Salvo. *Direito civil.* 5. ed. São Paulo: Atlas, 2005.

VERDE, Giovanni. Giustizia e garanzie nella giurisdizione civile. *Rivista di Diritto Processuale,* n. 2, 2000.

WAMBIER, Teresa Arruda Alvim. *Omissão judicial e embargos de declaração.* São Paulo: Revista dos Tribunais, 2005.

WYNESS MILLAR, Robert. Formative principles of civil procedure. In: ENGELMAN, Arthur. *A history of continental civil procedure.* New York: Augustus M. Kelly, 1969.

YARSHELL, Flávio Luiz. *Tutela jurisdicional específica nas obrigações de declaração de vontade.* São Paulo: Ma-lheiros, 1993.

ZANETI JÚNIOR, Hermes. *Processo constitucional:* o modelo constitucional do processo civil brasileiro. Rio de Janeiro: Lumen Juris, 2007.

ZANZUCCHI, Marco Tullio. *Diritto processuale civile.* 6. ed. Milano: Giuffrè, 1964. v. 2.

ZIMMERMANN, Reinhard. *Comparative foundations of a European Law of set-off and prescription.* Cambridge: Cambridge University, 2002.

ZÖLLER, Richard *et al. Zivilprozessordnung.* 28. ed. Köln: Dr. Otto Schmidt, 2010.

Impressão e acabamento

Rotermund

Fone (51) 3589 5111
comercial@rotermund.com.br